Knaur.

Knaur.

Über den Autor:
Nach einem ziemlich lustlosen Lehramtstudium mit den Fächern Deutsch und Religion beschloss Clemens Beöthy, lieber Singles glücklich als Schüler unglücklich zu machen. Seit nunmehr weit über einem Jahrzehnt berät der Heilpraktiker für Psychotherapie in Einzel- sowie Gruppensitzungen Partnersuchende und veranstaltet regelmäßig größere Events mit ihnen. Daneben begleitet er Paare, die sich bei ihm oder über ihn kennenlernen, auf ihren ersten Schritten in die Zweisamkeit, gegebenenfalls auch darüber hinaus. Bei seiner täglichen Arbeit fand der Autor heraus, dass das Geheimnis einer glücklichen Beziehung ganz simpel ist: Nur auf den passenden Vornamen kommt es an. Clemens Beöthy lebt mit seiner Familie in der Nähe von Gießen. Dort liegt auch der Schwerpunkt seiner beruflichen Aktivitäten.

Clemens Beöthy

Heirate niemals einen Udo

Was Vornamen über unser Liebesleben verraten

Knaur Taschenbuch Verlag

Besuchen Sie uns im Internet:
www.knaur.de

Originalausgabe Mai 2010
Copyright © 2010 by Knaur Taschenbuch.
Ein Unternehmen der Droemerschen Verlagsanstalt
Th. Knaur Nachf. GmbH & Co. KG, München
Alle Rechte vorbehalten. Das Werk darf – auch teilweise – nur mit
Genehmigung des Verlags wiedergegeben werden.
Redaktion: Bettina Huber
Umschlaggestaltung: ZERO Werbeagentur, München
Umschlagabbildung: FinePic®, München
Satz: Adobe InDesign im Verlag
Druck und Bindung: CPI – Clausen & Bosse, Leck
Printed in Germany
ISBN 978-3-426-78335-1

2 4 5 3

INHALT

FRAUEN

MÄNNER

EINLEITUNG

Meine erste Klassenlehrerin in der Grundschule hieß Erika. Sie war eine verbitterte »alte« Jungfer und behandelte uns Jungen sehr schlecht. Danach war der Vorname Erika für mich lange Zeit negativ besetzt. Später lernte ich noch einige Erikas flüchtig kennen, die aber noch keine Chance hatten, mein Bild von den Namensvertreterinnen zu revidieren. Erst in meinem vierten Lebensjahrzehnt, als ich meine Arbeit als Single-Coach und Paarberater begann, kam ich mit etlichen, recht netten Erikas in näheren Kontakt, sodass ich mich gezwungen sah umzudenken: Die eine Erika, die mir das Leben in meinen ersten beiden Schuljahren zur Hölle gemacht und mich auf die Sonderschule hatte schicken wollen, war eher die Ausnahme.

Mit dieser Erkenntnis war bereits der Ansatz zu einer Namenstypologie geboren: In der Regel sind Erikas ganz okay, aber eben nicht alle. Und gleichermaßen war das eigentlich schon so etwas wie die Geburtsstunde des vorliegenden Buches. Das Thema Charakteristika von Vornamen ließ mich seither nie mehr los.

Insgesamt frequentierten Erikas jedoch nicht in ausreichender Zahl meine Beratung, als dass ich genügend signifikante Eigenschaften hätte zusammentragen können, um ein eigenes Kapitel über sie zu füllen. Das liegt natürlich auch daran, dass der Name zumindest in Deutschland nicht übermäßig häufig vorkommt.

Ganz im Gegensatz dazu tauchten andere Namen geradezu in Legionen bei mir auf, und nach weit über einem Jahrzehnt Erfahrung mit ihnen sehe ich mich endlich in der Lage, der Welt mitzuteilen, wie die typische Uschi, der typische Peter, die typische Sabine usw. leben, vor allem aber wie sie lieben. Denn das war das Hauptthema in den vielen Tausenden Gesprächen, die ich mit ihnen führte. Ich erfuhr unter anderem, in welchen charakteristischen Schemata die einzelnen Namen in ihren Beziehungen gefangen waren, welche intimen Wünsche sie hegten, wie sie sich trennten, welche Strategien und Wege sie nutzten, sich wieder neu zu verbandeln, und nicht zuletzt, was sie von ihrem Herzblatt erwarteten. Anhand der ermittelten Eigenschaften gelang es mir auch, jedem Namen seine gegengeschlechtlichen Ideal-Namenspartner zuzuordnen. Diese Zuordnung basiert auf dem Prinzip »Gleich und Gleich gesellt sich gerne«, also der Gleichheitspartnerwahl oder fachsprachlich Homogamie, die inzwischen unter Beziehungsforschern als einzig tragfähiges Konzept ziemlich unumstritten ist. Das heißt also etwa konkret, dass sich die Petra gut mit dem Joachim verstehen könnte, weil beide solide Familienmenschen sind, während sie ausgemachten Hallodris wie dem Gerd und dem Markus tunlichst aus dem Wege gehen sollte. Die Andersartigkeit der beiden könnte zwar anfangs eine gewisse Faszination auf die Petra ausüben, aber dauerhaft würden sie sie mit ihren »Ausritten« todunglücklich machen.

Grundlage dieses kleinen Namenslexikons der Liebe sind neben meinen beruflichen gleichermaßen private Beobachtungen und Erfahrungen. Der Ansatz ist also insgesamt rein praxisbezogen-phänomenologisch und entbehrt fast jeglicher Theorie.

Sicher gibt es auch für Sie (andersgeschlechtliche) Vornamen, die Ihr Herz höherschlagen lassen, und solche, die fast gar nichts oder sogar eine gewisse Abneigung bei Ihnen hervorrufen. Vielleicht liefert Ihnen dieses kleine Büchlein die Antwort, warum das so ist. Jedenfalls werden Sie erstaunt sein, wie viele Eigenschaften die Träger/innen der behandelten Namen doch gemeinsam haben.

Wenn Sie aufgrund Ihres Namens schlechter »abschneiden«, als Sie von Ihrer Selbsteinschätzung her erwartet hatten, so liegt das vermutlich daran, dass Sie nicht ins Bild passen. Sie stellen also die berühmte Ausnahme von der Regel unter ihren Namensbrüdern beziehungsweise -schwestern dar, die es ja fast überall gibt. Das wird

Ihnen hoffentlich als kleiner Trost dienen und Sie auch als Udo davon abhalten, gleich auf die Fidschi-Inseln auszuwandern.

Ich wünsche Ihnen viel Spaß bei der Lektüre und viele Aha-Erlebnisse bezüglich Ihres Namens sowie der Ihrer Lieben.

Clemens Beöthy

Praktische Hinweise
zum Umgang mit dem Buch

1. Doppelvornamen wie Anna-Maria oder Klaus-Jürgen unterliegen einer eigenen Dynamik. Als Träger/in eines solchen ist es also nicht legitim, sich ein Bild aus den beiden Bestandteilen zusammenzumengen. Das heißt, die Anna ist die Anna, die Maria ist die Maria, und die Anna-Maria ist und bleibt eben die Anna-Maria.

2. Eine ähnliche Ausrichtung haben nur Namen, die sich maximal in einem Buchstaben unterscheiden, zum Beispiel Christina und Christine. Bei einigen wenigen kann aber auch schon dieser eine Buchstabe eine andere Beurteilung notwendig machen. Hier zu nennen sind die Maria und die Marie, die nicht in einen Topf geworfen werden dürfen.

3. Doppelkonsonanten gelten als *ein* Buchstabe. Deshalb sind Birgit und Birgitta sowie Ute und Utta vergesellschaftet.

4. Ralf und Ralph werden ebenso wie Stefan/ie und Stephan/ie gemeinsam abgehandelt, da »f« und »ph« als eins betrachtet werden. Das gilt auch für »c« und »k« bei Caren und Karin. Das »c« veredelt einen Namen aber mitunter. Das ist zum Beispiel beim Claus der Fall.

5. Ein »fehlender« Anfangsbuchstabe begründet eine eigene Betrachtungsweise, so beim Erhard im Gegensatz zum Gerhard.

ANDREA

BASICS: MATERIAL GIRL

Der Name Andrea ist die weibliche Form von Andreas, stammt vom griechischen »andreia« ab und heißt übersetzt Tapferkeit bzw. Mannhaftigkeit. Zu den größten Tugenden der Andrea gehören Verlässlichkeit, Pünktlichkeit und Akkuratesse. Ihre »Korrektheit« zeitigt jedoch als Schattenseite eine gewisse Kühle. Eine Andrea könnte Modell gestanden haben für Wilhelm Hauffs Märchen »Das kalte Herz«. Darin tauscht ein armer Köhler sein Herz gegen unendlichen Reichtum ein und bekommt als Ersatz dafür einen Stein in seine Brust gesetzt. Da steinerne Herzen keine Wärme ausstrahlen, wirken viele Andreas ein wenig frostig und unnahbar.

Vertreterinnen dieses Namens haben es nicht nötig, hintenherum zu agieren. Sie sind tough genug, ihrem Gegenüber offen ins Gesicht zu sagen, was sie an ihm stört. Sie sind aber auch Meisterinnen im Einstecken. Wie für sie gemacht sind die Liedzeilen der italienischen Sängerin Milva: »Du hast ein beneidenswertes Naturell, du bist hart im Nehmen und vergisst sehr schnell.«

Andreas investieren viel Zeit und Energie, sich ihre Brötchen zu verdienen. Und die sollten möglichst nicht zum Aufbacken, sondern vom besten Bäcker der Stadt sein. Denn Andreas pflegen einen gutbürgerlichen bis leicht luxuriösen Lebensstil. Dabei leben sie aber selten über ihre Verhältnisse. Viel zu sehr sind sie auf Sicherheit bedacht, als dass sie sich in bedrohliche Schulden stürzen würden.

Da die Andrea materialistisch geprägt ist, hat sie eine starke Affinität zu »monetären« Berufen. Finanzbeamtin, Versicherungskauffrau, Bankangestellte sind Professionen, die ihr besonders liegen. Ihr Machtbewusstsein und ihr Ehrgeiz lassen sie aber auch in der Politik weit kommen. Soziale Berufe bekleiden Andreas meist ohne besondere Passion und allzu großes Engagement. Als Krankenschwestern etwa »geben« sie nicht unbedingt die »Stefanies für alle Fälle«.

Abgesehen von ihrer gewissen Kühle und Distanziertheit sind Andreas jedoch durchaus angenehme Zeitgenossinnen. Zwar haben die Namensträgerinnen meist keine beste Freundin, mit der sie über alles sprechen können, weil es ihnen Schwierigkeiten bereitet, anderen Menschen Vertrauen entgegenzubringen. Andererseits haben sie meist doch einen recht großen Bekanntenkreis und werden aufgrund ihrer Geradlinigkeit geschätzt.

Mit Pseudowissenschaften wie der Esoterik und Astrologie hat die Andrea ziemlich wenig am Hut. Dafür ist ihr Denken zu rational. Auch religiösen Phänomenen steht sie eher indifferent gegenüber. Eine tiefe Gläubigkeit ist fast nie anzutreffen. Bei Krankheit oder in Lebenskrisen schwören allerdings erstaunlich viele Andreas auf die Homöopathie. Zumindest betrachten sie Globuli und Co. als sinnvolle Ergänzung zur Schulmedizin. An einem ausgeprägten Umweltbewusstsein mangelt es ihnen hingegen wieder.

In ihren Mußestunden liest die Andrea gerne, bevorzugt Krimis, sportelt regelmäßig, aber nicht übermäßig und besucht kulturelle Veranstaltungen. Den Urlaub verbringt sie meist in exotischen Gefilden.

OPTIK UND OUTFIT:
SICH REGEN BRINGT SEGEN

Ungepflegtheit ist den Andreas ein Greuel. Nichts hassen sie mehr, als sich gehen zu lassen. Das widerspräche diametral ihrer Diszipliniertheit.

Auch in körperlicher Hinsicht zeigt sich die Andrea leistungsorientiert. Selten gehört sie zur Spezies der »Moppel-Ichs«. Fürs Kalorienzählen hat sie allerdings nicht die Geduld. Das Mittel ihrer Wahl, um körperlich im wahrsten Sinne des Wortes in Form zu bleiben, ist

Sport. Schminke trägt die Andrea zwar nur dezent auf, dafür geht sie aber ohne fast nie aus dem Haus, was schon ihre Eitelkeit gebietet.

Bei der Wahl ihrer Garderobe decken die Namensträgerinnen ein weites Spektrum ab. Von der Jeans, die dann aber eher hochwertig sein sollte, bis zum Kostüm ist alles drin. Allerdings fühlen sie sich im legeren Outfit wohler als im eleganten. Einen ganzen Schrank voller Schuhe haben Andreas eher selten. Da sie keine Sammlerinnen sind, werfen sie die ausgedienten Modelle weg oder verschenken sie.

Andreas sind überwiegend attraktive Frauen, die aber über relativ wenig herzliches Charisma verfügen. Neben dem kühlen Typus gibt es unter ihnen aber auch den eher maskulinen. Hier gilt dann die lateinische Redensart nomen est omen.

Die Haarfarbe der Andrea ist meist braun bis schwarz, nur selten gehört sie zum Club der Blondinen. Da trägt sie dann schon lieber einen roten Schopf. Auch im Kreis der sieben Zwerge wäre sie fehl am Platze, liegt doch ihre mittlere Größe bei etwa 1,67 m.

VERFÜHRUNG UND SEX:
TIME IS CASH, TIME IS MONEY

Die Andrea lockt nicht und jagt nicht. Wenn sie an einem Abend keiner anspricht, geht die Welt für sie auch nicht gleich unter. Denn sie definiert sich keineswegs über Partnerschaft und noch weniger über einen Mann. Doch alleine schon der »ring of ice«, der sie umgibt, macht sie für viele Männer zum Faszinosum. Es reizt ihre Verehrer ungemein, die eisige Fassade der Andrea zu durchbrechen, um ein loderndes Feuer dahinter zu entdecken.

Bei der direkten Kontaktaufnahme gibt sich die Andrea meistens ziemlich spröde. Von Worten lässt sie sich ohnehin weniger betören als von einem Sportwagen vor der Diskotür. Bisweilen landet ein

Mann mit ihr im Bett und weiß noch immer nicht so recht, was er davon zu halten hat: Ist er nur ein Zwischenhäppchen für sie, oder hegt sie ernsthaftere Absichten. Bis die Andrea auch nur ansatzweise ihre Gefühle offenbart, vergehen meist etliche Wochen.

Andreas sind gewiss keine asexuellen Frauen, aber sie machen aus der Geschlechtlichkeit auch kein allzu großes Brimborium. Sie brauchen weder ein in »epische Länge« gezogenes Vorspiel, noch muss der Akt an sich besonders phantasievoll sein.

Genauso gut kann die Andrea auf ausgiebiges Kuscheln danach verzichten. Dagegen steht sie auf Quickies, und gerne darf es bei ihr ganz heftig zur Sache gehen. »Kirschen aus Nachbars Garten« naschen die Trägerinnen dieses Namens nur selten, sind ihnen doch häufig schon die im eigenen zu viel. Da Andreas die Bedeutung der Sexualität nicht überhöhen, brauchen sie meist keine Wochen oder Monate, bis sie sich einem Verehrer hingeben. Nicht selten folgen sie einer neuen männlichen Bekanntschaft schon am ersten Abend in ihr Schlafgemach oder laden sie noch zu sich »auf einen Kaffee« mit »Latte« ein.

Jagdreviere: Eine Frage des Stils

Ähnlich wie beispielsweise die Uschi ist auch die Andrea viel auf Achse. Bei ihr ist es aber weniger die Kontaktfreude, die sie antreibt, sondern vielmehr die Unternehmungslust. Allerdings gibt es Lokalitäten, in denen der Andreaanteil gegen null gehen dürfte. So werden sich die Namensträgerinnen kaum je in schummrige Kellerkneipen verlaufen. Beim Italiener mit nettem Ambiente wird ihr Vorkommen schon größer.

Kulturell bevorzugen Andreas das gediegenere Programm. Sie mögen Ausstellungen nebst Kino- und Theaterbesuchen. Auf einem Heavy-Metal-Festival werden sie wie ein Fremdkörper wirken. Popkonzerte hingegen liegen durchaus wieder in ihrem Repertoire, allerdings sollte der Vortragende dann schon ein Künstler von (Welt-)Rang sein.

Da die Andrea sich auch gerne einmal zurückzieht, nutzt sie eifrig Internet und Kontaktanzeige als Medien der Kontaktanbahnung. Der dabei fehlende persönliche Kontakt kommt ihr gar nicht ungelegen. Single-Clubs sind den Andreas indes meist nicht strukturiert genug. Um niveaulose Medien der Partnersuche wie SMS-Chat oder Speed-Dating machen sie einen weiten Bogen.

Die Andrea in ihrem hektischen Alltag anzusprechen, erweist sich meist als ziemlich fruchtlos. Im Zug zur Arbeit möchte sie lieber ihre Akten studieren, und durch den Supermarkt hechelt sie während der Woche nur schnell, um die notwendigsten Einkäufe zu tätigen. Flirtversuche männlicherseits empfindet sie dabei eher als störend. Für die Andrea gilt grundsätzlich das Motto »Jedes Ding hat seine Zeit«. Ein wenig offener ist sie dann schon, wenn sie entspannt auf Shoppingtour ist. Aus einer Boutique heraus lässt sie sich durchaus in ein benachbartes Café entführen, wenn die »Anmache« stimmt.

PARTNERSCHAFT:
DOUBLE INCOME, NO KIDS

Für Andreas spielt die Beziehung selten die »erste Geige«. Berufliche Karriere ist ihnen in der Regel wichtiger. Ihren Job komplett für die Familie aufzugeben, kommt für sie nur selten in Frage. Das ist auch der Grund, warum viele von ihnen nur ein Kind haben oder ganz auf Nachwuchs verzichten.

Chaos ist für Andreas ein rotes Tuch, sind sie doch ausgesprochen strukturiert. Deshalb halten sie auch ihren Haushalt bestens in Schuss. Hinsichtlich Waschen, Putzen und Co. sind sie aber fast nie »Überzeugungstäterinnen«; besonders mit dem Herd stehen sie oft regelrecht auf dem Kriegsfuß.

Die Andrea ist in jeglicher Hinsicht eine emanzipierte Frau. Niemals wird sie sich einem Mann bis zur Selbstaufgabe anpassen. Unternimmt ihr Partner den Versuch, sie zu unterjochen, so beißt er bei ihr auf Granit. Lässt er nicht davon ab, wird die Andrea gehen. Schließlich kann sie auch bestens alleine zurechtkommen. Überhaupt ist die Andrea kein Typ, der glaubt, nur eine »Friede-Freude-Eierkuchen-Beziehung« sei eine gute Beziehung. Im Gegenteil, bisweilen sucht sie förmlich die Konfrontation. Nur wenn die sich dann nicht als das »klärende Gewitter« erweist, kann sie (lange) nachtragen. Bis es aber bei der kontrollierten Andrea zu einer emotionalen Eruption kommt, muss ihr Partner sie schon massiv belügen und betrügen.

Trennung: Game over!

Ihr Stil und ihre Klugheit verbietet es den Andreas, die ehemals gemeinsame Wohnung mit dem Partner in einer Nacht-und-Nebel-Aktion komplett auszuräumen. Ihre finanziellen Ansprüche setzen sie lieber knallhart anwaltlich durch. Meist haben die Andreas ihren Ex aber noch so gut im Griff, dass er ihren Forderungen weitgehend freiwillig nachkommt. Das Verhältnis nach der Trennung bleibt eher distanziert. Das liegt an der konsequenten Art der Andreas. Vorbei ist vorbei. Möchte der gemeinsame Nachwuchs beim Verflossenen bleiben, so haben die Andreas häufig nichts dagegen einzuwenden. Dann können sie wieder voller Inbrunst an ihrer Karriere basteln.

Pflegetipps:

Musts:

* Laden Sie die Andrea beim ersten Rendezvous grundsätzlich ein, auch wenn das nicht ganz billig wird. Alles kann eine Andrea gebrauchen, nur kein »Sparbrötchen«.
* Wenn Sie bereits mit einer Andrea zusammen sind, vermeiden Sie

tunlichst Langeweile. Ihr Herzblatt dieses Namens braucht Abwechslung. Nur gemütliche Fernsehabende zu zweit können Sie sich auf Dauer abschminken.

* Denken Sie unbedingt an wichtige Jahrestage und das dazugehörige Präsent. Ansonsten wird Ihre Andrea Sie mit Verachtung strafen. Beherzigen Sie beim Schenken unbedingt das Prinzip Klasse statt Masse.

No-Gos:

* Glauben Sie niemals, Sie hätten eine Andrea im Sack und bräuchten sich nicht mehr sonderlich um sie zu bemühen. Setzen Sie jedoch dabei nicht auf die romantische Schiene. Die wird die nüchterne Andrea eher nerven.
* Bei einer Andrea nicht ausreichend auf Körperpflege zu achten ist eine absolute Todsünde. Wenn Sie von ihr einen Gutschein für Maniküre geschenkt bekommen, ist fast Matthäi am Letzten.
* Von ihrem Kommunikationsverhalten her sind Andreas eher männlich geprägt und wollen schnell auf den Punkt kommen. Kerle, die stundenlang um den heißen Brei herumreden, sind ihr zuwider.

Ideale Namenspartner:

Thomasse und Franks brauchen nicht viele Streicheleinheiten. Deshalb sind sie bei einer Andrea gut aufgehoben. Der Werner wird der Andrea materiell die Sterne vom Himmel holen können. Auch hier werden sich beide vom Nähebedürfnis her reichen. Auf kommunikativer Ebene klappt es gut mit dem Andreas und dem Christian, die beide ähnlich pragmatisch gestrickt sind wie sie. Anfangs werden sich die Namensträgerinnen auch zu einem Markus hingezogen fühlen, weil er ihnen einen schönen Schein vorgaukelt, aber wehe der Schwindel fliegt auf …

Prominente Namensträgerinnen:

Andrea Ballschuh, Andrea Ypsilanti, Andrea Nahles, Andrea Kiewel, Andrea Henkel, Andrea Sawatzki, Andrea Jürgens

Namenstag der Andrea: 30. November

Anna/Anne

Basics: Anne Kaffeekanne

Anna Wintour, Chefredakteurin der amerikanischen Ausgabe der Modezeitschrift Vogue, war Vorbild für die Titelfigur in dem Film »Der Teufel trägt Prada«. Für ihre Härte und ihr Machtbewusstsein bekannt, schreckte sie nicht einmal davor zurück, ihre beste Freundin zu entlassen. Allerdings verkörpert die Ikone der Modewelt alles andere als das Inbild der Anna/e. Nur in zwei Aspekten zeigt sie typische Eigenschaften des Namens. Erstens soll sie ihren zwei Töchtern eine liebevolle Mutter sein, und zweitens verfügt sie mit der Fähigkeit zur Selbstironie über eine Art von Humor. Zur Premiere des besagten Hollywood-Streifens erschien die Wintour komplett im »Prada«-Outfit. Ansonsten zeichnet die Namensträgerinnen im Gegensatz zu der Vogue-Chefin eher eine gewisse Ängstlichkeit und Hypersensibilität aus. Harsche Kritik erschüttert sie bis ins Mark. Daher sind Annas/es stets darum bemüht, nicht negativ aufzufallen und in ihrem Umfeld einen Zustand von Harmonie herzustellen. Allerdings können sie Menschen, die sie partout nicht mögen, auch mit erstaunlicher Härte entgegen treten.

Vor neuen Herausforderungen hat die Anna/e stets größten Respekt und fürchtet mitunter, sie nicht bestehen zu können. Nicht selten entwirft sie in ihrem Kopf Horrorszenarien über deren Ausgang. Hat sie sich aber erst einmal darauf eingelassen, geht alles oft sogar mit Bravour von der Hand. Woher ihre (Versagens-)Ängste rühren, ist schwer zu bestimmen, da sie meist aus einem warmen, fördernden Elternhaus stammt.

Annas/es verdienen ihre Brötchen bevorzugt in helfenden Berufen, zum Beispiel als Hospizkrankenschwester oder Hauswirtschafterin. Nicht ganz umsonst ist Jesu Großmutter, die heilige Anna, unter anderem Schutzpatronin der Hausangestellten. Ihren Dienst am Menschen verrichtet die Anna/e, wo auch immer, aufopferungsvoll. Große Stärken sind zudem ihre bedingungslose Großzügigkeit, ihr Wohlwollen sowie ihre Güte. Durch ihre liebenswerte, zugewandte Art findet sie überall schnell Anschluss.

Die Hobbys der Anna/e beziehen sich häufig auf den häuslichen Bereich. Als Nesttyp kocht und backt sie gerne, verschönert das Heim oder lädt sich Freundinnen zum Kaffeeklatsch ein. Woher wohl der Reim »Anne Kaffeekanne« kommt?

Mental machen die Namensträgerinnen oft eine enorme Entwicklung durch. Bis zum Ende der »zwanziger Jahre« sind sie häufig noch völlig naiv und haben ihren Mitmenschen wenig entgegenzusetzen. Im vierten Lebensjahrzehnt wird ihnen oft schmerzlich bewusst, dass sie bisher mehr oder weniger in einem geistigen Vakuum gelebt haben. Als Konsequenz aus dieser Erkenntnis beginnen sie, sich über verschiedene Medien Wissen und Informationen zu verschaffen. Jenseits der 40, wenn die Kinder langsam flügge werden oder bereits sind, absolviert die Anna/e nicht selten noch einmal eine Ausbildung oder lässt sich umschulen. Danach geht sie wieder halbtags arbeiten. Gegen Ende dieser Dekade und im Verlauf der nächsten steht spirituelles Wachstum auf dem Programm. Oft entwickelt die Anna/e in dieser Phase ein Faible für Kräuterwissen und alternative Heilmethoden. In ihren späten Jahren verfügt sie regelmäßig über ein hohes Maß an Gelassenheit und Altersweisheit.

OPTIK UND OUTFIT:
DER ENGEL TRÄGT KEIN PRADA

Die teilweise glamourösen Schönheiten der internationalen Promiszene wie die russische Sopranistin Anna Netrebko, ihre Landsmännin, die Tennisspielerin Anna Kurnikova, oder die Hollywood-Schauspielerin Anne Hathaway können optisch kein Maßstab für die Normalo-Anna/e sein, ist sie doch von ihrer äußeren Erscheinung her eher ein Durchschnittstyp.

Am Blick der Anna/e lässt sich häufig schon ein Stück weit ihre Gutmütigkeit ablesen. Ihre Augen sind auffällig selten blau; häufig kommt dagegen ein Mischmasch vor. Die Haarfarbe ist ziemlich unspezifisch, Rotschöpfe treten allerdings fast nie auf, noch nicht einmal gefärbt. Von der Figur her sind die Namensträgerinnen häufig fast schon zierlich und mit einer dafür erstaunlichen Oberweite ausgestattet. Richtig kräftig werden Annas/es nur selten, allenfalls leicht mollig. Eine geringe Körpergröße geht bei ihnen interessanterweise oft mit überschüssigen Pfunden einher. Die Spanne des Höhenwachstums reicht gewöhnlich von etwa 1,60 m bis einige Zentimeter über 1,70 m.

Das Outfit der Annas/es ist meist dezent, aber keinesfalls unweiblich. Großes Augenmerk legen sie auf Bequemlichkeit. Kleiden sich manche ihrer Geschlechtsgenossinnen nach dem Motto »Auffallen um jeden Preis«, scheint sich die Anna/e eher dem Gegenteil verschrieben zu haben. Obwohl sie sich durchaus für Mode interessiert, legt sie keinen gesteigerten Wert auf teure Marken- oder gar Designerklamotten. Der »Engel« trägt eben kein »Prada«.

VERFÜHRUNG UND SEX: DIE KLEINE NUMMER

Bei der Pirsch nach Mr. Right unterscheiden sich die Anna und die Anne doch recht gravierend. Während die Anne bei der Kontaktaufnahme klare Flirtsignale aussendet und aktiver ist, bleibt die Anna in dieser Hinsicht relativ stumpf. Dafür legt sie sich mehr ins Zeug, wenn das Eis erst einmal gebrochen ist.

Die Anne geht etwas aggressiver auf das andere Geschlecht zu, weil sie weniger Hemmungen hat und über ein ausgeprägteres Selbstwertgefühl verfügt. Wenn sie Interesse an einem Mann hat, sucht sie ständig Blickkontakt mit ihm und ihre Augen strahlen wie ein Honigkuchenpferd. Obwohl man dem schwachen Geschlecht nachsagt, dass es im Zustand frischer Verliebtheit schweigsamer wird, gibt sich die Anne dann ausgesprochen redselig. Vor allem legt sie eine Offenheit an den Tag, die später kaum noch zu toppen ist. Oft lässt sich bereits auch ein Hauch von Lüsternheit in ihrem Gesicht ablesen, so dass es das Objekt ihrer Begierde derart »eingeladen« kaum Überwindung kostet, körperlich auf Tuchfühlung mit ihr zu gehen.

Die Anna »outet« sich hingegen allenfalls dadurch, dass sie die Nähe zu ihrem Schwarm sucht. Ist er ein Arbeitskollege, hält sie sich auffällig oft in seinem Büro auf und sucht dafür auch immer wieder Vorwände. Das erinnert ein wenig an die Vorgehensweise der Hauptdarstellerinnen in Telenovelas, die in ihren Chef verliebt sind.

Gemeinsam ist Annes und Annas wieder, dass sie sich einem neuen männlichen Kontakt verhältnismäßig schnell hingeben. Meist kommt es schon beim zweiten oder dritten Stelldichein zum Ultimativen, manchmal sogar schon am ersten Abend. Bei der Anna liegt das an der Befürchtung, dass sich ihre neue Bekanntschaft wieder zurückziehen könnte, wenn sie sich »über Gebühr« ziert. Die Anne indes lässt eher ihre Wollust nicht lange fackeln, bis sie ihren »Gürtel der Keuschheit« ablegt.

Durch ihre Ängste ist die Anna in erotischer Hinsicht stets ein wenig gebremst. Aber auch in relativ unbeschwerten Phasen ist sie nicht gerade ein Zyklon im Bett. Zweifelsohne mag sie Sex, aber ihr fehlt es schlicht ein wenig an Talent und hemmungsloser Leidenschaft. Ihrem Partner zuliebe geht sie auf so manche seiner Ideen ein – schließlich möchte sie ihn ja auch im Bett glücklich machen –, aber mit ein wenig Feingefühl merkt er, dass sie allenfalls halbherzig bei der Sache ist.

Die Anne ist zweifelsohne triebhafter und unbefangener als ihre Namensschwester. Doch auch sie hat nur geringe Ambitionen, dem Kamasutra neue Kapitel hinzuzufügen. Was sie im Schlafzimmer – und meist nur dort – abliefert, ist allenfalls solide Hausmannskost.

Am liebsten wäre es der Anna, wenn der Prinz auf ihr verwunschenes Schloss käme und sie aus dem Dornröschenschlaf erweckte oder, auf die Gegenwart übertragen, der Postmann zweimal klingelte. Da das aber doch eher die Ausnahme ist, muss sie sich zum Suchen und Finden der Liebe meist schon aus ihren trauten vier Wänden begeben.

Da sie mehr noch als die Anne ein konservativer, fast schon etwas biederer Typ ist, bevorzugt sie klassische Wege der Kontaktanbahnung. Für Partnervermittlung kann sie sich insofern erwärmen, als sie selbst nicht immer ein glückliches Händchen bei der Wahl ihres Herzbuben hat und sich hier irrtümlicherweise von einem Institut fachkundige Hilfestellung verspricht. Allerdings ist sie keinesfalls bereit, dafür einen vierstelligen Euro-Betrag zu investieren. Inserate in regionalen Tageszeitungen nutzt die Anna ebenfalls gerne, weil sie in der Regel Bekanntschaften in der näheren Umgebung garantieren. Das vermittelt ihr in der Regel ein gewisses Gefühl von Sicherheit und Transparenz. Der Mangel daran ist genau das, was sie am Internet stört, ja ihr geradezu Furcht einflößt. Alles, was ihr irgendwie labyrinthisch erscheint, lehnt die Anna ab. Schon Speed-Dating und Running Dinner sind den Namensträgerinnen mit ihrer Vielzahl an Kontakten auf einmal zu unübersichtlich, was genauso auch für Single-Clubs und -Gesprächszirkel gilt. Auf freier Wildbahn finden sich Annas gehäuft in Cafés, Kneipen und Tanzlokalen, aber gewiss nicht mehrmals pro Woche, sondern eher sporadisch. Im Freundeskreis tut sich für sie wenig, weil er recht überschaubar und auch beständig ist. Die besten Chancen auf Beute ergeben sich eindeutig am Arbeitsplatz, wo das starke Geschlecht genügend Zeit hat, ihre Qualitäten zu erkennen.

Die Anne ist einen Tick offener als die Anna, was die Medien und Lokalitäten der Kontaktanbahnung betrifft. Sie probiert auch grundsätzlich mehr aus und wendet sich erst wieder davon ab, wenn sie kein Fortkommen sieht. Absolut tabu sind für sie nur Vehikel der Entsingelung, bei denen sie ans Licht der Öffentlichkeit gezerrt wird, wie TV- oder Radiokuppelshows.

PARTNERSCHAFT: ANNA UND DIE LIEBE

Bei der Partnerwahl beherzigt die Anna das Prinzip »Lieber den Spatz in der Hand als die Taube auf dem Dach«. Zwar heiratet sie nie aus rein pragmatischen Gründen, aber sie erwartet auch von der Ehe kein Feuerwerk der Leidenschaft. Es genügt ihr, wenn sie ihrem Angetrauten herzlich zugewandt ist und er ihre Gefühle einigermaßen erwidert.

Beständige Zweisamkeit und Alltagstrott vermitteln der Anna ein Stück weit Sicherheit. Selbst Gleichgültigkeit ihres Partners erträgt sie lange mit großer Geduld. Ihre Taktik, damit umzugehen, besteht darin, sich die Beziehungsrealität schönzureden und die Messlatte für ihren Liebsten so niedrig zu legen, dass er immer noch bequem darüber hinwegspringen kann.

Haus, Garten und Kinder sind keine Pflicht für die Anna, sondern eine Passion. Wenn ihre bessere Hälfte von der Arbeit kommt, kann er die Beine meist komplett hochlegen, außer es sind handwerklich-technische Arbeiten zu verrichten. In klassischem Geschlechterrollendenken verhaftet, unterscheidet sie klar zwischen Männer- und Frauenarbeiten.

Symmetrie herrscht auch in den Beziehungen der Anne nicht, doch ist sie etwas mehr auf Ausgewogenheit des Gebens und Nehmens bedacht. Ihre Opferbereitschaft geht nicht so weit, dass sie ihre Bedürfnisse vollkommen zugunsten der Familie zurückstellt. Wenn die ehelichen Verhältnisse unsäglich werden, setzt sie im Gegensatz zur Anna nicht die rosarote Brille auf, sondern pocht auf »Reformen«. Stellt sich die andere Seite beharrlich stur, zieht sie die Konsequenzen und beendet das Zusammenleben.

Trennung: (Kein) Blick zurück

Die Trauformel »Bis dass der Tod euch scheidet« hat für die Anna so große Bedeutung, dass sie häufig auch ein Liebes-Revival versucht, wenn ihr Ex sie nach allen Regeln der Kunst belogen und betrogen hat. Dabei ist natürlich auch ein gerüttelt Maß an Gutmütigkeit und -gläubigkeit mit im Spiel. Das endgültige Aus kommt nach mehreren erfolglosen Comeback-Versuchen, dann meist von ihrem Mann, der sich einer neuen Partnerin zugewandt hat. Erstaunlicherweise legt die Anna nach dem ganzen Hickhack aber häufig keine Verschnaufpause ein, um zu sich und zur Ruhe zu finden, sondern begibt sich recht bald wieder auf die Piazza der einsamen Herzen. Das liegt daran, dass sie sich fast ausschließlich über einen Partner definiert. Als Single fühlt sie sich verloren, bisweilen sogar wertlos.

Auf Unterhalt von ihrem Verflossenen verzichtet die Anna nicht selten, wenn der nur genug jammert, wie schlecht es ihm doch jetzt finanziell gehe. Auf der Mitleidsklaviatur lässt sich bei ihr trefflich spielen.

Die Anne braucht zwar auch lange, bis sie den Schlussstrich zieht, ist dann aber konsequent. Da ihre Ängste vor dem Alleinsein sich in Grenzen halten, hat sie es weder nötig, kalten Kaffee wieder aufzuwärmen, noch sich gleich dem nächsten Kerl an den Hals zu werfen. Bei den Scheidungsfolgesachen gibt sich die Anne fast ebenso nachgiebig wie die Anna. Bisweilen verzichtet sie um des lieben Friedens willen auf alles.

Pflegetipps:

Musts:

* Die Anna/e ist genügsam und mit wenig zufrieden. Das wenige, was sie braucht, sollten Sie ihr aber unbedingt geben. Ein liebes Wort, eine zuvorkommende Geste oder ein winziges Geschenk reichen meist schon aus.

* Mit regelmäßigen absichtslosen Streicheleinheiten finden Sie einen ganz festen Platz sowohl im Herzen der Anna als auch der Anne. Beide beziehen daraus Ruhe, Selbstsicherheit und Vertrauen.
* Annas/es sind nicht gerade Globetrotter. Meist packt sie auf Reisen schon nach einigen Tagen wieder das Heimweh. Wenn Sie Ihrer Anna/e eine Freude machen möchten, dann unternehmen sie mit ihr eher einen Tagestrip oder laden Sie sie zu einem Musical- oder Wellness-Wochenende ein.

No-Gos:
* Mit Süchten hat die Anna nicht viel am Hut, eine aber hasst sie regelrecht: die Verschwendungssucht. Auch sich selbst gegenüber ist sie eher sparsam. Das trifft in gemäßigter Form auch auf die Anne zu, die sich allerdings bisweilen durchaus etwas Gutes gönnt.
* Die Anna/e mag es überhaupt nicht, ständig in den Mittelpunkt gerückt zu werden. Das wird sie aber automatisch, wenn Sie als ihr Partner in der Öffentlichkeit ständig glauben, als Stimmungskanone oder Streithahn fungieren zu müssen.
* Anti-Geschenktipp: Ohrringe

IDEALE NAMENSPARTNER:

Der Fels in der Brandung für die Anna/e ist der Harald, indem er ihr einen Teil der Ängste nimmt, die sie umtreiben. Viel Geborgenheit wird sie aber auch beim Rüdiger, beim Normalo-Gerhard und beim Martin finden. Wegen ihrer Lebensklugheit ist sie in der Lage, es mit dem Joachim und dem Wolfgang aufzunehmen. Das gilt ebenso für den Günther, wenn er nicht den Oberlehrer heraushängen lässt. Die Häuslichkeit der Anna/e weiß der Andreas sehr wohl zu würdigen, und mit seiner Mutter im gleichen Haus wird sie sich aufgrund ihrer Langmut abfinden.

Prominente Namensträgerinnen:

Anna Wintour, Anne Will, Anne Hathaway, Anna Loos, Anna Netrebko, Anna Kurnikova, Anni Friesinger, Anne Heche

Namenstag der Anna/Anne: 26. Juli

Barbara

Basics: Fight until we die

Barbaras sind Kämpfernaturen. Viele von ihnen mussten Kämpfernaturen werden, um zu überleben oder Großes zu leisten.

Bei der Sängerin und Schauspielerin Barbra Streisand war das Hässliche-Entlein-Image verbunden mit den entsprechenden Abwertungen Motivation, sich und ihrer Umwelt etwas zu beweisen. Aus dem Barbara-Typus hingegen, der sich still in sein Schicksal ergibt, wird später die fast schon harmoniesüchtige, subdominante »Bärbel«.

Der Ehrgeiz, den die Barbaras früh entwickelt haben, häufig gepaart mit Hochbegabung, lässt sie beruflich ganz weite Wege gehen. Ein recht hoher Anteil ist als Uni-Dozentin oder Professorin tätig, regelmäßig auch in den als nicht frauentypisch verschrienen Naturwissenschaften. Mitunter nehmen die Namensträgerinnen auch hohe Positionen in der Verwaltung ein.

Barbaras halten sehr häufig Haustiere als Surrogat für mangelnde menschliche Kontakte. Will aber nicht heißen, dass sie Eigenbrötlerinnen wären. Barbaras brauchen Freunde/innen genauso wie jeder andere auch. Nur sie haben eben wenige, weil der Umgang mit ihnen besonders wegen ihrem Eigensinn und ihrer Bissigkeit alles andere als einfach ist. Barbaras kommen meist besser mit Männern zurecht, die ihre direkte Art zu schätzen wissen.

Schon von Berufs wegen verbringen Barbaras meist viel Zeit mit Lesen. Nicht wenige schreiben auch auf literarischem Niveau oder haben sich hobbymäßig den bildenden Künsten verschrieben. Reisen müssen für sie stets ein ausgiebiges Kultur- und Besichtigungsprogramm enthalten. Obwohl Barbaras gerne zum Kabarett gehen, ist ihr Humor eher schwach ausgebildet. Oft verstehen sie witzige Bemerkungen ihrer Mitmenschen falsch oder beziehen sie auf sich selbst.

Dann können sie beleidigt reagieren und die schöne Stimmung ist dahin. Als größte Charakterstärken der Barbara ragen Bewusstheit, Großzügigkeit und Hilfsbereitschaft hervor. Dazu gesellen sich Engagiertheit, Fleiß und eine Stehaufmännchen-Mentalität.

Optik und Outfit: Barock und Rock

Barbaras sind vielfach auffallend erotische Frauen. Sie haben meistens ansehnliche, ebenmäßige Gesichter, die manchmal auch leicht markante Züge aufweisen können. Das Blitzen in ihren Augen ist gleichermaßen Sinnbild ihrer inneren Spannungen als auch ihrer intimen zügellosen Wildheit, wobei Letztere auch als Entladung von Ersteren betrachtet werden kann.

Normalo-Barbaras haben häufig Figurprobleme. Gewöhnlich gehören sie zur Spezies der Frustfresserinnen. Bärbels, da weniger frustbeladen, sind bezeichnenderweise meist erheblich schlanker. Barbaras sind weder sehr große noch sehr kleine Frauen. Die Durchschnittslänge dürfte bei etwa 1,68 m liegen.

Vom Outfit her sind eindeutig die Bärbels chicer und modebewusster als die Barbaras. Das hängt vermutlich unter anderem damit zusammen, dass es für ihre Figuren leichter ist, die passenden Kleidungsstücke zu finden. Insgesamt schenken Barbaras ihrem Aussehen aber auch keine allzu große Beachtung. Viele könnten durch eine gediegenere Garderobe und Co. ihren optischen Marktwert noch um einiges steigern. Trotz ihrer Fettpölsterchen zieht die Barbara verhältnismäßig gerne (kurze) Röcke an und wirkt darin ausgesprochen sexy. Das Tragen von Kleidern hält sie dagegen für zu »weibchenhaft«.

Verführung und Sex: Belle de Jour

Die Balz der Barbara besteht aus drei Stufen: Anfänglich beginnt sie ihren Auserwählten entweder zu necken oder ihn mit ständigem Widersprechen herauszufordern. Nicht selten aber übertreibt sie die Chose dermaßen, dass die andere Seite glaubt, die Barbara könne sie nicht leiden. Dann tritt Stufe 2 in Kraft. Zum Beispiel könnte sie dem Objekt ihrer Begierde zwei Schnapsfläschchen überreichen, die mit Handschellen aneinandergekettet sind und auf denen steht »Fessle mich«. Versteht der Bursche die Anspielung, weiß er auch gleich, was ihn im Bett mit der Barbara erwartet. Aber auch hier sind viele Vertreter des »starken Geschlechts« noch zu gedankenlos. Wenn dann allerdings die Barbara als Höhepunkt ihrer Balz in Stufe 3 tief dekolletiert mit engem Rock und hochhackigen Schuhen zum Rendezvous aufläuft, dürfte auch das dumpfeste Mannsbild gewahr werden, was die Stunde geschlagen hat.

Die Bärbel hingegen hat keine ausgefeilte Werbungsstrategie. Sie überzeugt eher durch ihren lieblichen Charme und ihre beständige Freundlichkeit. Um eine raffinierte Taktik zur Jagd nach Mr. Right einzusetzen, ist sie fast schon zu unbedarft.

Nicht selten führen Barbaras ein Doppelleben. Tagsüber verdienen sie ihre Brötchen als brave Beamtinnen, während sie sich nach Dienstschluss nebenbei als Dominas betätigen. Beim SM können sie all den Frust und die Spannungen, die sie in sich tragen, förmlich aus sich herauspeitschen. Aber auch wenn die Barbara zum Manne geht und die Peitsche vergisst, geht es intim äußerst lebhaft zu. Selbst beim »schnöden Geschlechtsverkehr« ist sie in der Lage, alle Schranken fallen zu lassen.

Die Bärbel erweist sich sexuell oft als ein wenig hausbacken. Ihre Grenzen liegen dort, wo bei der Barbara der Spaß erst anfängt. Auf Initiative von ihr kann der Partner lange warten. Dafür ist sie viel zu sehr in der klassischen Vorstellung verhaftet, dass der Mann im Bett den Anfang machen sollte.

Jagdreviere: Liebe auf den dritten Blick

Das Suchen und Finden der Liebe muss bei der Barbara definitiv ein Theaterstück in mehreren Akten sein. Hinsichtlich aller Medien der Kontaktanbahnung, die mehr oder weniger auf Einmaligkeit angelegt sind, bewegen sich ihre Chancen gegen null. Bei Internet- oder Kontaktanzeigen-Dates wird die Barbara das Gegenüber beim ersten Treffen durch ihre provokativ-konfrontative Art vermutlich so sehr verschrecken, dass sie nie mehr etwas von ihm hört. Speed-Dating geht ihr vollkommen gegen den Strich, weil sie dabei nicht genügend Zeit hat, sich verbal darzustellen. Auch Kuppelshows jedweder Couleur empfindet sie als meilenweit unter ihrem Niveau. Running Dinner wird mit ihr hingegen bestimmt recht aufregend, weil sie in der Lage ist, die ganze Gesellschaft aufzumischen, aber zum Zuge kommt sie bei dem kulinarischen Trip wohl kaum.

Erfolgversprechender sind da schon Single-Reisen. Auf den Ausfahrten der einsamen Herzen haben die teilnehmenden Herren der Schöpfung genügend Muße, sich eingehender mit der Barbara zu beschäftigen und hinter ihre angriffslustige Fassade zu blicken. Dasselbe gilt auch für Single-Clubs. Den Clou aber stellen für die Namensträgerinnen Gesprächsgruppen für Alleinlebende dar. Hier entwickelt sich oft Verständnis der anderen Mitglieder für die Raubatzigkeit der Barbara, weil die Hintergründe beleuchtet werden, und nicht selten trifft sie auf ein männliches Pendant, das ihren Zynismus sowie schwarzen Humor mit der Zeit antörnend findet.

Auf freier Wildbahn muss die Barbara den Kandidaten möglichst schon öfters gesehen haben, beispielsweise in ihrer Stammkneipe. Um sich irgendwo im »Vorbeigehen« anquatschen zu lassen, ist sie meist zu spröde und auch zu misstrauisch. Die effektivsten Jagdreviere der Bärbel sind der private Freundeskreis und der Arbeitsplatz, der übrigens auch gerne von der Barbara zur Pirsch nach Mr. Right genutzt wird.

Partnerschaft: No way out

Was ihre Beziehungen betrifft, sind Barbaras oft in einer Ausweglosigkeit gefangen. Mit den starken Typen, die ihrem Kampfgeist und ihrer Konfliktfreude etwas entgegenzusetzen haben, geraten sie ständig aneinander, die vermeintlich »Schwächeren« langweilen auf Dauer. Das führt dazu, dass Barbaras nur relativ selten Glück in der Zweisamkeit finden. Funktionieren könnte ihr Liebesleben mit einem Leader, wenn die partnerschaftlichen Kompetenzen klar aufgeteilt werden oder die bessere Hälfte in Überschneidungsbereichen über so viel Souveränität und Gelassenheit verfügt, sich zurückzunehmen.

Barbaras entscheiden sich nicht selten bewusst gegen Kinder, um ihnen ein ähnliches Schicksal zu ersparen, wie sie es erleiden mussten. Offenbar trauen sie sich da selbst nicht und befürchten einem neurotischen Wiederholungszwang zu erliegen. Stellt sich aber doch Nachwuchs ein, leben die Namensträgerinnen meist bewusst einen erziehungstechnischen Gegenentwurf zu ihrem Elternhaus und schenken ihm die Liebe und Anerkennung, die sie entbehren mussten.

Im Haushalt können Barbaras alles, aber sie wollen nicht alles. Mit der Rolle des Heimchens am Herd werden sie sich niemals zufriedengeben wie viele Bärbels, die zumindest zeitweise ganz im Familienleben aufgehen. Von ihrem Partner erwartet die Barbara tatkräftige Unterstützung beim Waschen, Putzen und Co. Allerdings ist sie dafür auch ebenso wie die Bärbel eine Bank, wenn die andere Seite in Not gerät. In dieser Hinsicht ist nicht Undank der Welten Lohn.

Trennung: Die Friedenspfeife danach

Die Barbara läuft nach dem Zerbrechen der Partnerschaft nicht Amok, wie es viele von ihr erwarten würden, sondern reagiert vielmehr resigniert. Auch wenn sie ein Typ ist, der die Schuld nach außen hin bevorzugt beim Gegenüber sucht, ist sie im stillen Kämmerlein nicht frei von Selbstzweifeln. Sind keine Kinder (mehr) im Haus, vergräbt sie sich bisweilen wochenlang in ihrer Wohnung. Ist sie wieder einigermaßen auf dem Damm, sollte der Ex nicht versuchen, bei der Klärung der Scheidungsfolgesachen Spielchen mit ihr zu spielen. Zumindest beim Kindesunterhalt sollte er keine Mätzchen machen und ihn anstandslos in voller Höhe entrichten. Für sich selbst etwas zu fordern, ist die Barbara meist zu stolz. Sie möchte sich alsbald wieder selbst versorgen. Oft hat sie auch überhaupt keine Ansprüche geltend zu machen, da sie ebenso viel oder mehr verdient als ihr Verflossener.

Nicht selten baut die Barbara, nachdem die kleinen Scharmützel rund um das gesetzliche Ende ihrer Ehe ausgetragen sind, fast wieder ein freundschaftliches Verhältnis zu ihrem geschiedenen Mann auf. Das verwundert insofern etwas, als sich die Partnerschaft doch ziemlich konfliktträchtig gestaltete.

Pflegetipps:

Musts:

* Achten Sie bei Streitgesprächen darauf, dass Sie Ihre Barbara nicht in die Ecke drängen. Wenn sie keinen Ausweg mehr sieht, kann es passieren, dass sie verbal besinnungslos um sich beißt. Nicht selten fliegen dann auch Tassen und Türen.

* Barbaras sind häufig Gourmands. Kochen Sie Ihrer Barbara ein opulentes Mahl und veranstalten Sie eine barocke Fressorgie mit ihr. Meist gehen dann die lukullischen fließend in die venerischen Genüsse über. Bei der Barbara kommt nämlich nach dem Fressen nicht die Moral, sondern die »Unzucht«.

* Geschenktipp: Marzipanschokolade

No-Gos:

* Wenn die Barbara etwas hasst, dann sind es Spießer. Oft lebt sie ein wenig nach dem Motto »Ist der Ruf erst ruiniert, lebt sich's völlig

ungeniert«. Einen Partner, der permanent nur auf Sitte, Anstand und Ehre bedacht ist, jagt sie schnell zum Teufel.

* Versuchen Sie Ihre Barbara nicht zu überreden, ein Kleid zu tragen. Damit werden Sie gewöhnlich auf Granit beißen, und vermutlich wird sie auch überhaupt kein aktuelles besitzen.
* Schaumschlägern und Machos sei anzuraten, einen weiten Bogen um die Barbara zu machen. Ansonsten wird sie sie stehenden Fußes in aller Öffentlichkeit als Luftnummern enttarnen.

IDEALE NAMENSPARTNER:

Die Wortgefechte und kontroversen Diskussionen mit der Barbara turnen den Peter an. Er gehört zu den Männern, bei denen Reibung erotische Spannung erzeugt. Der Wolfgang, der Joachim und meist auch der Günther können der Barbara intellektuell das Wasser reichen. Alle drei weisen auch gewöhnlich die Gelassenheit auf, sich von ihrer gelegentlichen Angriffslust nicht aus dem Gleichgewicht bringen zu lassen. Der Christian übt auf erotischem Gebiet fast schon eine magische Anziehungskraft auf die Barbara aus. Aber nicht nur sexuell, auch geistig können die beiden in andere Dimensionen vordringen. Der stets heitere Stefan bringt die oft ernste Barbara zum Lachen. Zu der relativ unkomplizierten Bärbel passen unter anderem gut der Horst, der Martin und der Ralf.

PROMINENTE NAMENSTRÄGERINNEN:

Barbra Streisand, Barbara Schöneberger, Barbara Meier, Barbara Salesch, Barbara Rudnik, Barbara Auer, Barbara Wussow, Bärbel Mohr, Barbara Valentin

Namenstag der Barbara: 4. Dezember

Bettina

Basics: Die Antwort auf (fast) alles ist Liebe

Die Bettina ist eine engagierte und couragierte Kämpferin für die Belange der Humanitas. Bei ihren diversen »karitativen« Aktivitäten verfällt sie aber selten in Fanatismus, sondern wird meist von einer profunden Liebe zu allen göttlichen Geschöpfen getragen. Bettinas sind keine Frauchentypen. Kennzeichnend für sie ist ein recht hohes energetisches Potenzial gepaart mit Zähigkeit. Beides ist auch notwendig zur Erreichung ihrer Ziele, die gewiss nicht niedrig gesteckt sind. Mit Mittelmaß gibt sie sich, egal in welchem Lebensbereich, nur selten zufrieden.

Der Mainstream der Namensträgerinnen bezieht seine Tatkraft aus sportlicher Betätigung im herkömmlichen oder erweiterten Sinne. Er »brettlt« auf Skiern, reitet, läuft oder betreibt Yoga. Daneben laden die »Bettys« ihren Akku in den Mußestunden bevorzugt mit Lesen, Briefe- oder Tagebuchschreiben, Wellness sowie Kneipenbesuchen mit ihren Freundinnen auf; nicht zu vergessen ihr breitgefächertes Kulturprogramm. Obwohl viel unterwegs, ist die Bettina keine Nomadin – auch das Zuhausesein hat einen hohen Stellenwert für sie –, und ebenso wenig gehört sie zur Familie der Tanzmäuse.

Berufe aus Berufung sind für sie Pädagogin, Ärztin und Journalistin, wobei sie gerne den Finger in die Wunde sozialer Skandale wie Kinderarmut und -misshandlung legt. Als Schülerin und Studentin ist sie häufig strebsam, zumindest aber erledigt sie alle ihre Aufgaben gewissenhaft. Das Ergebnis davon sind gute bis sehr gute Zensuren.

In ihrem engeren sozialen Umfeld dulden die Bettinas keine Opportunisten und Claqueure. Sie selbst haben es sich schließlich auch nicht zum Ziel gesetzt, Everybody's Darling zu sein wie die Sabine.

Um sich vor unliebsamen Zeitgenossen zu schützen, hat sich die Bettina eine gewisse Sprödigkeit zugelegt, die mitunter ein wenig arrogant wirkt. Freundschaften schließt sie nicht von heute auf morgen, sondern erst nach eingehender Prüfung der Kandidaten/innen. Politisch gehören Bettinas eher dem (gemäßigt) linken Spektrum an. Da ihnen soziale Belange wichtiger sind als Umweltfragen, wählen sie eher SPD als die Grünen. Mit Esoterik beschäftigen sie sich eher am Rande. So recht fehlt ihnen der Glaube an Sterndeuterei und Co., während die Religion durchaus einen (festen) Platz in ihrem Leben hat.

OPTIK UND OUTFIT:
MEHR SEIN ALS SCHEIN

Vom Geld der Bettina wird sicher kein Schönheitsdoktor reich, weil sie erstens von Natur aus schon optisch genügend Reize aufzuweisen hat und es zweitens ablehnt, ihr ins Handwerk zu pfuschen. Falten betrachtet sie als Ausdruck eines gelebten Lebens und von Persönlichkeit. Fraglos hegt und pflegt die Bettina ihr Äußeres sorgfältig, denn sie glaubt prinzipiell schon an den Grundsatz »Mens sana in corpore sano«. Daher lebt sie meist gesund, raucht nicht und trinkt nur wenig Alkohol. Aber einem übertriebenen Körperkult fällt sie deshalb nur selten anheim.

Bettinas sind auch ohne große »Kriegsbemalung« von ihrem Antlitz her oft hübsche bis rassige Frauen. Den figürlich schlanken bis zierlichen unter ihnen geht neben dem Breitenwachstum häufig auch das rechte Höhenwachstum ab. Verhältnismäßig viele sind unter 1,60 m groß. Allerdings ragen auf der anderen Seite des Längenspektrums auch nicht wenige Bettinas bis zu 1800 mm in den Himmel. Die »goldene Mitte« dürfte etwa zwischen 1,65 m und 1,68 m liegen. Der Busen der Bettinas nimmt fast nie »atomare« Ausmaße an (meist B- oder C-Cups). Die Haarfarbe scheint auf Braun abonniert zu sein. Bei ihrem Outfit legen die Bettinas erstaunlicherweise oft mehr Augenmerk auf das Darunter als auf das Darüber. Richtig interessant wird es also für einen Mann erst, wenn sich die Bettina entblättert. Da offenbaren sich dann häufig raffiniert-verspielte Dessous.

Verführung und Sex: Games without frontiers

So wie ein Mann das Herz einer Bettina gewinnen kann, so versucht sie auch selbst einen Mann für sich zu begeistern, nämlich indem sie auf ihn eingeht und echtes Interesse an ihm zeigt. Gleichwohl vermag sie beim anderen Geschlecht durch ihre Ritterlichkeit zu punkten. Oft verliebt sich ein Arbeitskollege in sie, weil sie ihm mit Rat und Tat zur Seite steht und mitunter sein Fortkommen fördert. Schließlich möchte die Bettina doch zumindest ein wenig stolz sein können auf ihren zukünftigen Herzbuben.

Klassische Flirtsignale sendet die Bettina hingegen nur selten aus, und schon gar nicht bewusst. Um etwa Blickkontakt aufzubauen, ist sie bisweilen zu schüchtern. Befindet sie sich jedoch bereits im »Infight« und hat die ersten Hürden der Befangenheit übersprungen, lässt sie anhand von launigen Neckereien ihr Interesse an ihrem Gegenüber durchblicken oder macht ihm sogar das eine oder andere Kompliment. Dabei nutzt sie am liebsten die Schriftsprache. So finden sich häufig in (Liebes-)Briefen, die sie noch ganz altmodisch schreibt, oder in Mails und SMS-Textbotschaften Nettigkeiten der Bettina in Richtung des Objekts ihrer Begierde. Allerdings stellen sie gewöhnlich keine Winke mit dem Zaunpfahl dar, sondern sind ein wenig verschlüsselt. Aber wer sie nicht dechiffrieren kann, wird an der Seite der Bettina, für die Sprachgefühl und -verständnis ein wichtiges Kriterium bei der Partnerwahl darstellen, ohnehin nicht bestehen können.

Abenteurer, die nur auf die schnelle Nummer schielen, sind bei der Bettina regelmäßig an der falschen Adresse. Auf One-Night-Stands lässt sie sich nämlich nur selten ein. Wenn sie mit einem Mann intim wird, will sie sich einigermaßen sicher sein, dass er nicht nur ihren Körper begehrt, sondern auch Interesse für sie als Mensch hat. Dazu muss sie die andere Seite erst kennenlernen und Vertrauen aufbauen. Auch beim Akt selbst legt die Bettina großen Wert auf ein ausgedehntes Vorspiel. Das beginnt für sie bereits mit einem romantischen Abendessen und gepflegter Konversation. Tatsächlich turnen die Bettina gute Gespräche sexuell an, die noch nicht einmal Anspielungen unter die Gürtellinie haben müssen. Ebenso vermag sie ein gemeinsames Bad mit ihrem Partner bei Kerzenschein in Wallung zu bringen. Ohne zuvor warm gelaufen zu sein, geht bei der Bettina fast gar nichts. Allerdings sollte man nie »nie« sagen. Manchmal darf es auch der Quickie am Strand oder im Auto sein.

Eine kleine horizontale Schwäche der Bettina besteht darin, dass sie bisweilen ein wenig sprunghaft ist und zu schnell von einer Praktik zur nächsten wechselt. Einen Höhepunkt zu haben, stellt nicht das Nonplusultra für die Bettina dar. Viel mehr Wert legt sie auf das Gesamtkonzept der Intimität mit vielen »verspielten« Elementen und die Nähe zu ihrem Partner. Sex ist beileibe nicht alles für die Bettina, aber missen möchte sie ihn in ihren Beziehungen mitnichten.

Jagdreviere: Küssen verboten!

An manchen Örtlichkeiten hat die Bettina förmlich ein Schutzschild um sich gelegt und Mann sollte es sich besser zweimal überlegen, bevor er sie dort anspricht. Dazu gehören definitiv solche, die von Textilknappheit geprägt sind, wie die Sauna, der FKK-Badestrand und das Schwimmbad. Wenn die Bettina sich dort aufhält, was ohnehin eher selten ist, möchte sie weitgehend in Ruhe gelassen werden. Es entspricht nicht ihrer Vorstellung von Romantik, mit einem

Kerl intim zu werden, der optisch fast schon alle seine Geheimnisse verraten hat.

Mit allen Jagdrevieren und Medien, die nicht von vornherein auf ein Wiedersehen angelegt sind, tut sich die Bettina schwer. Damit fällt im Prinzip fast die gesamte freie Wildbahn weg und an Vehikeln der Kontaktanbahnung sind Internet, Kontaktanzeige, Running Dinner, Speed-Dating und Kuppelshows aus dem Rennen; wobei ihr »Fleischbeschauen« wie bei Letzteren ohnehin völlig gegen den Strich gehen. Dafür ist die Bettina in niveauvollen Single-Clubs, -Gesprächszirkeln sowie -Tanzkursen und auf Reisen für einsame Herzen überrepräsentiert. Gehäuft anzutreffen ist sie auch auf kulturellen Veranstaltungen wie Vernissagen, Lesungen und Konzerten.

Natürlich ist der Bettina bewusst, dass es manchmal nicht anders geht, als sich auf einen Blitzangriff einzulassen oder »flüchtige« Medien des Kennenlernens zu nutzen, da sie sich sonst zu vieler Chancen berauben würde. Sie gibt sich dann alle Mühe, die Distanziertheit, die sie gewöhnlich anfangs gegenüber einem Fremden zeigt, über Bord zu werfen.

Als optimal erweist sich für Bettinas Pirsch nach Mr. Right der Arbeitsplatz nebst dem privaten Freundeskreis. Hier wird mit »schöner Regelmäßigkeit« kontaktet und beschnuppert, was sie langsam ihre Handbremse lösen lässt, wenn es mit einem Verehrer zu passen scheint.

Partnerschaft: Friede den Hütten

Das lateinische Sprichwort »Domi leones, foris vulpes«* trifft auf die Bettina genau umgekehrt zu. So streitbar sie sich bisweilen nach außen gibt, so lammfromm ist sie zu Hause. Aber die Bettina kämpft ja

---

* Zu Hause Löwen, draußen Füchse

auch nicht aus Selbstzweck. Gäbe es keine Ungerechtigkeit auf der Welt, könnte sie ihr »Kriegsbeil« begraben und genüsslich dem idyllischen Treiben zuschauen.

In der Liebe ist die Bettina fast schon krankhaft harmoniebedürftig. Vielleicht hindert sie ein Stück weit ihre Klugheit daran, sich auch noch in den heimischen vier Wänden aufzureiben. Für den »Frieden der Hütten« ist die Bettina bereit, über sehr viel hinwegzusehen und manche Kröte zu schlucken. Aber ihr Partner sollte nicht glauben, er könnte sich auf die faule Haut legen, nachdem er ihr Herz erobert hat, und bräuchte nichts mehr für die Beziehung zu tun. Das ist ein fataler Trugschluss, der sich bitter rächen kann, wenn nach Jahren voller Warnschüsse dann doch seine Koffer vor der Tür stehen. Die Bettina hat wunderbar mütterlich-fürsorgliche Züge, mit denen sie ihrer Familie ein Gefühl von Geborgenheit vermittelt, aber sie wünscht sich auch selbst eine starke Schulter zum Anlehnen, die beruhigend auf sie einwirkt, wenn sie flatterig oder überdreht ist. Ihre Quirligkeit artet nämlich nicht selten in einen gewissen Aktionismus aus.

Mit der Gleichberechtigung, für die sich die Bettina öffentlich einsetzt, nimmt sie es für sich privat nicht so genau. Sie ist eine hervorragende Köchin und hält den Haushalt in Ordnung, allerdings nicht steril, sonst würde die Nestwärme, die sie so liebt, verloren gehen. Für ihre Sprösslinge würde die Bettina als Mutter aus Passion ihr Leben geben. Will sich bei ihr einfach kein Nachwuchs einstellen, leidet sie mitunter schwer, hat sie doch dadurch das Gefühl, ihrer biologischen Bestimmung nicht gerecht werden zu können. Von ihrem Göttergatten verlangt die Bettina nicht übermäßig viel Mithilfe im Haushalt. Oft reichen ihr schon die Bereitschaft dazu und kleine Gesten. Vor allem aber soll er ihrer Rolle als Familienmanagerin die Wertschätzung entgegenbringen, die sie verdient. Das Wort »nur« im Zusammenhang mit »Hausfrau« sollte sich ihr Angetrauter tunlichst verkneifen. Meist nimmt die Bettina aber nach der Kinderpause ohnehin wieder ihre Berufstätigkeit auf, zumindest halbtags. Da tritt wieder ihr Wunsch nach Emanzipation oder anders gesagt Selbstverwirklichung in den Vordergrund.

Trennung: Ein guter Abgang

Die Bettina ist kein Kind der Wegwerfgesellschaft. Ihre Zweisamkeit gleich zu beenden, sobald der erste Gegenwind aufkommt, liegt nicht in ihrem Handlungsmuster. Dazu zeigt sie sich erst bereit, wenn sie alle Mittel ausgeschöpft hat und überhaupt kein Fortkommen mehr sieht.

Bei der Trennung ist für die Bettina Fairness das oberste Gebot. Sie gibt ihrem Lover weder per SMS den Laufpass, noch macht sie sich einfach vom Acker, ohne ihm zuvor in einem klärenden Gespräch die Gründe dafür (noch einmal) dargelegt zu haben. Dasselbe erwartet sie aber auch von der anderen Seite. Doch egal wie die Trennung auch verlaufen mag, dem Vater ihrer Kinder wird sie stets den nötigen Respekt entgegenbringen.

Nach dem Ende der Zweisamkeit, an dem sie meist schwer zu knabbern hat, zieht sich die Bettina zunächst in ihr Schneckenhaus zurück. Ihre sozialen Kontakte nimmt sie aber recht bald wieder auf, während sie sich lange davor scheut, erneut eine feste Bindung einzugehen. Die rechtlichen Vereinbarungen rund um die Scheidung lassen sich mit der Bettina bisweilen in Grundzügen zwischen Frühstück und Mittagessen treffen, sofern ihr Verflossener genauso kooperationsbereit ist wie sie. Wenn nicht, macht sie nicht selten, um des lieben Friedens willen, auch »außerplanmäßige« Zugeständnisse. Mit einer Schlammschlacht auf niedrigstem Niveau möchte die Bettina ihr Karma nicht belasten.

Pflegetipps:

Musts:

* Die Bettina liebt es wildromantisch. Bei einem Heiratsantrag sollten mindestens schon Sternenhimmel, Sandstrand und Meer die Kulisse bilden.
* Vermitteln Sie Ihrer Bettina das Gefühl, dass Sie oft an sie denken. Am besten gelingt das mit kleinen Aufmerksamkeiten. Da sie ein kleines Süßmaul und zudem probierfreudig ist, sollten Sie Stammkunde diverser Konfiserien und immer auf der Jagd nach neuen Praliné- und Gebäckkreationen sein.
* Pflegen Sie die Bettina, wenn sie ausnahmsweise mit einer schweren Erkältung darniederliegt. Jeden Tee und jede Wärmflasche, die Sie ihr ans Bett bringen, wird sie positiv in ihrem Liebestagebuch vermerken.

No-Gos:

* Aalglatte solariengebräunte Yuppie-Beaus sind bei der Bettina absolut chancenlos. Bei ihr muss ein Mann nicht unbedingt schön sein, sondern vielmehr über Persönlichkeit, Geist und Humor verfügen.
* Versuchen Sie nicht krampfhaft witzig zu sein, indem Sie der Bettina die Frage stellen, ob sie eine Bet-tina oder eine Bett-tina ist. Mit diesem Niveau disqualifizieren Sie sich schon in der ersten Runde ihres Prinzen-Castings.
* Haben Sie eine Allergie gegen Besuch und möchten Sie Ihr Haus am liebsten in eine Festung umwandeln, dann sollten Bettinas tabu für Sie sein. Die Trägerinnen dieses Namens sind nämlich außerordentlich gastfreundlich, was natürlich zur Folge hat, dass die Bude häufig »voll« ist.
* Anti-Geschenktipp: Topfpflanzen – Zeugen für die Bettina von wenig Phantasie.

Ideale Namenspartner:

Mit dem Joachim hat sich die Bettina sozusagen ein Rundum-sorg-los-Paket eingefangen. Die beiden korrespondieren praktisch in allen Lebensbereichen, angefangen von einem blinden Verständnis, weiter über ihre Kinderliebe, bis hin zu den intimen Wünschen und Phantasien. Eine inspirierte Verbindung garantieren auch der Horst, der Wolfgang und der Günther, die die Bettina durch ihren Intellekt, ihren Humor und ihre Mitmenschlichkeit überzeugen. Sowohl im Peter als auch im Normalo-Gerhard findet sie den »ästhetischen« Seelenpartner, während der Martin ihre religiösen Aspekte bedient. Besonders »kuschelig« wird es mit dem Rüdiger.

Prominente Namensträgerinnen:

Bettina von Arnim, Bettina Wegener, Bettina Böttinger, Bettina Zimmermann, Bettina Cramer, Bettina Kupfer, Bettina Hoy

Namenstag der Bettina: 19. November

Birgit(ta)

Basics: Atemlos

Birgits sind ziemlich unkonventionelle Typen, und es ist ihnen relativ unwichtig, was die Leute über sie denken. Nach außen wirken sie souverän und selbstbewusst, manchmal sogar ein wenig tough. Innerlich bieten sie jedoch häufig ein Bild von Unsicherheit und Getriebenheit. In der Freizeit zeigt sich die Rastlosigkeit mitunter darin, dass Birgits ständig um die Häuser ziehen müssen. Mit ihrem Aktionismus bekämpfen die Namensträgerinnen nicht selten auch das sie regelmäßig befallende Gefühl von Leere. Länger anhaltende Einsamkeit und Langeweile sind Gift für die Birgit und Ursache für depressive Verstimmungen. Die Trägerinnen dieses Namens brauchen Action und lieben gesellige Anlässe.

Ansonsten tanzen Birgits ausgesprochen gerne, egal ob »Freestyle« oder Standard, und unternehmen Städtereisen mit Musicalbesuchen. Wellness lassen sie sich auch angedeihen, allerdings darf es nicht zu ausgedehnt sein. Für einen ganzen Tag in der Sauna fehlt ihnen meist die Geduld. Sie könnten ja anderswo wieder etwas verpassen. Birgits sind ungemein hilfsbereite und soziale Zeitgenossinnen. Ihre Gutmütigkeit gepaart mit Blauäugigkeit wird leider oft ausgenutzt. Bisweilen verleihen sie Geld an Freunde oder Bekannte in Not, das sie nie mehr wiedersehen. Aber die Birgits grämen sich nicht darüber, weil materielle Güter kaum im Vordergrund für sie stehen. Sie betrachten Wohlstand vielmehr als Möglichkeit, Gutes damit zu tun. Beruflich sind die Birgits häufig im therapeutischen Bereich oder als Lehrerinnen tätig. Aber auch Verwaltungsaufgaben liegen ihnen. Selbst in klassische Männerdomänen brechen sie mitunter wegen ihrer technischen Begabung ein, so als Vermessungsingenieurinnen oder Konstrukteurinnen.

Das Herz der Birgits schlägt nicht nur anatomisch links, sondern ebenso politisch. Häufig sind sie rot-grün angehaucht oder sogar handfeste Ökos mit der entsprechenden Lebensweise. Religion bietet den Birgits einen gewissen Anker gegen ihre innere Haltlosigkeit. Von Sekten lassen sie sich indes allenfalls kurzfristig streifen, weil deren rigide Regeln ihrem Freiheitsbedürfnis widersprechen.

Durch ihre Unrast haben Birgits Schwierigkeiten, ein Ziel, das allzu fern liegt, mit Ausdauer und Akribie zu verfolgen. Mangels Ehrgeiz streben sie auch weder den Olymp an, noch müssen sie irgendwo im Mittelpunkt stehen. Allerdings ertragen sie es auf Dauer nur schlecht, wenn sie gänzlich übersehen werden. Dann bringen sie sich schon vorsichtig in Erinnerung. Schließlich sind sie allemal keine Mauerblümchen.

OPTIK UND OUTFIT: MAMMA MIA*

Als es um die Verteilung der Oberweite ging, haben die Birgits vermutlich laut »Hier« geschrien, zumal kaum eine Namensträgerin anzutreffen ist, die »nur« die berühmte Handvoll Busen aufweisen kann.

Gewichtsmäßig liegen die Birgits meist im Normalbereich. Nach medizinischen Kriterien sind sie oft ein paar Kilo zu schwer, nicht aber nach ästhetischen. Weiterhin namenscharakteristisch ist das hübsche, frauliche Gesicht. Auffällige Makel stören selten das ebene, symmetrische Antlitz der Birgit. Allzu groß geraten ist sie auch nicht. Die Durchschnittslänge dürfte bei circa 1,65 m liegen. Die Haarfarbe der Birgits ist absolut unspezifisch. Es finden sich ebenso rot- wie dunkelhaarige oder blondschöpfige unter ihnen, aber nur ganz selten tragen sie ihren natürlichen Kopfschmuck lang. Insgesamt stehen Birgits bezüglich ihrer Optik auf Natürlichkeit.

* Mamma heißt übersetzt die weibliche Brust.

Abgesehen von der Birkenstockfraktion sind sie modebewusste Frauen, die auch meist ein gutes Händchen für ihren persönlichen Style haben. Röcke und Kleider bleiben aber leider viel zu häufig im Schrank. Erstere kommen höchstens bei einem Kostüm zum Einsatz. Hinsichtlich Schmuck legen Birgits großen Wert auf Schlichtheit, während sie mit Accessoires ganz wenig am Hut haben.

VERFÜHRUNG UND SEX: WER HAT NOCH NICHT, WER WILL NOCH MAL

Kommt die Birgit mit einem Mann in Kontakt, der sie reizt, reagiert sie trotz ihrer hinlänglichen partnerschaftlichen Erfahrung anfangs oft erstaunlich verlegen. Nicht auszuschließen, dass sie gar errötet, wenn er ihr ein Kompliment macht oder sie intensiv anschaut. Somit ist sie alleine schon durch ihre körperlichen Reaktionen ein offenes Buch für ihr andersgeschlechtliches Gegenüber.

Flirtsignale setzt die Birgit fast nie bewusst ein. Im Gespräch bleibt sie zunächst recht sachlich und wird erst ein wenig euphorischer, wenn sie die vermeintliche Seelenverwandtschaft mit einem potenziellen Mr. Right erkennt. Seelenverwandtschaft beruht auf Gemeinsamkeiten, und die sind das A und O für die Birgit in einer Beziehung. Deshalb besteht auch eine ihrer Jagdstrategien darin, dem Objekt ihrer Begierde Übereinstimmungen jedweder Couleur vor Augen zu führen.

Manche Namensträgerinnen versuchen auch ihren Marktwert zu steigern, indem sie sich als Helferinnen anbieten. Nicht selten befreit die Birgit ihren zukünftigen Gefährten aus einer Zwangslage, bevor sie eine Verbindung mit ihm eingeht. Dabei zahlt sie häufig Lehrgeld, wenn sie eigentlich nur als Retterin gebraucht und hernach schnell wieder abgeschossen wird.

Wird die Birgit nach der Anzahl ihrer bisherigen Sexualpartner befragt, gibt sie oft mehr als 10 und nicht selten über 20 an. Das liegt daran, dass die Birgit ihre kindliche Neugierde auch in Bezug auf den Intimverkehr nie verliert. Schnell lässt sie sich von einem Mann begeistern und hat kein Problem damit, ihn schon am ersten Abend mit nach Hause zu nehmen. Von der Birgit aus kann aus diesem »First-Night-Stand« durchaus eine Beziehung werden, allerdings schwebt dann für ihren Partner darüber immer das Damoklesschwert, dass sie auch mit dem nächsten interessanten Burschen alsbald ins Bett hüpfen könnte. Diese Gefahr ist leider nicht ganz von der Hand zu weisen.

Da die Birgit nur selten auf einen Typ Lover festgelegt ist, eignet sie sich im Laufe ihres Sexuallebens ein breites Repertoire an erotischen Praktiken an. Als Ausdruck ihrer Verspieltheit beschäftigt sie sich intensiv mit dem Körper ihres jeweiligen Geschlechtspartners und entwickelt dabei Techniken, die ihn in den Zustand höchster Erregung versetzen.

JAGDREVIERE: NICHTS IST UNMÖGLICH

Bei den Medien der Kontaktanbahnung kennt die couragierte, manchmal sogar etwas draufgängerische Birgit kaum Ängste. Vor allem enthemmt durch zwei, drei Gläser Sekt, hat sie keine Probleme damit, sich auf einer Single-Fete just for fun an einem Kuppelspiel zu beteiligen. Allerdings lässt die Bereitschaft hierzu mit zunehmender Bildung deutlich ab. Auch an Radio- oder Fernsehkuppelshows nehmen eher die »schlichteren« Namensträgerinnen teil, während alle ihr Scherflein zum Running Dinner beitragen können. Die Namensträgerinnen kochen allerdings eher gerne als gut.

Beim Speed-Dating haben die Birgits gute Chancen, weil sie ziemlich schlagfertig sind und optisch einiges zu bieten haben. Ein Kandidat, der ihnen dabei ständig auf die üppige Oberweite anstatt in die Augen schaut, hat jedoch sofort verloren. Auch wenn Singles reisen, tanzen oder »clubben«, ist die Birgit nicht fern. Für die Gesprächszirkel der Lonelyhearts gebricht es ihr jedoch regelmäßig am Sitz-fleisch, ebenso wie für die Partnersuche per Mausklick oder Kon-taktanzeige. Besonders im Internet besteht für die zumindest anfangs häufig etwas zu gutgläubige und unkritische Birgit darüber hinaus die Gefahr, auf einen der dort zahlreichen Windhunde hereinzufal-len.

Dann umgarnt sie Mr. Right schon lieber in schwingender und krei-sender Bewegung beim Reigen in der Disko oder im Tanzlokal, wo-mit die Birgit auf freier Wildbahn angelangt ist. Dort kann sie fast überall reüssieren, weil sie mit offenen Augen und mit offenem Her-zen durch die Welt geht. Selbst in flüchtigen Momenten wie an der Ampel ist sie häufig ansprechbar. Gerne lässt sich die Birgit auch im Freundeskreis durch tätige Mithilfe an den Mann bringen oder tauscht am Arbeitsplatz durch Aktenberge verliebte Blicke mit dem schnuckeligen Büronachbarn aus.

Partnerschaft: Crazy chicken

Besonders in jungen Jahren lässt sich die Birgit zu leichtfertig auf Beziehungen ein, weil sie schlecht allein sein kann. Sie bindet sich zuerst und schaut dann, ob das Gegenüber zu ihr passt. Kommt sie dabei zu einem negativen Ergebnis, ist es meist schon zu spät und sie hat das Mismatch an der Backe kleben. Tragischerweise verhindert nun ihre Gutmütigkeit, sich gleich wieder von ihm zu lösen. Sie lässt sich bisweilen sogar so weit einlullen, dass sie kurze Zeit später mit einem Mann vor den Traualtar tritt, den sie von Anfang an nicht wirklich liebt und begehrt.

Jenseits der 30, spätestens aber in ihrem fünften Lebensjahrzehnt, wird die Birgit etwas sorgfältiger bei ihrer Partnerwahl, weil sie nun gelernt hat, Phasen des Singledaseins auszuhalten. Doch noch immer kommt es zu Fehlgriffen, denn ihre schlechte Menschenkenntnis haftet ihr weiter an.

Meinungsverschiedenheiten diskutiert die Birgit gerne weitschweifig aus und geht auch einem Streit nicht aus dem Weg. Wenn die Auseinandersetzung zu heftig wird, knickt sie allerdings häufig ein und macht einen Rückzieher. Um ihren Standpunkt bis zum letzten Blutstropfen zu verteidigen, ist ihr Selbstbewusstsein gewöhnlich nicht ausgeprägt genug. Wenn der Partner laut und unsachlich wird, beginnen mitunter auch die Tränen zu fließen.

Die Birgit ist auf eine liebenswerte Art chaotisch, ein verrücktes Huhn, hat aber Haushalt und Kindererziehung meist noch recht gut im Griff. Allerdings sollte ihre bessere Hälfte den Ruhepol darstellen. Langweilig wird es mit der Birgit jedenfalls nie. Ständig hat sie neue Ideen, und die machen auch nicht vor dem Schlafzimmer halt …

Trennung: To leave the past behind

Der Selbsterhaltungstrieb der Birgit ist meist viel zu ausgeprägt, als dass sie das Ende einer Partnerschaft, wie schmerzlich es auch sein mochte, in eine existenzielle Krise stürzen könnte. Gewöhnlich nimmt sie sehr bald wieder rege am sozialen Leben teil. Um das Gewesene zu verarbeiten, reicht der Birgit meist die Unterstützung ihres sozialen Umfelds aus.

Bei der Scheidung verzichtet sie teilweise auf viel Geld, um einen Rosenkrieg zu verhindern. Durch ihre Herkunft ist sie häufig finanziell unabhängig und hat es daher nicht nötig, um jeden Cent zu kämpfen. Aber auch sonst würde sich die Birgit nur in absoluten Ausnahmefällen auf eine Schlammschlacht mit ihrem Ex einlassen. Dafür ist sie von ihrem Naturell her meist zu milde und auch stets wieder zur Versöhnung bereit. Nachtragend ist sie nämlich genauso wenig wie nachtretend. Großes Augenmerk legt die Birgit nach dem Liebes-Aus auf das Wohlergehen des Nachwuchses.

Pflegetipps:

Musts:

* Es muss nicht immer Kaviar sein bei der Urlaubsgestaltung. Die Birgit gehört zu den wenigen Frauen, die durchaus auch eine Reise mit dem Campingbus genießen können. Viel wichtiger als Luxus sind ihr Geselligkeit, Spaß und Bewegung.

* Humor stellt für die Birgit ein entscheidendes Auswahlkriterium für den Augenstern in spe dar. Ein Aspirant auf den Platz an ihrer Seite muss unbedingt in der Lage sein, sie zum Lachen zu bringen.

* Richtig punkten können Sie bei Ihrer Birgit durch kleine Aufmerksamkeiten wie eine selbstgepflückte Sonnenblume, die Sie ihr mit einem Kompliment garniert überreichen, neben Einladungen zu Kabarett, Musical und einem romantischen Picknick.

No-Gos:

* Wenn Sie eine Birgit nach dem ersten Rendezvous garantiert nicht mehr wieder sehen wollen, dann lassen Sie Ihre Blicke im Café oder in der Kneipe ständig zu den Frauen an den Nachbartischen schweifen. Diese Respektlosigkeit verletzt sie so stark, dass sie den Kontakt zu Ihnen danach garantiert abbricht.

* Kritteln Sie nicht ständig an Ihrer Birgit herum. Damit machen Sie sie innerlich noch unsicherer, als sie ohnehin schon ist. Besonders an ihrer Optik und an ihrem Essen herumzunörgeln, sollte absolut tabu sein.

* Birgits haben ihre Wohnung eher funktional eingerichtet, weil sie nicht unbedingt Nesttypen sind. Mit Nippes als Geschenk liegen Sie bei ihnen fast immer verkehrt, während Sie allzu gedankenlose Geschenke auf Dauer sogar die Partnerschaft kosten können, fühlen sich die Namensträgerinnen doch dadurch ein Stück weit abgewertet.

IDEALE NAMENSPARTNER:

Viel Spaß haben wird die Birgit mit dem unternehmungslustigen Michael und dem Vertreter-Thomas. Beide werden auch gewöhnlich tolerieren, wenn die Birgit bisweilen allzu spät von Kneipentouren mit ihren Freundinnen zurückkehrt, und nicht nachfragen, woher sie jetzt noch kommt, weil sie das ebenfalls von ihr erwarten. Bei gelegentlichen sexuellen Ausritten besteht sozusagen ein Gentleman's Agreement. Viel Freiheit lässt der Birgit auch der Horst, obwohl er selbst wenig Interesse an den Kirschen in Nachbars Garten hat. Zudem bietet er ihr den Ruhepol bei ihrem rastlosen Treiben. Eine gewisse Faszination üben nicht zuletzt die Lebemänner Markus, Gerd und bedingt der Udo auf sie aus, während sie sich im unbändigen Humor des Stefans förmlich baden kann.

PROMINENTE NAMENSTRÄGERINNEN:

Birgit Schrowange, Birgit Minichmayr, Birgit Hogefeld, Birgitta Weizenegger, Birgit Breuel, Birgit Fischer, Birgit Prinz, Birgit Lechtermann

Namenstag der Birgit(ta): 23. Juli

CHRISTINA/E

BASICS: NORMAL MÜSSTE MAN SEIN*

Christinas sind ehrgeizig, aber anders als beispielsweise der Ehrgeiz der Julias ist ihrer häufig übertrieben, mithin sogar krankhaft. Die Ursache dafür liegt meist in einem Elternhaus, das zu viel von ihnen erwartet. Auffällig häufig finden sich bei den Namensträgerinnen Essstörungen und hier besonders die Magersucht. Oft gehören Christinas auch zu der Spezies der Frustfresserinnen, bei denen das Essverhalten noch nicht unbedingt Krankheitswert hat. Sie sind dann etwas fülliger, aber noch nicht adipös.

Nach außen hin geben sich Christinas tough, bisweilen sogar ein wenig nassforsch. Dahinter versuchen sie ihr fragiles Selbstwertgefühl zu verbergen. Beruflich erreichen sie durch ihren enormen Einsatz gepaart mit überdurchschnittlicher Intelligenz regelmäßig Spitzenpositionen. Nicht selten sind sie Top-Journalistinnen oder Anwältinnen. Das Einzige, was ihre Karriere stoppen beziehungsweise unterbrechen kann, sind massive gesundheitliche Probleme, die daher rühren, dass sie nicht pfleglich mit ihrem Körper und ihrer Seele umgehen. Aber wie sollen sie pfleglich mit einem Körper und einer Seele umgehen, die sie nicht wirklich annehmen können?

Christinas sind häufig Nachteulen. Damit haben sie nicht selten aus der Not ihrer Schlaflosigkeit eine Tugend gemacht, zumal sie häufig arbeiten, während sich ihre Mitmenschen in süßen Träumen wiegen. Um ihre innere Mitte zu finden, besucht die Christina regelmäßig Yoga-Kurse. Zudem widmet sie sich intensiv ihren Haustieren, vorwiegend Katzen, die ihr auch in den größten Seelennöten immer treu bleiben.

* Titel der Autobiografie von Christine Neubauer

Sport im engsten Sinne treibt die Christina mehr aus Gründen der Psychohygiene und Fitness denn zum Vergnügen. »Run for fun« lautet nur selten ihre Devise. Viel lieber verschlingt sie in ihrer Freizeit haufenweise Bücher.

Christines sind etwas weniger ambitioniert als ihre Namensschwestern, die Christinas. Dafür kommen sie aber mit dem Alltag besser zurecht, obwohl sie auch Schwierigkeiten mit der Selbstakzeptanz haben. In ihrem Fleiß steht die Christine der Christina kaum nach. Beide verbindet zudem die außergewöhnliche sprachliche Begabung und ihr öffentliches Engagement. »Gemeinsam« setzen sie sich für die geschundene Kreatur ein, sei es nun Mensch oder Tier. Leisetreterinnen sind die Christinas/es allemal nicht.

Nomen ist bei den »Christinnen«, so die Namensbedeutung, nicht unbedingt omen. Häufig hängen sie nämlich eher einer fernöstlichen Religion wie zum Beispiel dem Buddhismus an. Besonders mit dem strafenden Gott des Alten Testaments im Christentum können sie wenig anfangen, da sie ein gestörtes Verhältnis zu den Kategorien Vergeltung und Rache haben. Viel lieber verzeihen sie siebenmal, als einmal das Prinzip Auge um Auge, Zahn um Zahn zu beherzigen. Daraus lässt sich ablesen, dass sie auch außergewöhnlich wenig nachtragen.

Optik und Outfit: I am beautiful
no matter what they say

Die meisten Christinas und Christines haben kein positives Selbstbild bezüglich ihrer Optik. Zumindest müssen sie lange dafür kämpfen, ihr Äußeres annehmen, vielleicht sogar lieben zu können. Dabei haben es die Christinas/es überhaupt nicht nötig, mit ihrem Aussehen zu hadern, sind sie doch meist ausnehmend hübsch. Oft sind sie dunkelhaarige Rassefrauen. Blonde Vertreterinnen kommen hingegen eher selten vor, während Natur-Rotschöpfe die ganz große Ausnahme darstellen.

Christinas haben im Gegensatz zu den meisten Christinen oft keine besonders herzliche Ausstrahlung. Von manchen geht sogar eine regelrechte Grabeskälte aus.

Diäten könnten die Christinas/es erfunden haben. Oft bringen sie ihre Figur mit deren Hilfe von mollig wieder auf schlank, unterliegen aber regelmäßig dem Jo-Jo-Effekt, was dann die nächste Abmagerungskur zur Folge hat. Die durchschnittliche Körperlänge der Namensträgerinnen dürfte bei 1,67 m liegen.

Christinas/es sind extrem chice, modebewusste Frauen. Überall wie aus dem Ei gepellt aufzulaufen, gebietet ihnen schon ihr Hang zum Perfektionismus. Bei ihrer Oberbekleidung bevorzugen sie meist kräftige Farben. Ihre Wäsche ist indes selten »reizend«. Wegen ihrer schönen Beine kann besonders die Christina gut Röcke tragen, was sie leider aber viel zu selten tut. Beide, sowohl die Christines als auch die Christinas, legen großes Augenmerk auf Körperhygiene. Ungeduscht gehen sie nur selten aus dem Haus. Schönheitsoperationen gegenüber sind viele Vertreterinnen grundsätzlich nicht abgeneigt.

Verführung und Sex: Fire and Ice

Bei der Christina kann ein Mann nur schwerlich wissen, woran er mit ihr ist. Ihre Signale sind häufig so ambivalent, wie sie selbst dem Thema Partnerschaft gegenübersteht. Nur durch einen direkten Vorstoß kann ihr Verehrer in Erfahrung bringen, ob sie Interesse an ihm hat oder nicht. Aber bevor er den wagt, sollte er einige Zeit in vertrauensbildende Maßnahmen investiert haben. Erfolgt der Angriff unvorbereitet, lässt ihn die Christina gewöhnlich knallhart auflaufen. Am ehesten kann die Diagnose »verliebt« bei der Christina noch anhand ihrer Augen gestellt werden. Wenn es sie »erwischt« hat, umgibt sie eine strahlende Aura.

Die Christine ist hingegen bei der Kontaktanbahnung ein offenes

Buch. Sie winkt förmlich mit dem Zaunpfahl. Versteht das Objekt ihrer Begierde dann immer noch nicht, verbalisiert sie ganz unmissverständlich ihre Ambitionen. Das kommt aber selten plump rüber, sondern wird von ihrem Schwarm als angenehm empfunden, da es häufig mit einer Prise Humor gewürzt ist.

Lange Jahre schämen sich Christinas ihres Körpers und es bereitet ihnen Unbehagen, sich vor einem Mann auszuziehen. Den Gang in eine öffentliche Sauna schaffen sie meist erst in ihrem vierten oder fünften Lebensjahrzehnt. Ihre physische Befangenheit werden die Christinas nie ganz los. Sie führt häufig zeitlebens zu einem Sexualleben mit angezogener Handbremse. Das Kopfkino der Christina kreist ständig um den Gedanken, ob nicht der Partner ihren Körper unattraktiv findet und sie ihm im Bett genügt. Durch diese fast schon Zwangsgedanken kann sie sich quasi nie völlig fallenlassen. Eine hemmungslose Namensträgerin wird ein Lover höchstens erleben, wenn viele glückliche Umstände zusammenkommen. Bei der intimen Gedämpftheit der Christina spielt auch wieder ihre innere Diszipliniertheit eine Rolle. Selbst wenn ihr ein Lustschrei auf den Lippen liegt, wird sie ihn tunlichst unterdrücken. Zum Glück aber gelingt recht vielen Christinas jenseits der 40 die geschlechtliche Befreiung. Bisweilen erleben sie erst in dieser Dekade ihren ersten wirklichen Orgasmus.

Christines unterscheiden sich von den Christinas hinsichtlich ihres Trieblebens beinahe diametral. Sie lieben Sex immer und überall und sind manchmal förmlich mannstoll. Die Christina kann nur staunen, wie sich ihre Namensschwester mitunter an einen Kerl heranwirft, wenn sie geil ist.

Christinas sind sexuell oft unerreichbar wie Meerjungfrauen. Allerdings »küssen Meerjungfrauen besser«. In dieser Disziplin sind Christines manchmal ein wenig zu feucht.

Jagdreviere: Überall und nirgendwo

Bei den Christinas von Jagdrevieren zu sprechen, ist fast schon ein wenig grotesk, da sie nicht wirklich jagen. Außerdem suchen sie selten gezielt Lokalitäten zwecks Partnersuche auf. Und wenn, schlagen dann noch zwei Herzen in ihrer Brust. Einerseits sind sie ungeduldig und möchten nicht allzu viel Zeit damit verbringen, Ausschau nach Mr. Right zu halten, andererseits brauchen sie Zeit, um Vertrauen zu einem Kandidaten aufzubauen. Single-Clubs, -Reisen, -Tanzkurse, -Gesprächszirkel geben zwar Raum, sich länger zu beschnuppern, bedeuten der Christina aber zu viel Aufwand. Das gilt besonders für die Gesprächsgruppen, die auf ein behutsames Kennenlernen angelegt sind. Meist melden sie sich nach einigen Besuchen wieder daraus ab oder verschwinden kommentarlos.

Beim Internet und der Kontaktanzeige ist genau das Gegenteil der Fall. Hier würde meist schon ein Treffen genügen, um eine Tendenz zu bekommen, was der vorsichtigen Christina aber wiederum schwerlich ausreicht. Die Wiederholungen, die sie bräuchte, bekommt sie häufig nicht, weil kaum noch Männer die Ausdauer für einen ausgedehnten Balztanz haben. Speed-Dating und Kuppelshows sind der klugen Christina zu niveaulos, während die etwas kernigere Christine daran durchaus just for fun einmal teilnehmen könnte.

Auf freier Wildbahn wird die Christina selten angesprochen, da ihr auf der Stirn »Rührmichnichtan« geschrieben zu stehen scheint. Aus Kneipe, Disko und Co. geht sie daher meist »ungeküsst« wieder nach Hause. Höchstens, sie wagt den ersten Schritt, was nicht unmöglich und für die forsche Christine fast schon normal ist. Die »Christin« mit dem »e« am Ende folgt auch einem Kerl ins Café, der sie in der Fußgängerzone als Gesprächsaufhänger nach dem Weg fragt.

Der ergiebigste Jagdgrund ist für die Christina der Arbeitsplatz, da sie dem Verehrer im Großraumbüro nicht einfach weglaufen kann, wenn sich die Sache etwas langwieriger angeht. Hier ist der Faktor

Zeit bei der Fühlungnahme »zwangsläufig« gegeben. Die Christine macht im privaten Freundeskreis und bei ihren gesammelten Freizeitaktivitäten am erfolgreichsten Beute, zieht aber auch ansonsten fast alle Register, um an den Mann zu kommen.

PARTNERSCHAFT: NEED NOBODY

Den demographischen Wandel werden sicher nicht die Christinas/es stoppen oder gar umkehren. Verhältnismäßig häufig bleiben sie zugunsten ihrer beruflichen Karriere beziehungsweise ihres karitativen Engagements kinderlos oder setzen maximal einen Sprössling in die Welt. Dessen Erziehung und Versorgung überlassen die Christinas/es dann meist noch weitgehend anderen. Jedenfalls sind sie selten besonders leidenschaftliche Mütter. Die Kinder müssen früh lernen, selbständig zu sein, weil die Christina/e häufig aushäusig ist oder mit ihren Angelegenheiten beschäftigt ist.

Auch eine Partnerschaft brauchen die Namensträgerinnen ähnlich wie die Andreas nicht unbedingt zur Erfüllung ihres Lebensglücks. Ein Mann muss der Christina/e schon sehr viele Freiheiten lassen, damit sie eigene Wege gehen kann. Ein Klammeräffchen an ihrer Seite ist absolut Gift für sie. Oft mündet ihr Beziehungsleben im Laufe der Zeit von einem Miteinander in ein Nebeneinanderher.

Für die Hausarbeit haben die Christinas/es, sofern es ihr Budget erlaubt, eine »Perle« angestellt, oder ihre Eltern/Schwiegereltern nehmen ihnen viel ab. Kochen tun sie höchstens vor Wut ob der Ungerechtigkeit in der Welt. Häufig erweist sich aber ihr Göttergatte als ein wahrer Meister in der Zubereitung von Speisen.

Die Christina ist eine loyale Partnerin, aber sie hat ihre Launen und Zicken. Besonders in ihren Weltschmerz- und Rückzugsphasen sollte sie ihr Herzbube besser in Ruhe lassen. Untreu wird die Christina/e gewöhnlich nur, wenn die Zweisamkeit ohnehin schon am Ende ist oder aus Rache für einen Seitensprung des Partners. In einer Außenbeziehung versucht die Christine eher ihre sexuellen Bedürfnisse zu kompensieren als ihre emotionalen, während es bei der Christina genau umgekehrt ist.

TRENNUNG: DAS ENDE VOM ENDE

Durch eine Trennung beendet die Christina/e meist im Einvernehmen mit ihrem Partner ein mitunter schon jahrelang andauerndes Brüderchen-und-Schwesterchen-Verhältnis. Vielleicht ist auch auf einer oder auf beiden Seiten schon eine neue Liaison im Spiel, die nun legitimiert werden soll.

Entsprechend friedlich können gewöhnlich die Scheidungsangelegenheiten geregelt werden.

Wird hingegen eine Christina/e, die noch liebt, eiskalt erwischt, indem sie ihr Göttergatte Hals über Kopf wegen einer anderen verlässt, fällt sie zunächst in ein tiefes Loch. Die Christine berappelt sich gewöhnlich schneller als die Christina, weil bei ihr der Drang, wieder am Leben teilzunehmen, ausgeprägter ist. Zudem verspürt sie viel eher wieder den Wunsch, eine neue Verbindung einzugehen, da sie insgesamt partnerschaftszentrierter ist. An einem Rosenkrieg sind beide verschwisterten Namen prinzipiell nicht interessiert, aber sie gehen ihm auch nicht aus dem Weg, wenn ihnen der Ex den Fehdehandschuh vor die Füße wirft.

PFLEGETIPPS:

Musts:

* Achten Sie in der Phase des Kennenlernens tunlichst darauf, dass Sie die Christina/e zu den ausgemachten Zeiten anrufen. Das vermindert die Gefahr, Sie auf dem falschen Fuß zu erwischen. Ist Ihnen dieser Faupax doch einmal passiert, dann wundern Sie sich nicht, wenn sie relativ schroff absserviert werden. Dahinter steckt

auf der anderen Seite oft keine böse Absicht, sondern das Gefühl, mit der Situation überfordert zu sein.

* In der Beziehung mit einer Christina/e sollten Sie bereit sein, stundenlange Diskussionen zu führen, die zum Teil auch sehr heftig werden können. Auch eine gesunde Streitkultur ist also unabdingbar. Übrigens lässt sich die erzürnte Christina mit edlem Marzipan wieder milde stimmen, während bei der Christine eher der gute alte Blumenstrauß hilft.

* Verwöhntipp: Rosenblätter, Kerzen und Sekt im Bad

No-Gos:

* Dummdreiste Anmache schlägt die Christina/e mit aller Entschiedenheit zurück. Selbst die Christine im sexuellen State of Emergency macht es sich dann lieber selbst.

* Nicht selten sind Christinas/es Vegetarierinnen oder essen überhaupt keine tierischen Produkte. Ein Mann, der nur »Fleisch mit Fleisch« isst, wie die Ungarn sagen, wird bei ihr einen ganz schweren Stand haben beziehungsweise wird sie sich erst gar nicht auf ihn einlassen.

* Respektlosigkeiten werden bei der Christina/e sofort mit einem scharfen Verweis geahndet und nicht erst in ihr Schwarzbuch der Partnerschaftssünden geschrieben.

* Das Anti-Geschenk für die Namensträgerinnen sind Kleidungsstücke, weil sie dahinter eine versteckte Kritik an ihrer Garderobe vermuten.

IDEALE NAMENSPARTNER:

Politisch wird sich die Christina/Christine mit den ebenfalls rot-grün angehauchten Wolfgangen und Joachims verstehen und stundenlange Diskussionen führen können. Den einen oder anderen von ihnen vermag sie vielleicht sogar zum Vegetarismus zu bekehren, sofern er ihm noch nicht völlig huldigt. Auch mit dem Peter und dem Horst wird es auf kommunikativer Ebene gut klappen, obwohl beide insgesamt minimal konservativer eingestellt sind als die vorgenannten Namen. Eine tragfähige Verbindung bildet die lebenslustigere und sexuell aktivere Christine auch mit dem Michael und dem Vertreter-Thomas, die nach Auffassung der Christina allerdings nicht genügend Tiefgang aufweisen.

Prominente Namensträgerinnen:

Christina Plate, Christina Ricci, Christina Aguilera, Christina Stürmer, Christina Köhler, Christine Nöstlinger, Christine Neubauer, Christine Lieberknecht, Christine Kaufmann

Namenstag der Christina/e: 13. Februar

CLAUDIA

BASICS: I'M JUST A DREAMER,
I DREAM MY LIFE AWAY

Die Claudia ist kein Typ, der gerne offen auf Konfrontationskurs
geht. Sie bezieht aus Konflikten keine Energie, sondern wird dadurch ausgelaugt. Heftige Auseinandersetzungen kann sie nur äußerst schlecht durchstehen. Selbst die scheinbar toughen Claudias
sind innerlich nicht gefestigt genug, die Härten des Alltags zu ertragen. Um Schwierigkeiten mit ihrem sozialen Umfeld zu vermeiden,
versuchen sie geflissentlich, es allen recht zu machen und nicht aus
dem Rahmen zu fallen. Genauso wenig schlagen bei ihnen Skandale
und Affären zu Buche. Das liegt vermutlich daran, dass die Claudia
»eine Frau ohne Eigenschaften« ist, zumindest weist sie selten extreme Charakterzüge auf. Sie ist ehrlich, aber keine Wahrheitsfanatike-
rin, sie ist gesellig, aber keine Partylöwin, sie wirkt recht locker, ist
aber beileibe nicht frei von inneren Spannungen, sie ist offen, aber
nicht bedingungslos, so dass sie davor gefeit wäre, hinter dem Rücken ihrer Mitmenschen über diese zu sprechen. Allerdings ist sie
auch wieder keine ausgeprägte, geschweige denn bösartige Läster-
schwester. Claudias sind keine Haudraufs ohne Einfühlungsvermögen. Im Gegenteil liegt ihnen das Wohl ihrer Familie und Freunde
am Herzen, und gewöhnlich sind sie hilfsbereit. Aber sie leiden andererseits nicht an einem ausgeprägten Helfersyndrom.
Ihre Hacken rennt sich die Claudia lieber beim Sport ab. Auch hier
sucht sie nicht das Extremerlebnis, etwa beim Rafting oder Free-
Climbing. Schon beim Laufen muss es nicht allzu schnell zugehen,
betreibt sie doch lieber Walking anstatt Jogging.
Die einsame Insel wäre fast Höchststrafe für die Claudia, weil sie
gerne mit anderen Menschen kommuniziert. In Gesellschaft ist sie

aber fast nie der Typ, der das Gespräch an sich reißt. Dafür hat sie erstens zu viele Schweigemomente, zweitens zu gute Manieren und drittens ermangelt es ihr an der rechten Dominanz. Lustig ist es immer mit der Claudia. Zwar ist sie selbst nicht der große Pausenclown, aber sie kann bisweilen schon heiter erzählen und sich vor allem über den geistreichen Humor anderer köstlich amüsieren. Selbst wenn es einmal derb wird, rümpft sie nicht gleich die Nase. Allerdings zieht sie sich regelmäßig in ihr Schneckenhaus zurück, wenn sie sich dadurch persönlich angegriffen oder verletzt fühlt. Dort gibt sie sich abgesehen vom Schmollen auch ihren Tagträumen hin.

Beruflich sind Claudias fast nie übermäßig ehrgeizig. Nach dem Realschulabschluss oder Abitur gehen sie häufig auf die Bank oder absolvieren eine Verwaltungslehre. In Bürojobs »streiten« sie sich um die numerische Vorherrschaft mit der Karin. Ihr tiefes Gerechtigkeitsempfinden prädestiniert die Claudias indes als Rechtspflegerinnen. Der Grundsatz »im Zweifel für den Angeklagten« ist ihnen auch »zivil« sehr sympathisch.

Optik und Outfit: Barbie

Da Claudias eine grundsätzlich eher positive Lebenseinstellung haben und größeren Problemen gerne aus dem Weg gehen, bleiben sie optisch lange jung. Tiefe Sorgenfalten durchziehen selten ihr hübsches Antlitz. Allerdings spiegelt sich darin auch keine allzu große Persönlichkeit wider, wie bei Claudia Schiffer, die als Prototyp der Barbie-Puppe durchgehen könnte. Das ist die Kehrseite der glatten Medaille. Von einem 08/15-Gesicht bei den Claudias zu sprechen, wäre aber generell übertrieben und würde dem Gros der Namensträgerinnen gewiss nicht gerecht. An ihren lebhaften Augen ist zu erkennen, dass sie durchaus Feuer im Blut haben, welches aber durch ihre melancholische Verträumtheit ein wenig gezügelt wird. Von der Haarfarbe her scheinen die Claudias auf blond abonniert zu sein, ausgenommen natürlich die Südländerinnen dieses Namens. Viele haben dazu noch blaue Augen.

Claudias sind selten gertenschlank. Die eine oder andere »gewichtige« Problemzone lässt sich nicht ganz übersehen. Aber ihre Figur liegt meist absolut noch im grünen Bereich. Richtig voluminös sind die Trägerinnen dieses Namens nur selten. Die Spanne des Höhenwachstums ist recht breit. Sie reicht von unter 1,60 m bis 1,80 m. Den Mittelwert dürften etwa die 1,70 m der Schauspielerin Claudia Cardinale markieren. Claudias sind eitel, ohne dabei Modepüppchen zu sein. Allerdings versuchen sie von ihrem Outfit her schon immer einigermaßen im Trend zu liegen. Ihr Kleidungsstil ist sportlich leger, zeigt bisweilen aber auch einen Hauch von Verspieltheit. Claudias können schlecht einparken, kaufen dafür aber gerne Schuhe.

Verführung und Sex: She's so shy

Man mag es kaum glauben, aber das Topmodel Claudia Schiffer behauptet von sich, sie sei schüchtern. Auch wenn sie hier womöglich ein wenig kokettiert, trifft sie doch den Nerv der Claudias. Denn die Namensträgerinnen sind alles andere als Draufgängerinnen. Obwohl sie gewöhnlich sehr hübsch sind, schnappen ihnen andere, womöglich unattraktivere Frauen nicht selten den Mann ihrer Träume vor der Nase weg, weil sie sich zu lange bedeckt halten.

Die Claudia ist keine Flirterin. Am ehesten noch signalisiert sie Interesse mit ihren Augen. Aber mit ihr Blickkontakt aufzubauen ist oft ein mühseliges Geschäft. Bis sie sich darauf einlässt, braucht ihr Gegenüber viel Geduld, weicht sie ihm doch lange verschämt aus. Beginnt sie ihn mit einem befreienden Lächeln zu erwidern, ist das Eis meist gebrochen. Allerdings sollte immer der Herzbube in spe den ersten Schritt auf sie zu machen.

Zur Geschlechtlichkeit hat die Claudia mitunter ein recht schwieriges Verhältnis. Beim Akt scheint es immer so, als würde sie ein Stück weit auf der Bremse stehen. Wirklich fallen lassen kann sie sich nur bei einem Liebhaber, dem sie beinahe blind vertraut. Immer muss auch damit gerechnet werden, dass beim Geschlechtsverkehr wieder alte Verletzungen in ihr hochkommen und sie plötzlich zu Eis wird oder sich völlig verkrampft. Ihr Sexualverhalten als leicht neurotisch zu bezeichnen, geht sicher nicht ganz an der Wahrheit vorbei.

Die Claudia hat weder eine schwache Libido, noch ermangelt es ihr an sexuellen Phantasien, die sie aber meist nicht in die Tat umzusetzen vermag, weil es ihr peinlich ist, sie ihrem Gegenüber zu offenbaren. Kann sie sich nicht von ihren intimen Fesseln befreien, geht es in ihrem Schlafzimmer recht bieder zu, und so mutiert der eheliche Beischlaf regelmäßig zur Pflichtübung mehr oder weniger nach Kalender.

Vor Seitensprüngen der Claudia braucht sich ihr Partner gewöhnlich nicht zu fürchten, ist sie doch beileibe kein Typ, der gleich mit jedem Mann ins Bett hüpft. Wenn sie allerdings ausnahmsweise fremdgeht, dann lässt sie es richtig krachen und nimmt so ziemlich alles mit, was sie kriegen kann. Als Single lebt die Claudia keinesfalls abstinent, nutzt aber nur selten jede sich bietende Chance, ihr erotisches Tagebuch um ein Kapitel zu erweitern.

Jagdreviere:
Liebe geht durch den Magen

Claudias haben einen ganzen Schrank voller rosaroter Brillen, die ihnen erlauben, sich recht flott auf einen Mann einzulassen. Allerdings ist es dann auch ebenso flott wieder vorbei, wenn sie sie absetzen und merken, dass es hinten und vorne nicht passt. Das hohe Tempo, mit dem sie sich zunächst einmal binden, erlaubt ihnen auch, sich erfolgreich Medien der Kontaktanbahnung zunutze zu machen, deren Treffen nicht vom Prinzip her auf Mehrmaligkeit angelegt sind.

So kann sich die Claudia häufig schon beim ersten persönlichen Beschnuppern über Internet oder Kontaktanzeige für ihren Date-Partner erwärmen, sodass die Motivation für weitere Begegnungen ge-
weckt wird. Natürlich käme auch Speed-Dating für die Claudias in
Frage. Mit ihrer Optik könnten sie dabei reüssieren, während nur
einer Minderheit echte Schlagfertigkeit in die Wiege gelegt wurde.
Bezüglich ihrer sonstigen rhetorischen Fähigkeiten sind die Namensträgerinnen recht unspezifisch. Die einen können Bäckern Brot
verkaufen, während die anderen bei ihnen schon mit Hefe scheitern.
Als am günstigsten unter den »One-Time-Events« stellt sich für die
Claudias Running Dinner dar, nicht zuletzt, weil sie ebenso leidenschaftliche wie probierfreudige Köchinnen sind. Für Kuppelshows
jedweden Gepräges ist die Claudia zu publikumsscheu. Außerdem
gefällt ihr meist das Niveau nicht.
Innerhalb der Möglichkeiten mit regelmäßiger Fühlungnahme sind
der Claudia Single-Tanzkurse, -Gesprächszirkel und -Clubs recht
sympathisch. An Single-Reisen nimmt sie hingegen nur selten teil,
weil sie befürchtet, dass ihr die teilnehmende Gruppe nicht zusagt.
Die hohen Kosten schrecken sie weniger ab. Grundsätzlich ist sie
nämlich gerne bereit, etwas für ihr Liebesglück zu investieren.
Beim zielgerichteten Büroflirt hält sich die Claudia eher zurück,
weil sie die Verwicklungen und den Tratsch fürchtet, die damit verbunden sein könnten. Außerdem ist sie zu gewissenhaft, ihren Arbeitsplatz ständig fürs Suchen und Finden der Liebe zweckzuent-
fremden. Auf freier Wildbahn ist die Claudia ein Tausendsassa. Es
gibt praktisch keine Location, die no-go für sie ist. Allerdings wird
Mann sie in der Disko nicht allzu häufig antreffen. Überall, wo sich
Claudias tummeln, werden sie auch angesprochen. Allerdings sollte
ein Verehrer ihr via Blickkontakt die Chance geben, sich auf die verbale Flirtattacke vorzubereiten. Auf einen überfallartigen Vorstoß
wird die Claudia mitunter abweisend reagieren. Daher bieten flüchtige Begegnungen wie an der Tankstelle oder in der Fußgängerzone
gewiss nicht die günstigsten Voraussetzungen, mit ihr anzubandeln.

Partnerschaft: Die Katze

Die Claudia wünscht sich im Prinzip eine ganz klassische Rollenverteilung. Ihr Mann als Hauptverdiener und sie selbst kümmert sich neben maximal einem gewerblichen Teilzeitjob vorwiegend um Haushalt und Kinder. Ihrer Familie schafft »die Hinkende«, so die Namensbedeutung, ein behagliches Nest, das sie auch mit recht viel Herzenswärme anzufüllen vermag. Die Claudia »strahlt« allerdings nur, wenn sie sich wohl fühlt. Hat sie massive Probleme, scheint ihre Sonne nicht und es wird ziemlich traurig um sie herum. Typisch für die Innenausstattung des Hauses der Claudia sind bequeme Möbel, viel Holz, ein offener Kamin und verspielte Gardinen; oft verziert auch ein Heer von Dekoartikeln ihr Heim. Das meiste davon ist ihrem Hang zur Romantik geschuldet.

Bei der Partnerwahl hat die Claudia nicht immer ein glückliches Händchen. Oft gerät sie an psychisch stark angeschlagene männliche Gegenstücke. Wird sie dessen gewahr, versucht sie alles, um sie zu stabilisieren und ihnen Lebensfreude zu vermitteln, obwohl auch sie nicht gerade über eine hervorragende Selbstsicherheit verfügt. Manchmal hat man gar von außen betrachtet den Eindruck, ein Nichtschwimmer versucht den anderen vor dem Ertrinken zu retten. Insgesamt ist die Claudia eine liebevolle und liebebedürftige Ehefrau mit einem ausgeprägten Harmoniebedürfnis. Allerdings sollte es ihr Göttergatte mit ihr nicht zu weit treiben. Der italienische Starregisseur Lucchino Visconti sagte einmal über Claudia Cardinale, sie sei »eine Katze, die man streicheln kann, aber eine Katze, die ihre Krallen ausfährt«.

Trennung:
I will nur zurück zu dir

Wenn die Claudia eins nicht ist, dann konsequent. Nach dem Zerbrechen der Partnerschaft gibt es bei ihr verhältnismäßig häufig Versuche, die vergangene Liebe neu aufzulegen. Das liegt daran, dass die Claudia und ihr Ex sich gegenseitig nicht loslassen können. Sie hat Schwierigkeiten, einem anderen Mann ihr Herz zu öffnen, fühlt sich aber alleine emotional verloren, während er sie als Lebenselixier und Stütze braucht. Selbst Jahre nach der Trennung ist die Claudia oft noch rückfallgefährdet, weil es ja doch vielleicht wieder funktionieren könnte. Sich das endgültige Scheitern einzugestehen ist für sie ein Siebenmeilenschritt.

Durch die On-off-Spiele mit ihrem Noch-Mann verliert die Claudia auch nicht selten ihre Bindungsfähigkeit. Wird die Scheidung irgendwann unvermeidlich, weil vielleicht die andere Seite glaubt, das große Glück gefunden zu haben, ist die Claudia bisweilen schon zu zermürbt, um bei den nun zu treffenden Regelungen noch viel Porzellan zu zerbrechen. Das Gefühl, auf der Strecke geblieben zu sein, macht sie eher depressiv als aggressiv. Im Alltag funktioniert sie oft nur noch, wirkt wie eine leere Hülle. Aber nachdem sie den Schock überwunden hat, den Vater ihrer Kinder endgültig verloren zu haben, nimmt sie ihr Schicksal an und kauft sich das Buch »Glücklich auch als Single«. Dennoch sieht sie ihr Solistendasein immer nur als Übergangsstadium bis zur nächsten Partnerschaft an. Überzeugte Einspänner sind Claudias jedenfalls kaum je.

Pflegetipps:

Musts:
* Das Herz einer Claudia ist so einfach und für das starke Geschlecht doch häufig so schwer zu gewinnen, indem sie das Gefühl vermittelt bekommt, die andere Seite achtet genau auf ihre Worte und

nimmt sie ernst. Ein Wochenendseminar in aktivem Zuhören ist sicher nicht verkehrt vor dem ersten Date mit einer Claudia.

* Schenken Sie Ihrer Claudia zum Geburtstag eine selbstgebastelte Geburtstagskarte mit einem Liebesgedicht. Das Nonplusultra wäre natürlich, wenn auch das von ihnen stammte. Die Wertschätzung, die Sie ihr damit entgegenbringen, wird sie zu Freudentränen rühren.

* Die Claudia ist nicht der Typ Frau, der Autoreifen wechselt. Die harten Arbeiten sollten schon bitte Sie übernehmen. Das macht auch kräftige Muckis, die die Claudia alles andere als unattraktiv findet.

No-Gos:

* Wenn Sie keine ernsten Absichten haben, dann lassen Sie tunlichst die Finger von der Claudia. Sie kann nämlich zur Furie werden, wenn ihr ein Mann ewige Treue verspricht und sich nachher herausstellt, dass er damit nur Treue für eine Nacht meinte.

* Vermeiden Sie Alleingänge. Bei wichtigen Entscheidungen nicht einbezogen zu werden, betrachten die Namensträgerinnen als Vertrauensbruch und grobe Respektlosigkeit. Besonders Käufe ohne Absprache, die die Familie in Schulden stürzen, sind Gift für sie.

* Claudias haben kein Problem mit Körperkontakt. Aber ein Partner, der ständig an ihnen herumfummelt oder kuscheln möchte, geht ihnen gehörig auf den Wecker, weil sie sich dadurch vereinnahmt fühlen.

IDEALE NAMENSPARTNER:

Den Wunsch der Claudia nach Harmonie und gepflegter Häuslichkeit werden unter anderem der Rüdiger, der Holger und der Joachim erfüllen. Auch teilen alle drei ihren unbedingten Kinderwunsch. Mit ihrer Anpassungsfähigkeit ist die Claudia durchaus in der Lage, ins Elternhaus des Andreas einzuziehen und sich auf seine Schwiegermutter einzulassen. Mit dem Rainer und dem Frank partizipiert die gesellige Claudia am Vereinsleben. Allerdings muss es nicht unbedingt der Fußballclub sein. Der Horst gibt ihr als Gemütsmensch Sicherheit, während sie beim Paul ihren eigenen Beschützerinstinkt ausleben kann.

Prominente Namensträgerinnen:

Claudia Schiffer, Claudia Cardinale, Claudia Schmutzler, Claudia Roth, Claudia Effenberg, Claudia Pechstein, Claudia Jung

Namenstag der Claudia: 18. August

ELKE

BASICS: DA WEISS MAN, WAS MAN HAT

Wo Elke draufsteht, ist auch 100% Elke drin. Mogelpackungen gibt es unter den Namensträgerinnen fast nie. Sich zu verstellen liegt absolut nicht im Naturell der »Klaren aus dem Norden«, ebenso wenig wie aus ihrem Herzen eine Mördergrube zu machen. Elkes können sich schnell offen für eine Sache oder einen Menschen begeistern, aber sie können auch Antipathien nur schlecht verbergen. Wenn sie ihr Gegenüber nicht mögen, bringen sie das gewöhnlich durch eine ablehnende Körpersprache zum Ausdruck. Die kalte Schulter ist in diesem Zusammenhang recht typisch für die Elke.

Die Trägerinnen dieses Namens sind bodenständig und versuchen den Job, den sie innehaben, möglichst perfekt zu verrichten. Eine Tätigkeit aufzunehmen beziehungsweise sich einer Herausforderung zu stellen, die sie von ihrem Gefühl her überfordern könnte, lehnen sie lieber gleich von Anfang an ab. Daher begnügen sich schon in der Schule recht viele Elkes mit dem Realschulabschluss, obwohl sie absolut das Zeug zum Abitur hätten, oder streben zumindest nach dem Reifezeugnis kein Hochschulstudium mehr an.

Die Berufswahl der Elkes ist recht unspezifisch, da sie für zahlreiche Sparten Interesse zeigen. Allerdings verdingen sie sich ziemlich selten auf dem Finanzsektor, haben sie doch zu Geld und Gut recht wenig Bezug. Gut aufgehoben sind sie wegen ihrer Zugewandtheit und Großherzigkeit hingegen im sozialen Bereich. In der Altenpflege gehören sie zu der immer seltener werdenden Spezies, die versucht, sich noch Zeit für die ihr anvertrauten Senioren zu nehmen.

Mit ihrer oft umfangreichen Allgemeinbildung gehen Elkes nicht hausieren, Komplimente bezüglich ihres Wissens tun sie regelmäßig ab. Manchmal ist das aber auch als ein Fishing for Compliments zu verstehen. Überhaupt geben sich Elkes bisweilen ein wenig naiver, als sie sind. Das ist allerdings so durchschaubar, dass es nicht im Widerspruch zu ihrer Offenheit steht. Viele Elkes sind, ähnlich wie die Birgits, ein wenig verrückte Hühner im positiven Sinne. Überall, wo sie auflaufen, bringen sie Leben in die Bude. Andere wirken nach außen recht seriös, sind aber ebenfalls hochgradig emotional. Elkes unterliegen nicht selten starken Stimmungsschwankungen von himmelhoch jauchzend bis zu Tode betrübt. Bei der Wahl ihrer Freunde haben sie nicht immer ein glückliches Händchen. Diesbezüglich glauben sie mitunter zu sehr an das Gute im Menschen und werden letztendlich nur zu irgendeinem Zweck missbraucht, um anschließend schmählich wieder fallen gelassen zu werden.

In ihrer Freizeit lassen sich Elkes gerne von der Muse küssen, indem sie töpfern, basteln oder wundervolle Blumengestecke anfertigen. Daneben haben sie ein Faible für jede Art von Kultur und lieben es auszugehen. Eigentlich sind Elkes für fast alles zu begeistern außer für Sport in Übermaßen. Gänzlich ungeeignet sind sie für Gymnastik, da sie nicht sonderlich gelenkig sind. Schon ihr Gang verrät wenig Geschmeidigkeit.

Da Elkes Genießerinnen sind, schlemmen sie gerne und lassen ihrem Körper die verschiedensten Formen von Wellness angedeihen. Die Leseaktivität ist trotz einer Elke Heidenreich als eher mittelprächtig einzustufen. Aus ihren schönen Stimmen könnten die Elkes oft viel mehr machen, wie die verstorbene TV-Ansagerin Elke Kast nebst den Schlagersängerinnen Elke Martens und Elke Best.

Optik und Outfit: Stripped

Das Antlitz der Elke fasziniert häufig durch seinen slawischen Einschlag, besonders durch die hohen Wangenknochen. Charakteristisch ist weiterhin eine lebhafte bis feurige Ausstrahlung. Die Augen vieler Elkes lachen. Insgesamt ist ihr Gesicht ausgesprochen facettenreich. Selten einen Glanzpunkt stellt die Nase dar. Entweder zeigt sie sich als ein wenig »knollig« oder insgesamt zu lang geraten. Die wasserstoffblonden oder braunen, häufig gelockten Haare trägt die Elke meist halblang.

Figürlich haben die Trägerinnen dieses Namens eher ein paar Pfunde zu viel als zu wenig auf den Rippen, was ihnen aber meist ausgezeichnet steht. Selten haben sie Beine bis zum Hals, und der Po ist bisweilen ein wenig zu knochig. Ihre jedoch oft drallen Brüste bieten eine Augenweide für das männliche Geschlecht, während die schönen Hände und Füße eher nur Kennern gleich auffallen. Das Höhenwachstum der Elke ist beträchtlich. Regelmäßig liegt sie zwischen 1,70 m und 1,80 m.

Wenn jemand die Aufgabe erhielte, etwas Außergewöhnliches an der Elke zu beschreiben, dann käme er gewiss nicht auf ihr Outfit, das völlig unspektakulär ist. Genauso wenig fällt sie damit positiv wie negativ auf. Ganz und gar kein Modepüppchen, trägt die Elke am liebsten Jeans mit Bluse oder T-Shirt, am allerliebsten aber das Evakostüm, weil sie es liebt, nackt zu sein.

Verführung und Sex:
Love your body

In der Schule war die Elke häufig schon in einen jungen, attraktiven Lehrer verliebt. Da sie aus ihrer Herkunftsfamilie gelernt hatte, dass sie Liebe nur über Leistung bekommen könnte, strengte sie sich in seinem Unterricht ganz besonders an. Auch als Erwachsene besticht sie das männliche Geschlecht eher durch ihre Hilfsbereitschaft sowie durch ihre Offenheit und Natürlichkeit als durch Wimpernklimpern und Vorbauparade.

Viele potenzielle Prinzen finden auch Gefallen an der Kernigkeit und am Humor der Elke. Sie rümpft nicht gleich pikiert die Nase, wenn in geselliger Runde mal ein schmutziger Witz erzählt oder eine Zote vom Stapel gelassen wird. Im Gegenteil, ist sie doch meist diejenige, die am lautesten darüber lacht. Die Elke ist für jeden Blödsinn zu haben, sozusagen der Typ zum Pferdestehlen.

Das »ewige Locken des Weibes« hingegen lernt die Elke nie so richtig. Die einzige Jagdstrategie, wenn es überhaupt eine ist, die manche Namensträgerinnen anwenden, besteht darin, sich ein wenig hilflos zu präsentieren, um so den Retterinstinkt im Manne zu erwecken. Aber oft steckt die Elke auch wirklich in der Patsche. Das Lachen in ihren Augen sollte indes nicht falsch interpretiert werden. Meistens ist es nämlich chronisch.

Die Elke mag ihren Körper und stellt ihn – fast schon ein wenig exhibitionistisch – gerne zur Schau. Entsprechend locker und entspannt geht sie mit dem Thema Sexualität um. Geschlechtsverkehr verbrämt sie nicht als großes Mysterium, sondern betrachtet ihn als ein Grundbedürfnis wie Essen und Trinken. Wenn dieses Bedürfnis lange nicht gestillt wird, kann die Elke ziemlich ungemütlich werden. In Not kommt sie aber selten, weil sie gerne Örtlichkeiten wie Nudistencamps oder Saunen aufsucht, in denen ein Publikum verkehrt, das ebenfalls alles andere als verklemmt ist. Will nicht heißen, dass die Elke gleich jeden Mann ins Bett zerrt, der nicht bei drei auf den Bäumen ist, aber wenn sie Lust hat »beizuschlafen«, muss es bis dahin auch nicht wochenlang dauern.

Obwohl es bei der Elke recht zügig zum Ringelpiez mit Anfassen kommen kann, sind ihre Intimkontakte nur selten auf Einmaligkeit angelegt. Meist verspricht sie sich mehr davon und erleidet Schiffbruch, wenn die andere Seite nach dem Schäferstündchen schleunigst wieder das Weite sucht. Grundsätzlich sind Elkes für alle Spielarten der Erotik offen. Sie haben fast immer Lust und sind leicht in Fahrt zu bringen. Aber leider geben sie sich bisweilen auch aus reiner Pflichterfüllung ihrem Partner hin, wenn sie selbst gar nicht in der Stimmung dazu sind.

Durch ihre Tanzleidenschaft und ihren Hang zum Nudismus schlagen Elkes häufig in Örtlichkeiten auf, in denen sie Kerle kennenlernen können, die ihnen überhaupt nicht guttun. Tanzlokale liegen beispielsweise häufig in Kurorten und das Publikum besteht entsprechend zum überwiegenden Teil aus Kurgästen. Besonders die männlichen Kuranten – häufig zu Hause verheiratet oder fest liiert – sind gewöhnlich nur auf ein schnelles Abenteuer aus. Dazu gesellt sich die verhältnismäßig schlechte Menschenkenntnis der Elke gepaart mit einer gewissen Naivität in Liebesangelegenheiten, die sie hier ebenso wie dort Opfer von Ausnutzung werden lässt.

Von den professionellen Möglichkeiten, mit anderen Einspännern in Kontakt zu treten, nutzen die Elkes natürlich wieder den Single-Tanzkurs. Wegen ihrer Offenheit und Geselligkeit verkehren sie aber auch gerne in Single-Clubs oder -Gesprächsgruppen. Letztere besuchen sie aber selten allzu lange. Immer nur auf ihren vier Buchstaben im Kreis zu sitzen und Gedanken auszutauschen, ist ihnen auf Dauer körperlich zu passiv. Auch fürs Speed-Dating sowie für Radio- und TV-Kuppelshows bringt die Elke gute Voraussetzungen mit, ist sie doch selten um eine Antwort verlegen und verfügt über einen exzellenten Witz. Allerdings bedeuten ihr Funk und Fernsehen mitunter zu viel Öffentlichkeit. Teure Partnervermittlungen nehmen die Elkes nur in Anspruch, wenn überhaupt nichts mehr vorangeht, während sie Internet und Anzeigen in Printmedien wie selbstverständlich nutzen.

Ansonsten kann XY überall auf Tuchfühlung mit der Elke gehen, sei es am Arbeitsplatz, auf Reisen oder in der Theaterpause. Vor einem fiesen Korb braucht sich ein Verehrer bei der Elke nicht sonderlich zu fürchten. Selbst wenn sie kein weitergehendes Interesse an ihm hat, wird sie sich doch zumindest auf ein nettes Gespräch einlassen. Erstens entspricht das ihrem menschenfreundlichen Naturell, und zweitens weiß sie aus eigener Erfahrung, wie weh knallharte Zurückweisung tut.

Partnerschaft: I'd do anything for love

Die Elke lebt überdurchschnittlich häufig in asymmetrischen Beziehungen. Das sind Beziehungen, in denen etwa Geben und Nehmen oder die Arbeitsaufteilung zwischen den Partnern unausgewogen sind. Regelmäßig ist es dabei die Elke, die den Kürzeren zieht. Betreibt sie beispielsweise mit ihrem Mann ein Geschäft oder ein landwirtschaftliches Unternehmen, ist meist sie die treibende Kraft, die mit ihrer Leistung hauptsächlich für den Familienunterhalt sorgt. Die Elke schaut sich das sehr lange, für Außenstehende viel zu lange, an, weil sie in ihrer Berufsarbeit sowie der Hege und Pflege der gemeinsamen Kinder aufgeht und das Bild von der heilen Welt nicht zerstören möchte. Ihr Angetrauter wird indes immer unzufriedener, weil er sich im Familiengefüge zunehmend überflüssig fühlt. Durch seine häufige Aushäusigkeit hat er sich von seiner »Sippe« entfremdet und im Geschäft haben inzwischen andere seine Aufgaben übernommen.

Auch in ihren nachehelichen Beziehungen läuft die Elke permanent Gefahr, wieder in ihr Leistungsschema abzurutschen, weil es tief in ihr verankert ist. Das Hauptproblem besteht darin, dass sie eigentlich auch gar nichts anderes möchte.

Trennung: Die goldene Regel

Da die Elke meist das Finanzielle in der Familie geregelt hat und ihrem Noch-Mann oft auch geistig überlegen ist, könnte sie ihn bei den Scheidungsfolgesachen kräftig über den Löffel balbieren. Tut sie aber nicht, schließlich lautet ihr Lebensmotto: »Was du nicht willst, dass man dir tu', das füg auch keinem andern zu«. Die Elke ist zwar gewöhnlich kein ausgesprochen frommer Mensch, aber bei ihr ist so etwas wie eine Rest-Religiosität anzutreffen, die sie nach christlichen Grundsätzen handeln lässt. Selbst wenn der Verflossene ihr übel mitgespielt hat, zeigt sie sich stets noch auf Ausgleich bedacht.

Emotional ist die Elke bei der Trennung, die fast immer sie initiiert, meist schon meilenweit von ihrem zukünftigen Ex entfernt. Ihn aufzugeben ist für sie kaum noch schmerzhaft. Die Trauerarbeit hat sie bereits in den letzten Jahren der Partnerschaft geleistet. Allerdings bedrückt sie nun das Alleinsein doch sehr. Die Elke kommt zwar »technisch« gut mit ihrem Solistenschicksal zurecht, aber sie kann diesem Status als Beziehungsmensch zumindest auf Dauer nicht viel abgewinnen. Nicht selten geraten Elkes unmittelbar nach dem Ende ihrer Zweisamkeit in eine Bindungspanik und stellen die Welt auf den Kopf, um ein neues Liebesglück zu finden. Dieser Zustand hält aber nur kurz an, weil die Elke zum einen spürt, dass sie nach all den Verletzungen noch nicht bereit ist, wieder einen Mann ganz nah an sich heranzulassen, und zum anderen, dass Entsingelung nur schwerlich mit der Brechstange funktionieren kann.

PFLEGETIPPS:

Musts:

* Um das Herz einer Elke zu gewinnen, muss ihr Verehrer unbedingt ein selbstbewusstes Auftreten an den Tag legen und stets auf ein geschniegeltes Outfit achten. Schlabberlook geht bei ihr zumindest in der Öffentlichkeit gar nicht. Dafür kann auf der anderen Seite ruhig ein wenig Macho im Spiel sein. Nicht selten steht sie auf den Typ Latin Lover.

* »Music was my first love and it will be my last …« Die Elke liebt Musik in all ihren Ausprägungen. Womöglich singt sie sogar selbst in einem Chor. Laden Sie Ihre Elke daher regelmäßig zu Konzerten und Musicals ein.

* Beruflich viel auf den Beinen, zum Beispiel als Bäckereifachverkäuferin, haben Elkes abends oft bleischwere Füße. Mit einer zärtlichen Fußmassage schlägt ihr Partner womöglich zwei Fliegen mit einer Klappe. Er macht müde Geister wieder munter und stimuliert die Elke zudem sexuell.
* Der absolute Geschenktipp für die Elkes sind Wellness-Wochenenden.

No-Gos:
* Elkes haben eine große Abneigung gegen Knoblauchgeruch. Gehen Sie niemals mit Ihrer Elke in die Sauna, wenn Sie am Vortag griechisch mit reichlich Zaziki als Beilage gegessen haben. Wahrscheinlich bekommen Sie noch während des Saunaganges einen bissigen Kommentar zu Ihren Ausdünstungen zu hören, und leider nicht immer ganz diskret.
* Die Wohnung der Elke ist tipptopp in Ordnung. Das soll sie auch trotz »besserer Hälfte« bleiben. Männer, die sich anschicken, ihre Wohnung zu vermüllen, landen bei den Namensträgerinnen sehr schnell im Beziehungsmülleimer.
* Elkes sind nicht unbedingt die reiselustigsten Frauen. Ein Kandidat, der für seinen Seelenfrieden ständig in der Weltgeschichte herumgondeln muss, dabei aber wenig oder gar nichts von Kulturprogramm hält, wäre sicher keine ideale Besetzung für den Platz an ihrer Seite.

IDEALE NAMENSPARTNER:

Die »pure Lust am Leben« – auch am Sexualleben – teilt die Elke mit dem Michael, dem Jürgen und dem Vertreter-Thomas. Alle drei verkörpern gewöhnlich auch die Prise Macho, die sie elektrisiert. Am Stefan liebt die Elke bedingungslos seinen Humor. Dafür nimmt sie sogar seine beruflichen Hänger in Kauf. Dieses Zugeständnis muss sie für den Witz des Günthers und Horsts noch nicht einmal machen. Viel unter Leute, vielleicht auch im Rahmen eines vereinsmäßigen Engagements, kommt die Elke sowohl mit dem Rainer als auch mit dem Frank, allerdings nur, wenn die beiden bereit sind, sie in ihre Aktivitäten zu integrieren. »Musikalisch« geht mit dem Martin sehr viel.

PROMINENTE NAMENSTRÄGERINNEN:

Elke Heidenreich, Elke Sommer, Elke Kast, Elke Martens, Elke Best, Elke Jeinsen, Elke Winkens, Elke Schall

Namenstag der Elke: 16. Dezember

GABI

BASICS: VERSUCHS MAL MIT GEMÜTLICHKEIT

Schon in der Schule teilt die großzügige und soziale Gabi das Pausenbrot mit ihren Mitschülern und spendiert ihrer Freundin aus armem Hause den Kakao. Ihre Beliebtheit steigert noch, dass sie keine Streberin ist. Später im Beruf legt die Gabi viel Augenmerk darauf, in einem guten Team zu arbeiten und sich nicht zu verausgaben, ist sie doch kein Typ, der gerne schuftet. Was aber nicht heißen will, dass sie ihren Job nicht gewissenhaft erledigt. Aber eine gewisse Bequemlichkeit ist bei vielen Gabis nicht zu verleugnen.

Von der Sparte her sind Gabis aufgrund ihrer Sprachbegabung häufig als Fremdsprachenkorrespondentinnen oder Sprachlehrerinnen tätig. Manche verdienen sich sogar »literarisch« ihre Brötchen, etwa als Lektorinnen. Aber auch in der Verwaltung und anderen Bürojobs sind sie häufig anzutreffen. In ihren Mußestunden lesen die Gabis gerne, gehen ins Kino beziehungsweise Theater oder unternehmen Städtereisen mit Kultur- und Shoppingprogramm, während Sport meist Mord für sie ist. Gabis sind nur selten strenggläubig. Ebenso hält sich ihr Interesse für Esoterik und noch mehr für Politik in Grenzen. Eine ausgeprägte Suchtkomponente weisen die Gabis fast nie auf. Allenfalls sind sie große Naschkatzen.

Ein beträchtliches Manko der Namensträgerinnen liegt dagegen in ihrer Entscheidungsschwäche. Die hat ihre Ursache darin, dass sie ihrem Kopfkino zu viel Macht geben, anstatt ihrem Gefühl zu vertrauen und sich spontan auf etwas einzulassen. Als Pluspunkt ist indes wieder ihre konsequente Direktheit zu verbuchen, die aber nur selten so verletzend ist, dass sie sich damit Feinde schaffen könnte. Der Gabi ist es nämlich alles andere als unwichtig, von ihren Mitmenschen zumindest akzeptiert, wenn nicht gerade geliebt zu werden.

Ihre kaum zu verbergenden Launen versucht die Gabi gegenüber ihren Lieben in erster Linie durch Toleranz zu kompensieren, indem sie ziemlich viel bei ihnen durchgehen lässt. Auch ihre Treue wiegt so manche Macke auf. Mit Freunden und den Verwandten, die ihr nahestehen, geht sie durch dick und dünn.

Optik und Outfit: Speaking eyes

Die Gabi hat überdurchschnittlich häufig hell- bis mittelblonde Haare. Relativ typisch sind auch Kurzhaarfrisuren, während sich Löwenmähnen nur äußerst selten finden. Das Gesicht der Gabis ist häufig recht markant, hat aber meistens eine sympathische Ausstrahlung. Die Redensart, dass die Augen der Spiegel der Seele sind, scheint förmlich auf sie gemünzt zu sein. An ihrem Ausdruck lässt sich immer sofort die aktuelle psychische Verfasstheit der Namensträgerinnen ablesen. Gabis sind meist hochgewachsen. Viele von ihnen reichen knapp an das »Gardemaß für Frauen« von 1,80 m heran. Die durchschnittliche Größe dürfte bei gut 1,70 m liegen. Eine Traumfigur können allerdings nur wenige Gabis aufweisen. Meist stimmen die Proportionen nicht 100%ig. Zudem kommen besonders die langen Vertreterinnen oft ein wenig staksig daher.

Die Klamotten der Gabi sind häufig ein wenig zu schlicht, fast immer aber wenig sexy. Mit entsprechender Garderobe könnte sie, wie die Barbara, ihren Marktwert enorm steigern, aber bedauerlicherweise legt sie keinen übermäßig großen Wert auf ihr Aussehen. Vielleicht ist sie es auch leid, dass ihr beim Kleider- und Schuhkauf nichts so recht passen zu wollen scheint. Auch Schmuck und Accessoires steht die Gabi eher reserviert gegenüber.

Verführung und Sex:
Mit Sex fängt Frau Männer

Wenn eine Gabi darüber nachdenkt, wie sie ihr Liebesglück finden könnte, spielt sie in ihrem klugen Köpfchen die drei Wünsche durch, die ein Mann gewöhnlich an seine Herzdame hegt, nämlich Bewunderung, gute Versorgung und ausreichend Sex.

Zu ihrem Partner aufzuschauen, würde ihr allein schon wegen ihrer Körpergröße schwerfallen. Aber auch ansonsten möchte sie nur ungern die Froschperspektive gegenüber ihrem Herzbuben einnehmen. Dafür ist ihr Ebenbürtigkeit zu wichtig. Das Hotel Gabi zu eröffnen, empfindet sie als ebenso wenig prickelnd. Schließlich sollte ihr Göttergatte doch emanzipiert sein. Also bleibt nur noch die Bettakrobatik. Und die muss es dann sein, womit sie ihren Fisch an den Haken zu bekommen versucht. Da ihr natürlicher Sexappeal nicht ausreicht, beschließt die Gabi, dass sie zu einer horizontalen Verheißung werden müsste. Macht sie nun die Bekanntschaft mit einem Prinzen in spe, lässt sie anklingen, welche intimen Wonnen er mit ihr zu erwarten hätte. Die Strategie funktioniert. Neugierig geworden, folgt ihr das Objekt der Begierde ins Schlafzimmer. Dort angekommen, gelingt es der Gabi aber nur selten, aus sich herauszugehen. Dieses Manko versucht sie häufig zu kaschieren, indem sie sich hypersexuell gibt.

Um sich horizontal zu »verbessern«, ziehen die Gabis nicht selten erotische Ratgeber heran und besuchen Tantrakurse. Sie sind ja nun wirklich bemüht …! Manchmal reizt es die Namensträgerinnen schon, zu schauen, ob nicht das Gras auf der anderen Seite doch noch ein wenig grüner ist. Aber grundsätzlich liegt Fremdgehen nicht in ihrem Naturell.

JAGDREVIERE: WENN DIE STECHUHR
BEIM STECHEN LUSTVOLL STÖHNT ...

Da Gabis nicht die attraktivsten Frauen sind, werden sie kaum dort Beute machen, wo die Konkurrenz am allergrößten ist. Diskos sind für sie als Jagdreviere absolut unergiebig. Auch Speed-Dating, bei dem laut wissenschaftlichen Untersuchungen fast nur der visuelle Eindruck entscheidet, ob das Gegenüber ein »ja« oder »nein« auf dem persönlichen Auswertungsbogen erhält, stellt demzufolge für die Gabis meist nur Zeit- und Geldverschwendung dar. Selbst in Single-Clubs und -Gesprächszirkeln werfen sie wegen ihres optischen Nachteils schnell das Handtuch.

Optimale Voraussetzungen bieten der Gabi hingegen die Partnersuche im World Wide Web und per Kontaktanzeige. Hier kann sie ihre »Schreibkünste« zur Geltung bringen und »verführt« die Kandidaten in eine Zweierkonstellation. Gabis sind auch nicht abgeneigt, beim Suchen und Finden der Liebe Hilfe von Experten in Anspruch zu nehmen. Daher werden sie nicht selten Mitglied in einer klassischen oder Internet-Partnervermittlung. Radio- oder TV-Kuppelshows, die ihnen bei der Pirsch nach Mr. Right ebenfalls unter die Arme greifen könnten, meiden sie hingegen, da sie die Öffentlichkeit scheuen.

Bei flüchtigen Begegnungen etwa an der Tankstelle oder im Stehcafé werden Gabis recht selten angesprochen, da sie nicht wirklich flirtig sind. Augenklimpern und Hinternwackeln gehören ebenso wenig zu ihrem Verhaltensrepertoire wie devotes Kopfneigen. Als günstig erweist sich hingegen wieder der Arbeitsplatz. Zwischen morgendlichem und abendlichem Stechen der Stechuhr haben die Kollegen genügend Zeit, sich auf den zweiten Blick in sie und ihren kernigen Humor zu verlieben.

Gabis sind keine Frauen, die leicht zu handeln sind. Oft haben sie gewaltige Ecken und Kanten. Positiv gesehen, bleiben sie für ihren Partner immer eine Herausforderung. Besonders ihre Befindlichkeiten muss der Mann an ihrer Seite lesen können, sonst handelt er sich im Laufe der Beziehung so manche Blessur ein. Die Gabi ist grundsätzlich keine Zicke. Sie ist eher der Typ, der einmal laut blafft und dann ist aber auch wieder Ruhe im Karton. Das ist Teil ihrer direkten Art.

Wer eine Gabi bekommt, der hat sich mit ihr eine äußerst loyale und zuverlässige Gefährtin eingefangen. Den Haushalt hat die Gabi gewöhnlich im Griff, obwohl sie dabei oft gegen das chaotische Element in sich ankämpfen muss. In der Regel ist sie auch eine leidliche Köchin und Bäckerin. Von ihrem Mann erwartet die Gabi schon einen erklecklichen Beitrag zur Verrichtung der häuslichen Pflichten. Zumindest aber sollte er stets Goodwill zeigen. Wenn die Gabi alleine ausgehen möchte oder einmal nicht »funktioniert«, muss ihr Göttergatte allemal einspringen. Einen reinen Pascha an ihrer Seite wird sie fast nie akzeptieren.

Handwerklich ist die Gabi denkbar ungeschickt. Da sie es aber gerne schön hat in ihrem Nest, muss diesbezüglich ständig ihr Partner herhalten. Ein Mann mit zwei linken Händen kommt der Gabi gar nicht erst ins Haus. Die Gabi ist gewiss nicht aus Zucker, aber spätestens bei schweren Umzugskartons hört bei ihr der Spaß auf. Dafür verwöhnt sie ihre bessere Hälfte gerne mit kleinen Präsenten und Aufmerksamkeiten und tut ihm körperlich wohl, etwa in Form einer Massage.

Haben die Gabis nur ein Kind, so neigen sie bei ihm bisweilen zur Überbehütung, was nicht selten zu familiären Spannungen führt. Für den Nachwuchs sind sie in der Regel auch bereit, längere Zeit komplett aus dem Beruf auszusteigen.

Trennung: Guns and roses

Als offizieller Trennungsgrund werden von der Gabi und ihrem Partner oft unüberbrückbare Differenzen angegeben. Das ist aber noch milde ausgedrückt für das, was sich am und nach dem Ende ihrer Beziehung abspielt. Nun rächt sich für die Gabi oft, dass ihr Zukünftiger seinerzeit unbedingt ein Alphatier sein musste. Wenn sie ihre Interessen durchsetzen möchte, und das möchte sie, da sie selbst kein Mäuschen ist, kommt es häufig zu heftigen Konflikten, nicht selten auch zum offenen Kampf. Wenn keiner der Streithähne nachgibt, kann sich bisweilen auch ein regelrechter Rosenkrieg entspinnen. Meistens macht aber dann die Gabi schon Abstriche bei ihren Forderungen. Sie ist nämlich gewöhnlich nicht bereit, Jahre ihres Lebens für einen Feldzug zu opfern, bei dem es letztendlich nur Verlierer geben wird.

Hat sich der Pulvergeruch verzogen, fallen die Gabis oft in ein tiefes Loch. Besonders nagende Selbstzweifel machen ihnen schwer zu schaffen. Ihr Umfeld lassen die Namensträgerinnen aber aus Stolz nur selten spüren, wie schlecht es wirklich um sie steht.

Pflegetipps:

Musts:

* Mit dem Orientierungssinn der Gabi hapert es gewöhnlich ein wenig. Verabreden Sie sich nicht an einem unmöglichen Ort mit ihr zum Rendezvous, sondern schlagen Sie einen Treffpunkt vor, den sie gut kennt und der nicht allzu weit von ihrem! Wohnort entfernt liegt. Rechnen Sie aber auch dann noch immer mit einer Verspätung …

* Der Gabi ist besonders am Anfang der Beziehung enorm wichtig, dass ihr Partner sich öffentlich zu ihr bekennt. Zeigen Sie ihr daher nicht nur, wenn Sie zu zweit sind, wie wichtig sie Ihnen ist, sondern auch im Beisein von anderen.

* Erbringen Sie der Gabi hin und wieder einen Liebesbeweis. Das kann schon ein ausgeschnittenes Gedicht sein, garniert mit einem netten Kompliment, das sie ihr hinterlegen. Die größte Freude machen Sie ihr damit in einem völlig unerwarteten Moment.

No-Gos:
* Sehen Sie die lockeren Sprüche der Namensvertreterinnen zum Thema Sex keinesfalls als Ermunterung an, ihnen gleich »unmoralische Angebote« zu machen. Beim Versuch, der Gabi Ihr Tempo der geschlechtlichen Annäherung aufzuzwingen, werden Sie vermutlich ein Fiasko erleben.
* Gabis stehen nicht sonderlich auf Gesichtsbehaarung. Schon ein Oberlippenbart findet kaum Gnade bei ihnen. Allenfalls geht noch ein verwegener Dreitagebart in Hugh-Jackman-Manier.
* Der Anti-Geschenktipp für Gabis ist Reizwäsche. Sofern sie überhaupt welche trägt, hat sie darin ihren eigenen Geschmack, den Sie kaum je treffen werden.

IDEALE NAMENSPARTNER:

Der Horst und der Joachim können über den Stimmungsschwankungen der Gabi heiter drüberstehen. An der Seite des Horsts wird die Gabi zudem viel Spaß haben, während der Joachim sie als weiteres Bonbon im Schlafzimmer nicht durch bizarre Wünsche überfordert. Kommunikativ wird sie ziemlich punktgenau mit dem Günther und dem Peter auf einer Wellenlänge liegen. Vor allem mit Letzterem kann sie einen Mini-Literaturzirkel bilden, was ebenso für die Verbindung mit dem Normalo-Gerhard gilt. Beim Harald findet die Gabi die starke Schulter zum Anlehnen. Er wird auch für sie einspringen, wenn ihr einmal die ganze Arbeit über den Kopf wächst oder sie einfach nur Zeit für sich braucht.

Prominente Namensträgerinnen:

Gabriele Pauli, Gaby Hauptmann, Gabriele Wohmann, Gabriela Sabatini, Gaby Baginsky, Gaby Dohm, Gaby Köster, Gabriella Cilmi, Gabi Bauer

Namenstag der Gabi: 29. September

Heike

Basics: You never walk alone

Unter Einsamkeit leidet die Heike wegen ihrer allgemeinen Beliebtheit nur selten, es sei denn, sie zieht sich selbst aus dem gesellschaftlichen Leben zurück. Tut sie aber fast nie, da sie stark auf Außenkontakte angewiesen ist. Um sich vollkommen selbst zu genügen, fehlt ihr ein wenig die innere Substanz. Heikes sind wohl gelitten, weil sie viel Energie in ihr soziales Umfeld investieren und ausgesprochen umgänglich sind. Besonders als Beraterinnen sind sie in ihrem Freundeskreis heiß begehrt.

Beruflich zeichnet die Namensträgerinnen ein hohes Maß an Teamfähigkeit aus. Wenn es Spannungen gibt oder gemobbt wird, ist selten eine Heike dafür verantwortlich oder auch »nur« daran beteiligt. Einen Kollegen systematisch fertigzumachen, verbietet schon ihre Menschlichkeit. Gerne arbeiten Heikes als Krankenschwestern, Arzthelferinnen oder Erzieherinnen, aber auch als Physiotherapeutinnen, Verkäuferinnen oder in der Verwaltung fühlen sie sich gut aufgehoben. Jedenfalls ist ihnen menschlicher Umgang wichtig. Jobs, in denen sie allein vor sich hin wursteln müssen und die nicht ein Minimum an »Action« bieten, lassen sie verkümmern. Im akademischen Bereich sind die Heikes eher selten zu finden, allenfalls noch im Grundschullehramt. Als Künstlerinnen huldigen sie eher der leichten Muse.

Eine der größten Stärken der Heike besteht darin, dass sie ihre eigenen geistigen Grenzen akzeptiert. Sie verfügt zudem über einen ausgeprägten Humor, der nicht immer sehr feinsinnig sein muss. Sie kann auch oft dem derbsten Witz noch etwas abgewinnen. Das macht sie so beliebt bei der Männerwelt, die es als wohltuend empfindet, bei ihr nicht jedes Wort auf die Goldwaage legen zu müssen.

Selbst wenn ein Spruch unter die Gürtellinie geht und sie verletzt, ist sie gewöhnlich leicht wieder zu versöhnen.

Nach schweren Niederlagen brauchen Heikes jedoch recht lange, bis sie sich wieder aufrappeln. Wenigstens kommen sie als klassische Stehaufmännchen wieder hoch. Ihr Lebensmotto lautet: »Fallen ist keine Schande, nur liegen bleiben.«

Heikes sind selten ausgesprochene Bücherwürmer. Oft fehlt ihnen zum Lesen die Ruhe oder ihnen fällt dabei ein, dass sie gerade noch »Wichtigeres« zu erledigen haben. Auch insgesamt sind Heikes in ihrem Freizeitverhalten häufig wie ein Blatt im Wind. Sie landen irgendwo kurz, um dann wieder weiter getragen zu werden. Die Winde, die sie dabei treiben, sind meistens Moden. Sie tun also das, was gerade angesagt ist. Wirkliche Leidenschaften entwickeln die Heikes fast nie.

Optik und Outfit: Gottes Amt – Gottes Verstand

Das Schicksal der Heike scheint es zu sein, mit recht vielen Erdenbürgern in Verbindung stehen zu müssen, weil sie sich sonst leer fühlt. Einen »Verstand«, den ihr der liebe Gott dafür mitgegeben hat, stellt ihre hervorragende Optik dar. Vermutlich sind Heikes unter ihren Geschlechtsgenossinnen mit am ansehnlichsten. Und es ist ja sozialpsychologisch schon lange kein Geheimnis mehr, dass attraktivere Menschen bei der Kontaktanbahnung die besseren Karten haben.

Oft sind Heikes groß gewachsen und ihr Oberkörper mündet in endlos lange Beine. Das prädestiniert sie im Sport unter anderem für Lauf- und Sprungdisziplinen, die die ehemalige Olympiasiegerin Heike Drexler mit ihren 1,82 m in Personalunion ausübte. Die schon stattlichen 1,73 m der Schauspielerin Heike Makatsch indes repräsentieren circa die Durchschnittslänge der Namensträgerinnen. Al-

lerdings darf auch nicht verschwiegen werden, dass eine nicht unbe-
trächtliche Anzahl von ihnen bei fast genau 1,60 m ihr Längenwachs-
tum eingestellt hat.

Neben den Beinen sind auch die drei Körperteile bei der Heike ein
Glanzpunkt, auf die Mann beim weiblichen Geschlecht zuerst schaut:
Busen, Augen, Po. Die Augen selbst sind häufig Teil eines hübschen,
femininen Gesichts mit starker erotischer Ausstrahlung. Hinsichtlich
ihres Haarschopfes ist die Heike relativ unspezifisch. Er kann kurz,
lang, glatt, gelockt, blond, schwarz oder feuerrot sein.

Auf ihr Outfit – meist sportlich bis elegant – legen die Heikes viel
Wert. Ihre Eitelkeit erreicht gewiss nicht Victoria Beckhamsche
Ausmaße, aber ungeschminkt und »schlampert« gehen auch sie fast
nie aus dem Haus. Schmuck und Accessoires mögen sie in Maßen.
Interessanterweise scheinen Heikes eine Abneigung gegen Uhren zu
haben. Zumindest aber tragen sie nicht oft einen Chronometer um
ihr schlankes Handgelenk. Vielleicht ist das ein Grund dafür, dass
Pünktlichkeit nicht eben ihre erste Tugend ist und es bei ihnen
abends mitunter zu lang wird.

Verführung und Sex:
Coming home for parship

Die gesellige Heike lädt den Mann ihres Herzens, etwa den schnuckeligen Schreibtischnachbarn im Büro, ganz locker nebst anderen
Gästen zu sich nach Hause ein, sei es zum Geburtstag oder einfach
nur zum Kaffeekränzchen. Damit hat er sich nichtsahnend bereits in
ihrem Spinnennetz verfangen. Im Verlauf des gemütlichen Beisam-
menseins gibt die Heike ihrem Prinzen in spe eindeutige nonverbale
Signale oder macht versteckte Andeutungen, dass sie Interesse an
ihm hat. Er versteht sie. Die Gesellschaft löst sich langsam auf, und
auch Heikes Auserwählter geht mit den Letzten. Aber an den Augen seiner Verehrerin beim Abschied hat er abgelesen, was zu tun ist.

Er setzt sich ins Auto, fährt eine Runde und kehrt dann zur Heike zurück. Sie erwartet ihn bereits lüstern. Beide fallen übereinander her wie die Tiere und tanzen den »letzten Tango in Paris«. Dorthin geht dann mitunter auch die Hochzeitsreise.

Eine fangtechnische Variante der Heike besteht darin, das Objekt der Begierde um Hilfe bei einem handwerklichen oder PC-Problem zu bitten und es unter diesem Vorwand zunächst ins Haus und anschließend ins Schlafzimmer zu locken. Das bewerkstelligt die Heike natürlich nach Frauenart außerordentlich geschickt, so dass Mann immer das Gefühl hat, er hätte das Heft des Handelns in der Hand. In Wirklichkeit ist er eine Marionette im Paarungsspiel der Heike.

Verlassen die Namensträgerinnen ihr Netz, um auf Beutejagd zu gehen, was sie außerordentlich gerne tun, reicht wegen ihres optischen Glanzes meist schon ihre Anwesenheit, um die Blicke auf sich zu lenken. Ihre grundsympathische Ausstrahlung, ihre Zugewandtheit und ihre natürliche Art ermuntern die Männerwelt in Legionen zum Angriff. She never has to walk alone – home.

Einigen Heikes steht es schon auf die Stirn geschrieben, dass sie es faustdick hinter den Ohren haben, aber die meisten wirken so, als könnten sie kein Wässerchen trüben. Daher fallen viele Männer aus allen Wolken, wenn sie vom teilweise jahrelangen Doppelleben ihrer »lieben« Heike erfahren. Dabei ist sie im Bett alles andere als brav, doch ihr Angetrauter wiegt sich in dem Glauben, dass sie ihre abenteuerlichen Verrenkungen nur für ihn vollzieht und ihr lustvolles Stöhnen auf das eheliche Schlafzimmer beschränkt bleibt. Er macht es ihr doch offenhörbar ganz gut, also warum sollte sie fremdgehen? Aber sie macht es ihm offenhörbar auch ganz gut, wenn sie ihm einen Orgasmus vorspielt und währenddessen ungezügelte Leidenschaft jenseits des heimischen Standardprogramms phantasiert. Was XY noch als prickelnd empfindet, ist für die Heike vielleicht schon längst kalter Kaffee. Die unterschiedliche Bewertung ihrer Beziehung von Mann und Frau – Männer sehen vieles noch durch die rosarote Brille, während Frauen schon eine Schutzbrille tragen – kommt fast nirgendwo deutlicher zum Ausdruck als beim Urteil der Heike und ihres Partners über das gemeinsame Sexualleben.

Heikes kennen horizontal wenige Tabus. Beim Akt sind sie im wahrsten Sinne des Wortes hart im Nehmen. Es nervt sie förmlich, dabei behandelt zu werden, als seien sie aus Zucker. Für ein ausgedehntes Vorspiel und anschließend Gänseblümchensex sind sie meist zu geil, wenn sie geil sind.

JAGDREVIERE: WO DER BÄR TANZT

Ist die Heike wie so häufig Krankenschwester, hat sie natürlich in Gestalt ihres Arbeitsplatzes einen schier unerschöpflichen Jagdgrund. Abgesehen vom männlichen Personal wird ihr die Beute sozusagen frei Haus (ein)geliefert. Klappt es nicht zwischen Spritze und Betten machen, ergeben sich für die Heike auch in ihrem umfangreichen Freundes- und Bekanntenkreis immer wieder Möglichkeiten, mit potenziellen Prinzen auf Tuchfühlung zu gehen.

Ansonsten ist die Heike viel im Städtchen unterwegs. Meist mehrmals pro Woche auf der Rolle, bevorzugt in Kneipen, auf Partys oder auf Musikevents, signalisiert sie allenthalben Offenheit für männliche Kontakte. Auch bei eher flüchtigem Zusammentreffen, an der Tankstelle oder an der Supermarktkasse, ist sie schnell bereit, ihre Kontaktdaten herauszugeben.

Die Heike ist der Typ zum Pferdestehlen. Grundsätzlich probiert sie alles einmal aus, um Mr. Right zu treffen, von Speed-Dating über die Single-Reise bis hin zu Kuppelspielen im Radio oder TV. Dabei steht nicht unbedingt nur der Erfolg im Vordergrund, sondern sie möchte Spaß haben an dem, was sie so anzettelt. Bei der Partnersuche per Mausklick und Kontaktanzeige fehlt ihr allerdings häufig gerade der Funfaktor nebst dem dazu notwendigen Sitzfleisch. Hierin liegt auch der Grund dafür, dass sie in Gesprächsgruppen für Alleinlebende gewöhnlich nicht »alt« wird. Außerdem sind ihr dort die Themen oft zu schwermütig und tiefgründig. Da nimmt sie schon lieber an den Freizeitaktivitäten von Single-Clubs teil.

PARTNERSCHAFT: ONE IS NOT ENOUGH

Den Input, den die Heike von außen braucht, kann ein Mensch alleine ihr kaum geben. Daher ist es für sie in der Zweisamkeit ungemein wichtig, dass der Partner ihr ein Höchstmaß an Freiraum gibt, ihre umfangreichen sozialen Kontakte weiter zu pflegen. Wie im Berufsleben wird die Heike auch in ihren Beziehungen todunglücklich, wenn sie vom Wolfsrudel entfernt wird. Mindestens einen Abend pro Woche bedingt sich die Heike meist aus, um den eigenen Interessen jenseits von Ehe und Familie nachzugehen. Ihr Göttergatte sollte sich dann ohne Murren bereit erklären, die Kinder zu hüten und den Haushalt zu schmeißen. Verwehrt er ihr dieses Bonbon, wird sich das für ihn durch eine missmutige Heike rächen. Davon abgesehen sind Heikes eher selten wirklich schlecht gelaunt, und auch extremes Herumgezicke ist ihnen gewöhnlich fremd. Ihre Wünsche artikulieren sie meist ohne Umschweife und schießen dabei nicht ihren Lebensgefährten von hinten durch die Brust ins Auge.

Den Haushalt führen Heikes ordentlich, aber nicht pingelig. Können und wollen sie auch nicht, da sie berufstätig sind und Kinder, Küche, Kirche keineswegs oberste Priorität in ihrem Leben haben. Apropos Kirche: Mit der Moral nimmt es die Heike in puncto Treue recht locker. Nicht selten holt sie sich das Verständnis und die Anerkennung, die sie zu Hause nicht (mehr) bekommt, in einer Außenbeziehung oder sie braucht einfach die Abwechslung. Das Problem der Heike besteht darin, dass sie recht leicht zu verführen ist. Überdurchschnittlich oft sind Heikes in Dreiecksbeziehungen verwickelt, bei denen sie zwischen zwei Männern pendeln und nicht umgekehrt.

Eine kleine Fraktion unter ihnen geht im Gegensatz zum Main-stream auch recht symbiotische Verbindungen ein. Oft wird dann viel Verantwortung an den Ehemann delegiert, weil dieser Typus ein wenig zu Unselbständigkeit neigt.

Trennung: It's time to say goodbye

Wie die meisten Frauen wägen die Heikes zwei bis drei Jahre lang ab, ob sie gehen oder bleiben sollen, befinden sich in der Phase der Trennungsambivalenz. Aber auch nach dem Zerschneiden des Tischtuchs werden sie beziehungstechnisch häufig noch rückfällig. Das liegt daran, dass die Namensträgerinnen nicht sonderlich konse-quent sind. Regelmäßig kommt es zu etlichen Comebackversuchen für die Liebe, die sich mit erneuten Knockouts abwechseln. Mitunter nehmen dabei auch die (gemeinsamen) Kinder Schaden.

Wird die Entzweiung hingegen stringent durchgezogen, weil sich einer der Partner zwischenzeitlich vielleicht schon wieder anderwei-tig liiert hat, legt die Heike meist großen Wert auf Fairplay. So um-gänglich sie in der Ehe war, so umgänglich ist sie auch nach ihrem Ende, sofern sie nicht außergewöhnlich gereizt wird. Zwar keines-wegs geldgierig, achten Heikes aber schon darauf, dass sie und der Nachwuchs weiterhin finanziell gut versorgt sind. Verzichtet ihr Ex auf Querschüsse, reicht mitunter sogar ein Anwalt, um die nach-ehelichen Angelegenheiten juristisch zu regeln. Weil die Heike nur selten – zumindest ausdauernd – mit Giftpfeilen schießt, gelingt es ihr recht häufig, die frühere Liebe in gute Freundschaft zu transfor-mieren – Sex mit dem Ex nicht ausgeschlossen.

PFLEGETIPPS:

Musts:

* Gute Manieren und Großzügigkeit sind bei der Heike Conditio sine qua non. Ein Mann, der ihr beim ersten Rendezvous fast die Restauranttür ins Gesicht wirft und beim Bezahlen mit der Bedienung über die hohen Preise diskutiert, wird gewiss keine Chance auf ein Wiedersehen haben.

* Allein die inneren Werte werden eine Heike kaum überzeugen. Ihr Partner muss ihr auch einen erfreulichen optischen Anblick bieten, von dem sie sich aber häufig blenden lässt.

* Was Papierkram betrifft, sind Heikes meist lustlos und auch ein wenig chaotisch. Indem Sie ihr diese lästige Aufgabe abnehmen, sammeln Sie dicke Sympathiepunkte bei ihr.

No-Gos:

* Heikes sind im Allgemeinen lebenslustige Frauen. Einen Miesmuffel, der zum Lachen in den Keller geht, und einen ewigen Nörgler können sie an ihrer Seite ebenso wenig ertragen wie einen lebensuntüchtigen Depri.

* Unterstehen Sie sich, Ihre Heike in irgendeiner Form zu kontrollieren. Fühlen sich die Namensträgerinnen in ihrem »Aktionsradius« massiv eingeschränkt, können sie, die sonst viel mit sich machen lassen, zur Furie werden.

* Jedes Jahr Urlaub im hohen Norden oder in den Bergen geht mit der Heike überhaupt nicht, weil sie die Sonne, den Strand und das Meer braucht. Fraglos ist sie eher ein mediterraner Typ.

IDEALE NAMENSPARTNER:

Die Heike kann sich theoretisch auf ziemlich viele Männer einstellen, zumindest für eine Zeitlang. Besonders gerne teilt sie aber Bett und Tisch mit dem Michael, dem Gerd und dem Vertreter-Thomas

(VT). Alle drei ziehen mit der Heike um die Häuser und haben wie sie Spaß am Leben. Besonders mit dem Gerd und dem VT hat sie auch die recht lockere Einstellung bezüglich partnerschaftlicher Treue gemeinsam. Intellektuell liegt die Heike mit dem Ralf sowie dem Jürgen auf Augenhöhe. Bei Zweiterem fasziniert sie zusätzlich die optische Attraktivität. Die ist auch der Grund, warum Heikes sich auf einen Markus einlassen. Gehört er zu den etwas solideren Vertretern seines Namens, ist die Verbindung auch häufig fruchtbar.

PROMINENTE NAMENSTRÄGERINNEN:

Heike Schäfer, Heike Ulrich, Heike Kloss, Heike Makatsch, Heike Drechsler, Heike Henkel, Heike Trinker, Heike Schroetter

Namenstag der Heike: 6. Dezember

INGRID

BASICS: ÜBER SIEBEN BRÜCKEN MUSST DU GEHEN

Beruflicher Erfolg ist bei den Ingrids gewöhnlich das Ergebnis unbändigen Fleißes, eiserner Disziplin und einer gesunden Härte. Selbst wenn ihnen auf ihrem Gebiet eine außergewöhnliche Begabung in die Wiege gelegt wurde, verkörpern sie meist diese Tugenden. Normalo-Ingrids verdienen sich damit nicht selten geschäftlich ihre Sporen. Aber auch in Ämtern und Behörden erreichen sie oft hohe Wertschätzung. Für soziale Berufe fehlen ihnen meist ein wenig die Wärme und das Einfühlungsvermögen. Als Krankenschwestern wären sie der Typ Oberschwester Hildegard aus der »Schwarzwaldklinik«. Allerdings gibt es auch regelrechte »Seelchen« unter den Namensträgerinnen, die ein Höchstmaß an emotionaler Intelligenz aufweisen, bisweilen auch unter einem Helfersyndrom leiden.

Beliebt ist die Ingrid, solange ihr Ehrgeiz keine krankhaften Formen annimmt. Geht er in Verbissenheit über, was ihr häufig schon ins Gesicht geschrieben steht, wenden sich viele Mitmenschen von ihr ab. Das führt dann bei der Ingrid zu Verbitterung oder Boshaftigkeit, die schlimmstenfalls in einem Krieg gegen alles und jeden mündet.

Zum Glück stellt das aber die extreme Ausnahme dar. Eher bevorzugt die Ingrid eine vorübergehende selbstgewählte Isolation aufgrund von menschlichen Enttäuschungen, die sie vor allem in Partnerschaften erlebt hat. Dauerhaften Rückzug könnte sie jedoch kaum ertragen, weil für sie soziale Kontakte lebensnotwendig sind. Die Ingrid ist allerdings kein Herdentier. Überschaubare Ansammlungen ihrer Spezies sind ihr allemal lieber. Andererseits kann mit der direkten Art der Ingrid nicht jeder umgehen, daher ist ihr Freundes- und Bekanntenkreis auch eher überschaubar. Das nimmt sie aber gerne in Kauf, um nicht ein falsches Spiel treiben zu müssen. Aufrichtigkeit hat nämlich für sie höchste Priorität, wahrscheinlich nicht zuletzt, weil sie häufig dem Gegenteil, nämlich Lügen und Intrigen, ausgesetzt war.

Bei den Ingrids paart sich regelmäßig Lebensklugheit mit einer kräftigen Prise Selbsterkenntnis, haben sie doch häufig die richtigen Schlüsse aus all den Höhen und besonders Tiefen ihres Lebens gezogen. Schoßkinder des Glücks sind die Trägerinnen dieses Namens selten, aber dafür gewinnen sie meist an innerer Substanz.

Die Freizeitgestaltung der Ingrids ist vielseitig. Die einfacher gestrickten gehen gerne tanzen, sind leidenschaftliche Köchinnen und treiben mäßig Sport, bevorzugt (Nordic) Walking. Viele sind auch Wandergruppen oder Kegelvereinen angeschlossen. Für die anspruchsvolleren Ingrids stehen kulturelle Veranstaltungen sowie »gehobenere« Leibesertüchtigungen in Gestalt von Segeln, Tennis oder Golf in den Mußestunden auf der Tagesordnung. Wenn sie traurig sind, holen sie sich oft Trost bei ihren Haustieren. Bevorzugt teilen sie die Wohnung mit einer Katze.

Politisch sind Ingrids wegen ihrer Herkunft aus dem Arbeitermilieu eher sozialdemokratisch geprägt, wechseln aber als Geschäftsfrauen mitunter zur CDU.

Da Ingrids nicht allzu viel lesen, erwerben sie selten ein breites Allgemeinwissen, geschweige denn eine humanistische Bildung. Fremdsprachen lernen sie allenfalls in der Schule, und dort auch nur radebrechend. In die Verlegenheit, ihr Englisch und Co. anzuwenden, kommen sie aber ohnehin nur selten, da sie ihre Urlaube gerne in »heimischen Gefilden« verbringen, wozu sie auch die herrlichen Landschaften Österreichs zählen. Jedenfalls sind Ingrids alleine schon wegen ihrer Flugangst fast nie Globetrotterinnen.

Optik und Outfit:
Die Supernasen

Makellose Schönheiten sind Ingrids fast nie. Selbst Filmdiven à la Ingrid Bergman oder Ingrid van Bergen weisen häufig noch sichtbare optische Defizite auf. Bei der ehemaligen schwedischen Hollywood-Actrice bildet eine zu groß geratene Sattelnase den Mittelpunkt des Antlitzes, während bei der »Dschungelkönigin« die eisige Ausstrahlung zu Abzügen in der Bewertung ihres Äußeren führt. Aber auch Normalo-Ingrids »klagen« häufig über »Langnasigkeit«. Sie stellt also mehr oder weniger ein Kennzeichen der Namensträgerinnen dar.

Figürlich sind Ingrids eher ein wenig zu proper als zu knochig, wobei die etwas kräftigeren Typen neben den normalgewichtigen meist recht hübsche Evastöchter sind.

Die Körperlänge der Ingrids umfasst eine Spanne von knapp 1,60 m bis etwa 1,75 m. Allerdings wird das Mindestmaß für Models nur selten erreicht. Die Beine sind jedoch meist auch dann noch eine Augenweide, wenn der Oberkörper ein wenig gedrungen ist. Meist ziert ein dunkelblonder oder mittelbrauner Haarschopf ihr Haupt.

Kleidungstechnisch könnten Ingrids allemal mehr aus sich machen. Oft hinken sie der Mode meilenweit hinterher. Raffiniertes Make-up oder Hairstyling ist bei ihnen meist völlig Fehlanzeige, von Accessoires ganz zu schweigen. »Schmucklos« wirken sie also nicht nur, weil sie kaum Schmuck tragen. Das Problem besteht darin, dass Ingrids, häufig völlig uneitel, sich nicht übermäßig viel aus ihrer Optik und ihrem Outfit machen. Davon abgesehen stehen sie auch auf Natürlichkeit.

Verführung und Sex:
Can't live, if living is without you

Da die Ingrid weder mit einem ausgesprochenen Sexappeal noch mit ihrem Charme glänzen kann, versucht sie ihren Herzbuben mit Leistung zu beeindrucken; ein Verhaltensmuster, das sie aus ihrer Kindheit kennt. So macht sie sich beispielsweise als Sekretärin für ihren Chef derart unentbehrlich, dass dieser das Gefühl hat, er könnte auch privat nicht mehr ohne sie auskommen. Oder die Ingrid nimmt einen Freund bei sich auf, den seine Frau gerade hinausgeworfen hat und der dann bei ihr hängen bleibt, weil er ihre Fürsorge nicht mehr missen möchte.

Auf freier Wildbahn ist die Ingrid eher die Frau für den zweiten Blick. In einer typischen Zweier-Jagdgruppe ist sie eher das Mauerblümchen, das ihre überaus attraktive Freundin in der Zusammenschau noch mehr zum Glänzen bringt. Im Gegenzug profitiert die Ingrid davon, dass die »Granate« an ihrer Seite Männerduos anzieht. Vielleicht fällt daraus dann für sie der nicht ganz so ansehnliche Part ab. Erweist der sich als zu schüchtern, übernimmt die Ingrid, obwohl sie eigentlich selbst viel lieber reagiert, durchaus auch die Initiative. Da ist der Wunsch nach Zweisamkeit regelmäßig größer als ihr Stolz und ihre Zurückhaltung.

Leider fallen die Ingrids auch häufig auf Blender herein, die sich zwar nicht in sie verlieben, aber in ihnen einen sicheren Hafen sehen oder mitbekommen haben, dass bei ihnen etwas zu holen ist. Die Quote der Ingrids, die sich Heiratsschwindlern an den Hals wirft, dürfte wohl verhältnismäßig hoch sein.

Ihre autodestruktiven Charakteranteile leben manche Ingrids auch in ihrer Sexualität aus. Sadomasochistische Tendenzen sind bei den Trägerinnen dieses Namens mitunter auszumachen. Überhaupt ist die Ingrid sexuell so ziemlich zu allem bereit, was der Lover von ihr wünscht. Auch wenn sie nicht in eine Verbindung verstrickt ist, in der Macht und Ohnmacht eine überwertige Rolle spielen, erweist sie sich kaum je als besonders zärtlichkeitsbedürftige und verschmuste Liebhaberin. Die Ingrid jenseits von »Lack und Leder« könnte auch gut auf Geschlechtsverkehr verzichten. Schläft die Intimität in der Ehe ein, ist sie die Letzte, die deswegen den Aufstand probt. Mit der Herzlichkeit kommt jedoch die Lust. Ingrids mit einer ausgeprägten Gefühlswärme – freilich eine eher kleine Fraktion – versprechen im Gegensatz zu den unterkühlten Vertreterinnen horizontale Aktivität auf breiter Front. Bei ihnen stimmt sowohl Qualität als auch Quantität des geschlechtlichen Beglückungsprogramms.

Jagdreviere: Fast Food

Bei der Ingrid muss Partnersuche schnell gehen, weil sie nur sehr ungern alleine lebt. Also schließen sich für sie Möglichkeiten aus, die, wenn schon, dann eher auf ein behutsameres Kennenlernen ausgelegt sind wie Single-Gesprächsgruppen oder Tanzkurse. Hier ist ein Beutegriff gleich am ersten Abend doch eher die Ausnahme als die Regel, weil gewöhnlich noch kein intensiver Kontakt mit dem Objekt der Begierde aufgebaut werden kann. Besonders aus den Gesprächszirkeln verschwinden die Ingrids recht bald wieder, weil sie glauben, sich gegen die weibliche Konkurrenz nicht durchsetzen zu können.

Den zweifelhaften prompten Erfolg bei der Jagd nach Mr. Right stellen eher Internet und Kontaktanzeige in Aussicht. Zweifelhaft insofern, als die Kandidaten, die gleich bei der Ingrid anbeißen, sich durch die Signale, die sie aussendet, etwas jenseits von echter Partnerschaft und Liebe von ihr versprechen, also eher eine Brauch-Beziehung mit ihr einzugehen beabsichtigen. Teure Single-Reisen als Vehikel der Kontaktanbahnung scheuen die »einfacheren« Ingrids gewöhnlich, weil sie nicht bereit sind, so viel Geld für sich auszugeben. Da steht den Namensträgerinnen ihre mangelnde eigene Wertschätzung im Wege. Für Kuppelshows auf Single-Events oder in

Radio/TV ist die Ingrid zu ernst. Von Running Dinner oder Speed-Dating dürfte sie, die als konservativer Typ neuen Wegen der Kontaktanbahnung zunächst einmal skeptisch bis ignorant gegenübersteht, vermutlich noch nicht einmal großartig etwas gehört haben, geschweige denn, dass sie bereit wäre, sich ohne weiteres darauf einzulassen.

Auf freier Wildbahn hingegen nimmt die Ingrid ebenso wie am Arbeitsplatz und in ihrem privaten sozialen Umfeld jeden Flirtversuch, und sei er auch noch so verwegen, dankbar an. Wenn sie ein Bursche interessiert, folgt sie ihm auch bereitwillig aus der Straßenbahn ins Café oder lässt sich – grundsätzlich heikel – sogar im Fahrstuhl ansprechen. Es ist nicht nur die Single-Not, die sie so offen werden lässt wie ein Scheunentor für männliche Balzattacken, sondern auch ihr Mut. Denn an Courage fehlt es der Ingrid nun wirklich nicht.

Partnerschaft: Drama baby

In ihrer Kindheit hat die Ingrid häufig ein recht gefühlskaltes Elternhaus erlebt. Häufig heiratet sie früh, um aus dem familiären »Unglück« zu flüchten, kommt aber vom Regen in die Traufe. Um die Fassade der heilen Familie aufrechtzuerhalten, lässt sich die sonst so tough wirkende Ingrid demütigen bis zur Selbstaufgabe und verzehrt sich in ihrem Kampf um wenigstens Anerkennung, wenn schon nicht Liebe. Die Verbindung zerbricht, das Spiel aber geht mit einem neuen Partner weiter. Bis die Ingrid versteht, in welchem Hamsterrad sie gefangen ist, gehen oft etliche Beziehungen ins Land.

Ihren Nachwuchs verteidigt die Ingrid wie eine Löwin, mitunter auch gegen ihre Väter und Stiefväter, die ihnen Böses wollen. Im Haushalt, den die Ingrid vorbildlich führt, erwartet sie weder Hilfe von ihrem Göttergatten, noch hat sie welche von ihm zu erwarten. Da sie sich gut mit ihrer Rolle als Hausfrau und Mutter identifizieren kann, ist sie mitunter bereit, ihre gewerbliche Berufstätigkeit für einen längeren Zeitraum zumindest zu reduzieren.

Nachdem die Ingrid im Alter ihr destruktives Bindungsschema verstanden hat, zeigt sie sich meist von der Männerwelt kuriert und bleibt allein. Ein neuer Gefährte würde nun ähnlich wie bei der »deftigen« Maria auch nur noch als Sündenbock für all die Verletzungen herhalten müssen, die sie bisher erlitten hat.

TRENNUNG: SEEMS SO COOL

Normalerweise verlaufen Trennungen bei den Ingrids nicht konfliktiv ab. Wenn das Maß an Enttäuschungen und Verletzungen voll ist, packen sie scheinbar gefasst ihre Koffer und gehen, ohne viel Aufhebens zu machen. Ihr inneres Leid zeigen sie dem zukünftigen Ex nicht mehr.

Bei den Scheidungsfolgesachen macht die Ingrid nicht selten weitgehende finanzielle Zugeständnisse, um bald wieder ihren Seelenfrieden zu finden. Sie ist auch später häufig noch bereit, ihren Verflossenen aus der Klemme zu holen, wenn er wieder einmal sein ganzes Geld verzockt oder sich an der Börse verspekuliert hat. Erstens möchte sie wegen seines Vorbildcharakters für die gemeinsamen Kinder nicht, dass er den völligen sozialen Abstieg erleidet, und zweitens lässt sie sich durch sein Jammern auch immer wieder erweichen. Im privaten Bereich kann die Ingrid einfach schlecht »nein« sagen. Gut möglich, dass sie im Alter sogar noch die Pflege für den Mann übernimmt, der sie in jungen Jahren mitunter belog und betrog. Vielleicht steckt dahinter der Wunsch nach dem späten Triumph, die große Liebe nun ganz für sich alleine zu haben.

Pflegetipps:

Musts:

* Wenn Sie das Herz einer Ingrid erobern möchten, dann laden Sie sie zu sich nach Hause zum Kaffee ein und servieren ihr selbstgebackene Torte. Die Ingrid liebt nämlich die »sahnige Versuchung« in fast allen Variationen und Kreationen.

* Bleiben Sie in Ihrer Urlaubsgestaltung flexibel. Die Ingrid ist es trotz ihres eingeschränkten Aktionsradius auch. Sie fühlt sich genauso wohl in einer einsamen Berghütte wie in einem Wellnesshotel. Eine besondere Freude können Sie ihr mit einem Wochenendtrip zur Bundesgartenschau machen. Viele Namensträgerinnen haben nämlich einen grünen Daumen.

* In der Zweisamkeit mit der Ingrid sollten Sie unbedingt einen probierfreudigen Gaumen haben. Sie kreiert ständig neue Gerichte und erwartet diesbezüglich Feedback von Ihnen. Schleimen Sie dabei aber bitte nicht herum. Das hasst sie wie die Pest.

No-Gos:

* Der Name Ingrid beherbergt wohl die niedrigste Rate an Raucherinnen. Allenfalls quarzen sie zu bestimmten Gelegenheiten. Mit einem Nikotinsklaven wäre vermutlich Dauerstress vorprogrammiert, besonders wenn er nicht die Absicht hat, seinem Laster vor der Haustür zu frönen.

* Privatfernsehen am Sonntag um 20.15 Uhr. Dann ist nämlich bei den öffentlich-rechtlichen Sendern in Gestalt von ARD Crime-Time angesagt. Und ohne Krimi geht die Ingrid nicht ins Bett. Diskussionen völlig sinnlos.

* Versuchen Sie nicht, Ihre Ingrid als Sozia auf Ihr Motorrad zu verfrachten. Nicht, dass sie Angst vor dem Fahren hätte, aber sie kann dem Bikerleben einfach nichts abgewinnen. Wenn die Ingrid Wind um die Nase braucht, tut es auch ein Segeltörn oder sogar schon eine Flussschifffahrt.

IDEALE NAMENSPARTNER:

Ingrid ist Schwiegermutters Liebling, weil sie sich so aufopferungsvoll um ihren Andreas kümmert. Die soliden Rüdigers und Haralds
sind ideale Spätgefährten für die Ingrid, wenn sie endlich mit den
destruktiven Macho-Typen abgeschlossen hat. Ihre Sehnsucht nach
Liebe und Anerkennung werden die Holgers und Martins hinreichend erfüllen, und genauso liegt sie mit ihnen gewöhnlich kommunikativ auf einer Wellenlänge. Im Bett lässt sie sich bereitwillig vom
Normalo-Gerhard führen. Nicht nur wegen seiner Körpergröße,
sondern auch wegen seiner künstlerischen Begabung ist er ein Mann,
zu dem sie aufschauen kann.

PROMINENTE NAMENSTRÄGERINNEN:

Ingrid Bergman, Ingrid van Bergen, Ingrid Klimpke, Ingrid Caven,
Ingrid Matthäus-Maier, Ingrid Noll, Ingrid Steeger

Namenstag der Ingrid: 2. September

Julia

Basics: Flying high

Von der britischen Schauspielerin Julia Ormond stammt der Satz: »Man muss das Beste aus jeder Situation machen und die Karten, die man zugeteilt bekommt, so gut wie möglich ausspielen.« Der Ehrgeiz, der aus diesem Lebensmotto spricht, ist charakteristisch für die Julias. Meist haben sie nämlich hochfliegende Lebenspläne und -ziele. In der Zweitklassigkeit zu dümpeln, entspricht nicht ihrem Naturell. Da sie auch über eine Vielzahl an Begabungen und Talenten verfügen, schaffen sie es beruflich häufig on the top. Trotz ihres teilweise kometenhaften Aufstiegs bleiben aber die meisten »Julierinnen« bodenständig und sind weder mit Allüren noch mit Arroganz behaftet.

Obwohl die Julia gerne »tagträumt«, lebt sie selten im Wolkenkuckucksheim. Sie weiß sehr wohl, dass Geld und Gut notwendig ist, um den Alltag zu bestreiten, aber selten nimmt es eine überwertige Rolle bei ihr ein. Viele Julias sind sogar ausgesprochen idealistisch veranlagt. Als Ärztinnen oder Krankenschwestern gehen sie aus reiner Nächstenliebe für einen Hungerlohn in die Entwicklungshilfe.

Ausgemachte Charakterstärken der Julia stellen ihre Gerechtigkeitsliebe und Empathie dar. Daneben verfügt sie über eine Sensibilität, die sie selbst feinste Schwingungen erspüren lässt. Das prädestiniert sie auch zur Heilerin. Dient es nicht zum Broterwerb, so beschäftigt sich die Julia häufig zumindest hobbymäßig mit alternativer Medizin und Esoterik, ohne dabei aber abzuheben. Außerdem leben viele Namensträgerinnen in den wenigen Mußestunden, die ihnen nach einem anstrengenden Berufsalltag bleiben, ihre musischen Begabungen aus.

Julias sind häufig auch dem Reitsport verbunden und fast immer Leseratten, sofern es nicht eben Humorbücher sind, die ihnen in die Hände fallen. In ihrer Urlaubsgestaltung sind sie abgesehen von Halligalli-Campen und Ballermann relativ flexibel. Von der Rucksacktour bis zum Kulturtrip geht fast alles, und auch landschaftlich sind sie nicht festgelegt. Julias reisen zwar gerne, aber sie sind nicht unbedingt die Typen, die sich ständig vor Fernweh verzehren. Und schon gar nicht drängt es sie danach auszuwandern. Dafür lieben die Julias ihre angestammte Umgebung und Heimat zu sehr. Nichtsdestotrotz erlernen sie zwecks »Völkerverständigung«, die ihnen auch buchstäblich am Herzen liegt, häufig mehrere Fremdsprachen.

Durch ihre soziale Ader gewinnen Julias viele Freunde und erlangen einen allgemein hohen Beliebtheitsgrad. Allerdings sind sie nicht die Kumpeltypen, die jedem gleich um den Hals fallen. Bei neuen Bekanntschaften üben sie häufig zunächst vornehme Zurückhaltung, bis sie glauben, ihr Gegenüber richtig einschätzen zu können. Diese Vorsicht rührt daher, dass sie vor allem im Beruf so manche menschliche Enttäuschung erleben müssen. In den Höhen, die die Julias erreichen, weht eben meist ein rauher, kalter Wind.

Optik und Outfit: Pretty Woman

Viele Julias haben die Anmut eines Schwans und die Grazie einer Gazelle. Ihr Gesicht weist gewöhnlich ebene Züge auf, ohne dabei aber langweilig zu wirken. Dafür sorgen schon ihre ausdrucksstarken Augen, die manchmal auch ein wenig geheimnisvoll oder scheu wirken. Die Augenfarbe ist meistens braun, doch es gibt auch relativ viele grünäugige Namensvertreterinnen. In der großen Mehrzahl sind die Julias dunkelhaarig. Bei den betörenden Blondschöpfen unter ihnen wurde oft nachgeholfen, ebenso sind Karottenköpfe nur selten von Mutter Natur geschenkt.

Figürlich sind Julias meist (noch) schlank, aber dennoch mit einer ansehnlichen Oberweite ausgestattet. Körbchengröße B oder C sind regelmäßig mit einer Kleidergröße von 36–40 »kombiniert«. Mit Orangenhaut haben Julias wenige Probleme, und ihre Schönheit ist oft alterslos. Vom Scheitel bis zur Sohle gemessen, liegen Julias gewöhnlich etwa zwischen 1,63 m und 1,71 m, wobei die Durchschnittsgröße bei 1,66 m angesiedelt sein dürfte.

Julias sind keine eitlen Modepüppchen, doch niemals vernachlässigen sie ihre Optik und ihr Outfit. Dafür sind sie viel zu diszipliniert. Am liebsten tragen sie Jeans mit einer Bluse oder einem T-Shirt, wohingegen sie Röcke nicht sonderlich mögen – dann schon lieber Kleider. Bei Schminke und Accessoires beherzigen die recht schnörkellosen Julias häufig die Devise »Weniger ist mehr«.

Verführung und Sex: Die Schöne und das Biest

Die Julia unterliegt als Twen häufig dem Schicksal der schönen Frau. Die Männer, die sie ansprechen, sind nicht gut für sie, und Mr. Right traut sich nicht an sie heran. Dazu kommt, dass die Julia in Flirtangelegenheiten eher ein wenig zurückhaltend ist und nur wenige, zudem noch relativ unauffällige Signale aussendet. Jedenfalls winkt sie nur selten mit dem Zaunpfahl. Das macht es für die »Richtigen«, die zunächst einmal vorsichtig ihre Chancen bei der Julia abwägen möchten, nicht eben einfacher, zum Angriff überzugehen. Dadurch wird die Bahn frei für die unreflektierten Machos und Draufgänger, die die Julia in jeglicher Hinsicht nur ausnutzen.

Jenseits der 30 ist das Problem bei der Julia aber erkannt. Oft wird sie dann schon spontan ein wenig offener beim Balztanz, weil sie nicht zuletzt durch ihren beruflichen Erfolg selbstbewusster wird. Wenn nicht, liest sie Literatur zum Thema Kontaktanbahnung und Körpersprache oder lässt sich professionell coachen. Dadurch gelingt es ihr endlich, sich die destruktiven Elemente vom Hals zu halten und den Prinzen auf ihr Schloss zu locken.

Im Bett sind Julias eher ein wenig zurückhaltend. Das hat seine Ursache darin, dass sie in jungen Jahren schlechte Erfahrungen mit dem Thema Sexualität gemacht haben. Womöglich sind sie Zeuginnen einer Vergewaltigung geworden oder ihr erster fester Freund ist im Bett ziemlich rücksichtslos mit ihnen umgesprungen.

Bis sich die Julia beim Akt wirklich fallen lassen kann, muss sie schon viel Vertrauen zu ihrem Partner aufgebaut haben. One-Night-Stands bringen ihr folglich wenig, außer vielleicht ein schales Gefühl am nächsten Morgen. Empfindet die Julia erst einmal das Gefühl von Geborgenheit, ist sie bereit, vieles auszuprobieren. Eine Praktik, an der sie keine Freude hat, wird sie aber beim nächsten Schäferstündchen kategorisch ablehnen.

Die Julia ist ein Naturtalent im Küssen. Der orale Austausch von Körperflüssigkeiten mit ihr bringt das starke Geschlecht mitunter an den Rande einer Ohnmacht vor Lust. Aber sie selbst erwartet auch den perfekten Zungenschlag von ihrem Gegenüber, ebenso wie die Bereitschaft zu ausgiebigem Kuscheln.

Haben sich die Namensträgerinnen geschlechtlich tief auf einen Mann eingelassen, sind sie meist treu wie Gold. Die Angst, niemand mehr zu finden, bei dem das wieder möglich ist, lässt sie besonders in der »Jugend« auch oft zu lange mit Kerlen verbunden bleiben, die ihnen außerhalb des Schlafzimmers nicht guttun.

Jagdreviere: Die Macht der Gewohnheit

Die Julia liebt Wellness, und da sie häufig eine Stammsauna hat, bieten sich zwischen den einzelnen »Schwitzgängen« natürlich immer wieder Möglichkeiten, mit ihr ins Gespräch zu kommen. Am besten, der Auserwählte ist auch regelmäßiger Besucher und die Julia hat zuvor ausreichend Zeit gehabt, ihn und sein Verhalten in Augenschein zu nehmen. Wird sie dagegen irgendwo spontan »von der Seite angequatscht«, im Bus, beim Konzert, beim Einkaufen, vermutet sie regelmäßig Böses dahinter, und die Erfahrung hat ihr leider häufig recht gegeben.

Von Internet und Bekanntschaftsanzeige als Vehikel der Kontaktanbahnung kommt die Julia im Lauf der Jahre immer mehr ab, weil ihr die hanebüchenen Lügen, die dort verzapft werden, über die Hutschnur gehen. Allerdings gelingt es ihr zunehmend besser, die Spreu vom Weizen zu trennen. Alles, was sie irgendwie zur Schau stellt, wie Speed-Dating oder Radio- und Fernsehkuppelshows, verursacht bei der Julia Unbehagen, möchte sie doch ihre Haut nicht öffentlich zu Markte tragen.

Viel sympathischer sind ihr da schon Single-Clubs, -Reisen, -Gesprächszirkel und -Tanzkurse, bei denen ein ausgedehntes Beschnuppern möglich ist. Ebenso geht ein gepflegtes Running Dinner für die Julia, weil es nicht nur auf Verbandelung abzielt.

Um am Arbeitsplatz die Aufmerksamkeit der Julia zu erwecken, bedarf es schon einiger Verrenkungen seitens ihrer Verehrer. Gewöhnlich läuft sie dort nämlich ein wenig mit Scheuklappen durch die Welt. Auch privaten Verkupplungsversuchen steht die leicht eigenwillige Julia eher reserviert gegenüber.

PARTNERSCHAFT: ROMEO AND JULIET

In jungen Jahren ist die Julia wie ihre literarische Namensschwester Julia Capulet in der Liebe eine tragische Figur. Nicht dass ihr der Mann, für den ihr Herz in Flammen steht, verwehrt bleibt, sie gerät vielmehr immer wieder an die Falschen. Dabei zahlt die Julia häufig nicht nur sprichwörtlich, sondern auch buchstäblich Lehrgeld. Das hängt damit zusammen, dass sie sich ausgerechnet ihren Partnern gegenüber zunächst als viel zu gutgläubig erweist und zudem »Nutz mich aus« auf ihrer Stirn geschrieben zu stehen scheint.

Allerdings gelingt es den Julias meist spätestens als Middle-Agerinnen, aus ihrem Schema auszubrechen, sich (auch) in ihren Beziehungen über Leistung zu definieren, und dann wartet der Traumprinz auf sie. Investitionsbereit bleiben die Julias nach wie vor, aber sie achten jetzt mehr auf Gegenseitigkeit. Die Einbahnstraße des Gebens haben sie verlassen. Der Partner passt nun natürlich auch in ihr neues Muster und ist von sich aus guten Willens, einen gleichwertigen Beitrag zum Gelingen der Zweisamkeit zu leisten.

Sich ausschließlich über die drei großen Ks – Kinder, Küche, Kirche – zu definieren, widerspricht dem beruflichen Ehrgeiz der Julias. Zwar sind sie passable Hausfrauen und liebevolle, fürsorgliche Mütter, doch möchten sie immer, zumindest halbtags, einer gewerblichen Arbeit nachgehen. Ein Mann, der das Heimchen am Herd sucht, ist bei der selbständigen, unternehmungslustigen und nach außen strebenden Julia völlig verkehrt. »Dafür« kann sich ihr Göttergatte 100%ig auf ihr Organisationstalent verlassen. Wenn die Julia zum Beispiel eine Feier plant, dann ist sie auch geplant.

In ehelichen Konfliktsituationen schießt die Julia nicht gleich aus allen Rohren, scheut sich aber auch keinesfalls, ihren Emotionen freien Lauf zu lassen, wenn sie massiv verärgert ist. Dann können mitunter Türen knallen und Gegenstände fliegen.

Obwohl sich die Julia ihrem Partner ziemlich weit öffnet, wird er nie ihr letztes Geheimnis erfahren. Ein Stück weit bleibt sie immer mysteriös, genauso wie unbezähmbar.

TRENNUNG: TRÄNEN IN DER NACHT

Obwohl die Julia eigentlich froh sein könnte, die Typen, die sie bis 30 kennenlernt, wieder loszuwerden, leidet sie schrecklich unter ihren Trennungen. Scheitert die Liebe zum Vater ihrer Kinder, mit dem sie meist erst im vierten Lebensjahrzehnt eine Partnerschaft eingeht, bricht für sie förmlich eine Welt zusammen. Ihre Disziplin verbietet ihr aber, sich das nach außen anmerken zu lassen. Ins Kopfkissen weint sie nur heimlich, spätabends, wenn der Nachwuchs schon im Bett liegt und schläft.

Meist hegt die Julia den Anspruch, mit ihrem Schmerz alleine fertig zu werden. Auf die Couch eines Psychologen begibt sie sich nur zögerlich. Höchstens ihre besten Freundinnen lässt sie gewöhnlich an ihrem Seelenleid Anteil nehmen. Eine feste Bindung geht sie indes erst nach einigen Jahren wieder ein.

Finanziell verzichtet die Julia nach einer Ehe, die kinderlos geblieben ist, aus Stolz häufig auf alles, um die Scheidung schnell über die Bühne zu bringen. Ist Nachwuchs im Spiel, fordert sie lediglich für ihn Unterhalt.

Ein Liebes-Comeback ist bei den Namensträgerinnen fast ausgeschlossen. Haben sie erst einen Schlussstrich unter die Beziehung gezogen, gibt es für sie kein Zurück mehr. Mit ihrer bedingungslosen Konsequenz stehen sich die Julias allerdings manchmal selbst im Weg, wenn doch noch etwas ginge.

PFLEGETIPPS:

Musts:

* Die Julia neigt ein wenig zum Perfektionismus. Bereiten Sie schon das erste Rendezvous mit ihr gut vor. Besonders auf die Auswahl des Treffpunkts sollten Sie großes Augenmerk legen.

* Julias sind meist enorm sportliche Typen. Manchmal verbringen sie mehrere Stunden am Tag mit irgendeiner Form der Leibesertüchtigung. Ihr Partner muss sich nicht unbedingt daran beteiligen, aber er sollte zumindest Wohlwollen und Toleranz dafür aufbringen. Eine gute Beziehung zum kühlen Nass ist hingegen fast schon Pflicht. Denn die Julia ist nicht nur eine Lese-, sondern auch eine Wasserratte.

* Ein Kerl muss für die Julia nicht unbedingt ein Beau sein. Viel größeren Wert legt sie darauf, dass er interessant, spontan und

phantasievoll ist. Conditio sine qua non in optischer Hinsicht sind alleine schöne Hände. Schließlich soll der »Romeo« seine Julia regelmäßig massieren.

No-Gos:

* Die Julia ist eine leidenschaftliche Frau, die eine Bindung nur aus Liebe eingeht. Da ähnelt sie wieder ihrer Shakespeareschen Namensschwester. Versuchen Sie nicht, sie etwa mit Geld für sich zu gewinnen. Damit tragen Sie ohnehin Eulen nach Athen. Materiell kann sich die Julia bestens selbst versorgen.
* Verraten Sie niemals ein Geheimnis, welches Ihnen eine Julia anvertraut hat. Die Trägerinnen dieses Namens legen äußersten Wert auf Diskretion und möchten nicht, dass Hinz und Kunz Details aus ihrem Privatleben erfahren.
* Drängen Sie Ihre Julia emotional nicht in die Ecke. Das kann bei ihr Überreaktionen bis hin zu einem handfesten hysterischen Anfall hervorrufen. Das Gefühl von Ausweglosigkeit steht bei den »Julierinnen« neben dem Versetztwerden auf der Liste der größten (Partnerschafts-)Katastrophen ganz weit oben.

IDEALE NAMENSPARTNER:

Ein hervorragendes Gespann wird die Julia mit dem pfiffigen und kreativen Peter bilden. Auch beim Wolfgang sowie beim Joachim wird sie sich intellektuell trefflich aufgehoben fühlen und die geistreichen Gespräche führen können, die sie so sehr schätzt. Beide werden zudem im Bett keine Verrenkungen von der Julia erwarten, zu denen sie nicht bereit ist. Der lustige Stefan wird sie aufheitern, wenn sie ihren Weltschmerz hat, während sie mit dem Normalo-Gerhard ihre musische Ader ausleben kann, zum Beispiel durch gegenseitiges Vortragen von selbstverfassten Gedichten. Mit dem Michael teilt die Julia gewöhnlich die Spontaneität und Flexibilität.

PROMINENTE NAMENSTRÄGERINNEN:

Julia Ormond, Julia Roberts, Julia Tymoschenko, Julia Stemberger,
Julia Neigel, Julia Biedermann, Julia Jentsch

Namenstag der Julia: 29. Mai

Karin(a)

Basics: Handle me with care

Die Karin ist vom Prinzip her meist ein lebenslustiger, extrovertierter Typ. Ihr Freundes- und Bekanntenkreis ist trotzdem überschaubar, weil sie nicht mit jedem gleich Blutsbrüderschaft schließt. Sie braucht ein wenig, bis sie neue Kontakte an sich heranlässt, da sich hinter der mitunter kernigen Fassade ein äußerst verletzlicher Kern verbirgt.

Karins verfügen über das »Talent«, sich herrlich über Unzulänglichkeiten und Verfehlungen ihrer Umwelt empören zu können. Dahinter steckt häufig die Frustration, sich durch ihre eigene Moralintrunkenheit daran gehindert zu fühlen, selbst einmal die Grenzen des Anstands zu überschreiten. Die ganz große Stärke der Karin ist die Integrationsfähigkeit. Wenn sie aber einen Mitmenschen nicht leiden kann, zeigt sie das auch recht offen und hat es nicht nötig, heimlich gegen ihn zu intrigieren.

Was die Welt in ihrem Innersten zusammenhält, wird gewiss von keiner Karin ergründet. Anstatt sich tiefschürfenden philosophischen Überlegungen hinzugeben, kümmert sie sich lieber um die praktischen Dinge des Lebens. An Politik hat sie noch weniger Interesse als an Religion, und dazu steht sie auch. Was gesamtgesellschaftliche Fragen betrifft, ist die Karin beinahe von einer gewissen Wurstigkeit geprägt. In ihrem Mikrokosmos, das heißt in ihrer persönlichen Umgebung, zeigt sie jedoch großes Engagement und bemüht sich stets um das Wohl ihrer Lieben.

Für diejenigen, die die Karin in ihr Herz geschlossen hat, gibt sie mitunter ihr letztes Hemd. Dabei muss sie aber auf der Hut sein, nicht ausgenutzt zu werden. Mit ihrer Gutmütigkeit und Nibelungentreue schadet sie sich nur allzu gerne selbst. Ab und an wäre eher

Inventur mit dem eisernen Besen in ihrem Freundes- und Bekanntenkreis angesagt.

Hobbymäßig lieben Karins Standardtänze, und für viele ist Tanzen bereits zum Sport geworden. Ansonsten stehen sie dem Thema Leibesertüchtigung eher etwas reserviert gegenüber. Oft gehen sie höchstens noch spazieren oder schwimmen ein paar Bahnen im Rahmen ihres Saunabesuchs. Karins lesen in ihrer Freizeit gerne, je nach Bildungsstand von Rosamunde Pilcher und Danielle Steel bis hin zu esoterischer Partnerschaftsliteratur. Viel unterwegs sind alle Namensvertreterinnen in der Weltgeschichte, manche auch in der Welt.

Beruflich bekleiden wohl 90% aller Karins eine Bürotätigkeit, sei es als Verwaltungsangestellte, Sekretärin oder Buchhalterin, die sie nach der »mittleren Reife« erlernen. Manchmal »gelingt« ihnen aber auch etwa nach der Kinderpause fachfremd der Sprung an den Schreibtisch.

OPTIK UND OUTFIT:
ICH SEHE WAS, WAS DU NICHT SIEHST!

Karins umweht häufig ein Hauch von Verruchtheit. Häufig erschließt sich der Ausdruck der »Verderbtheit« jedoch nur dem Kennerblick. Eine ausgeprägte (!) erotische Ausstrahlung haben nur die wenigsten Namensträgerinnen.

Karins sind meist mit einem hübschen, femininen Gesicht ausgestattet. Ihre Haarfarbe ist gewöhnlich mittelblond bis dunkelbraun, äußerst selten dagegen naturrot oder schwarz.

Obwohl nicht übermäßig sportlich, neigen Karins selten zu extremem Übergewicht. Meist sind sie schlank bis mittelschlank. Nicht wenige von ihnen besiedeln sogar die Catwalks wie das brasilianische Model Karina Bacchi. Trotzdem liegt ihre Durchschnittslänge »nur« bei etwa 1,65 m.

Karins betonen ihre Weiblichkeit gelegentlich durch enganliegende

Oberteile beziehungsweise Röcke und hüllen dabei ihre schönen Beine in sexy schwarze, halterlose Strumpfhosen. Am liebsten aber tragen sie legere Freizeitkleidung. Schmuck legen sich Karins zu bestimmten Gelegenheiten verhältnismäßig gerne an, achten dabei aber immer auf Dezenz. Im Gegensatz zu vielen anderen Frauen sind sie keine ausgemachten »Schuhfetischistinnen«.

Verführung und Sex: Die Henne, die den Hahn zum Krähen bringt

Karins sind ein Glücksfall für jeden Mann. Sie bekunden nämlich in der Regel ganz offen, wenn sie Interesse an einem Vertreter des anderen Geschlechts haben. Kommt es zum Flirtgespräch, spart sie nicht mit Komplimenten. Wenn selbst das nicht weiterhilft, wird zum Wink mit dem Zaunpfahl ausgeholt. Dann sagt die Karin ihrem (neuen) Kontakt ganz unverblümt, dass sie ihn mehr als nur mag. Dieser ultimative Vorstoß passt meist in den Kontext und wird von der Gegenseite keinesfalls als unangenehm empfunden.

Im Bett geben die Karins nicht gerne vollständig die Kontrolle ab. Was ihnen gegen den Strich geht, lehnen sie kategorisch ab. Gelingt es ihnen, ihre engen moralischen Grenzen aus der Kindheit einzureißen, was allerdings nur bei einer Minderheit der Fall ist, können sie horizontal zu einem Zyklon werden. Ansonsten bleiben sie doch ziemlich tabubeladen. Nicht selten ist bei der Karin auch intim eine hysterische Note zu beobachten wie bei der Gabi. Die beiden Frauen verbindet auch die recht stark ausgeprägte Lust, die aber nur ein guter Liebhaber zum Klingen bringt.

JAGDREVIERE: PRONTO, PRONTO!

Die Karin ist so kontaktfreudig, dass sie eigentlich Medien der Entsingelung überhaupt nicht nötig hätte. Dennoch nutzt sie sie als Katalysator, wenn es ihr mit der Pirsch auf freier Wildbahn nicht flott genug geht. Sehr entgegen kommen ihr hier das Internet – wobei sie nicht allzu viel schriftliches Vorgeplänkel zulässt – sowie bezeichnenderweise Speed-Dating und Kuppelevents jedweder Couleur. In Single-Clubs, die klar in Richtung Partnersuche orientiert sind, können die Karins auch recht zügig Beute machen. Gesprächszirkel für Singles überfordern hingegen häufig ihre Geduld. Sie sind ihnen vom Zeitfaktor her nicht effektiv genug, obwohl sie statistisch gesehen mit die besten Chancen zum Aufbau einer festen Partnerschaft bieten. Bis hier die Phase der Paarbildung beginnt – meist erst nach einigen Monaten –, sind die Karins in der Regel schon wieder über alle Berge. Zu umständlich ist den Namensträgerinnen oft auch schon die Kontaktanzeige, weil es mindestens eine Woche dauert, bis sie erstmals mit Offertenschreibern oder Inserenten persönlich auf Tuchfühlung gehen können.

In freier Wildbahn tummeln sich Karins bevorzugt in Tanzlokalen und altersentsprechenden Diskotheken. Des Weiteren relaxt sie gerne in Wellnesstempeln beim Saunaaufguss und lässt sich im Massagebereich ein wenig verwöhnen. Aber auch sonst findet sie sich fast überall, weil sie viel unterwegs ist und bei der Wahl ihrer Freizeitaktivitäten die Abwechslung liebt. Nur auf Sportveranstaltungen zeigt sich die Karin ebenso unterrepräsentiert wie im Fitnessstudio. Leibesertüchtigung gehört sowohl aktiv als auch passiv eben nicht zu ihren Hauptinteressengebieten.

Im Büro baggert die Karin eifrig mit, und auch für Verkupplungsversuche durch ihren Freundeskreis ist sie durchaus offen. Auf Zufallsbekanntschaften lässt sich die flirtige Karin fast immer ein, vorausgesetzt das Niveau stimmt.

Partnerschaft: Miss Mismatch

Wie man sich bettet, so liegt man, sagt das Sprichwort, und was ihre Beziehungen angeht, bettet sich die Karin häufig schlecht. Das heißt, sie tut sich mit Kerlen zusammen, die ganz offensichtlich nicht zu ihr passen. Da verbandelt sich beispielsweise der Wirbelwind von einer Karin mit einer phlegmatischen Couch-Potatoe, oder eine intellektuelle Namensträgerin lebt mit einem dumpfbackigen Macho unter einem Dach.

Die Fehlgriffe bei der Partnerwahl hängen bei der Karin weniger mit Bindungsängsten zusammen, sondern vielmehr mit mangelnder Sorgfalt bei der Kür ihres Herzblattes. Sie bindet sich bisweilen sogar recht wahllos, weil sie enorme Schwierigkeiten hat, für einen längeren Zeitraum allein zu sein. Auch ein gerüttelt Maß an Naivität ist dabei mitunter nur schwer von der Hand zu weisen.

Die besondere »Spezialität« der Karin besteht darin, ihren Göttergatten zum beruflichen Fortkommen anzutreiben, damit sie sich in seinem Licht sonnen kann und an seiner Seite von ihrer Herkunftsfamilie mehr Anerkennung bekommt. Sie selbst geht aber auf Impulse ihres Partners nur bedingt ein.

Die Mutterschaft der Karin stellt meist einen Gegenentwurf zu dem dar, was sie selbst als Kind erlebt hat. Bewusst versucht sie ihrem eigenen Nachwuchs die Liebe und Wertschätzung zu vermitteln, die sie so schmerzlich vermisste. In ihrem Haushalt achtet sie gewöhnlich penibel auf Ordnung und liebt es zu kochen. Die Gartenarbeit sollte aber besser ihr Herzbube übernehmen, da sich die Karin dafür, gelinde gesagt, nur sehr mäßig erwärmen kann.

Trennung: Please don't leave me

Karins werden meist von ihren Partnern verlassen, weil sie die ewige Gängelei und Krittelei leid sind. Oft sieht auch die andere Seite noch vor der Karin ein, dass es hinten und vorne nicht passt, und geht.

Wenn ihr Ehemann der Karin seine Trennungsabsichten eröffnet, fällt sie meist aus allen Wolken, weil sie in dem naiven Glauben befangen war, er müsse genauso auf sie fixiert sein wie sie auf ihn. Dass es anders sein könnte, verleugnet sie zunächst beharrlich. Mit allen Mitteln versucht sie ihren Angetrauten zu halten, gelobt Besserung, indem sie ihm mehr Toleranz und weniger Kontrolle verspricht. Aber meist sind das nur Lippenbekenntnisse.

Nach einer Trennung versucht die Karin meist viel zu früh, sich wieder zu binden, um den Verlust zu kompensieren. Ihre Brückenbeziehungen scheitern jedoch regelmäßig, weil sie »noch nicht so weit ist«. Die Regelung der Scheidungsfolgesachen läuft mit der Karin nicht immer glimpflich ab, versucht sie doch bisweilen auf der rechtlichen Schiene, sich Genugtuung dafür zu verschaffen, dass ihr Mann sie »sitzengelassen« hat. Den Verflossenen zu schröpfen ist dabei weniger ihr Stil. Vielmehr versucht sie, die Scheidung hinauszuzögern, um eine etwaige Wiederverheiratung ihres zukünftigen Ex-Gatten zu obstruieren.

Pflegetipps:

Musts:

* Bei den ersten Rendezvous muss sich der zukünftige Herzbube der Karin auf einige peinliche Verhöre gefasst machen, hat sie doch eine ganze Liste von Kriterien, die auf der anderen Seite erfüllt sein müssen. Erst wenn die »positiv« abgecheckt sind, geht sie eine Beziehung ein.

* Ergreifen Sie bei Ihrer Karin möglichst häufig die Initiative. Die

Karin liebt Männer, die das Heft des Handelns in die Hand nehmen.

* Wenn sich die Karin über etwas übertrieben echauffiert, sollte ihr Partner in der Lage sein, sie wieder herunterzubringen, anstatt ihre Affekte noch zu verstärken. Ein hohes Maß an Gelassenheit ist also Grundvoraussetzung.
* Geschenktipp: Einladung zu einer exquisiten Tanzshow

No-Gos:
* Versuchen Sie eine Karin niemals anzusprechen, wenn Sie bereits deutlich zu viel Alkohol im Blut haben. Nicht nur, dass sie Ihnen wegen dieser Unhöflichkeit die kalte Schulter zeigt, vermutlich wird sie Ihnen auch noch heftig die Leviten lesen.
* Karins stehen überhaupt nicht auf Toupets. Dann schon lieber Glatze, obwohl sie es doch so sehr lieben, in der vollen Mähne ihres Lovers herumzuwühlen.
* Einen einmaligen Seitensprung sollten Sie Ihrer Karin besser nicht beichten, wenn Sie sich sicher sind, dass es dabei bleibt. Sie würden damit einen nicht mehr zu kittenden Bruch in der Beziehung riskieren.

IDEALE NAMENSPARTNER:

Mit dem Horst wird die Karin harmonieren, weil er ein ebenso stark ausgeprägtes Gerechtigkeitsempfinden wie sie hat. Außerdem schätzt sie an ihm seine Gelassenheit und seinen Humor. Die Partnerschaft als »Erziehungsanstalt« werden bis zu einem gewissen Punkt der Holger, der Rüdiger und der Paul akzeptieren. Für den Andreas bilden kleinere Gängeleien ein Kontinuum zu den diesbezüglichen Versuchen, die er von seiner Mutter her kennt. Mit dem Vertreter-Thomas, dem Jürgen und dem Michael kann die Karin ihre Unternehmungslust kultivieren. Besonders der Michael sowie

der VT bringen als besonderes Sahnehäubchen noch dazu ihre Tanz-
künste in die Partnerschaft mit ein.

Prominente Namensträgerinnen:

Karin Baal, Karin Schubert, Caren Allen, Karina Bacchi, Karina
Kraushaar, Karina Wagner, Karin Dor, Caren Miosga

Namenstag der Karin: 25. November

KERSTIN

BASICS: TÄGLICH GRÜSST DAS MURMELTIER

Die Kerstin ist von ihrer Anlage her ein konservativer, wenig probierfreudiger Typ. Ihr ist es am liebsten, wenn alles seinen gewohnten Gang geht. Weder beruflich noch privat mag sie häufige Wechsel. Von außen betrachtet mag ihr Leben fast ein wenig festgefahren wirken, aber meist zeigt sie sich recht zufrieden damit. Positiv ausgedrückt ist die Kerstin beständig. Sie zieht auch nur selten weit von ihrem Elternhaus weg. Gewöhnlich bleibt sie in ihrer Heimatgemeinde wohnen, wenn nicht sogar im Elternhaus, allerdings natürlich in einem abgeschlossenen Bereich. Das »Nesthocken« funktioniert allerdings nur, wenn die Erzeugergeneration nicht übergriffig wird und sich tunlichst aus den Angelegenheiten ihrer Tochter heraushält. Die Kerstin ist nämlich eine ausgesprochen selbstbestimmte Zeitgenossin, die höchst giftig reagieren kann, wenn jemand ständig versucht, ihr Vorschriften zu machen oder sie zu kontrollieren.

Ihre Brötchen verdient die Kerstin gerne als kommunale Verwaltungsbeamtin. Da sie als kühle Rechnerin Zahlen liebt, ist sie auf ihrer Dienststelle mitunter für die Finanzen zuständig. Die herzlicheren Namensvertreterinnen sind nicht selten Grundschullehrerinnen. Jedenfalls sollte der Job ein hohes Maß an Sicherheit und Konstanz gewährleisten.

Auch in ihrem sozialen Umfeld setzt die Kerstin auf Dauerhaftigkeit. Sie gehört nicht zu der Spezies, die Tausende Freundinnen hat, bei denen ein ständiges Kommen und Gehen herrscht. Die etwas misstrauische Kerstin öffnet sich nur sehr wenigen Menschen wirklich, aber denjenigen, denen sie erst einmal ihr Vertrauen geschenkt hat, bleibt sie lange verbunden. Weil die Kerstin kaum narzisstische Züge aufweist, versucht sie in Gruppen gewöhnlich nicht, sich in den

Mittelpunkt zu spielen. Wichtiger als Geltung sind ihr schon Geld und Gut, ist sie doch durchaus keine völlig immaterialistische Zeitgenossin.

Kerstins sind eher lebensklug als bücherweise und glauben als Realistinnen nur das, was sie sehen. Eine spirituelle Ader haben nur wenige, allerdings wenn, dann sehr ausgeprägt. Die »Nüchternen« unter ihnen treiben gerne Sport zum seelischen Ausgleich, aber natürlich in erster Linie auch, weil sie Spaß daran haben. Bei der Leibesertüchtigung entwickelt diese Gruppe oft einen großen Ehrgeiz, wodurch ein erklecklicher Anteil in den verschiedensten Disziplinen den Olymp erklimmt.

Am liebsten leben Kerstins auf dem Land, wo sie die verschiedensten Haustiere halten können. Am häufigsten sind es jedoch Katzen und Pferde. Überhaupt packen Kerstins gerne an. Ein Motto der Schauspielerin Kerstin Landsmann lautet: »Manchmal im Leben muss man die Zähne zusammenbeißen.« Das klingt nach viel Disziplin, die für die Kerstins nur allzu typisch ist.

Optik und Outfit: Hochgeschlossen — hoch aufgeschossen

Kerstins sind natürlich hübsch, aber selten ausgemachte Schönheiten. Bisweilen wirken sie sogar recht burschikos.

Ihre Haarfarbe umfasst gewöhnlich das Spektrum von hellblond bis dunkelbraun. Südländische Typen mit schwarzen Haaren und dunklem Teint sind kaum vertreten, ebenso wenig wie Kupferköpfe mit elfenbeinweißer Haut. Die Augenfarbe ist völlig unspezifisch. Häufig tritt ein Mischmasch auf. Fast nie haben Kerstins Stupsnasen, sondern meist sogar relativ ausgeprägte Riechorgane. Interessanterweise sind sie meist optisch umso attraktiver, je lieblicher sie charakterlich sind. Die echten Giftspritzen sehen auch entsprechend aus. Meist sind sie dazu noch lange Bohnenstangen.

Figürlich sind Kerstins fast immer zierlich-schlank, bisweilen aber auch von etwas gedrungenem Körperbau. Richtig aus dem Ruder laufen sie selten, weil sie meist gute Nahrungsverbrennerinnen sind und sich viel bewegen.

Die Welt aus der Froschperspektive betrachten die wenigsten Kerstins. Eher schauen sie von oben zumindest auf ihre Geschlechtsgenossinnen herab nach Art der Fußball-Weltmeisterin Kerstin Garefrekes, die stattliche 1,80 m misst. Die ebenfalls recht beachtliche Durchschnittslänge der Namensträgerinnen dürfte bei etwa 1,71 m liegen.

Der Busen der Kerstins ist mit maximal Körbchengröße B eher klein, dafür aber fein. Ansonsten weisen sie körperlich keine signifikanten Merkmale auf, außer vielleicht ihren auffällig geraden Wuchs. Kerstins schminken sich sehr dezent und sind in der Regel sportlich-chic, keinesfalls püppchenhaft gekleidet. Röcke tragen sie praktisch nie, weil sie dafür gewöhnlich nicht die Beine haben. Um nicht über ihren Sexappeal definiert zu werden, präsentieren sich Kerstins meist hochgeschlossen. Dabei ist auch eine gewisse Genanz und Prüderie im Spiel. Mit Accessoires und Schmuck verzieren sich Kerstins nur spärlich.

Verführung und Sex:
Was sich neckt, das liebt sich

Reibung erzeugt bei der Kerstin erotische Spannung. Das Schlimmste, was einem Mann bei einer Kerstin passieren kann, ist überhaupt nicht von ihr beachtet zu werden.

Am größten ist die Bindungschance für einen Verehrer, wenn sich die Kerstin auf kleine Scharmützel und Wortgefechte mit ihm einlässt. Ein wenig steckt hinter den Zicken der Namensvertreterinnen auch Selbstschutz. Je mehr sie ein Bursche interessiert, desto gefährlicher kann er ihrer verletzlichen Seele werden und desto mehr sträubt sie sich anfangs gegen ihn. Genauso wenig wie auf herkömmliche Flirtsignale braucht die Männerwelt bei der Kerstin auf Kriegsbemalung und viel nackte Haut als Indiz für Willigkeit zu hoffen, wenn sie sich auf die Piazza der einsamen Herzen begibt. Ein wenig aus sich heraus geht sie gewöhnlich nur mit Alkohol im Blut. Deshalb sind Faschingsveranstaltungen und ausgelassene Feten ein Geheimtipp, um mit ihr anzubandeln.

Kerstins sind Meisterinnen der Sublimation. Ihre geschlechtlichen Energien transformieren sie bevorzugt in ihre Freizeitinteressen, weniger in ihre Arbeit, die sie zwar gerne und gewissenhaft verrichten, aber gewöhnlich nicht darauf orientiert, groß Karriere zu machen. Relativ viele unter ihnen treiben Sport; sie schwitzen es sozusagen heraus, wie der Volksmund eigentlich bei sexuellem Entzug von Männern zu sagen pflegt. Aber »schweißgebadet« wird die Kerstin davon selten, hat sie doch keine übermäßig starke Libido. Gut kann sie längere intime Trockenzeiten überstehen, ohne gleich jeden Kerl anzufallen, der nicht schnell genug auf den Bäumen ist.

In der Partnerschaft sollte der Herzbube tunlichst von Annäherungsversuchen absehen, wenn die Kerstin ihre »zickigen drei Minuten« hat oder ihren Weltschmerz pflegt. Sonst fährt sie nämlich ihre Krallen aus und setzt sie auch wirkungsvoll ein.

Die »lieblicheren« Kerstins sind verschmuster und oft erheblich geiler. Teilweise gehen sie intim weitere Wege, um ihren Partner glücklich zu machen, was der »nüchternen« Kerstin nicht im Traum einfallen würde, oder sie haben auch selbst Spaß an der Umsetzung von außergewöhnlichen Ideen.

Jagdreviere: Wenn schon, denn schon

Die Kerstin hält nur periodisch Ausschau nach Mr. Right. Ähnlich der Christina hat sie Rückzugsphasen, in denen sie dem Single-Markt nicht zur Verfügung steht. Die »leibestüchtigen« Kerstins gehen in der Zeit der inneren Emigration bestenfalls noch ihrem Sport nach, während die körperlich weniger agilen Namensträgerinnen dann ihre Mußestunden bevorzugt mit Lesen, Musikhören oder Fernsehen verbringen. Selbst am Arbeitsplatz, der ansonsten wegen der Möglichkeit des ausgiebigen Beschnupperns ein gern genutztes Jagdrevier für die Kerstin darstellt, ist sie dann für das andere Geschlecht flirttechnisch nicht erreichbar. Wenn es sie wieder nach außen drängt, ist die Kerstin recht viel unterwegs. Es scheint fast so, als wolle sie das »Verpasste« nachholen. Sie unternimmt Kneipentouren und besucht Single-Partys, auf denen sie sich gegenüber Balzversuchen durchaus nicht abgeneigt zeigt. Gerne bevölkern Kerstins auch Single-Clubs und Gesprächskreise für Alleinlebende, denen sie bisweilen jahrelang treu bleiben, bis sie sich gebunden haben. Das behutsame Kennenlernen dort kommt ihnen sehr entgegen. Kerstins sind nämlich absolut keine Draufgängerinnen. Außerdem können sie beim »Single-Talk« ihre spezifischen Probleme als Lonelyhearts loswerden. Single-Reisen bieten insbesondere der leicht widerspenstigen Kerstin die Chance, die männlichen Teilnehmer während der vielen gemeinsam verbrachten Stunden auch einmal etwas tiefer in ihr Seelenleben blicken zu lassen, um so Sympathie und vielleicht sogar Zuneigung zu erwecken.

Ansonsten geht bei den Kerstins recht wenig. Das Internet nutzen sie eher nur sporadisch, da es ihnen wie die Kontaktanzeige zu anonym und abgesehen davon zu »verlogen« ist. Single-Tanzkurse fallen weg, weil Kerstins gewöhnlich nicht gerne das Tanzbein schwingen, während sie Radio- und Fernsehkuppelshows aufgrund ihrer Öffentlichkeitsscheu tunlichst meiden. Für die Teilnahme am Running Dinner fehlt die Lust am Kochen, für die Teilnahme am Speed-Dating die Lust, ihr Fleisch zur Beschau zu stellen, und regelmäßig auch die Schlagfertigkeit. Der Freundeskreis ist zu klein, als dass sich dort in Richtung Bindung etwas auftun könnte. Flirtattacken bei kurzen Zufallsbegegnungen wehren Kerstins entweder aus Erschrockenheit oder aus Sprödigkeit ab.

Partnerschaft: Fairy-tales don't always have happy endings

Um die Liebe einer Kerstin zu gewinnen, muss ein Kandidat wie im Märchen drei Aufgaben erfüllen. Erstens muss er ihr Vertrauen gewinnen. Zweitens sollte er sich ihr als mindestens ebenbürtig erweisen, schaut sie doch, wenn möglich, gerne ein wenig zu ihrem Partner auf. Und drittens hat er die Herausforderung zu meistern, hinter ihrer spröden Fassade den weichen Kern zu finden, damit sie sich verstanden fühlt. Das ist ihr bei dem Mann an ihrer Seite besonders wichtig, weil sie sich von anderen Menschen häufig verkannt fühlt. Dem Prinzen, dem all das gelingt, legt sich die Kerstin in die Hände und folgt ihm auf sein Schloss.

Aber hier endet das Märchen schon wieder, denn die Kerstin ist nun wirklich nicht der Typ Prinzessin. Allenfalls die Dienerschaft könnte sie als nützlich empfinden, weil sie ihr das Grobe abnimmt. Fürs Repräsentieren ist die Kerstin hingegen denkbar ungeeignet, und einen Stall voll Kinder wird sie dem Königssohn an ihrer Seite auch nicht gebären. Oft reicht ihr ein Sprössling vollkommen aus. Stellt sich überhaupt kein Nachwuchs ein, verfällt die Kerstin auch nicht unbedingt in Depressionen und zieht alle Register der Reproduktionsmedizin.

Besonders die rationale Spezies Kerstin definiert sich eher über ihren Beruf. Allerdings sind auch die herzlicheren Namensträgerinnen fast nie mit einem reinen Hausfrauendasein zufrieden. Letztere investieren viel in ihre Beziehung und bekommen selten Entsprechendes zurück, während Erstere stark auf Gegenseitigkeit achten. Einen reinen Pascha werden aber beide Arten von Kerstin irgendwann mit seiner Couch vor die Tür setzen, die eine früher, die andere später.

Um sich einseitig auf ihre Partnerschaft zu fixieren, haben Kerstins noch zu viele andere Schwerpunkte. So würden sie für die Zweisamkeit niemals komplett ihren Freundeskreis oder ihre Hobbys aufgeben. Außerdem möchten sie nicht ihre Autonomie verlieren, die ihnen so elementar wichtig ist.

TRENNUNG: SAD AND LONELY

Da Kerstins sich alles andere als leicht verlieben, wiegt für sie der Verlust ihrer Partnerschaft doppelt schwer. Zum einen müssen sie ihre Trennung verarbeiten, was meist einen langwierigen Prozess darstellt. Denn wenn sich die Kerstin auf einen Mann einlässt, dann sehr tief. Zum anderen ist ihr aus Erfahrung schmerzhaft bewusst, dass sie nun vermutlich für längere Zeit alleine durchs Leben gehen muss, bis wieder ein Anwärter bei ihr »anklopft«, den sie für »würdig« erachtet. Ihre Seelenpein versucht die Kerstin oft zu betäuben, indem sie sich bei Waldlauf und Co. so lange auspowert, bis die Glückshormone purzeln.

Die »rationalen« Kerstins fangen sich kaum überraschend schneller wieder als die »Seelchen« unter ihnen, zumindest dergestalt, dass sie »funktionieren«. Mit ihnen können die Scheidungsfolgesachen zügig über die Bühne gebracht werden, sofern ihr Ex nicht versucht, sie über den Tisch zu ziehen. Dann allerdings gnade ihm Gott.

Mit dem gefühlvolleren Kerstin-Typ wird es hingegen anfangs schwer, Regelungen zu treffen, weil er vor Schmerz wie paralysiert ist. Er schwebt dann auch in Gefahr, nur um wieder in Ruhe seine Wunden lecken zu können, Vereinbarungen, beispielsweise finanzielle Verzichtserklärungen, zu unterschreiben, die er später bitter bereut. Angst vor Nickeligkeiten braucht der Verflossene bei der Kerstin in der Regel nicht zu haben, da sie ein geradliniger Mensch ist. Kindsentzug und ähnliche Spielchen, um ihre Interessen durchzusetzen, sind nicht ihr Ding.

PFLEGETIPPS:

Musts:

* Die Kerstin ist eher mit kleinen Gesten zu beeindrucken. Bringen Sie ihr zum ersten Rendezvous, wenn Sie nicht ohne Mitbringsel erscheinen möchten, lieber eine (!) eigenhändig gepflückte Blume mit als einen überdimensionierten gekauften Blumenstrauß.
* Überraschen Sie Ihre Kerstin mit einem romantischen Candle-Light-Dinner. Da sie selbst nicht allzu gerne kocht, werden Sie ihr damit eine doppelte Freude bereiten.
* Versuchen Sie ihre Kusstechnik zu verbessern. Die Kerstin ist nämlich eine Koryphäe im Zungenspiel. Einen neuen Partner, der küsst wie ein Schleimbeutel, wird sie kurzerhand in die Wüste schicken.
* Geschenktipp: erotische Wäsche. Die Kerstin herself kleidet sich untendrunter bevorzugt funktional.

No-Gos:

* Ein Tunichtgut oder Lebenskünstler wird aufgrund ihres Sicherheitsbedürfnisses bei der Kerstin schlechte Karten haben. Das Helfersyndrom verabschiedet sich selbst bei den »lieblichen« Namensträgerinnen spätestens mit 40 in den Vorruhestand.
* Ausufernde Kulturreisen gehen bei den meisten Kerstins überhaupt nicht. Weder müssen sie jedes Fresko von Michelangelo gesehen noch jeden einzelnen Stein von Stonehenge aus allen Perspektiven fotografiert haben.
* Frömmelei und Schmierenkomödien hassen Kerstins geradezu.

IDEALE NAMENSPARTNER:

Bei den häuslichen Pflichten werden die Kerstin der Rüdiger und der Stefan hinreichend unterstützen und relativ gelassen mit ihren Launen umgehen. Allerdings müssen sie beruflich erfolgreiche Vertreter ihres Namens sein. Auf geistiger Ebene wird es gut mit dem Horst und dem Michael klappen, weil beide zwar klug sind, aber gewöhnlich keine verquasten (pseudo)intellektuellen Reden schwingen, worauf die Kerstin im Allgemeinen bestenfalls noch gelangweilt oder mit Befremden reagiert. Beim Horst schätzt sie auch die Fähigkeit zur Selbstironie. In einer Partnerschaft mit dem Werner braucht die Kerstin nie Angst zu haben, irgendwann am Bettelstab zu landen, und trefflich sporteln lässt sich's mit dem Martin.

PROMINENTE NAMENSTRÄGERINNEN:

Kerstin Garefrekes, Kerstin Fischer, Kerstin Gähte, Kerstin Stegemann, Kerstin Kowalski, Kerstin Gier, Kerstin Landsmann

Namenstag der Kerstin: 13. Februar

Maria

Basics: Maria Magdalena

Der Name Maria ist nicht einsträngig geprägt durch die Gottesmutter Maria, sondern zweisträngig durch Maria Magdalena, die einerseits als Heilige und andererseits auch als Hure angesehen wird. In abgeschwächter Form spiegeln die beiden Subspezies der Maria diese Dichotomie wider.

Dem Bild der Heiligen entsprechen in gewissen Zügen die spirituell-visionären Marias (SVMs), die einen guten Zugang zu ihren Intuitionen haben und nicht selten mit außergewöhnlichen Gaben gesegnet sind. Besonders häufig finden sich unter ihnen Hellseherinnen neben Heilerinnen. Ihre Fähigkeiten verstehen diese Marias als himmlisches Geschenk, das ihnen zum Dienst am Mitmenschen zuteil wurde. Niemals nutzen sie es für schwarze Magie oder um sich daran persönlich zu bereichern. Abgesehen vom Beruf der Ärztin oder Heilpraktikerin ist die spirituell-visionäre Maria häufig als Lebensberaterin tätig. Als Krankenschwester und Altenpflegerin sieht sie ihren Beruf regelmäßig als Berufung an. Wegen ihres sozialen Engagements ist die SVM allseits beliebt und hat einen weitläufigen Freundes- und Bekanntenkreis, der sich oft auf mehrere Kontinente erstreckt. Durch ihre gute Menschenkenntnis kann sie jedoch unterscheiden, wer nur von ihren Fähigkeiten profitieren möchte oder es wirklich ernst mit ihr meint.

In ihrer Freizeit liest die SVM, auch wenn sie sich nicht professionell damit beschäftigt, gerne esoterische Literatur oder besucht Veranstaltungen und Seminare zu dem Thema. Häufig erlangt sie den Meistergrad im Reiki und/oder legt eine umfangreiche Heilsteinsammlung an. Um auf ihrem geistigen Weg weiter voranzukommen, bereist sie auch gerne ferne Länder. Sie betet mit tibetanischen

Mönchen oder verbringt einige Zeit in einem Aschram in Indien. Aber auch »profanen Vergnügungen« ist sie nicht abgeneigt. So relaxt sie gerne in der Sauna oder trifft sich mit ihren Lieben auf ein gutes Gläschen Wein in der Kneipe.

Die deftigen Marias (DMs), die Vertreterinnen der zweiten Unterart des Namens, ticken erwartungsgemäß ziemlich diametral entgegengesetzt. Scheinheilig verleugnen sie, dass für ihr Handeln in erster Linie materielle Überlegungen maßgeblich sind. Stattdessen gaukeln sie ihrer Umwelt Wohlwollen als Motiv vor. Zwei Hauptcharaktereigenschaften der DM sind Raffgier und Egoismus. Zu erkennen ist sie aber in erster Linie an ihrem namengebenden Attribut, der Deftigkeit, die häufig die Grenze zur Vulgarität überschreitet. Besonders wenn sie sich angegriffen fühlt oder im Zustand blinder Wut fallen bei ihr alle Schranken der Contenance. Ihre weiblichen Reize kehrt die DM im wahrsten Sinne des Wortes gerne hervor. Ihr meistens etwas billig wirkender Auftritt spricht auch nicht gerade für ein ausgeprägtes Feingefühl.

Beruflich verdingt sich die DM häufig als Hauswirtschafterin, Kassiererin oder in relativ anspruchslosen Verwaltungsjobs. Nebenbei arbeitet sie oft noch als Kellnerin oder Reinigungskraft. Ihre Hobbys sind Tanzen und Ausgehen sowie die Lektüre von Klatschzeitschriften. Daneben verpasst sie auch kaum eine Soap und Talkshow im Fernsehen. Für Politik interessiert sie sich wenig, während die SVM eine überzeugte und gut informierte Anhängerin der Grünen ist.

OPTIK UND OUTFIT:
SIE IST EIN MODEL, UND SIE SIEHT GUT AUS

Das »Gemüt« der Maria schlägt sich auch meist auf die Optik nieder. Hübsch sind sie aber alle, die Marias. Die DMs sind dabei eher etwas für den Mainstream-Geschmack, während die SVMs vorwiegend den Kenner entzücken. Das liegt daran, dass Erstere gerne viel nackte Haut zur Schau stellen, wohingegen Letztere mit ihren weiblichen Reizen geflissentlich geizen, haben sie neben Körper doch auch Geist zu bieten.

Die SVMs haben ungewöhnlich ausdrucksstarke und schöne Augen, die ihrem Gesicht Charisma verleihen. Dieser Glanz geht den DMs ziemlich ab, dafür versprühen sie aber erotische Funken. Figürlich sind die Namensträgerinnen weder zu dick noch zu dünn, also »genau richtig«. Busen und Po zeigen sich meist wohlgeformt; dazu kommen nicht selten noch makellose Beine. Viele Marias haben das Zeug zum Aktmodell und beeindrucken mit einer beachtlichen Körpergröße. Selten unterschreiten sie wesentlich die 1,70 m, während nicht wenige über 1,80 m hinausragen. Der durchschnittliche Wuchs dürfte bei knapp 1,75 m liegen. Die häufig gelockten oder zumindest gewellten Haare sind farblich unspezifisch, von hellblond über rot bis pechschwarz ist alles dabei. Allerdings weisen sogar Feuerköpfe selten einen blassen Hautteint auf.

Marias verfügen auch über ein gutes Gespür für stilgerechte Kleidung. Selbst die nicht immer so betuchten deftigen Marias vollbringen hier im Rahmen ihrer finanziellen Möglichkeiten oft noch kleine Wunder, wobei ihnen aber stets das Schreckgespenst der Frivolität im Nacken sitzt.

Verführung und Sex: Lolita und Tantra

Die SVM hat das (Luxus-)Problem, unter der Vielzahl der Bewerber den besten für sich auszuwählen, wobei ihr aber regelmäßig ihre Intuition hilft. Kandidaten, die bei weitem nicht ihre Kragenweite haben, weist sie einfühlsam, aber bestimmt ab. Brüsk verhält sie sich nur, wenn eine Anmache unter die Gürtellinie geht. Beim Erstkontakt mit dem Objekt ihrer Begierde reicht meist schon ihr natürlicher Charme, um die andere Seite in Balzstimmung zu bringen.

Die DM lockt hingegen vorwiegend mit ihrem Sexappeal. Nicht selten geht sie in voller erotischer Kriegsbemalung gepaart mit einer recht freizügigen Garderobe auf Beutejagd. Mit ihrem »heißen« Outfit und ihren lockeren Sprüchen schafft sie es auch in späteren Jahren regelmäßig noch, einen dicken Fisch an Land zu ziehen.

Sexuell ist die DM oft frühreif und verkörpert den Lolita-Typus. Sie verdreht nicht nur ihren Mitschülern den Kopf, sondern auch wesentlich älteren Männern, von denen sie häufig schamlos ausgenutzt wird. Aus diesem Grund beginnt sie schon als junge Erwachsene einen Schutzpanzer um sich herum aufzubauen und lernt mitunter, Sexualität als Machtinstrument einzusetzen. Der Bann wird nur dann gebrochen, wenn sie auf einen Mann trifft, der sich einerseits nicht über Geschlechtlichkeit manipulieren lässt, auf der anderen Seite aber in der Lage ist, ihr Vertrauen zu gewinnen.

Die SVM hingegen, die in einem fürsorglichen Elternhaus aufwächst, findet meist einen behutsamen Zugang zur Sexualität. Wenn sie eine wilde Phase mit häufig wechselndem Geschlechtsverkehr hat, dann meist erst mit Anfang 20. Sie findet Freude an einer Vielzahl von sexuellen Praktiken und kommt fast schon unvermeidlich mit fernöstlichen Formen des Liebesspiels in Kontakt. Besitzdenken ist der spirituell-visionären Maria auch geschlechtlich fremd. Mit ihr ist vielleicht sogar eine offene Ehe möglich, zumindest aber wird sie ihren Gatten nicht wegen eines Seitensprungs gleich töten. Bisweilen nimmt sie sich den aber auch selbst heraus – »ein bisschen Abwechslung schadet schließlich nie«.

JAGDREVIERE: NOBLESSE OBLIGE

Der Leitsatz der spirituell-visionären Maria lautet: »Das Wichtigste im Leben finden wir nicht durch intensive Suche, sondern so, wie man etwa eine Muschel am Strand findet. Im Grunde findet es uns.« Eine gute Möglichkeit, durch Zufall oder göttliche Fügung gefunden zu werden, bieten der SVM Veranstaltungen, die sie aufgrund ihres sozialen Engagements besucht, beispielsweise Demonstrationen oder Meetings einer Menschenrechtsgruppe. Vielleicht verliebt sie sich aber auch in einen Klienten ihrer Lebensberatung. Beim Ausgehen trifft sich die SVM gerne mit Freunden in Cafés, Bistros oder Restaurants jedweder Nationalität zu einem Plausch. Häufig ist sie auch in Kino, Theater und Museum anzutreffen. Durch ihre außergewöhnliche Kontaktfreude kommt sie überall recht einfach mit dem männlichen Geschlecht ins Gespräch.

Um ihren Seelenpartner kennenzulernen, nutzt die SVM fast nie Medien. Das wäre ihr schon zu gezielt. Besonders professionelle Vermittlung lehnt sie ab, weil das zudem einen Eingriff in ihre Autonomie bedeuten würde. Ihren Herzbuben kann sie sich schon selbst aussuchen.

Die DM hingegen nimmt alle Möglichkeiten in Anspruch, von denen sie sich hochkarätige Rendezvous verspricht. Nicht selten ist sie Mitglied eines »Edel-Heiratsinstitutes«, sofern es für Frauen kostenlos arbeitet. Aber auch Internet und Anzeigen in überregionalen Zeitungen durchforstet sie nach wohlhabenden Kandidaten. TV-Kuppelshows meidet sie, da sie dort nicht das Klientel vermutet, auf das sie ihren Fokus gerichtet hat, ganz zu schweigen von Verpaarungsversuchen auf Single-Partys. Speed-Dating und Running Dinner schätzt sie wieder, weil daran gewöhnlich ein gehobeneres Publikum teilnimmt, während ihr für die geringe Chance, auf einer Single-Reise Mr. Right zu begegnen, der finanzielle Aufwand zu hoch ist.

Auf freier Wildbahn lässt sich die DM überall dort ansprechen, wo sie gleich den materiellen Background ihres Flirts glaubt mitgeliefert zu bekommen. Ihre bevorzugten Locations für den abendlichen Beutezug schmückt häufig das Attribut »nobel«.

In der Verfilmung der tragischen Komödie »Der Besuch der alten Dame« von Friedrich Dürrenmatt stellt Maria Schell in der Titelrolle, wenn nicht ihr eigenes, dann doch das Partnerschaftsschema der deftigen Marias überzeugend dar. Zunächst ein Spielball der Männerwelt, die sie egoistisch zur Triebabfuhr benutzt und zumindest seelisch misshandelt, nimmt sie später bittere Rache am »starken Geschlecht«, das unter ihren Händen doch so schwach wird.

Spätestens im vierten Lebensjahrzehnt hat die DM den Spieß umgedreht. Sie lässt sich lieben, hat sich aber durch eiserne Disziplin abgewöhnt, selbst zu lieben. Kerle, die ihr gefährlich werden könnten für einen Rückfall in die alte Droge, weist sie brüsk ab. So lebt die DM gewöhnlich mit Männern zusammen, die sie vergöttern, für die sie aber keine tiefergehenden Empfindungen hegt und die von ihr tunlichst auf Abstand gehalten werden. Bisweilen gelingt es aber doch einem Prinzen, sich durch ihre Dornenhecke zu kämpfen, um ihre Leidenschaft neu zu entfachen.

Die spirituell-visionäre Maria ist indes durchgängig liebes- und bindungsfähig. Allerdings steht für sie Partnerschaft nicht unbedingt an erster Stelle. Sie braucht viel Zeit für sich, um ihren Engagements und spirituell-esoterischen Interessen nachzugehen.

Wenn die SVM zu Hause ist, kümmert sie sich leidenschaftlich um die Kinder. Für den Haushalt hat sie sich meist eine Hilfe eingestellt. Durch ihre vielfältigen Aktivitäten bringt sie immer wieder frische Ideen in die Beziehung. Stagnation wird es mit ihr nur sehr selten geben.

Aber auch ihrem Partner sollte an stetem Wachstum gelegen sein. Niemals wird die SVM lange einen Mann an ihrer Seite akzeptieren, der glaubt, ab einem gewissen Alter bräuchte er nur noch seine »Schätze« zu verwalten. Als emanzipierte Frau erwartet sie, dass ihr Göttergatte mindestens genauso viel Beziehungsarbeit leistet wie sie selbst. Ihr Helfersyndrom, so sie an einem leidet, lebt sie außerhalb der heimischen vier Wände aus. Männer, die eine Rundumversorgung zum Nulltarif erwarten, sind bei der SVM völlig verkehrt.

TRENNUNG: FÜREINANDER – GEGENEINANDER

Die unerbittliche Konsequenz der deftigen Maria bekommt ihr Ehemann in voller Wucht am Ende der Beziehung zu spüren. Wenn sie geht, räumt sie ihm nicht selten komplett das Haus aus. Dafür hat sie ihn raffiniert auf ein Wochenendseminar geschickt oder abgewartet, bis er mit seinen Freunden in Urlaub gefahren ist. Besonders raffinierte DMs haben schon Jahre vor ihrem Auszug Geld auf die Seite geschafft und dem Göttergatten die Hälfte seines (!) Hauses abgeschwatzt. Dann ist es gewöhnlich der zukünftige Ex-Mann, der gehen muss, weil ihr die gemeinsamen Kinder das Bleiberecht sichern. Von dem sonstigen Vermögen verlangen die deftigen Marias gnadenlos die Hälfte, während sie beim Unterhalt um jeden Cent kämpfen.

Die SVM schwört dagegen bei der Trennung auf Fairness. Als esoterische Zeitgenossin glaubt sie, dass die negativen Energien, die sie ihrem Verflossenen sendet, wieder auf sie zurückfallen werden. Deshalb ist es ihr wichtig, sich in Liebe zu entzweien, was ihr auch meist gelingt, sofern die andere Seite eine ähnliche Einstellung vertritt. Die beiden früheren Partner bleiben häufig freundschaftlich verbunden und stehen in der Not füreinander ein. Auch bei Fragen zur Aufzucht des Nachwuchses besteht weiterhin großes Einvernehmen.

PFLEGETIPPS:

Musts:

* »Tanzen ist der vertikale Ausdruck eines horizontalen Verlangens.« Damit bei der Maria nicht horizontales Verlangen für einen anderen Mann aufkommt, sollten Sie unbedingt selbst tanzen ler-

nen. Ein gemeinsam belegter Kurs stellt eine ausgezeichnete Möglichkeit dar, Sympathiepunkte von der Maria zu erheischen.

* Bei den Marias sollten Sie stets die Spend(i)erhosen anhaben. Die DMs lassen sich gerne chic ausführen und natürlich Sie die Rechnung übernehmen. Indes ist im Zusammenleben mit den spirituell-visionären Namensträgerinnen die Bereitschaft, gemeinsam mit ihr karitative Projekte und Hilfswerke finanziell zu unterstützen, fast schon unabdingbare Voraussetzung.

No-Gos:

* Sensibelchen werden sowohl bei der DM als auch bei der SVM schnell an ihre Schmerzgrenzen stoßen. Beide können nämlich extrem konfrontativ sein und lassen ihren Gefühlen im Konfliktfall nicht selten völlig freien Lauf. Da fliegt dann mitunter Geschirr nebst anderem Hausrat.

* Die Maria ist eine Katzenfrau. Sie sollten also bei Ihrer Maria weder eine Katzenhaarallergie noch eine grundsätzliche Aversion gegen die schnurrenden Vierbeiner haben.

* Campingurlaube gehen mit der DM nur auf Plätzen, die perfekte hygienische Verhältnisse aufweisen und nicht jwd liegen. Wo Fuchs und Hase sich gute Nacht sagen, bekommt sie einen Einsamkeitskoller. Die SVM lehnt dagegen, wie kaum anders zu erwarten, Pauschalreisen und Massentourismus in Bausch und Bogen ab.

IDEALE NAMENSPARTNER:

Ohne viel Dank und Gegenliebe wird sich der Harald sehr lange um die DM kümmern. Materiell gut versorgt wird sie vom Werner, der aber ansonsten eher ein subdominanter Vertreter seines Namens sein sollte. Der Holger, der Udo und der Ralf empfinden nicht selten eine gewisse Lust daran, sich der DM zu unterwerfen. Favoriten der

SVM sind unter anderem der Rüdiger und der Normalo-Gerhard, die mit ihr sowohl die soziale Einstellung teilen als auch den Bezug zum Überirdischen. Am Wolfgang, Christian und am Joachim fasziniert sie die stete Bereitschaft, sich zumindest geistig weiterzuentwickeln. Sexuell vermag die SVM mit dem Peter weite Wege zu gehen. Außerdem lässt sie sich von seinen vielfältigen Interessen im Freizeitbereich inspirieren, was häufig auch auf Gegenseitigkeit beruht.

Prominente Namensträgerinnen:

Maria Furtwängler, Mariah Carey, Maria Hellwig, Maria Shriver, Maria Riesch, Maria Mena, Maria Scharapowa, Maria Schell

Namenstag der Maria: 12. September

MONIKA

BASICS: A LITTLE BIT OF MONICA IN MY LIFE

Ein bisschen Monika ist gut, während zu viel Monika zum Schaden gereichen kann, zumindest wenn sich die Dosis auf das Gewicht der Namensträgerinnen bezieht. Bei der Monika sind nämlich wie etwa auch bei der Maria wieder zwei Typen zu unterscheiden; die herrschsüchtige Monika und die sanftmütige Monika, im Folgenden kurz HM beziehungsweise SM genannt. Erstere sind interessanterweise oft ein wenig fülliger, während zweitere gewöhnlich eine schlanke Statur aufweisen.

Die HM stellt zwar in Gruppen viel auf die Beine – zum Beispiel organisiert sie in ihrem Kegelverein Ausflüge –, möchte dafür aber führen, was an und für sich nichts Verwerfliches ist. Schließlich gibt es fast überall Alphatiere. Problematisch wird ihr Verhalten nur, wenn sie kritische oder andersdenkende Mitglieder versucht an den Rand zu drängen oder gar auszuschließen, und es wird vollkommen unakzeptabel, wenn sie zu mobben beginnt. Zum Glück sind solche Auswüchse aber nur ausnahmsweise bei ihr zu beobachten.

Der Regelfall ist dafür leider ein Mangel an Authentizität. Das, was die HM ihren Mitmenschen ins Gesicht sagt, geht selten mit dem konform, was sie hinter ihrem Rücken über sie erzählt. Eine von wenig Wohlwollen geprägte Tratschhaftigkeit ist gewiss nicht ganz von der Hand zu weisen.

Beruflich ist die HM häufig als Verwaltungsangestellte, Arzthelferin oder MTA anzutreffen. Auch hier nimmt sie häufig unter ihren Kolleginnen eine dominante Rolle ein.

Am Wesen der sanftmütigen Monika hingegen vermag die Welt zu genesen, ist sie doch liebevoll, wohlwollend und tolerant. Sie schwört auf das Prinzip »Leben und leben lassen«. Ihre absolute Verlässlichkeit nebst Akribie prädestiniert sie beruflich ebenfalls fürs Büro, wo sie durchaus zur Zielscheibe der HM werden kann, die ihr vor allem ihre Beliebtheit und ihre optimistische Lebenseinstellung neidet. Die SM wird indes meist viel zu spät gewahr, was für ein Gewitter sich da über ihr zusammenbraut, weil sie bedingungslos an das Gute im Menschen glaubt. Hier offenbart sich auch ihre größte Schwäche, die Naivität.

Wegen ihrer Kinderliebe gehen die SMs auch als Erzieherinnen und Grundschullehrerinnen auf, während ihnen im Verkauf besonders ihre angeborene Freundlichkeit Erfolg verschafft.

Die Mußestunden könnten die SM und die HM theoretisch gemeinsam verbringen, wenn sie nicht vom Wesen her zu verschieden wären. Sowohl die eine als auch die andere tanzt leidenschaftlich gerne, besucht Konzerte, Musicals oder Kabaretts und entspannt regelmäßig in der Sauna. Sport im engsten Sinne treiben beide Monika-Spezies eher selten. Bei manchen steht allenfalls noch Walken oder Wandern auf dem Freizeitplan. Was die Reisegewohnheiten betrifft, ist die HM provinzieller eingestellt als ihre Namensschwester. Sie verbringt ihren Urlaub lieber dort, wo deutsch gesprochen, gegessen und gedacht wird, während die SM durchaus Interesse für fremde Kulturen an den Tag legt.

Optik und Outfit:
Randvoll – Handvoll

Abgesehen von ihrem figürlichen Unterschied haben beide Monika-Typen hübsche, feminine Gesichter, wobei die SM entsprechend ihrem Wesen mit einer sympathischeren Ausstrahlung aufwarten kann. Die Aura der HM wirkt häufig einen Hauch dunkler, dafür aber verruchter.

Sind Monikas schlank, haben sie gewöhnlich auch einen eher kleinen Busen. Oft ist es gerade einmal die berühmte Handvoll, während die kräftigen Vertreterinnen »naturgemäß« über eine recht üppige Oberweite verfügen. Die bevorzugte Haarfarbe der »Mahnerinnen«, so die Namensübersetzung, ist Braun mit seinen Abstufungen. Die Blond-, Schwarz- und Rotschöpfe zusammen genommen sind wohl immer noch weniger zahlreich als die Brünetten. Vom Wuchs her sind Monikas nicht übermäßig groß geraten. Der Durchschnitt dürfte bei 1,66 m liegen.

Das fast schon ein wenig schlichte Outfit der Monikas ist nicht selten ihrer Genügsamkeit geschuldet. Sie gönnen sich einfach keine allzu teuren Klamotten und Accessoires, geschweige denn edle Geschmeide. Viel zu selten zeigen oder betonen die Monikas ihre weiblichen Reize beispielsweise mit einem tief ausgeschnittenen Dekolleté oder einem engen, kurzen Rock. Zur »sexiest woman alive« werden sie mit ihrem züchtigen Kleidungsstil gewiss nicht gewählt.

Verführung und Sex: More or less

Die SM träumt davon, vom Märchenprinzen aus ihrem Dornröschenschlaf wach geküsst zu werden. Das heißt, sie möchte die Initiative nach alter Väter Sitte komplett dem Mann überlassen. Auf der anderen Seite ist ihr auch klar, dass sie Aufmerksamkeit nicht zum Nulltarif bekommt. Deshalb sieht sie sich doch gezwungen, eine Verführungsstrategie zu entwickeln. Sie setzt also ein charmantes Dauerlächeln auf, in der Hoffnung, dass daran ein potenzieller Herzbube hängen bleiben könnte. Außerdem verschreibt sie sich einer immerwährenden Freundlichkeit und Hilfsbereitschaft, was ihr kaum Mühe bereitet, korrespondiert es doch weitgehend mit ihrem Naturell. Sie bietet sich sozusagen als die Pflegeleichte und stets Willfährige an.

Dem Traum, dass das Finden der Liebe das Schicksal für sie übernehmen könnte, gibt sich die pragmatische HM dagegen von Anfang an nicht hin. Sie ruft bisweilen förmlich den Belagerungszüstand über das Objekt ihrer Begierde aus und überschwemmt es mit Einladungen und Anrufen. Manche Männer – eher die schwachen Persönlichkeiten – fühlen sich dadurch sogar geschmeichelt und öffnen ihr das Herz. Der Grad der Akzeptanz ihrer Grenzüberschreitungen bei der Werbung seitens ihres Gegenübers ist für die HM ein erster Wasserstandsmelder, wie weit sie in einer möglichen Beziehung gehen kann, bis sie auf Widerstand stößt.

In jungen Jahren verkörpert die herrschsüchtige Monika im Bett barocke Sinnenfreude. Sie ist äußerst potent und kennt wenige Tabus. Aufgrund ihrer »Dominanz« findet man auch viele HMs in der Sadomaso-Szene.

Bei der sanftmütigen Monika kommt der Lover sowohl qualitativ als auch quantitativ selten auf seine Kosten. Schon als Kind und Jugendliche zeigte sie wenig Neugierde gegenüber dem anderen Geschlecht, und auch das Interesse am eigenen Körper hielt sich in Grenzen. Eine Ehe ganz ohne Geschlechtsverkehr ist für sie theoretisch absolut denkbar. In der Realität aber gibt sie sich ihrem Gatten gerade so regelmäßig hin, dass sie ihn nicht verliert. Wenn er horizontal nicht allzu aktiv ist, wird ihm vermutlich nicht einmal auffallen, dass er sich mit seiner SM einen ziemlich leidenschaftslosen Fisch eingefangen hat. Mit *dem* »Seelenpartner« kann es bei ihr aber auch zu einem »Frühlingserwachen« kommen, und dann ist alles, was bisher intim über sie gesagt wurde, Makulatur …

JAGDREVIERE: OFFENER TANZ

Durch ihre vordergründig immer gute Laune sowie ihre charmant-höfliche Art findet die SM an ihrem Arbeitsplatz schnell Verehrer. Bei der Jagd auf freier Wildbahn reüssiert sie häufig bei ihrer großen Leidenschaft, dem Tanzen. Bestimmt 50% aller Namensträgerinnen haben auf diesem Wege ihren aktuellen Partner kennengelernt. Da sie Kontaktfreude ausstrahlt, vergeht kein Abend, an dem die SM nicht in Disko und Co. von den verschiedensten Männern zum Reigen aufgefordert wird. Gerne tummelt sie sich auch auf Geburtstagen, Feten oder sonstigen geselligen Lustbarkeiten, genauso wie auf kulturellen Veranstaltungen, bevorzugt mit musikalischem Hintergrund.

Ungünstig ist für die SM ein unvorhersehbarer Blitzangriff im Supermarkt oder in der Fußgängerzone. Vermutlich wird sie sich dabei aus Unsicherheit wortkarg geben und damit ihren »plötzlichen Verehrer« vertreiben. Für die Nutzung neuartiger Medien der Kontaktanbahnung ist die SM gewöhnlich ein wenig zu konservativ. Einige wie Speed-Dating oder Running Dinner dürfte sie bestenfalls dem Namen nach kennen. Der Partnersuche per Mausklick steht sie mit gemischten Gefühlen gegenüber. Einerseits sieht sie darin schon eine effektive Methode der Partnersuche, andererseits aber fürchtet sie sich vor dem Heer an Wölfen im Schafspelz, das im World Wide Web lauert. Bekanntschaftsannoncen nutzt die SM hingegen relativ bedenkenlos. Gute Möglichkeiten, in Fühlungnahme mit dem anderen Geschlecht zu kommen, bieten ihr auch Single-Tanzkurse und -Reisen. Gesprächszirkel für Alleinlebende sind der lebenslustigen SM oftmals zu schwermütig. Sie möchte nicht in die tiefsten Abgründe ihrer Seele hinabsteigen.

Die HM ist meist ein wenig nassforsch und einfacher gestrickt als die SM. Sie nutzt Wege, um an den Mann zu kommen, bei denen die Schamgrenze ihrer Namensschwester eindeutig überschritten wäre. So schreckt sie nicht davor zurück, sich auf einer »Bauer sucht Frau«-Fete feilzubieten. Gemeinsam mit der SM hat sie die Tanzleidenschaft, allerdings in etwas abgeschwächter Form, sowie die Aufgeschlossenheit gegenüber den Herren der Schöpfung, wobei sie leicht die Nase vorn hat.

Partnerschaft: Zuckerbrot und Peitsche

Im Zusammenleben mit der HM muss sich der Partner warm anziehen. Ein Held wird er bei ihr höchstens in seinen Pantoffeln. Wenn sie meint, der Mann an ihrer Seite habe etwas zu erledigen, bittet sie ihn nicht darum, sondern erteilt ihm den Befehl dazu. Sich dagegen zur Wehr zu setzen, hat er längst schon aufgegeben, denn die HM wird ohnehin nicht lockerlassen, bis er sich in Bewegung gesetzt hat.

Ihr eisernes Regiment überträgt sie auch auf die gemeinsamen Kinder. Hier ist sie allerdings eher einmal bereit, Milde walten zu lassen. Jedenfalls ist die HM in ihrer Familie die unangefochtene Herrscherin. Ihre häuslichen »Pflichten« erledigt sie souverän mit links. Kocht sie ein Fünf-Sterne-Menü, dann weniger, um ihren Angetrauten zu verwöhnen, sondern weil es ihr selbst Freude macht. Altruismus ist nun wahrlich nicht die Stärke der HM in der Partnerschaft.

Die SM hingegen geht eine Liaison nur aus tiefempfundener Liebe ein. Bei ihr ist niemals der Wunsch, zu dominieren oder gar zu unterdrücken, Motivation dafür. Die Bilanz von Geben und Nehmen ist bei ihr selten ausgeglichen. Fast immer ist sie diejenige, die viel investiert und verhältnismäßig wenig zurückbekommt. Ihre eigene Unternehmungslust bleibt dabei meist weitgehend auf der Strecke, weil ihr selbst kaum Freiraum zugestanden wird. Für einen Abend mit Freundinnen und ihrem Mann als Babysitter müssten schon Weihnachten und Ostern auf einen Tag fallen. Trotzdem würde die SM ihren Gemahl immer noch in Schutz nehmen und ihm die Pantoffeln bringen, die ihm die HM ob seines Verhaltens zu Recht um die Ohren hauen würde. Lieber als ihren Göttergatten in die Pflicht zu nehmen, verausgabt sich die SM bis zur totalen Erschöpfung. Bei ihr trifft leider die Redensart zu: »Gutmütigkeit ist ein Stück Schlechtigkeit.«

Die HM wird ihres »Schoßhündchens« mitunter leid und schickt es in die Wüste. Dabei gibt sie ihm noch einen Tritt hinterher, indem sie überall klagend breittritt, mit welchem Schlappschwanz sie sich da eingelassen hatte. Die gemeinsamen Kinder versucht sie regelmäßig mittels falscher Anschuldigungen gegen den Vater aufzuhetzen, was ihr nicht selten sogar gelingt, weil sie stark unter ihrem Einfluss stehen. Bei der Regelung der finanziellen Angelegenheiten stellt die HM oft tolldreiste Forderungen. Allein schon aus diesem Grund bleibt das Verhältnis zwischen den ehemaligen Partnern lange frostig.

Bei der SM zeigt sich ein fast diametral entgegengesetztes Bild. Hier ist oft sie die Verlassene zugunsten der Geliebten ihres Noch-Gemahls, und auch in finanzieller Hinsicht zieht gewöhnlich sie den Kürzeren oder ist zumindest keine »Scheidungsgewinnlerin«. Da die SM ihren Angetrauten in der Regel tief geliebt hat, kann sie ihn emotional nur schwer loslassen und geht danach lange keine feste Bindung mehr ein.

Gemeinsam mit der HM hat die SM, dass das Verhältnis zu ihrem geschiedenen Gatten lange belastet bleibt. Allerdings ist dafür eher seine Gleichgültigkeit ihr gegenüber ursächlich. Die SM zeigt sich aber jederzeit zur Versöhnung bereit, da sie kaum nachtragend ist. Den Nachwuchs lässt die verantwortungsbewusste SM niemals zum Spielball ihrer Interessen werden. Im Gegenteil, sie fördert den Kontakt zum Vater sogar nach besten Kräften.

PFLEGETIPPS:

Musts:

* Ein Geschenk zum ersten Date mitzubringen, ist meist ein zweischneidiges Schwert. Bei der Monika liegen Sie damit aber meist goldrichtig. Die SM freut sich sogar über eine rote Rose, wenn Sie

ihr sympathisch sind; während das Herz der HM eher mit einer ausgewählten Süßigkeit zu erfreuen ist.

* Melden Sie sich zu einem Tanzkurs an, spätestens wenn Sie sich mit einer Monika liiert haben, besser noch bevor Sie überhaupt um sie werben. Für viele Monikas ist das die Conditio sine qua non für eine Beziehung.

* Besonders die SMs sind absolut nicht die Typen, die im Blaumann den Wasserhahn reparieren oder das Haus renovieren, da ihnen handwerkliche Begabung meist völlig abgeht. Die sollten Sie schon mitbringen.

No-Gos:

* Über die Parole »Geiz ist geil« echauffiert sich die gesamte Spezies Monika. Ihr im Geschäft zum Kauf eines Kleidungsstückes zu raten, nur weil es »billig« ist, beleidigt sie maßlos.

* Auf Reisen sind die SMs gerne auch einmal faul und lassen sich verwöhnen. Reine Sport- oder Abenteuerurlaube gehen ihnen daher gewaltig gegen den Strich. Andererseits darf es aber auch kein reines Teutonengrillen auf Mallorca sein. Die Mitte fühlt sich gut an.

* Apropos Mitte: Jede Art von Fanatismus befremdet die moderate Monika zutiefst. Besonders mit religiösem oder politischem Übereifer kann Mann sie aus dem Haus jagen.

IDEALE NAMENSPARTNER:

Die Lebenslust der SM befriedigen am besten der Vertreter-Thomas und der Michael. Dafür geht sie bis ans Limit, um deren fleischliche Lust zu befriedigen. Ist sie dazu nicht in der Lage, schaut sie auch bei dem einen oder anderen Seitensprung geflissentlich weg. Mit dem Günther, dem Horst und dem Stefan hat sie hingegen gewöhnlich Spaß, ohne den Wermutstropfen in Kauf nehmen zu müssen, womöglich Hörner aufgesetzt zu bekommen. Am Markus bewundert die SM die Leichtlebigkeit, wenn sie ausnahmsweise nicht in Unseriosität ausartet, während sie beim Rüdiger die Kuscheligkeit liebt.

Für die Herrschsucht der HM sind die oft unsicheren Klause sowie die leicht devoten Rüdiger und Holger ein gefundenes Fressen. Sexuell lassen sich auch der Udo, der Frank und der Andreas mitunter gerne unterwerfen. Die Frage ist hier allerdings, ob die HM auch im Alltag die Oberhand gewinnen kann.

PROMINENTE NAMENSTRÄGERINNEN:

Monika Hohlmeier, Monica Lewinsky, Monika Lierhaus, Monica Bellucci, Monika Baumgartner, Monika Peitsch, Monica Seles, Monika Bleibtreu, Monica Ivancan, Monika Mann, Monika Gruber

Namenstag der Monika: 27. August

Petra

Basics: Ein Wesen zum Genesen

»Höflich und bescheiden sein kostet nichts und bringt viel ein«, könnte das Lebensmotto der Petras lauten. Sie sind die Arbeitsbienen, nicht die Königinnen. Diese Rolle haben sie häufig schon in ihrer Herkunftsfamilie erlernt, indem sie etwa als ältestes Geschwister einen großen Teil der häuslichen Pflichten übernehmen mussten. Dennoch verbinden die Petras meist überwiegend positive Erinnerungen mit ihrer Kindheit.

Beruflich spielen die Namensträgerinnen meist die zweite Geige; aber die spielen sie perfekt. Die große Verantwortung überlassen sie anderen, als Krankenschwestern den Ärzten, als Steuerfachgehilfen den Steuerberatern und als Köchinnen dem Küchenchef. Petras sind echte Perlen, auf die kein Chef verzichten möchte. Immer pünktlich, akkurat und äußerst fleißig, halten sie den Laden am Laufen. Bevor sich eine Petra krankmeldet, muss sie schon halbtot sein.

Das Sahnehäubchen bildet aber ihre Loyalität. Niemals würde sie eine Intrige gegen ihren Chef oder irgendeinen Mitarbeiter anzetteln. Auch hat die Petra gewöhnlich keine zwei Gesichter. Wenn ihr etwas nicht passt, sagt sie es offen, so schwer ihr das auch manchmal fällt. Grundsolide, hasst sie Schulden; der Schufa dürfte der Vorname ziemlich unbekannt sein. Mit ihrem Geld kommt sie fast immer aus, weil sie äußerst genügsam und auch sparsam ist. Die Petra ist die Frau von Sitte, Anstand und Ehre, der Fels in der Brandung in unsicheren Zeiten. Bei ihr ist nomen tatsächlich omen.*

Ginge es nach der Petra, wäre die Welt gewiss eine bessere.

---

* Der Name Petra kommt vom altgriechischen Wort »petros«, das übersetzt der Fels heißt.

Vielleicht mag sie mit ihrer Tugendhaftigkeit ein wenig langweilig wirken, aber sie kann nicht heraus aus ihrer Haut und will es auch gar nicht. Die Spannung in ihrem Leben holen sich die Petras häufig über die Lektüre oder das Anschauen von Krimis. Daneben gehen sie in ihrer Freizeit wieder ganz gesittet wandern, treffen sich zum Kaffeeklatsch oder Einkaufen mit Freundinnen und verschönern als Nesttypen ihr Heim.

Wegen ihrer liebenswerten, hilfsbereiten Art sind Petras überall wohlgelitten. Jeder möchte sie gerne zur Freundin haben. Mit ihrer positiven Aura tun sie ihren Mitmenschen gut, und nicht selten »sprechen sie nur ein Wort und ihre Seele wird gesund«. Esoterischen Disziplinen und Techniken gegenüber sind Petras meist aufgeschlossen. Recht viele beschäftigen sich mit Astrologie, Numerologie oder Reiki, heben dabei aber fast nie ab. Vielleicht liegt das auch daran, dass sie die Dinge nicht wirklich tief durchdringen. Klassische Intellektuelle sind die Petras nämlich nur selten. Typischerweise entstammen sie eher der Landwirtschaft, dem Arbeiter- oder einfachen Angestelltenmilieu. Politisch nehmen Petras ihrem moderaten Charakter entsprechend fast nie Extrempositionen ein. Die verstorbene Grünen-Politikerin Petra Kelly war da schon ziemlich weit links außen.

Optik und Outfit: Schwanensee

Petras haben häufig recht hübsche Antlitze, aber nur selten sind sie von ihrem Äußeren her Märchenprinzessinnen. Woran es den Namensträgerinnen am meisten gebricht, ist die erotische Ausstrahlung, steht doch vielen die Bravheit schon ins Gesicht geschrieben. Ihre Haarfarbe reicht von hellblond über feuerrot bis dunkelbraun. Naturschwarze Schöpfe sind genauso selten wie schwarze Schafe in der Herde der Petras, während Brünett überrepräsentiert ist. Figürlich sind die Petras meist gertenschlank. Wenn sie zu viele

Pfunde auf den Rippen haben, dann aber meist erheblich zu viele. 20 bis 30 Kilo sind oft nichts. Wie auch immer, die Proportionen stimmen gewöhnlich. Ein wuchtiger Oberkörper auf Steckenbeinen ist beispielsweise alles andere als häufig. Die dünnen Petras haben ihren Anteil an Oberweite vermutlich den Birgits abgetreten und machen damit häufig einer Flunder Konkurrenz. Petras sind keine allzu großen Frauen. 1,64 m dürfte knapp den Durchschnitt markieren.

Von ihrem Outfit her durchlaufen die Petras regelmäßig eine Metamorphose. Als Backfisch noch ein Mauerblümchen, entwickeln sie sich mit zunehmendem Alter zu einem schönen Schwan. Spätestens ab dem fünften Lebensjahrzehnt haben sie ihren Stil gefunden. Man könnte ihn als schlichten Chic bezeichnen, wobei sie großen Wert auf Natürlichkeit legen. Schminke wird nur äußerst diskret aufgetragen, und auch Schmuck und Accessoires kommen eher spärlich zum Einsatz.

Verführung und Sex:
You can't always get what you want

Die Petra ist absolut keine Draufgängerin, und mit Flirtsignalen geht sie äußerst sparsam um. Ihre Verführungsstrategie besteht meistens in ihrer Beständigkeit. Sie ist die, die immer da ist, und sie ist immer da, wenn sie gebraucht wird. Sexuell fühlt sich das »starke Geschlecht« zwar sicherlich eher zu den Vamps hingezogen, aber vom Verstand her ist ihm klar, dass die Petra die richtige Frau für Ehe und Familie ist.

Im Schlafzimmer ist das Repertoire der Namensvertreterinnen eher begrenzt. Das liegt daran, dass sie sexuell nicht sonderlich neugierig und phantasievoll sind. Dazu gesellt sich noch ein gerüttelt Maß an Gehemmtheit. Alleine schon unbefangener Umgang mit Nacktheit fällt ihnen schwer, weil sie häufig mit ihrem Körper hadern. Die meisten Petras brauchen lange, bis sie Sex wirklich genießen können.

Dabei spielt Vertrauen zum Intimpartner eine wichtige Rolle. Das stellt auch die Voraussetzung für die Petra dar, horizontal neue Wege zu beschreiten oder sich überhaupt erst auf den Weg zu machen. Ein One-Night-Stand, sofern sie sich einmal dazu breitschlagen lässt, wird daher gewöhnlich ein Megaflop. Die horizontale Entwicklung der Petra findet ihren Abschluss gewöhnlich darin, dass sie beginnt, eigene Wünsche zu äußern.

Auch im Bett stammt die Petra eher aus Gebers- denn aus Nehmersdorf. Was das Quantum der erotischen Lustbarkeiten betrifft, sind Petras recht anpassungsfähig. Ohnehin überlassen sie fast immer ihrem Gefährten die Initiative.

Statistisch gesehen geht etwa jede zweite deutsche Frau fremd. Die Petra findet sich gewöhnlich unter den 50%, die es nicht tun. Vermutlich spielt sie noch nicht einmal je ernsthaft mit dem Gedanken, Kirschen aus Nachbars Garten zu essen. Um gar eine Außenbeziehung zu beginnen, ist sie viel zu anständig.

Jagdreviere: Patience

Die größte Stärke der Petra bei der Pirsch nach Mr. Right liegt in ihrer Ausdauer. Hat sie sich einem Medium der Kontaktanbahnung verschworen, bleibt sie ihm auch häufig bis zum Erfolg treu. In Gesprächszirkeln für Solitäre etwa probiert sie monate- bis jahrelang ihr Glück und macht sich dabei die Tatsache zunutze, dass Männer und Frauen sich gegenseitig umso attraktiver finden, je länger sie sich kennen. Dieser Effekt kommt mehr oder weniger stark auch in Single-Freizeitclubs, -Tanzkursen und auf -Reisen zum Tragen.

Beim Running Dinner wird die Petra zwar durch ihre kreativen Kochkünste überzeugen, aber wegen ihrer Zurückhaltung wird sie weiters keinen allzu bleibenden Eindruck hinterlassen. Fürs Speed-Dating ermangelt es ihr hingegen an der nötigen Flexibilität, sich in Windeseile auf verschiedene männliche Gesprächspartner einzustellen. Die Partnersuche per Mausklick und Kontaktanzeige ist für die Namensträgerinnen nicht ergiebig, weil sie beim ersten Treffen gewöhnlich noch nicht auftauen, dann aber auch meist keine weitere Chance mehr bekommen.

Gute Möglichkeiten bieten der Petra noch der Arbeitsplatz und der private Freundeskreis, weil hier ein vorsichtiges Beschnuppern möglich ist, fast schon mit Garantie auf Wiederholung. Auf der Straße, in der U-Bahn und im Schwimmbad wird die Petra dagegen nur selten angesprochen. Da sie oft distanziert dreinschaut, denken potenzielle Herzbuben, sie sei vielleicht frisch getrennt beziehungsweise in festen Händen. Und das Objekt ihrer Begierde selbst anzusprechen, fällt der Petra im Traum nicht ein.

PARTNERSCHAFT: FOR ALWAYS AND FOREVER

Sich mit einer Petra einzulassen heißt, den sicheren Hafen erreicht zu haben. Eine feste Verbindung und schon gar eine Ehe geht sie fast immer unter der Vorgabe ein, »bis dass der Tod euch scheidet«. Sie ist der Typ Frau, die ihrem Göttergatten die Pantoffeln vor seinen Sessel stellt und ihm das Bier zum Fernseher bringt. Stundenlang steht sie in der Küche, um ihm kochend und backend einen wahren Gaumenschmaus zu bereiten. Wenn ihr Angetrauter abends müde von der Arbeit nach Hause kommt, massiert sie ihm ausgiebig die Füße und hört sich voller Langmut seine Sorgen im Büro an. Als Dank dafür betrügt er sie nicht selten mit einer Kollegin, weil ihr kurzes Schwarzes doch einen Hauch betörender wirkt als die Kochschürze seiner »Hausperle«.

Selbst sind die Namensträgerinnen genügsam. Sie erwarten keinesfalls, dass ihnen ihr Göttergatte die Sterne vom Himmel holt.

Am wohlsten fühlen sich die Petras in ihrem trauten Heim. Zumindest kehren sie immer wieder gerne dorthin zurück, wenn sie auf Reisen oder anderweitig unterwegs sind.

Mit der äußeren Wandlung der Petra geht auch fast zeitgleich eine innere in Richtung Emanzipation einher, was aber nicht heißt, dass die Petra nun die ganze Beziehung in Frage stellt oder gar aufmischt. Aber insgesamt wird sie ein wenig selbstbewusster und fordert etwas mehr für sich ein.

Als Mutter ist die Petra beinahe unübertrefflich. Manchmal zeigt sie jedoch Anflüge von Überbehütung gepaart mit Permissivität, weil Konsequenz nicht gerade ihre größte Stärke ist. Mit den Kindern bildet die Petra oft eine Allianz, bei der ihr Mann mangels Interesse oder wegen häufiger Aushäusigkeit ein Stück weit außen vor bleibt.

Trennung: Hole in my life

Die Petra ist gewöhnlich ausgesprochen partnerbezogen. Daher reißt der Verlust der Zweisamkeit ein großes Loch in ihr Leben. Zwar gehört sie nicht zu den Frauen, die während der Ehe ihre sonstigen sozialen Kontakte vernachlässigen oder gar abbrechen, aber ihre bessere Hälfte können die beileibe nicht ersetzen. Bis die Petra verkraftet hat, dass es nicht bis zum biologischen Ende gereicht hat, und sie wieder bereit ist für eine neue feste Bindung, dauert es oft Jahre. Bei der Trennung ist meist sie die Verlassene, und meist ist eine andere Frau im Spiel.

Trotz aller Trauer und Enttäuschung muss sich die Petra schnell wieder berappeln, weil die Sprösslinge stark auf sie fixiert sind und sich an ihr aufrichten. Der Vater ist indes kaum verfügbar, weil er fast ausschließlich mit seiner neuen Liebe beschäftigt ist. Außerdem gerät die Petra zusätzlich noch finanziell in schwieriges Fahrwasser, übernimmt sie doch meist das gemeinsame Haus mit allen seinen Verbindlichkeiten. Um es halten zu können, ist mitunter eine gewaltige Kraftanstrengung vonnöten. Nicht selten stockt die Petra dafür die Stundenzahl an ihrem Arbeitsplatz auf oder nimmt, wenn das nicht möglich ist, einen Zweitjob an. Bei der Regelung der Scheidungsfolgesachen versucht sie, die Bälle möglichst flach zu halten, und strebt stets den Kompromiss an.

PFLEGETIPPS:

Musts:

* Die Petra liebt es, ihren Partner mit kleinen originellen Geschenken zu überraschen. Sie erwartet zwar nichts dafür zurück, aber ab und an sollten Sie sich schon erkenntlich zeigen und eine nette Gegengabe im Gepäck haben. Ein süßes Stofftier kommt bei ihr immer gut an.

* Wer mit der Petra Bett und Bankkonto teilen möchte, sollte unbedingt wirtschaften können. Die solide Petra möchte nicht ständig Angst haben müssen, dass im nächsten Moment der Gerichtsvollzieher vor der Tür steht.

* Versuchen Sie, Ihrer Petra stets das Gefühl von Vertrauen und Geborgenheit zu vermitteln. Das ist nach den schlechten Erfahrungen, die sie bisher in ihren Beziehungen gesammelt hat, unabdingbare Voraussetzung dafür, dass sie sich Ihnen wirklich öffnet.

No-Gos:

* Zu Alkohol hat die Petra nur wenig Bezug und verbindet nicht selten unangenehme Erinnerungen damit. Das erste Glas Bier oder das erste Glas Wein, das ihr neuer männlicher Kontakt beim Treffen zu sich nimmt, kann unter Umständen schon zum Date-Killer mutieren.

* Mit »BARem« treiben Sie Ihre Petra hundertprozentig aus dem Haus. Damit ist nicht Geld gemeint – großzügig sollten Sie schon sein –, sondern **B**evormundung, **A**rroganz und **R**echthaberei, wofür das Kürzel steht. Ebenso hasst die Petra Prahlerei und maßlosen Egoismus.

* Da die Petra extrem kinderlieb ist, sollten Sie nicht unbedingt mit

einem Button »Kids – nein danke!« am Revers vor ihre Augen treten.

IDEALE NAMENSPARTNER:

Mit dem Rüdiger, dem Joachim und dem Harald teilt die Petra das Wertebewusstsein. Besonders mit dem Rüdiger und dem Joachim kann sie ihren Traum von Familie verwirklichen, weil beide sehr auf Nachwuchs bedacht sind, während sie sich beim Harald am geborgensten fühlt. Am Stefan und am Horst schätzt die Petra am meisten den Humor. Darauf ist sie beim Werner bisweilen auch bereit, ein Stück weit zu verzichten, weil er ihr als »Ersatz« ein hohes Maß an Verlässlichkeit und Solidität bietet. Ihre Streicheleinheiten bekommt die Petra bei den zärtlichen Holgers sowie Martins. Dem Andreas zuliebe ist sie auch bereit, sich mit seiner Mutter zu arrangieren.

PROMINENTE NAMENSTRÄGERINNEN:

Petra Schürmann, Petra Kleinert, Petra Gerster, Petra Kelly, Petra Nemcova, Petra Wimbersky, Petra Behle

Namenstag der Petra: 29. Juni

Renate

Basics: Tell me, who I am?

Der Name Renate leitet sich vom lateinischen »renatus« her, was so viel wie wiedergeboren bedeutet. Wenn Renates tatsächlich »Kinder« einer Reinkarnation sind, dann haben sie womöglich aus ihren früheren Leben Loyalität als Pfund, mit dem sie wuchern können, und Hypersensibilität als Hypothek mitgenommen. Nicht wenige Renates pflegen zudem einen Hang zur Nabelschau. »Wer bin ich? Wo stehe ich? Was bin ich wert?«, sind zentrale Daseinsfragen der Trägerinnen dieses Namens. Dadurch verraten sie aber auch ein Stück weit Tiefsinn und die Fähigkeit zur Selbstreflexion.

Aufgrund ihrer Dünnhäutigkeit nehmen sich die Renates vieles sehr zu Herzen. Um der Gefahr von Verletzungen auszuweichen, umgeben sie sich mit einem Schutzpanzer. Daher wirken sie auf den ersten Blick eher ein wenig spröde. Doch nach einiger Anlaufzeit zeigen sie im zwischenmenschlichen Kontakt durchaus auch ihre weichen Seiten und tauen merklich auf.

Nach den Sternen greift die Renate gewöhnlich nicht. Wenn doch, gibt sie allzu schnell auf, sobald sich ihr die ersten Steine in den Weg legen und sie merkt, dass sie hart dafür arbeiten müsste, um ihre Ziele zu erreichen. Abgesehen von einem gewissen Phlegma fehlen ihr nämlich der rechte Ehrgeiz und das Durchhaltevermögen. Kämpfernaturen wie die ehemalige »grüne« Landwirtschaftsministerin Renate Künast sind innerhalb des Namens eher die große Ausnahme.

Meist begnügt sich die Renate mit einem Realschulabschluss, wenn ihr die guten Noten aber zufliegen, macht sie bisweilen auch das Abitur. Ein Hochschulstudium strebt sie dann gewöhnlich nicht mehr an, sondern erlernt einen »ordentlichen Beruf«. Häufig ist sie in unteren bis mittleren Ebenen der Verwaltung zu finden, in denen sie sich kein Bein ausreißen muss. Auch als Sozialarbeiterinnen sind verhältnismäßig viele von ihnen tätig.

Fraglos weisen Renates einen ziemlich schwierigen Charakter auf, aber sie gehen eher selten auf knallharten Konfrontationskurs wie etwa die Barbaras. Um sich offen mit ihrer Umwelt anzulegen, sind sie gewöhnlich viel zu sehr mit ihren eigenen inneren Spannungen und Auseinandersetzungen beschäftigt. Kommt es dann doch zu äußeren Konflikten, können Renates mitunter stur auf ihrem Standpunkt beharren.

In großen Menschenansammlungen fühlen sich die eher introvertierteren Renates meist ausgesprochen unwohl. Sie bevorzugen eindeutig kleinere Einheiten ihrer Spezies, und am liebsten sind sie nur mit einer engen Freundin zusammen. Die geselligeren unter ihnen, die allerdings die Minderheit darstellen, sind hingegen gerne im Rudel unterwegs, vor allem, um ihrer großen Passion, dem Tanzen, zu frönen.

Ansonsten sind Renates durchaus kulturinteressiert. Da reicht die Palette vom anspruchsvolleren Kinofilm bis zum klassischen Konzert. Viele Renates sind auch rechte Fernseheulen. Zu Sport im engeren Sinne haben sie hingegen fast überhaupt keinen Bezug, weder aktiv noch passiv.

Renates halten sich als Haustiere bevorzugt Katzen, vermutlich weil sie mit den kleinen Stubentigern häufig eine gewisse Seelenverwandtschaft verbindet, sind sie doch ähnlich einzelgängerisch und eigensinnig wie sie.

Einen »grünen Daumen« haben Renates eher nicht. Da steht Renate Künast mit ihrer Liebe zu Zimmerpflanzen wieder ziemlich einsam auf weiter Flur.

OPTIK UND OUTFIT:
AM NULLPUNKT

Renates sind meistens keine herausragenden Schönheiten, doch optische Alpträume sind sie allemal auch nicht. Auf einer Zahlenleiste von −5 (grottenunattraktiv) bis +5 (makellos schön) liegen sie bei 0, bilden also das Mittelfeld – natürlich mit Ausreißern nach oben und nach unten. Eine Augenweide sind besonders oft ihre schönen Hände.

Der Kleidungsstil der Renates ist betont leger. Am liebsten laufen sie mit Jeans und einem dezenten Hemd oder Pullover durch die Gegend. In Röcken fühlen sie sich ebenso unwohl wie in hochhackigen Schuhen. Im Vergleich zu ihren Geschlechtsgenossinnen gehören die Namensträgerinnen ganz gewiss nicht zu den Shopping-Queens.

Renates stehen auf Natürlichkeit. Dazu passen ihrer Ansicht nach weder grelles Make-up noch übermäßig viele Accessoires. Selbst wenn ihr Schopf hell ist, haben Renates meist braune Augen. Blond in verschiedenen Nuancen ist übrigens auch ihre »bevorzugte« Haarfarbe.

Die Spanne des Höhenwachstums liegt bei den Renates zwischen etwa 1,60 m und 1,70 m. Figurmäßig bewegen sie sich im Spektrum von schlank – manche wirken fast schon ein wenig ausgemergelt – bis mittelschlank. An Adipositas leiden Renates nur extrem selten, und fast immer sind sie von geradem Wuchs.

VERFÜHRUNG UND SEX: SEXBOMB, SEXBOMB

Mit dem Flirten tut sich die oft in sich gefangene Renate schwer. Auf Männer wirkt sie dadurch rätselhaft, weil häufig nicht zu erkennen ist, ob sie Sympathie für sie empfindet – ganz zu schweigen von möglichen tieferen Gefühlen. Nicht selten fällt dann der Auserwählte aus allen Wolken, wenn er vielleicht von Dritten erfährt, dass die Renate eigentlich schon im Sandkasten in ihn verliebt war. Bei der Renate versuchen vorwiegend Verehrer ihr Glück, die zunächst auf ihre Optik abfahren und keine großartigen Einladungen zum Halali beispielsweise via Blickkontakt benötigen.

Da sie in puncto Alkohol nicht »geeicht« sind, kann bei Renates schon die geringste Menge zu Enthemmungserscheinungen führen. Je nach Grad der Trunkenheit lassen sie dann in der Öffentlichkeit ihr frivoles Gesicht, das normalerweise nur ein Partner zu sehen bekommt, mit leicht schlüpfrigen Andeutungen durchscheinen oder tragen es offen zur Schau.

Am nächsten Morgen liegt dann gar manchmal ihr Zukünftiger neben ihnen im Bett, der einfach nur die lange herbeigesehnte Chance genutzt hat, um an seine Renate heranzukommen. Und die ist ihm keineswegs böse deswegen …

Im Bett ist die Renate wirklich eine Granate. Denn Sex ist für sie ein hervorragendes Mittel zum Stressabbau. Zudem ist sie eine Weltmeisterin im Dirty Talk. Telefonsex mit einer Renate kann sich zu einem echten Jahrhundertereignis auswachsen. Allerdings sollte ihr Herzblatt auch mitspielen und mindestens genauso verdorbene Phantasien hegen wie sie selbst.

Jagdreviere: Ein Büro voller Männer

Da der Freundes- und Bekanntenkreis der Renates meist sehr überschaubar ist, ergeben sich hier kaum Möglichkeiten, den Prinzen zu treffen. Die etwas deftigeren Namensvertreterinnen pflegen durchaus aber auch Männerfreundschaften, bei denen es nach tausendundeiner Nacht Zoom machen könnte.

Der Arbeitsplatz kann für Renates zu einem fruchtbaren Jagdrevier werden, wenn sie in einem Unternehmen mit einem hohen Männeranteil arbeiten. In Betrieben, die von Geschlechtsgenossinnen nur so wimmeln, gehen ihre Bindungschancen hingegen gleich in den Keller. Dort werden sie den weitaus »flirtigeren« Uschis, Utes und Co. den Vortritt lassen müssen.

Für Zufallsbekanntschaften im Supermarkt oder im Wartezimmer beim Arzt ist die Renate nicht zugänglich genug. Allenfalls in Locations, in denen sie die Kandidaten für den Platz an ihrer Seite regelmäßig wiedersieht, wie im Fitnessstudio, im Volkshochschulkurs oder beim sonntäglichen Saunanachmittag, könnte sie sich langsam öffnen. Die tanzfreudigen Renates reüssieren auch recht häufig in Single-Tanzkursen oder auf öffentlichen Tanzveranstaltungen bei der Suche nach Mr. Right.

Was die »mediale« Fühlungnahme betrifft, schmilzt bei den Namensträgerinnen beim ersten Kontaktanzeigen- und Internet-Date das Eis noch nicht, und so kommt es von männlicher Seite aus gewöhnlich nicht zu Wiederholungen.

Geld möchte die Renate für die Pirsch nach Mr. Right nur bedingt ausgeben. Daher fallen Single-Reise, Partnervermittlung, Speed-Dating oder Running Dinner für sie eher flach.

Partnerschaft: Desperate Housewives

Um mit einer Renate auf Dauer klarzukommen, bedarf es auf Seiten ihres Herzblatts viel Fingerspitzengefühl und Einfühlungsvermögen. Besonders wenn sie ihre Befindlichkeiten hat, sollte Mann sie mit Samthandschuhen anfassen, ansonsten könnte ein mächtiger Anpfiff fällig sein. In ihren entspannteren Phasen ist die Renate jedoch eine überaus humorvolle Partnerin und für so manchen Spaß zu haben. Treue und Loyalität stehen bei der Renate in der Regel hoch im Kurs. Dadurch danken sie ihrem Partner sein Verständnis für sie.

Die häuslichen Arbeiten erledigen Renates so lala. Zur Hausfrau sind sie einfach nicht geboren. Zum Putzteufel mutieren Renates nur, wenn sie allein bleiben, sozusagen als Sublimation. Das nennen sie dann »Single-Sex«.

Berufstätigkeit in der Ehe ist enorm wichtig für die Renates. Sind sie ganz zu Hause, weil ihr Mann das von ihnen erwartet, werden sie auf Dauer schwermütig. Renates bleiben relativ häufig kinderlos, weil sie sich vor der enormen Verantwortung fürchten, die damit zusammenhängt. Entscheiden sie sich doch zur Mutterschaft, ist meist schon nach einem Sprössling Schluss.

Nach der Trennung: I want it all

Auf den Namen Renate getaufte Frauen haben eine große Schwäche: Sie stammen aus Nehmersdorf. Das bekommt ihr zukünftiger Ex bei der Trennung heftig zu spüren. Wenn die Renate schon ihren kostenlosen Therapeuten verliert, dann soll er sie wenigstens angemessen dafür entschädigen. Auf ein Entgegenkommen in finanzieller Hinsicht ihrerseits zu hoffen, ist wie Warten auf Godot. Bisweilen ringt sie per Anwalt um jeden einzelnen Cent Unterhalt und ehelichen Zugewinn.

Verletzt das Liebes-Aus die Renate tief, beispielsweise weil sie gegen eine andere Frau ausgetauscht wird, kann sie extrem destruktive Tendenzen an den Tag legen. Sie torpediert womöglich die neue Liaison ihres Verflossenen mit unfairen Mitteln jedweder Couleur. Den gemeinsamen Nachwuchs versucht sie dann häufig in ihren Rachefeldzug einzubinden. Der Schuss geht aber nicht selten nach hinten los, da besonders die erwachsenen Kinder auch Verständnis für ihren Vater aufbringen.

Pflegetipps:

Musts:

* Übernehmen Sie bei Ihren Rendezvous mit der Renate anstandslos die Rechnung. Lassen Sie sie selbst dann nicht bezahlen, wenn sie es anbietet. Das tut sie nämlich nur pro forma. Gehen Sie wirklich darauf ein, ist die Renate pikiert und Sie sind durch ihren »Großzügigkeitstest« gefallen.
* Fühlt sich Ihre Renate einmal wieder extrem angespannt, dann geben Sie ihr eine Kopfmassage. Besonderes Augenmerk sollten Sie dabei auf die Schläfenregion legen. Da sie eine rechte Frierkatze ist, können Sie der Renate auch mit Wärme jedweder Art guttun, angefangen vom heißen Tee über die Wärmflasche bis hin zum wohligen Bad.
* Nehmen Sie den Kochlöffel in die Hand, wenn Ihnen gutes Essen wichtig ist. Renates sind nämlich kulinarische Minimalisten.

No-Gos:

* Basteln Sie niemals an ihrem Namen herum. Renates möchten weder »Reni« noch »Nate« oder sonst wie genannt werden. Sie fühlen sich dadurch eher abgewertet als »gekost«.
* Wenn Ihre Renate sich über Migräne beklagt, dann hat sie auch Migräne und sucht keinen Vorwand, nicht mit Ihnen zu schlafen. Also, Hände weg, sonst verbrennen Sie sich selbige.
* Der Renate ist Pünktlichkeit sehr wichtig. In der Phase des Kennenlernens kann Unpünktlichkeit sogar zu einem K.-o.-Kriterium für sie werden.
* Schleppen Sie der Renate bloß keine Spinnen oder Schlangen ins Haus. Nicht nur, dass sie die »Viecher« eklig findet, sie hat auch eine Phobie davor.

IDEALE NAMENSPARTNER:

Auf viel Verständnis für ihre Stimmungsschwankungen kann die Renate beim Holger und beim Rüdiger hoffen. Der Rüdiger nimmt ihr dazu noch einen Großteil der lästigen Hausarbeit ab. In beiden Kombinationen sollte der männliche Part aber ein möglichst starker Vertreter seines Namens sein. Der Harald als Kümmerer ist der Renate ein einfühlsamer Zuhörer und vermag ihr den Alltag zu versüßen. Entsprechendes darf sie vom Joachim erwarten, während ihr der Horst noch dazu mindestens ein Lächeln ins Gesicht zaubert. Viel Verständnis für die Probleme der Renate wird auch der Normalo-Gerhard zeigen.

PROMINENTE NAMENSTRÄGERINNEN:

Renate Künast, Renate Hartwig, Renate Welsh, Renata Tebaldi, Renate Schmidt, Renate Stecher, Renate Götschl, Renate Lingor

Namenstag der Renate: 23. Mai

SABINE

BASICS: EVERYBODY'S DARLING

Frauen mit dem Namen Sabine sind Kämpfernaturen und Stehaufmännchen. Selbst schwerste Schicksalsschläge, die sie regelmäßig zu erleiden haben, zwingen sie selten endgültig in die Knie. Interessanterweise sind sie astrologisch häufig im Zeichen des Löwen, Widders oder Skorpions geboren, denen allesamt diese Steherqualitäten nachgesagt werden. Ihr eigenes Schicksal sensibilisiert die Namensträgerinnen für das Leid anderer und macht sie noch hilfsbereiter, als sie ohnehin schon sind.

Bestätigung von außen ist der Sabine wichtig, da ihr Selbstwertgefühl fragil ist. Harsche Kritik kann sie nachhaltig erschüttern, bisweilen sogar kurzfristig aus der Bahn werfen. Um ihr nicht ausgesetzt zu sein, versucht die Sabine, es möglichst jedem recht zu machen. Selbst wenn ihr ein Verhalten massiv gegen den Strich geht, wagt sie es der betreffenden Person nur selten direkt ins Gesicht zu sagen, sondern deutet es bestenfalls durch die Blume an. Da die Sabine dann häufig mit Dritten darüber spricht, gerät sie leicht in Verruf, nicht authentisch zu sein. Aber ihr »Lästern« ist selten wirklich bösartig. Meist bleibt es auf einer relativ sachlichen Ebene und nimmt fast nie destruktive Ausmaße an. Kommt sie mit einem Mitmenschen überhaupt nicht mehr klar, zieht sich die Sabine meist ziemlich still und leise zurück, ohne zuvor die große Konfrontation zu suchen.

Da sie ein Stück weit das Publikum braucht und aufgrund ihrer Kontaktfreude, hat die Sabine regelmäßig ein breites soziales Umfeld. Wo immer sie auftaucht, schart sie bald einen »Hofstaat« um sich. Für ihre Freundinnen – Sabines pflegen für gewöhnlich keine platonischen Männerfreundschaften – ist sie unentbehrlich, da sie ihnen praktisch zu jeder Tag- und Nachtzeit sowohl mit Rat als auch mit Tat beispringt.

Den Wunsch nach einer zentralen Rolle können die Sabines am besten als Chefinnen verwirklichen. Da sie zudem auch Ästhetinnen sind, leiten sie nicht selten einen Schönheitssalon. Dort wird auch ihr enormes Kommunikationsbedürfnis befriedigt. Allerdings sind Sabines fast nie unangenehm geschwätzig. Angestellt können sie sich als Dekorateurinnen oder Filialleiterinnen einer Modeboutique ihre Sporen verdienen. Aber auch in sozialen Berufen wie Altenpflegerin oder Krankenschwester werden sie meist recht glücklich. Ihre Kinderliebe prädestiniert die Sabines für Kindergarten und Schule. Die eher zurückhaltenden Vertreterinnen unter ihnen zieht es meist in ein stilles Büro ohne übermäßigen Kundenkontakt. Da Sabines keine übermäßig differenzierten Charaktere sind, gibt es im Prinzip kaum eine Sparte, in der sie nicht vertreten sind.

Das gilt auch für den Hobbybereich. Sabines machen vieles. Sie treiben Sport, verschönern ihr Haus, besuchen kulturelle Veranstaltungen, singen, tanzen, lieben Wellness und die Geselligkeit; aber sie haben selten eine wirkliche Passion.

Bei der Leibesertüchtigung gehen sie gewöhnlich keine allzu großen Risiken ein, weil sie physisch nicht sehr wagemutig sind.

Optik und Outfit: Haarige Experimente

Sabines haben als junge Frauen oft Puppen- oder Engelsgesichter, die aber durch die Fährnisse des Lebens häufig etwas an Persönlichkeit gewinnen. Nicht selten ist ihr eher rundliches Antlitz von einer auffälligen Aura umgeben, die allerdings wie bei der Claudia nur strahlt, wenn die Sabine mit sich und der Welt zufrieden ist. Signifikant sind auch die erotischen Blitze in ihren Augen.

Mit der Haarfarbe experimentieren Sabines gerne. Strähnchen oder völlige Bäumchen-wechsel-dich-Spiele sind bezüglich ihres natürlichen Kopfschmucks häufig. Naturgegeben ziert meist ein mittelblonder bis dunkelbrauner Schopf ihr Haupt.

Die Figur der Sabine ist in der Regel sportlich-attraktiv. Selbst ein paar Kilo zu viel tun dem noch keinen Abbruch, weil sie gut verteilt sind. Bei Busen und Po ist weniger oft mehr, nach dem Motto »Lieber klein und knackig als groß und mackig«. Das gilt auch ein wenig für die Körpergröße. Sabines sind selten »Riesinnen«, der Durchschnitt dürfte bei zwei bis drei Zentimetern unter 1,70 m liegen. Da für die Namensträgerinnen ihre Optik fast schon eine überwertige Rolle spielt – ständig zupfen und zerren sie an sich herum –, haben sie auch keine Probleme mit Schönheitsoperationen. Wenn das nötige Kleingeld vorhanden ist, werden sie mitunter auch zu Wiederholungstäterinnen.

Ihre körperlichen Vorzüge unterstreichen die Sabines meist noch mit einem chicen Outfit. Häufig hüllen sie sich in recht kräftige Farben, um die Blicke auf sich zu ziehen, oder tragen zu diesem Zweck interessanten oder auffälligen Schmuck. Geschminkt sind sie jedoch eher diskret. Bei der Auswahl ihrer Parfums ist die Sabine wegen ihrer Geruchsempfindlichkeit ein wenig heikel. Beileibe nicht jeder erstbeste Duft ist ihrem feinen Näschen zuträglich. »Billig« ist gewiss kein Hauptkriterium, nach dem die Sabine ihre Kaufentscheidungen trifft.

VERFÜHRUNG UND SEX: HURRA, HURRA, DAS SCHLAFZIMMER BRENNT

Beim Suchen und Finden der Liebe verhalten sich Sabines häufig hochgradig ambivalent. Sie locken entweder diskret oder ganz offen mit allen ihnen zur Verfügung stehenden Reizen, und wenn das Opfer ihrer Flirtattacken dann einen Annäherungsversuch unternimmt, weisen sie es recht deutlich in die Schranken, als hätten sie ihm nicht den geringsten Anlass dafür gegeben. Als Faustformel kann gelten:

Je auffälliger die Signale, die die Sabine aussendet, desto geringer ist die Wahrscheinlichkeit, dass sie es ernst meint. Ist sie wirklich verliebt, wird sie ganz befangen und kleinlaut. Die unerträgliche Leichtigkeit des Flirtens geht ihr dann verloren. Der Auserwählte vermag dann höchstens noch an einem verstohlenen Lächeln, einer beiläufigen Bemerkung oder einer Änderung des Outfits der Sabine zu erkennen, dass seinem Singledasein womöglich die letzte Stunde geschlagen hat.

Die erotischen Blitze in den Augen der Sabine täuschen nicht. Die Sabine ist eine heiße Liebhaberin. Hier zeigen sich wieder Löwe, Widder und Skorpion als ihre »bevorzugten« Sternzeichen. Erstere sind dem Element Feuer zugeordnet, und das hat die Sabine im Blut, vor allem wenn sie mit einem Mann ins Bett steigt. Aber das war nicht immer so. In ihrer Jugend hat die Sabine ihre Verehrer noch ziemlich kalt abblitzen lassen.

Zwar legt die Sabine niemals alle Tabus ab, doch sind ihre horizontalen Grenzen recht weit gesteckt und sie ist auch durchaus bereit, sie das eine oder andere Mal zu überschreiten. Was bei ihr gar nicht geht, sind Partnertausch oder Gruppensex. Dafür ist die Sabine viel zu eifersüchtig.

Haben sich die Namensvertreterinnen einen echten Latin Lover geangelt, sind sie schier unersättlich und möchten anfangs mehrmals täglich beglückt werden. In der Öffentlichkeit sprechen die Sabines nur sehr ungern über Sex. Das ist noch ein Relikt aus ihrer Erziehung. Allenfalls im kleinen, intimen Kreise sind ihnen mitunter ein paar Brocken zu entlocken.

JAGDREVIERE: SHOPPING-DATES

Sabines können die Herren der Schöpfung überall kennenlernen außer vielleicht im Dschungel West-Papuas oder in sonstigen allzu exotischen Gefilden. Den Geheimtipp, wo sich die Namensträgerinnen besonders häufig tummeln, gibt es eigentlich nicht. Sie verteilen sich quasi gleichermaßen auf alle Locations, Aktivitäten und Events. Ein wenig hinterher hinkt vielleicht allenfalls die Sauna. Auch im Wartezimmer eines Tierarztes wird Mann meist vergeblich nach einer Sabine Ausschau halten, da sie ihr Haus nur ausnahmsweise mit Hund, Katze und Co. teilt. Leicht überrepräsentiert dürften die Sabines hingegen in allen Fußgängerzonen dieser Erde sein, da sie für ihr Leben gerne shoppen oder bummeln gehen, und beileibe nicht immer nur in der Stadt, in der sie wohnen. Bei ihrer Lieblingsbeschäftigung fühlen sich die Sabines sicher, daher sind sie einem Flirt über Ladentisch und Kleidungsständer hinweg nur selten abgeneigt. Als »Kaffeetanten« nehmen sie eine möglicherweise daraus resultierende Einladung zu einer Latte macchiato gerne an.

Von den Medien des Kennenlernens lässt die Sabine nichts aus. Zumindest ist alles einen Versuch wert. Wenn es ihr dann nicht zusagt, lässt sie es eben wieder sein. Das ist häufig beim World Wide Web der Fall, von dem sie sich schnell mit Grausen abwendet, weil darin zu viel gelogen und beschönigt wird.

Die beste Chance, Vertrauen aufzubauen, bieten der nach ihren schlechten Erfahrungen vorsichtigen Sabine gut geführte Single-Clubs und Single-Gesprächszirkel, da hier meist ein langsames Herantasten an Mr. Right, oder wen sie dafür hält, möglich ist. Holterdiepolter-Methoden wie Speed-Dating schätzt sie dagegen weniger. Aber womöglich gibt es ja dabei noch ein Nachspiel, das sie ausführlicher gestalten kann.

Bei der Sabine absolut No-Go ist, ihre Haut auf Single-Partys oder im Fernsehen zu Markte zu tragen. Dafür ist sie dann doch nicht hemmungslos genug und vor allem zu klug.

Partnerschaft:
Ich will alles, und zwar sofort

Die Sabine hat ihrem Herzbuben einiges zu bieten. Zum Beispiel achtet sie mit Argusaugen darauf, dass die Zweisamkeit nicht völlig im Alltagstrott versinkt. Um das zu verhindern, entwirft sie ständig Pläne für spannende gemeinsame Aktivitäten. Das ist allerdings auch ihrem Unruhegeist geschuldet, denn lange hält sie es in den heimischen vier Wänden nicht aus. Für ihren Partner könnte das mitunter anstrengend werden, wenn er sich ein FF-Wochenende* wünscht. Die Betonung liegt auf könnte, warten doch die Freundinnen der Sabine nur auf die Gelegenheit, für ihn einzuspringen und mit ihr um die Häuser zu ziehen. Die Sabine gehört nämlich nicht zu der Spezies, die ihre sonstigen sozialen Kontakte vernachlässigt oder einschlafen lässt, wenn sie in einer Beziehung lebt, da wie bei der Heike ein Mensch allein kaum ihre Bedürfnisse nach Bestätigung und Anerkennung erfüllen kann.

Als Gegenleistung für ihre Initiativen in der Partnerschaft erwartet die Sabine von ihrer besseren Hälfte die bedingungslose Umsetzung ihrer Ideen zur Verschönerung des Nestes. Ein Mann, mit dem sie Tisch und Bett teilt, sollte schon gewisse Hausmeisterqualitäten mitbringen oder zumindest einen Spezi haben, der darüber verfügt. Aber bis Letzterer »seinen Dienst« antritt, ist die Sabine bisweilen längst verzweifelt, denn sie will »alles, und zwar sofort«. Geduld ist nämlich nicht gerade ihre Kardinaltugend.

Das bisschen Haushalt ist doch kein Problem, sagt auch die Sabine und erledigt Kochen, Waschen, Putzen mit links neben ihrer Berufstätigkeit. An Energie mangelt es ihr nun wirklich nicht. Eine treusorgende Mutter ist sie fast immer, ebenso wie eine treue Ehefrau. Eine Parallelbeziehung kann sie nicht lange verheimlichen, weil ihre

* Fernseh- und Faulenz-Wochenende

Gewissensbisse schnell übermächtig werden und sie das Herz auf der Zunge trägt.

Wegen der starken Bindung zur Herkunftsfamilie zieht die Sabine selten weit von zu Hause weg. Mitunter bleibt sie sogar im Wohnort ihrer Eltern »kleben«; auf die Idee auszuwandern, braucht ihr Göttergatte erst überhaupt nicht zu kommen. Und besonders mit dem Herrn Schwiegervater sollte er es sich unter keinen Umständen verderben. In Loyalitätskonflikten schlägt sie sich mitunter auf die Seite ihrer Erzeuger.

Trennung: Ever ending story

Mit dem dauerhaften Glück will es bei den Sabines nicht so recht klappen. Was auch immer die Trennungsgründe sein mögen, die Sabine leidet schrecklich unter dem Partnerverlust. In der ersten Zeit danach ist sie gelähmt vor Schmerz und Trauer.

Als Stehaufmännchen berappelt sie sich aber zumindest nach außen recht flott wieder. Mit allen Höhen und Tiefen, aber insgesamt bravourös, meistert sie, sofern Kinder im Spiel sind, ihr neues Leben als alleinerziehende Mutter. Meist geht sie auch wieder in ihren Beruf zurück, wenn sie zuvor zu Hause war, nicht alleine aus finanziellen Gründen, sondern auch, um Anerkennung zu bekommen und damit ihr angeknacktes Selbstwertgefühl wieder aufzurichten. Bei der Regelung der Scheidungsfolgesachen legen die Sabines viel Wert auf »Correctness«.

Leider eiern verhältnismäßig viele Sabines nach dem Liebes-Aus partnerschaftlich lange herum. Meist reicht es allenfalls zu Kurzbeziehungen und Affären.

Pflegetipps:

Musts:
* Eine fast bombensichere Methode, das Herz einer Sabine zu gewinnen, besteht darin, ihr Komplimente zu machen. Auch wenn sie sie bisweilen scheinbar verlegen abtut, fährt sie ungeheuer darauf ab.
* Die Sabine legt auch im häuslichen Umfeld Wert auf ein gepflegtes Outfit. Dasselbe erwartet sie von Ihnen. Achten Sie außerdem immer darauf, dass Sie einen Wohlgeruch verbreiten und damit ihrer feinen Nase schmeicheln.
* Mindestens einmal im Jahr muss die Sabine Meerluft schnuppern. Dafür müssen Sie aber nicht unbedingt ins Ausland reisen. Nord- oder Ostsee tun es häufig auch.
* Geschenktipp: Silberschmuck; Gutschein für eine Gesichtsmassage

No-Gos:
* Sabines hassen Typen, die ständig hervorheben müssen, was für tolle Hechte sie sind, und womöglich noch über andere herziehen, um sich selbst größer erscheinen zu lassen – sprich Profilneurotiker.
* Bemühen Sie sich erst gar nicht, der Sabine ihre Geheimnisse zu entlocken. Was sie Ihnen nicht verraten möchte, verrät sie Ihnen auch nicht.
* Es mag ja noch immer Männer geben, die glauben, sie könnten einer Frau mit einem schnellen Auto imponieren. Und es mag ja noch immer Frauen geben, denen das imponiert; aber hallo, die Sabine gehört gewiss nicht zu dieser Spezies.

Ideale Namenspartner:

Den Sinn für Ästhetik und Kunst teilt die Sabine mit dem Günther und dem Normalo-Gerhard. Im Bett werden ihr der Jürgen und der Horst recht viel Vergnügen bereiten. Beide sind auch handwerklich geschickt, sodass sie der Sabine ihre Wünsche zur Nestverschönerung erfüllen können, und last but not least sind sie gerne unter Leuten wie die Sabine. Ausgesprochen geborgen wird sich die Sabine beim Harald fühlen, während sie mit dem Joachim kommunikativ auf einer Wellenlänge liegt. Hier sagt häufig der eine, was der andere denkt. Mit dem hilfsbereiten und bewussten Wolfgang kann die Sabine gemeinsam karitativ tätig werden, besonders für Kinder, deren Nöte ihr eine Herzensangelegenheit sind.

Prominente Namensträgerinnen:

Sabine Sinjen, Sabine Postel, Sabine Spitz, Sabine Kuegler, Sabine Bätzing, Sabine Christiansen, Sabine Sauer, Sabine Pfeifer, Sabine Timoteo

Namenstag der Sabine: 8. Dezember

SANDRA

BASICS: BLACK OR WHITE

Die Welt der Sandra ist einfach. Meist gibt es für sie nur die Kategorien gut und böse, schwarz und weiß. Grautöne kennt sie kaum. Entweder ein Mitmensch passt in ihr Schema, dann ist er Freund, oder er fällt heraus, dann ist er Feind. Und dabei bleibt es auch gewöhnlich.

Die Sandra trägt ihr Herz auf der Zunge. Wenn ihr etwas nicht passt, sagt sie es ihrem Gegenüber offen ins Gesicht. Diese eigentlich löbliche Direktheit schlägt bei ihr leicht in mangelnde Diplomatie um, weil sie häufig einen zu barschen Ton wählt, um ihr Anliegen hervorzubringen, und damit, ohne es wirklich zu beabsichtigen, verletzend wird.

Da die Sandra an allem und jedem etwas auszusetzen hat, fällt es ihr nicht leicht, sich in eine Gruppe zu integrieren oder sich unterzuordnen. Oft legt sie sich sogar mit ihrem Chef an. Aus diesem Grund macht sie sich beruflich gerne selbständig, zum Beispiel als Friseurmeisterin oder Masseuse. Auch auf Ämtern oder in Laboratorien fühlt sie sich wohl, wenn ihr dort nicht ständig ein Vorgesetzter im Nacken sitzt.

Sandras sind durchaus gesellige Typen, aber sie schießen sich durch ihre schroffe Art häufig ins Abseits. Daher haben sie einen eher kleinen Freundes- und Bekanntenkreis. Mit ihrer Herkunftsfamilie, die sie zu nehmen gelernt hat, pflegen sie aber enge Kontakte.

Sandras haben wenig Bezug zu Sport. Sie saunieren in ihrer Freizeit lieber oder besuchen Feste und Märkte. Manche sind auch Bikerinnen. Zum eher burschikosen Bild der Sandra passt, dass sie handwerklich recht geschickt ist.

Zumindest eine Eigenschaft teilt die Sandra jedoch mit den meisten ihrer Geschlechtsgenossinnen, und zwar das mangelnde Interesse an Politik. Bei kaum einem anderen Namen dürfte die Fraktion der Nichtwählerinnen größer sein. Wenn die Sandra gläubig ist, dann nicht sehr tief und fast nie an eine Kirche gebunden.

Für die Lektüre von längeren Romanen fehlt der Sandra meist weniger die Ausdauer als die Geduld. Allzu lange hat sie keine Ruhe im Hintern. Irgendwie fühlt sie sich immer getrieben. Um sich längere Zeit selbst zu genügen und im stillen Kämmerlein zu verharren, fehlt ihr die innere Mitte.

Optik und Outfit: Mysterious girl

Sandras wirken zwar kaum je so kalt wie ein Eisblock, aber eine warme, weiche Ausstrahlung fehlt ihnen allemal. Ihre Gesichtszüge haben einen leicht maskulinen Einschlag, und auch insgesamt können Sandras nur selten mit einem klassisch schönen Frauenantlitz aufwarten. Bisweilen ist ihre Nase zu breit oder minimal zu lang geraten. Den Lippen fehlt etwas die sinnliche Fülle. Allerdings umweht Sandras häufig ein geheimnisvoller Hauch, der sie für das andere Geschlecht interessant macht. Manche geben sich auch den Anschein eines Vamps.

Die Haarfarbe der Namensträgerinnen ist meist eine Nuance der Farbe Braun, kombiniert mit braunen Augen. Interessanterweise tragen von Natur aus fast mehr von ihnen einen Kupfer- als einen Blondschopf. Figürlich sind Sandras selten zierlich. Meist haben sie eine Normalfigur oder ein paar Kilo zu viel auf den Rippen. Die wenigen kräftigen Vertreterinnen sind fast durch die Bank Frustfresserinnen. Echte Hingucker bei den Sandras sind der knackige Po, die recht üppige Oberweite und manchmal auch die schönen Beine, die aber fast nie überproportional lang sind. Für Modelbeine fehlen meist schlicht einige Zentimeter an Körpergröße, die im Durchschnitt bei knapp 1,69 m liegt.

Das Outfit der Sandras ist abgesehen von den »Vamps«, die auch Piercings und Tattoos tragen, verhältnismäßig dezent. Da sie nicht gerne shoppen gehen, ist ihr Kleider- und Schuhschrank nur mäßig gefüllt. Kostüme und High Heels sind fast immer no-go. Das Tragen von Röcken haben sie schon in der Kindheit als Strafe empfunden und sich spätestens als Teenager beharrlich dagegen gewehrt. Mit ihrem Outfit unterstreichen die Sandras oft noch ihr burschikoses Auftreten.

Verführung und Sex:
Klappe, die Nächste

Abgesehen von den »Vamps« ist die Sandra alles andere als eine eifrige Flirterin. Warum sollte sie sich auch großartig anstrengen, kommt sie doch hervorragend ohne einen Mann zurecht. Doch gerade ihre Passivität beim Balztanz reizt so manchen Verehrer, zu schauen, ob sich nicht doch hinter der scheinbaren Teilnahmslosigkeit irgendwo der Wunsch nach Zweisamkeit und Geborgenheit verbirgt. Wage sich aber bloß kein Kandidat an die Sandra heran, der nicht ihre Kragenweite hat. Mit einem Schwächling kann sie nämlich überhaupt nichts anfangen und macht kurzen Prozess mit ihm.

Bei der Sandra zahlt sich auch Geduld nur äußerst selten aus. Sie ist nicht der Typ, der sich von einem monatelangen »Belagerungszustand« beeindrucken lässt. Entweder bei ihr kommt gleich etwas rüber oder nie. Das hat wieder mit ihrem Schubladendenken zu tun. Burschen, die in die Schublade »uninteressant« gesteckt werden, bleiben auch dort.

Die Sandra kann im Bett klare Grenzen setzen, was eindeutig positiv zu bewerten ist. Sie sagt oder zeigt lieber gleich, was sie nicht möchte. Ist sie zum Sex bereit, kann ihr Lover viel Freude mit ihr haben. Allerdings sollte er ihr das Heft des Handelns beim erotischen Stelldichein überlassen. Lässt sich der Intimpartner auf dieses Setting ein, wird er selten enttäuscht, denn die Sandra weiß sehr wohl, wie sie einem Mann zu höchsten Wonnen verhelfen kann – nicht zuletzt mit Hilfe ihrer Zauberhände. Oft ist die Sandra auch eine Meisterin der Züchtigung. In Lack und Leder vermag sie hervorragend ihre inneren Spannungen abzubauen, zum eigenen prickelnden Genuss und zu dem ihres Sexsklaven.

Die männermordende Sandra-Spezies ist kein Hund, der nur bellt. Sie braucht tatsächlich Sex, wo immer sie geht und steht. Damit ist ihr Partner gewöhnlich spätestens ab dem fünften Lebensjahrzehnt überfordert. Entweder er ist dann bereit, mit ihr in einen Swinger-Club zu gehen, oder die Sandra holt sich ihre Befriedigung heimlich bei anderen Männern.

JAGDREVIERE: WENN BRUDERS KUMPEL ZWEIMAL KLINGELT

Die Sandra ist viel zu kritisch Männern gegenüber, als dass einer ihr Herz im Sturm erobern könnte. Folglich sind Medien der Kontaktanbahnung, die vom Prinzip her nicht gleich auf mehrere Treffen angelegt sind, kaum erfolgversprechend für sie. Am wenigsten kommt der Sandra Speed-Dating entgegen, da hier das einmalige Beschnuppern zudem noch extrem kurz ist und die Wahrscheinlichkeit, beim möglichen Glas Wein danach noch in einen intensiveren Dialog zu treten, ziemlich gering.

Internet- und Anzeigen-Rendezvous finden gewöhnlich nur dann eine Wiederholung, wenn beide Seiten sich bereits ineinander verliebt haben oder zumindest starkes Interesse erweckt wurde. Für Running Dinner kann sich die Sandra nur wenig begeistern, weil sie nicht gerne kocht und ihr dabei die klare Zielorientierung in Richtung Partnersuche fehlt. Wenn sie schon ein Medium der Kontaktanbahnung nutzt, dann soll auch am Ende ein Kerl für sie herausspringen.

Optimale Jagdgründe findet die Sandra in Single-Clubs und -Gesprächszirkeln sowie -Tanzkursen. Hier kann sie die Kandidaten hinreichend ins Visier nehmen. Aus demselben Grund wäre auf freier Wildbahn eigentlich der Arbeitsplatz optimal für sie, nur dass sie in Büro und Co. aus Prinzip nicht selbst auf die Pirsch geht. Da der Sandra die Stimme eines Mannes sehr wichtig ist, kann es aber sein, dass sie Feuer für einen Kunden fängt, mit dem sie öfters telefonisch zu tun hat. Ergreift er die Initiative und lädt sie zu einem Kaffee ein, sagt sie allein schon aus Neugierde, wer hinter dem sonoren Tonfall steckt, nur selten »nein«.

Partnervermittlungen und Single-Reisen sind der Sandra gewöhnlich zu teuer im Verhältnis zu den geringen Bindungsaussichten. Schließlich überlegt sie sich dreimal, zu welchem Zweck sie ihr Geld ausgibt.

Für Zufallsbekanntschaften sind die Namensträgerinnen zu spröde und geben dem anderen Geschlecht zu wenige ermunternde Signale. Einen Mann, der sie dennoch spontan in der Fußgängerzone oder an der Kaufhauskasse anquatscht, stecken sie gleich in die Schublade »Anmacher« und weisen ihn schroff ab.

Geheimtipp: Da die Sandra engen Kontakt zu ihrer Herkunftsfamilie hält, ist es als Verehrer sicher nicht von Nachteil, in ihrem Elternhaus ein- und auszugehen. So manche Sandra ist zum Beispiel schon mit dem besten Freund ihres Bruders vor dem Traualtar gelandet.

PARTNERSCHAFT:
THINGS CAN ONLY GET BETTER

Die Sandras sind in jungen Jahren oft unzufrieden mit sich selbst. Und sie neigen dazu, diese Unzufriedenheit auf ihre Partner zu projizieren. So sehr die sich auch bemühen, nichts ist den Sandras wirklich gut genug. Aus jeder Mücke machen sie einen Elefanten, und nicht selten beenden sie die Beziehungen wegen solch einer Kleinigkeit. Wenn sie selbst nicht den Schlussstrich ziehen, dann sind es ihre Herzbuben, die das ewige Herumgezicke nicht mehr aushalten und gehen.

So reiht sich bei den Sandras ein Scherbenhaufen an den nächsten. Bis sie zu der schmerzlichen Erkenntnis gelangen, dass nicht jeder Kerl, den sie kennenlernen, Mr. Wrong ist, sondern dass mit ihnen etwas nicht stimmt, haben sie altersmäßig längst die 30 überschritten. Mit Hilfe von Therapien gelingt es vielen Namensträgerinnen hernach, mehr mit sich ins Reine zu kommen und einigermaßen beziehungsfähig zu werden.

Wenn nicht schon zuvor Ehen geschlossen wurden, die scheiterten, tritt die Sandra in der Mitte oder gegen Ende des vierten Lebensjahrzehnts zum ersten Mal vor den Traualtar. Meist werden noch ein bis zwei Sprösslinge geboren, die in ihrem Lebensentwurf unbedingt vorgesehen sind, im Gegensatz zu der Rolle als reine Hausfrau und Mutter. Die Sandra strebt nach der Geburt der Kinder zügig wieder in ihren Beruf zurück. Dass die Hausarbeit dann gerecht verteilt wird, stellt für sie eine Selbstverständlichkeit dar.

Einfach wird es ein Mann nie mit der Sandra haben, da ihre »alten Geister«, die schroffe Art und mitunter Angriffslust bei gleichzeitiger eigener Mimosenhaftigkeit, immer wieder durchkommen. Andererseits macht sich durch ihre gewisse Unberechenbarkeit aber auch nie Langeweile breit. Als Geliebte eines verheirateten Mannes gibt sich die Sandra nur extrem selten her, da sie nicht bereit ist, die zweite Geige hinter seiner Angetrauten zu spielen. Gerät sie »aus Versehen« an einen »unglücklichen Ehemann«, verlangt sie sofortiges Klarschiffmachen von ihm. Halbherzigkeiten schätzt die Sandra nämlich überhaupt nicht. Als solche sieht sie auch Wochenend- und Fernbeziehungen.

Wenn der Traum vom ewigen Glück ausgeträumt ist, fackelt die Sandra nicht lange und packt ihre Koffer oder stellt dem zukünftigen Ex die seinen vor die Tür. Will nicht heißen, dass sie eine Ehe Hals über Kopf beendet, aber sie ist auch nicht der Typ, der dann noch jahrelang von Pontius zu Pilatus läuft, um die Beziehung zu kitten. Das hat auch wieder mit der Schwarz-Weiß-Malerei der Sandra zu tun. Wenn ihr Partner vermeintlich in den dunklen Bereich »abgerutscht« ist, findet sie plötzlich nichts mehr gut an ihm und entsprechend auch keine Gründe mehr, warum sie die Zweisamkeit aufrechterhalten sollte.

Bezüglich der Scheidungsfolgesachen wird die Sandra zügig ihre Forderungen stellen, die in der Regel angemessen sind. Ihr Noch-Mann sollte ebenso schnell darauf eingehen, denn die Sandra ist bereit, unter Umständen mit allen erlaubten Mitteln für ihre Rechte zu kämpfen. Ihr Humor ist begrenzt, insbesondere hört der Spaß für sie auf, wenn ihr Gegenüber versucht, sie über den Tisch zu ziehen.

Ein freundschaftliches Verhältnis ist mit dem Verflossenen kaum vorstellbar. Holt er den gemeinsamen Nachwuchs zum Besuchswochenende ab, wird er kühl an der Haustür abgefertigt.

Eine neue Beziehung geht die Sandra zunächst nicht ein. Der »Vamp« tobt sich sexuell mit verschiedenen Lovern aus, während die »züchtigere« Sandra erst einmal die Nase voll hat vom anderen Geschlecht. Wegen ihrer Schnäubigkeit bleibt sie auch hernach lange allein. Viele Sandras werden im mittleren Alter derart wählerisch, dass überhaupt kein Kandidat mehr ihre Erwartungen erfüllen kann.

Pflegetipps:

Musts:

* »Reden ist Silber, Schweigen ist Gold«: Offenbaren Sie der Sandra in der Phase des Kennenlernens nicht gleich alle Ihre kleinen Schwächen. Wenn sie sich noch nicht in Sie verliebt hat, lässt sie Sie womöglich derentwegen noch fallen. Ist aber die Leidenschaft der Sandra für Sie erst entbrannt, wird sie vermutlich gnädig darüber hinwegsehen.

* Sie müssen nicht aussehen wie ein Klon von Sylvester Stallone in seinen besten Tagen, aber die Sandra schaut bei einem Mann schon sehr auf einen ästhetischen Körper. Wenn Sie sie gewinnen oder halten möchten, ist regelmäßiges Workout sicher nicht von Nachteil.

* Sandras haben häufig nicht nur sprichwörtlich, sondern auch buchstäblich die Nase voll. Ein auffällig großer Teil von ihnen hat Probleme mit ihrem Geruchsorgan und seinen Nebenhöhlen. Richten Sie sich also auf regelmäßige Kurlaube am Meer mit Ihrer Sandra ein.

No-Gos:

* Den Dreitagebart von Hugh Jackman findet die Sandra nur zum Anschauen schön. Beim Liebesspiel ginge er gar nicht, weil sie eine extrem empfindliche Haut hat. Wenn Sie an dem Kraut in Ihrem Gesicht hängen, lassen Sie sich also besser nicht mit einer Namensträgerin ein.

* Sandras kommen morgens etwas schwer in die Gänge. Sie sind dann mitunter ein wenig maulfaul und motzig. Fassen Sie sie in dieser Zeit mit Samthandschuhen an oder lassen Sie sie am besten ganz in Ruhe. Der Zickenalarm ist vorüber, wenn Ihre Sandra von sich aus beginnt, mit Ihnen zu kommunizieren.

* Machen Sie einer anderen Frau in Anwesenheit Ihrer Sandra keine Komplimente, selbst nicht, wenn es die Schwiegermutter ist. Dadurch wird ihr fragiles Selbstwertgefühl angegriffen und Sie

müssen anschließend mit einer deftigen Gardinenpredigt rechnen. Oder die Sandra zeigt Ihnen zur Strafe tagelang die kalte Schulter. Nachtragend ist sie nämlich auch.

IDEALE NAMENSPARTNER:

Genug Taktgefühl, um bei der Sandra nicht ständig in ein Fettnäpfchen zu treten, bringen der Rüdiger und der Holger auf. Beide sind auch recht langmütig, was ihre Zicken betrifft. Haralds widmen sich der Sandra geduldig, wenn sie ihren Weltschmerz loswerden möchte. Der Joachim und der Horst werden die intimen Grenzen der Sandra respektieren, sollten aber verhältnismäßig einfach gestrickte Vertreter ihres Namens sein. Die Regieanweisungen der Sandra beim Sex nehmen alle Gerhard-Typen gerne entgegen. Der Paul indes bringt ihr oft ein hohes Maß an Bewunderung entgegen und nur ihr!

PROMINENTE NAMENSTRÄGERINNEN:

Sandra Maischberger, Sandra Bullock, Sandra Cretu, Sandra Smisek, Sandra Minnert, Sandra Völker, Sandra Speichert

Namenstag der Sandra: 2. April

STEFANIE / STEPHANIE

BASICS: LEGENDEN DER LEIDENSCHAFT

Die Stefanie ist wie ein guter Wein, der erst im Laufe der Jahre zur vollendeten Güte reift. Schon als Twen setzt sie sich mit Wort und Tat gegen Intoleranz, Fremdenfeindlichkeit und Ignoranz ein. Im vierten und fünften Lebensjahrzehnt verstärkt sich das karitative Engagement. Dann treten die Namensträgerinnen auch als Schriftstellerinnen und Autorinnen in Erscheinung.

Im Klassenzimmer noch selten eine Überfliegerin, schließt sie bereits die Uni mit hervorragenden Noten ab, um dann im Job voll durchzustarten und weite Wege zu gehen. Wegen ihrer eigenen, oft nicht leichten Kindheit landet sie bevorzugt in helfenden Professionen. Die Motivation dafür kann aber auch ein sehr behütetes Elternhaus sein mit sehr viel Liebe, die sie weiterzugeben hat und weitergeben möchte. Nicht selten fühlen sich Stefanies zur Psychiaterin, Sozialpädagogin oder Krankenschwester berufen.

Abgesehen von ihrer sozialen Ader sind Stefanies äußerst kreativ und sprachbegabt. So reüssieren sie auch als Designerinnen, Journalistinnen und Linguistinnen ebenso wie als Mittlerinnen von Fremdsprachen.

Einen reinen Bürojob empfinden die Stefanies meist als zu monoton und einengend, sind sie doch extrem freiheitsliebend. Beamtet finden sie sich höchstens als Lehrerinnen oder Polizistinnen. Recht und Ordnung beschreiben Maximen im Leben der Stefanies, sowohl im gesellschaftlichen als auch im privaten Bereich. Anarchie und Chaos machen sie unglücklich. Meist verkörpern Stefanies die Tugenden Aufrichtigkeit, Wohlwollen und Bewusstheit. So verfügen sie beispielsweise über eine ausgeprägte ökologische Sensibilität und setzen sich engagiert gegen die Zerstörung der natürlichen Ressourcen ein.

Dafür sind sie auch selbst bereit, sich bis zu einem gewissen Maß einzuschränken.

Konstanten in der Freizeitgestaltung der Stefanies sind Lesen, Reisen und Kultur. Am liebsten verbinden sie alle diese drei Komponenten in Form von Bildungstrips. Wenn sie Sport treiben, dann lassen sie es häufig richtig krachen. Da Stefanies körperlich wenige Ängste kennen, mitunter auch die Grenzerfahrung suchen, betreiben sie Drachenfliegen, sind verwegene Skiläuferinnen oder Mountainbikerinnen und bezwingen mit ihren Kajaks die wildesten Wasser. Überhaupt lieben sie Outdoor-Aktivitäten. Stubenhockerinnen wird man unter diesem Namen kaum je antreffen.

Da sie viel auf Achse und kontaktfreudig sind, haben die Stefanies einen bisweilen ausufernden Freundes- und Bekanntenkreis. Selbst Menschen, die sie nicht mögen, versuchen sie noch den nötigen Respekt entgegenzubringen. Meist sind Stefanies ungemein humorvoll. Der Spaß hört aber gewöhnlich für sie auf, wenn sie selbst zum Gegenstand der Belustigung werden. Das einzige wirkliche Manko der Stefanies stellt ein leichter Hang zum Perfektionismus dar, mit dem sie aber eher sich selbst als anderen schaden. Ihr Lebensmotto könnte lauten: »Wenn schon, denn schon.« Halbherzigkeiten sind den Stefanies fremd. Alles, was sie tun, tun sie mit Leidenschaft.

Optik und Outfit: Schene Bene, die Klene

Stefanies stiefeln auffällig oft auf sexy langen Beinen durch die Welt. Aber auch sonst haben sie einiges zu bieten, obwohl sie aufgrund ihrer überhöhten Selbstansprüche ständig mit ihrem Äußeren hadern. Ihre Musen von Busen nennen sie selbst Birnenbrüste, ihre schöne klassische Nase empfinden sie als riesigen Zinken, während sie ihre ausdrucksstarken bernsteinfarbenen Augen als »Mischmasch« abtun. Das ist bei den Stefanies auch kein »fishing for compliments«. Ihre Komplexe sind echt. Allerdings lernen sie zum Glück im Laufe der

Zeit fast immer, ihre leibliche Hülle bedingungslos zu akzeptieren und zu lieben. Diese Entwicklung ist meist mit dem 30. Geburtstag weitgehend abgeschlossen.

Stefanies bestechen durch Anmut und edle Gesichtszüge. Ihren natürlichen Kopfschmuck tragen sie fast immer halblang oder lang, aber sie haben selten eine ausgesprochene Löwenmähne. Dafür ist ihr Haar zu fein. Die Farbpalette des Schopfes reicht von hellblond über rot bis pechschwarz, ist also relativ unspezifisch, obwohl »Blondinen« etwas »bevorzugt« sind. Dennoch zeigen sich die Trägerinnen dieses Namens vom Hautteint her selten kalkblass, häufig dagegen fast schon südländisch. Kleingewachsene Stefanies sind rar. Steffi Grafs 1,76 m bedeuten beileibe noch nicht das Ende der Fahnenstange.

Das Auftreten selbst prominenter Stefanies ist gewöhnlich unglamourös, und so ist auch ihr Outfit. Durchaus modebewusst, zeichnet sie natürlicher Chic mit einem leichten Hang zur Verspieltheit aus. Schmuck genug sind sie auch ohne viel Schmuck. Ebenso wenig haben sie schminktechnisch die Kriegsbemalung nötig. Als Gesamtkunstwerk betrachtet gehört die Stefanie gewiss zu den schönsten und charismatischsten Frauen.

Verführung und Sex: In the heat of the night

Die Stefanie übt sich bei der Pirsch nach Mr. Right in vornehmer Zurückhaltung. Als selbstbewusste Frau ist sie sich ihrer Qualitäten wohl bewusst und hat es nicht nötig, sich jedem erstbesten Kerl mit dicker Brieftasche an den Hals zu werfen. Über genügend Geld verfügt sie zudem selbst. Ein Mann kann bei ihr arm sein wie eine Kirchenmaus, Hauptsache, er hat Persönlichkeit, Charme und Charakter.

Obwohl sie gerne anderen Frauen den Vortritt lässt, hat die Stefanie nie Angst, Dauergast auf dem Singlemarkt zu bleiben. Sie ist flirtig genug, ihrem Herzblatt in spe, wenn es denn auftaucht, die Signale zu senden, die ihm die nötige Sicherheit für eine Balzoffensive vermitteln. Und sie muss sich noch nicht einmal großartig anstrengen dabei. Wegen ihrer inneren Zufriedenheit, ihres unbändigen Optimismus und Humors hat sie meist ein Lächeln auf den Lippen und zieht die Herren der Schöpfung schon daher magisch an. Je älter die Stefanie wird, desto wagemutiger wird sie. Spätestens jenseits der 50 übernimmt sie auch selbst die Initiative beim Paarungsreigen der einsamen Herzen.

Bei Nacht zeigt die Stefanie ein komplett anderes Gesicht als am Tage. Sobald im Schlafzimmer das Licht ausgeht, lässt sie alle Disziplin und Selbstbeherrschtheit fallen und wird zum hemmungslosen Vamp. Am besten ist das mit dem Ausschlag eines Pendels zu erklären. Bewegt er sich zu einem Extrem, dann erfolgt auch zwangsläufig eine Gegenschwingung zum anderen. Im Bett verkörpert die Stefanie die Synthese aus Lüsternheit, Phantasie und Verruchtheit. Intim kennt sie keine Grenzen, außer die von ihr selbst gesetzten. Grundsätzlich sagt die probierfreudige Stefanie erst einmal »ja«, wenn ein neues Kapitel aus dem Kamasutra aufgeschlagen werden soll. Gefällt es ihr nicht, bricht sie aber konsequent ab oder nimmt es zumindest nicht in ihr Repertoire auf. Dann braucht ein Liebhaber auch nie mehr damit anzufangen.

JAGDREVIERE: BILDER VON DIR

Die Stefanie ist sehr wohlwollend und liebt es, für ihre Freundinnen erfolgreich Amor zu spielen. Im Gegenzug versuchen die das dann auch bei der Stefanie, wenn es auf natürlichem Wege einmal nicht klappen sollte. Zwar findet die Stefanie nicht selten ihren Herzbuben tatsächlich im privaten Umfeld, aber meist dann doch auf eigene Faust. Ein äußerst ergiebiges Jagdrevier für die Namensträgerinnen ist auch der Arbeitsplatz. Die angenehme und lustige Stimmung, die sie dort verbreiten, möchte so mancher Kollege gerne in persona mit nach Hause nehmen.

Der Geheimtipp, mit einer Stefanie in Kontakt zu treten, besteht darin, sie beim Fotografieren, einer ihrer großen Leidenschaften, anzusprechen. Als Gesprächsaufhänger bieten sich hier beispielsweise ihre Motive an. Auch auf Ausstellungen ihrer ablichtenden Kollegen/innen und sonst jedweder Couleur stillt die Stefanie häufig ihren visuellen Durst nach Ästhetik. Einen »Hörgenuss« verschafft sie sich indes bei Vorträgen und Dichterlesungen sowie bei Konzerten von Abba bis Zappa. Massenveranstaltungen, bei denen sie sich sowohl buchstäblich als auch im übertragenen Sinne erdrückt fühlt, schätzt sie weniger, zeigt sie doch bisweilen klaustrophobe Anwandlungen. Abends ist die Stefanie recht viel unterwegs, bevorzugt auf Kneipentour oder im Biergarten ihres Lieblingsitalieners. Locations, in denen Standard getanzt wird, müssen aber nicht unbedingt sein. Wenn schon, dann zappelt sie lieber.

An Kontakten zum anderen Geschlecht fehlt es der Stefanie nun wahrlich nicht, aber sie ist eben zu Recht wählerisch. Das betrifft gleichermaßen die Medien, die sie zum Aufspüren von Mr. Right nutzt. Im Internet etwa sollten es schon Edel-Partnervermittlungen sein. Nicht dass sie überheblich wäre, aber bei den meisten anderen Anbietern findet sie einfach zu selten das entsprechende Niveau. Ihre Haut öffentlich in Kuppelshows zu Markte zu tragen, lehnt sie ebenso ab wie die Massenfleischbeschau beim Speed-Dating. Sympathischer sind ihr da schon gediegene Single-Gesprächsrunden, -Clubs und Running-Dinner-Veranstaltungen. Erstere dürfen aber nicht in pessimistisches Chorgejammer ausarten, sonst flattert die lebenslustige Stefanie flott wieder davon – vielleicht auf eine Single-Reise.

Partnerschaft: Du bist das Beste,
was mir je passiert ist

Spätestens ab dem vierten Lebensjahrzehnt ist die Stefanie »liebesklug«, wie es der Trend- und Zukunftsforscher Matthias Horx nennt. Das heißt, sie hat aus ihren Vorbeziehungen gelernt, wie Partnerschaft funktioniert. Insofern ist die Stefanie ab dieser Dekade ein Geschenk für jeden Mann. Schon von ihrem Naturell her sind ihr zwei Kardinalstugenden für die Zweisamkeit zu eigen, nämlich Güte und Toleranz. Die Stefanie ist stets darauf bedacht, dass es ihren Lieben, insbesondere ihrem Herzbuben und den Kindern, gutgeht, denn nur so lässt sich die Harmonie aufrechterhalten, die sie so sehr zum Glücklichsein braucht.

Das bedeutet aber nicht Friede, Freude, Eierkuchen um jeden Preis. Die Stefanie kann sich durchaus mit ihrem Partner die Köpfe heißreden, ist sie doch eine überaus emotionale und extrovertierte Vertreterin der Weiblichkeit. Aber danach muss auch wieder gut sein, ohne dass eine Seite tagelang schmollt oder nachträgt. Gerade bei Konflikten legt sie großen Wert darauf, dass der Respekt und das grundsätzliche Gefühl von Wohlwollen gewahrt bleiben. Von Destruktivität grenzt sich die Stefanie strikt ab. Überhaupt vermag sie ganz klare Ich-Grenzen zu setzen, nach der Devise »Bis hierhin und nicht weiter«, und dadurch ihre Souveränität zu wahren.

Der Stefanie würde nicht im Traum einfallen, ihre bessere Hälfte umkrempeln zu wollen. Sie hat gelernt, Menschen so zu akzeptieren und zu lieben, wie sie sind, mit allen ihren Stärken, aber auch Schwächen.

Ebenso wenig versucht sie, Einschnitte in Freiheit und Autonomie vorzunehmen, weder ihrem Göttergatten noch ihren Kindern gegenüber. Die Stefanie hat die Sentenz internalisiert: »Wenn du etwas liebst, lass es frei. Kommt es zurück, ist es Dein, wenn nicht, ist es niemals Dein gewesen.« Allerdings sollte diese Einstellung auf Gegenseitigkeit beruhen, denn auch die Stefanie wird sich niemals die

Flügel stutzen lassen, so dass sie nicht mehr aus dem Ehe-Alltag ausfliegen kann. Damit sind keine sexuellen Eskapaden gemeint – die liegen der Stefanie als treuer Seele fern –, sondern Treffen mit ihren (zahlreichen) Freundinnen, die sie auch während ihrer Partnerschaften nur selten vernachlässigt.

Trennung: Es war 'ne geile Zeit;
tut mir leid, es ist vorbei

Wenn es ausnahmsweise der Mann ist, der das Tischtuch zwischen sich und der Stefanie zerschnitten hat, kann er sich oft später überhaupt nicht mehr erinnern, warum eigentlich konkret. Gewiss hat die Stefanie auch ihre Fehler und Macken, aber selten weist sie so gravierende Mankos auf, dass sie damit ihren Angetrauten aus dem Haus jagen könnte. Daher bereuen auch viele Ehemänner die Trennung und scharren nach einem erfolglosen Intermezzo mit einer Geschlechtsgenossin der Stefanie wieder an ihrer Haustür. Doch für die Stefanie gibt es kein Beziehungs-Revival. Aus Erfahrung weiß sie, dass man Liebe und Kaffee nicht aufwärmen sollte, weil beides dann einen schalen Geschmack hat.

Die Stefanie ist andererseits aber immer um eine stille Scheidung und ein gutes nacheheliches Verhältnis zu ihrem Verflossenen zugunsten der gemeinsamen Sprösslinge bemüht. Da sie tief lieben, aber auch trauern kann, vergeht nach dem schmerzhaften Zerbrechen einer Beziehung mindestens ein Jahr, bis sie sich emotional wieder einigermaßen gefangen hat. In dieser Zeit verschlingt sie Trennungsratgeber und die Telefonleitungen zu ihren Freundinnen glühen heiß.

PFLEGETIPPS:

Musts:

* Wegen ihres perfektionistischen Touchs muss für die Stefanie beim ersten Date vieles stimmen. Damit ist überhaupt erst die Voraussetzung geschaffen, dass sie Feuer für ihr Gegenüber fangen kann. Sorgfältige Planung ist also erste Männerpflicht. Besonders ein gemütliches Ambiente kann dazu beitragen, das Eis zu brechen.

* Schon als Jugendliche ist die Stefanie mit dem Interrail-Ticket im Rucksack durch Europa getingelt. Die Reiselust ist neben dem Spaß am Sex eine der Konstanten in ihrer Vita. Daher sollte auch der Seelenpartner der Stefanie ein Globetrotter sein oder zumindest Ansätze dazu zeigen.

* Die kommunikative Stefanie liebt je nach Stimmungslage gleichwohl ernsthafte Gespräche wie launige Neckereien. Stellen Sie sich Ihrer Stefanie dafür möglichst häufig zur Verfügung, allerdings niemals nolens volens. Gezwungenes oder geheucheltes Interesse ist ihr ein Greuel.

No-Gos:

* Die Stefanie mag recht locker rüberkommen, dennoch ist sie äußerst strukturiert und ordentlich. Einen Messie und Chaoskönig wird **sie** entsorgen, noch bevor **er** ihre Wohnung vermüllen kann.

* Glauben Sie niemals, sie könnten der Stefanie ein X für ein U vormachen. Sie hasst Lug und Trug wie die Pest.

* Unterlassen Sie in Anwesenheit einer Stefanie abschätzige Bemerkungen über andere Menschen, besonders über ohnehin schon diskriminierte Minderheiten. Damit verletzen Sie ihr Gefühl für Humanitas und Toleranz bis ins Mark.

Ideale Namenspartner:

Mit dem Wolfgang und dem Peter kann die Stefanie wunderbar tiefsinnige Gespräche führen. Besonders am Wolfgang schätzt sie auch sein Faible für vornehmes Understatement, am Peter indes die schier unerschöpfliche Kreativität. Der Stefan und der Horst gewinnen das Herz der Namensträgerinnen durch ihren Humor sowie ihre Kinderliebe, die auch den Joachim auszeichnet. Das Zusammenleben von Stefanie und Normalo-Gerhard ist von gemeinsamem künstlerischen Schaffen und ästhetischem Genuss geprägt. Beide bieten füreinander einen Quell der Inspiration. Spaß bei Tag und bei Nacht garantiert der quirlige Michael, der der Stefanie in puncto Unternehmungslust und sexueller Aktivität gleichkommt.

Prominente Namensträgerinnen:

Stefanie Kloß, Stefanie Graf, Stefanie Zweig, Stefanie Powers, Stefanie Heinzmann, Stephanie von Monaco, Stephanie Meyer

Namenstag der Stefanie: 26. Dezember

Susanne

Basics: Angst essen Seele auf

Susannes zeichnen sich durch zwei Charaktereigenschaften aus, die ziemlich weit voneinander entfernt liegen. So sind sie zum einen ausgesprochen karitativ – besonders Kinder in jedweder Form von Not sind ihnen ein besonderes Anliegen –, und zum anderen haben sie einen Hang zur Geltungssucht und Dominanz. Die Ursachen für diese beiden doch sehr unterschiedlichen Züge liegen zumeist in einer nicht gerade unproblematischen Kindheit begründet, in der die Susanne oft zu wenig Beachtung fand und zudem mit vielen Ängsten konfrontiert war. Daher kommt für sie als Erwachsene überhaupt nicht in Frage, weiterhin die zweite Geige zu spielen, während sie den lieben Kleinen die Seelennöte ersparen möchte, die sie selbst erleben musste.

Durch ihre Eloquenz rücken sich die Susannes tatsächlich überall schnell in den Mittelpunkt. Meist gelingt es ihnen mittels ihrer Sprachgewandtheit auch zu überspielen, dass ihr Ehrgeiz größer ist als ihre Kompetenz. Auf vielen Gebieten wollen sie mitreden, haben aber eigentlich nicht das fundierte Fachwissen dazu. Oft wählen die Susannes auch bewusst einen unkonventionellen Lebensstil, um aufzufallen. So sind sie etwa mit einem erheblich jüngeren Partner liiert oder gehen voll auf den Bio-Psycho-Eso-Trip. Damit können sie ihre Umwelt bisweilen gehörig nerven, weil sie bei allem, was sie tun, zu einem gewissen Fanatismus und Sendungsbewusstsein neigen. Das ist der Hauptgrund dafür, dass Susannes nur über einen verhältnismäßig kleinen »wirklichen« Freundeskreis verfügen, was sie aber oft nicht wahrhaben wollen. Viele Freunde zu haben, betrachten sie nämlich als eine Art Statussymbol.

Durch eine gewisse arrogante Überheblichkeit schaffen sich die Susannes nicht selten sogar Feinde. Besonders in Gruppen erleben sie mitunter ihr persönliches Waterloo, wenn sich die angestaute Wut gegen sie in einer konzertierten Aktion entlädt. Leider ist die Susanne meist zu selbstgefällig, als dass sie hernach in sich gehen würde, um ihre Anteile an der Eskalation zu beleuchten. Schuld sind ihrem Empfinden nach immer nur die bösen anderen, die ihr den Erfolg neiden.

Die Aktivitäten der Susannes sind indes regelmäßig nur Strohfeuer. Sie betreiben sie eine Zeitlang mit Leidenschaft, recht plötzlich aber verlieren sie auch wieder das Interesse daran, vor allem wenn sich dabei kein Erfolg einstellt. Eine gewisse Wankelmütigkeit in ihrem Denken, Fühlen und Handeln ist gewiss nicht von der Hand zu weisen.

Auch beruflich versucht die Susanne fast schon zwanghaft, sich von der breiten Masse abzuheben. Als Ärztin geht sie in die Entwicklungshilfe oder nutzt alternative bis fragwürdige Heilmethoden, während sie sich als Biologin öffentlichkeitswirksam für bedrohte Tierarten einsetzt. Um als Profisportlerin zu glänzen, fehlen ihr indes meist die entsprechende Konstitution und der letzte Siegeswille. Physisch ist sie mitunter fast schon ein wenig lasch.

Freizeitmäßig möchte die Susanne – wieder ihrem Drang nach dem Besonderen folgend – gerne hoch hinaus, indem sie klettert, tief hinunter, indem sie taucht, oder weit hinaus, indem sie trekkt. Weiterhin liebt sie Ausdruckstanz und verschlingt Bücher. Meist bleibt dabei aber nicht allzu viel hängen, weil sie zu oberflächlich liest, zudem über kein besonders gutes Gedächtnis verfügt. Die eher bodenständigen, bescheidenen Susannes halten sich relativ häufig Haustiere, was für die exaltierteren Vertreterinnen schwieriger praktikabel ist, weil sie ständig in der Weltgeschichte herumgondeln. Ihre Hunde und Katzen verbringen fast schon mehr Zeit bei Verwandten oder in Tierpensionen als zu Hause bei ihrem Frauchen.

Optik und Outfit:
Zu schön, um wahr zu sein

Die Susanne lebt nach der Devise »Gott und der Welt gefallen«. Sich unters Messer eines plastischen Chirurgen zu legen, könnte bei ihr gewöhnlich nur »restaurierendem« Zwecke dienen, wenn das Alter seinen natürlichen Tribut fordert. Von ihrer Grundsubstanz her hat sie das bestimmt nicht nötig. Meist stand sie nämlich in der ersten Reihe, als es um die Verteilung optischer Vorzüge ging.

Das Gesicht der Susanne ist ausgesprochen hübsch, oft dazu auch noch interessant, weil ein wenig mysteriös. Das verleiht ihrer Ausstrahlung noch zusätzliche Erotik. »Aristokratisch« wirkt ihr Antlitz jedoch nur selten. Dagegen hat die häufig anzutreffende innere Verhärtung der Namensträgerinnen ihm mitunter leicht maskenhafte Züge verliehen. Jedenfalls fehlt nicht selten das rechte Leben darin. Einzig ein gewisser Schalk schaut ab und an aus ihren Augen hervor. Susannes sind von der Haarfarbe her überdurchschnittlich häufig blond in verschiedenen Schattierungen.

Auch figürlich ist die Susanne alles andere als benachteiligt. Oft kann sie essen, was sie möchte, ohne großartig aus dem Leim zu gehen. In der Regel stimmt da alles: Beine, Brüste, Taille, Po und die Proportionen insgesamt. Selbst wenn sie die berühmten paar Kilos zu viel auf den Rippen hat, sieht sie noch glänzend aus. Die 1,69 m scheinen indes eine magische Körperlänge für sie zu sein.

Mit ihrem Outfit unterstreicht die Susanne ihre Extravaganz und ihren Sexappeal. Hautenge Jeans und Röcke kombiniert mit Blusen und Rollkragenpullovern trägt sie beinahe so gerne wie verspielte figurbetonte Kleider, bevorzugt in Pastellfarben. Den letzten Schliff für das »gewisse Etwas« geben sich die Susannes mit ausgefallenen Schmuckstücken und Accessoires.

Verführung und Sex:
Salome und Susanne

Was haben Susanne und die biblische Salome gemeinsam? Beide Namen fangen mit dem Buchstaben »S« an und durch ihren Tanz verlieren Männer den Kopf. Salome forderte auf Anraten ihrer Mutter Herodias das Haupt von Johannes dem Täufer als Gegengabe dafür, dass sie für Herodes Antipas, ihren Stiefvater, tanzte. Die Susanne dagegen begnügt sich damit, ihrem Herzbuben den Verstand zu rauben. Bei der einen trifft die Aussage also buchstäblich, bei der anderen sprichwörtlich zu.

Der Reigen der Susanne ist geprägt von lasziver Sinnlichkeit und macht das starke Geschlecht alleine schon beim Zuschauen schwach. Und ein Kerl ist fast überall für sie dabei, denn auf die Optik ihrer Partner legt die Susanne interessanterweise nicht sonderlich viel Wert. Die Auswahl erfolgt durch ein vielsagendes Lächeln oder durch die Aufnahme von Blickkontakt. Die Augen der Namensträgerinnen sind Kommunikationsinstrumente par excellence. Sie vermögen damit ihrem Gegenüber bis ins kleinste Detail ihre Gefühle, Wünsche und Absichten zu übermitteln.

Die Susanne geht aber auch »aktiv« auf die Jagd. Im Büro scharwenzelt sie so lange um ihren begehrten Kollegen herum, bis der nicht mehr anders kann als zuzugreifen, bisweilen sogar gleich vor Ort, denn an Reizen mangelt es der Susanne nun wahrlich nicht. Alleine schon ihr Gang stellt eine Sinfonie der Sinnlichkeit dar.

Susannes haben häufig Furcht vor Bindung und körperlicher Nähe. Intimität löst bei ihnen mitunter Panikreaktionen aus; stundenlanges Kuscheln geht meist überhaupt nicht. Auch im Bett übernehmen die »Susis« gerne die Regie, weil sie dadurch die Kontrolle über das Geschehen wahren können. Um dauerhafte Nähe zu vermeiden, wäre ihnen eigentlich auch die Rolle der Geliebten wie auf den Leib geschneidert. Da sie aber grundsätzlich nicht bereit sind, andere »Götter« neben sich zu dulden, finden sie sich nur relativ selten darin wieder. Gerät die Susanne an einen verheirateten Mann, drängt sie schnell auf Trennung und Scheidung. Ist die dann auf dem Weg, bekommt sie häufig kalte Füße, weil es »ernst« zu werden »droht«.

Trotz ihrer Ängste ist die Susanne ständig auf der Suche nach Sex. Das liegt nicht nur an ihrem Wunsch, auch »horizontal« Lorbeeren zu ernten, und an ihrer zweifelsohne ausgeprägten Libido. Ebenso versucht sie sich dadurch ständig zu beweisen, dass sie den leiblichen Infight zu ertragen imstande ist.

Vom Kopf her hat die Susanne ein gesundes Verhältnis zum Sex. Wenn sie ihrem Lover bedingungslos vertraut, kennt sie keine Hemmungen.

Jagdreviere: Breakfast at Tiffany's

Überall, wo getanzt werden kann, fühlt sich die Susanne pudelwohl – in der Disko und in Bars genauso wie in Kneipen und auf beschwingten Feten. Auf Dorffesten macht sie sich allerdings eher rar, weil sie meint, das sei nicht ihr Niveau. Damit fallen auch die dortigen Kuppelevents für sie flach. Auf freier Wildbahn kann Mann ihr ansonsten gehäuft beim Shopping begegnen oder in Wellnesstempeln. Kulturelle Veranstaltungen besucht die Susanne weniger aus echtem Kunstsinn, sondern weil sie meint, dass das bei ihrem Status dazugehört, nach dem Motto »Sehen und gesehen werden«. Da ihre Neurosen ansteckend sind, ist sie ebenfalls regelmäßige Besucherin in Tierarztpraxen oder neuerdings beim Tierpsychologen. Überall dort ist sie einem kleinen Flirt herzlich zugewandt – und bei Gefallen mehr.

Unter den Medien der Kontaktanbahnung sind der Susanne Gesprächszirkel für Singles sympathisch, weil sie gerne auf der Psychoschiene fährt. Allerdings kann sie damit auch für die anderen Teilnehmer ziemlich anstrengend werden. Stößt sie deshalb oder wegen ihrer Kritikfreude und mangelnden Authentizität auf wenig Gegenliebe, verschwindet sie jedoch abrupt wieder – nicht selten heftig gekränkt.

In gewöhnlichen Single-Clubs finden die Namensträgerinnen selten das Publikum, das ihren hohen Ansprüchen gerecht wird. Dazu eignen sich schon eher Internetvermittlungen oder klassische Eheanbahnungsinstitute mit elitärem Anstrich. Da beim Speed-Dating neben einer ansprechenden Optik Eloquenz gefragt ist, hat die Susanne hier in jedweder Hinsicht gute Karten. Verkaufen kann sie sich blendend.

Ähnliches gilt für den Staffellauf der kulinarischen Genüsse, das Running Dinner. Kontaktanzeigen gibt die Susanne allenfalls in überregionalen Tageszeitungen auf, um ein gehobeneres Klientel anzusprechen, während sie sich bei den Billigheimern im World Wide Web höchstens ein paar Zwischenhäppchen herausfischt. Richtig gefrühstückt wird dann doch bevorzugt bei Tiffany's.

Partnerschaft: Are you gonna go my way

In der Zweisamkeit strebt die Susanne regelmäßig Dominanz an. Jedenfalls wird sie sich von einem Mann niemals unterwerfen lassen. Hat sie das Gefühl, sie ist ihrem Partner hoffnungslos unterlegen, verlässt sie ihn. Das demonstrativ zur Schau gestellte Selbstbewusstsein der Susanne täuscht über ihre wirkliche psychische Verfasstheit hinweg. Innerlich ist sie noch immer das verlassene, um Liebe und Anerkennung bettelnde Kind. Kritik an der Susanne zu üben ist tabu für ihre bessere Hälfte, weil dadurch sofort ihre Minderwertigkeitskomplexe aktiviert werden, die sie durch ein grandioses Selbstbild übertüncht hat.

Ihren Kindern ist die Susanne eine liebevolle Mutter. Wenn sie nicht glaubt, diese Rolle ausfüllen zu können, verzichtet sie bewusst auf Nachwuchs. Schließlich soll er nicht dasselbe Schicksal erleiden wie sie selbst einst. Hausarbeit stellt für die Susanne eine mehr als lästige

Pflicht dar, fühlt sie sich doch wahrlich zu Höherem berufen. Sie verrichtet sie nur, damit das Bild von ihr perfekt ist.

TRENNUNG: WITH OR WITHOUT YOU I CAN'T LIVE

Eine Bindung, die länger als fünf Jahre dauert, geht die Susanne zeitlebens oft nur einmal ein, und zwar mit dem Vater ihrer Kinder. Es scheint fast so, als brächte ihre biologische Bestimmung ihre Bindungsängste für die Zeit der Familiengründung vorübergehend zur Ruhe. Ihre Männer wird die Susanne wieder los, indem sie sich klassisch Hals über Kopf selbst aus dem Staub macht – die Sache mit dem Zigarettenautomaten.

Die Trennung von ihrem Ehemann verursacht bei ihr meist noch eine tiefe Krise, weil sie sich für ihre Verhältnisse emotional ziemlich intensiv auf ihn eingelassen hat und das Unterbewusstsein ihr leise zuhaucht, dass das in diesem Maße wohl nie mehr der Fall sein wird. Die Prophezeiung aus den Tiefen ihrer Seele bestätigt sich hernach in tragischer Weise. Meist ist das Beziehungshaltbarkeitsdatum spätestens nach einigen Monaten abgelaufen. Ziemlich regelmäßig sind es drei. Danach wird die Verbindung fast immer »faul«. Die Susanne beginnt Nähe-Distanz-Spielchen und es kommt immer wieder zu Streitereien mit Kontaktabbrüchen und anschließenden Versöhnungen – bevorzugt im Bett. Das klassische On-off-Muster nimmt seinen Lauf. Am Schluss, der sich endgültig nach ein bis zwei Jahren abzeichnet, dauern diese Abfolgen oft nur noch Tage.

Bei der Regelung der Scheidungsfolgesachen nach ihrer Ehe gibt sich die Susanne in der Regel kämpferisch. Finanzielle Zugeständnisse über Gebühr hat ihr Ex selten von ihr zu erwarten, da ihr Geld und Gut wahrlich nicht unwichtig sind.

Pflegetipps:

Musts:

* Fangen Sie die Susanne auf, wenn sie in eines ihrer depressiven Löcher fällt, und bieten Sie ihr die berühmte starke Schulter zum Anlehnen. Keine Sorge, als Stehaufmännchen wird sie sich schnell wieder berappeln.

* Die Susanne ist materiell alles andere als anspruchslos. Fraglos gehört sie zu den Frauen, denen »Mein Haus – mein Auto – mein Boot« beim ersten Date imponiert.

* Kaufen Sie sich einen Komplimente-Guide für Ihre Susanne, denn in der Kunst der kleinen Nettigkeiten sollten Sie bei ihr absolut firm sein. Als ebenso wichtig wird es sich erweisen, bei der Auswahl der Geschenke für sie ein »gewisses Niveau« nicht zu unterschreiten. Zudem sollte daraus Aufmerksamkeit sprechen.

No-Gos:

* Tun Sie den Hang der Susanne zum Übersinnlichen nicht als Nonsens ab. Damit treffen Sie sie tiefer, als Sie es sich vielleicht vorstellen können. Auch wenn sie das bisweilen übermäßig herauskehrt, hat sie tatsächlich manchmal Visionen und Eingebungen.

* Die Susanne braucht viel Zeit und Freiraum, um sich selbst zu verwirklichen. Ständig an ihr zu kleben, bedeutet bei ihr sehr schnell das Liebes-Aus.

* Zu Fußballspielen und Boxkämpfen würde die Susanne nur in Form von gesellschaftlichen Events gehen. Ansonsten sind ihr diese Sportarten zu prollig. Vor dem übermäßigen Konsum von Leibesertüchtigung im TV sei ebenfalls dringend gewarnt. Über die Folgen unterrichtet Sie Ihr Scheidungsanwalt.

Ideale Namenspartner:

Der Rüdiger und der Paul tanzen in gewisser Weise um das »goldene Kalb« Susanne herum und befriedigen somit ihre narzisstischen Bedürfnisse, während der Joachim über der Selbstverliebtheit der Susanne zumindest heiter drüberzustehen vermag. Von der Mutter des Andreas lässt sich die Susanne gerne die lästige Hausarbeit abnehmen, hält sie sich aber ansonsten ziemlich vom Leib. Ein hohes Maß an Gelassenheit haben der Günther und der Harald ihrer Aufgeregtheit entgegenzusetzen. Dem Markus kommt die Susanne lange nicht auf die Schliche, weil er ihr Sand in die Augen streut, indem er sie mit Komplimenten überschüttet. Beide teilen zudem das Prinzip »Mehr Schein als Sein«.

Prominente Namensträgerinnen:

Susanne Uhlen, Suzanne von Borsody, Susanne Lothar, Susanne Fröhlich, Susanne Osthoff, Susanne Hartel, Susanne Hoss, Suzanne Vega, Susanne Wuest, Susanne Berckhemer

Namenstag der Susanne: 20. September

Ulrike

Basics: Relax, take it easy

Der härteste Gegner, mit dem die Ulrike in ihrem Leben zu kämpfen hat, ist sie selbst. Die Ulrike hat es nämlich zu wahrer Meisterschaft gebracht, sich das Leben schwer zu machen. Jedes noch so kleine Missgeschick bauscht sie mittels ihres Kopfkinos zur griechischen Tragödie auf, und über jede noch so banale Entscheidung zermartert sie sich wochenlang das Gehirn. Bei einer Ulrike soll eben alles perfekt laufen, aber gerade weil sie auf diesen Anspruch zu viel Zeit und Energie verwendet, läuft bei ihr vieles chaotisch. Anstatt die Dinge zu erledigen, die erledigt werden müssten, denkt sie darüber nach, wie sie tadellos erledigt werden könnten. Dadurch kommt ihr gesamtes Timing durcheinander und sie hat oft enorme Probleme, zu Terminen pünktlich zu erscheinen. Um ihr ohnehin zu großes Pensum dann doch noch zu schaffen, arbeitet sie mitunter bis tief in die Nacht.

Der Ulrike ist ungemein wichtig, was ihre Mitmenschen über sie denken. Deshalb versucht sie immer im großen Strom mitzuschwimmen und bloß nicht negativ aufzufallen. Vielen Namensträgerinnen gelingt aber auch die evolutionäre Emanzipation von ihren inneren Schranken. Große Charakterstärken der Ulrike stellen ihre unbedingte Aufrichtigkeit und Unprätentiösität dar.

Mit sozialen Kontakten tun sich Ulrikes oft recht schwer, weil ihnen ein wenig der Humor fehlt. Bisweilen erweisen sie sich sogar als regelrechte Spaßbremsen, was sie bei geselligen Anlässen natürlich nicht unbedingt beliebt macht.

Ulrikes sind konservative Typen und schauen gerne zurück. Manche Vertreterinnen legen dabei auch ein gewisses Sentiment an den Tag nach dem Motto »Früher war alles besser«. War es teilweise auch, weil das Päckchen, das die Ulrikes zu tragen haben, mitunter nicht kleiner, sondern im Laufe der Jahre immer größer wird. Zu den psychischen Handicaps gesellen sich nämlich häufig noch physische Zipperlein, die allerdings auch fast immer psychogenen Ursprungs sind. Bei einigen Ulrikes kann man den Eindruck gewinnen, sie suhlten sich förmlich in ihren Malaisen, um die Aufmerksamkeit und Zuwendung ihrer Mitmenschen zu erheischen, die ihnen ansonsten verwehrt wird. Typisch für ihr Leben sind dessen ungeachtet enorme Höhen und Tiefen.

Beruflich sind die Ulrikes extrem auf Sicherheit bedacht. Deshalb gehen sie häufig ins Lehr-, Pfarr- oder Finanzamt. Dort können sie auch ihre gewisse Moralintrunkenheit professionell ausleben. Nicht selten erlangen sie professorale Würden, etwa als Medizinerinnen.

Ulrikes bewegen sich zwar in ihrer Freizeit gerne an der frischen Luft, beispielsweise beim Bergwandern, aber sie treiben sehr ungern Sport. Ansonsten verbringen sie ihre Mußestunden bevorzugt mit Singen, mitunter in einem Kirchenchor, und grasen lesend praktisch das gesamte literarische Spektrum ab.

OPTIK UND OUTFIT:
IT's JUST AN ILLUSION

Die sportlich-schlanken, überaus attraktiven Ulrikes im Promibereich wie die zweimalige Hochsprung-Olympiasiegerin Ulrike Nasse-Meyfarth täuschen über die optische Realität der Namensträgerinnen hinweg. Viele haben nämlich Gewichtsprobleme und wirken von ihrem Aussehen her eher recht unauffällig. Manche Ulrikes fristen sogar ein rechtes Mauerblümchen-Dasein. Überall, wo sie auftauchen, werden sie geradezu schmählich übersehen. Das liegt aber sicher nicht an ihrer Körperlänge, denn selten sind Ulrikes wirklich (zu) kurz geraten. Ihre Durchschnittsgröße von circa 1,70 m ist für die Frauenwelt nicht eben gering.

Der Kopf der Ulrikes hat meist eine ansehnliche Größe, ist zumindest fast nie zu zierlich geraten, was aber durchaus keinen Minuspunkt bedeutet. Die Gesichtszüge unter ihrem braunen Haarschopf und ihrer Denkerstirn sind nicht selten etwas herb, das Antlitz insgesamt wie auch der gesamte Körper häufig leicht wuchtig. Viele Ulrikes haben ausgesprochen sexy (lange) Beine, die im Verhältnis zu ihrem Oberkörper fast schon grazil erscheinen. Der »Vorbau« der Ulrikes ist regelmäßig üppig und meist auch wohlgeformt.

Um der Natur in Form von Schönheitsoperationen nachzuhelfen, sind die Ulrikes viel zu natürlich und legen zu wenig Wert auf ihr Äußeres. Bei denen, die stark religiös ausgerichtet sind, spielt auch der Gedanke eine Rolle, Gott nicht ins Handwerk pfuschen zu wollen. Mit ihrer konservativen, wenig farbenfrohen Art, sich zu kleiden, verstärken die Ulrikes tragischerweise wie die Pauls bei den Männern noch ihr »Graue Maus«-Image. Während ihre Geschlechtsgenossinnen teilweise mit Schmuck und Accessoires »behängt« sind wie ein Weihnachtsbaum, mangelt es der Ulrike meist schon am Lametta.

Verführung und Sex: Foxy phantasies

Um den Mann zu bekommen, der ihr zum Familienglück verhilft, lehnt sich die Ulrike bisweilen weit aus dem Fenster. Sie zieht in ihrem sozialen Umfeld Erkundigungen ein, welcher wohlsituierte oder beruflich hoffnungsvolle Bursche noch zu haben ist, und versucht anschließend, wenn es sein muss trickreich, mit ihm in näheren Kontakt zu treten – Verführung inklusive.

Tickt die biologische Uhr schon sehr laut, nimmt sie dabei bisweilen sogar billigend in Kauf, schwanger zu werden, indem sie auf Verhütung verzichtet. Die Ulrike hat sich allerdings insofern ein wenig abgesichert, als sie sich schlau gemacht hat, welche Einstellung ihr Auserwählter grundsätzlich gegenüber Nachwuchs hegt. Das hat sie mitunter in den »Vorgesprächen« mit dem Auserwählten eruiert oder aus Dritten »herausgekitzelt«. Manch einer mag das Verhalten der Ulrike für berechnend halten, aber letztendlich erfüllt sie damit lediglich ihren biologischen Plan.

Intim liegt die Ulrike häufig in einem Dornröschenschlaf. Da sie sich regelmäßig mit Partnern einlässt, die sie nicht begehrt, sondern die sie aus pragmatischen Gründen ausgewählt hat, wird sie auch häufig geschlechtlich nicht erweckt. Damit beraubt sie sich der Chance, qua Orgasmus einmal völlig aus sich herauszugehen. Stattdessen tut sich mit der Geschlechtlichkeit wieder ein Bereich auf, in dem die vitalen Bedürfnisse der Ulrike unerfüllt bleiben. Das ist besonders tragisch, weil sie gewöhnlich über eine starke Libido verfügt.

Kirschen aus Nachbars Garten nascht die Ulrike auch dann nicht, wenn es sexuell im ehelichen Schlafzimmer klemmt. Das übernimmt meist ihr Mann, und sie schaut geflissentlich weg, um den schönen Schein nach außen zu wahren. Gerät die Ulrike doch einmal an einen Lover, der sie dazu bringt, sich fallen zu lassen, entwickelt sich nicht selten daraus eine Obsession und es wird »der letzte Tango in Paris« getanzt.

Die Homosexualität der Tatort-Kommissarin Ulrike Folkerts ist sicher beileibe kein Einzelfall unter den Namensträgerinnen, allerdings leben sie nur die wenigsten so offen aus. Häufig werden die lesbischen Neigungen sogar völlig unterdrückt und die Ulrikes leben aus Furcht, mit den gängigen gesellschaftlichen Konventionen in Konflikt zu geraten, in einer scheinbar ganz »normalen« Partnerschaft mit einem Mann.

Jagdreviere: Sischär is sischär

Ulrikes brauchen die Zweierkonstellation, um Mr. Right zur Strecke zu bringen. Auf Massenveranstaltungen fühlen sie sich erstens verloren und zweitens ist ihnen bewusst, dass sie sich dort nicht gegen die attraktivere Konkurrenz durchzusetzen vermögen. Nicht zuletzt aus diesem Grund fallen für sie Single-Partys, gut besuchte Kneipen und Mega-Diskotheken als Jagdreviere weg. Selbst in den überschaubareren Single-Clubs und -Gesprächszirkeln machen sie meist schon keinen Stich, weil selbst hier noch ihr etwas altbackener Kleidungsstil negativ heraussticht. Außerdem bekommen die männlichen Mitglieder schnell Wind davon, dass die Ulrike alles andere als eine einfache Zeitgenossin ist. Besonders ihre häufige Umständlichkeit und Verquastheit schreckt das starke Geschlecht regelmäßig ab. Das sind natürlich Eigenschaften, die beim Speed-Dating überhaupt nicht gehen und beim Running Dinner ebenfalls nicht unbedingt förderlich sind. Vielleicht wird die Ulrike bei dem kulinarischen Staffellauf auch ewig herumeiern, bis sie sich entscheidet beziehungsweise auf einen Kompromiss einlässt, was gekocht werden soll, und schon damit ihren Teampartner zur Weißglut treiben.

Auf der Straße lässt sich die Ulrike nur äußerst selten auf einen intensiveren Flirt ein, weil sie nicht weiß, wes Geistes Kind ihr Gegenüber ist, und sie so keine Kontrolle über die Situation zu haben glaubt.

Internet und Kontaktanzeige sind der Ulrike sehr sympathisch, weil sie bei den daraus resultierenden Stelldicheins die Kandidaten ganz für sich alleine hat. Meist wählt sie die Lokalitäten dafür auch so geschickt aus, dass die Blicke ihrer Date-Partner nicht ständig auf die aufgebrezelten Granaten an den Nachbartischen abschweifen können. Die Idee für ein Picknick im Park etwas fernab der anderen Besucher, aber immer noch in Sicht- und Rufweite, könnte von der Ulrike stammen.

Wenn Ulrikes ganz verzweifelt sind, fallen sie bisweilen auch auf Partnerinstitute herein, die ihnen Unsummen an Geld für zweifelhafte Leistungen abknöpfen. Da sie eigentlich sehr sparsam sind, bereuen sie diese meist mehr oder weniger sinnlose Ausgabe nachher bitterlich und brechen mitunter sogar eine juristische Auseinandersetzung mit den professionellen Kupplern vom Zaun. Ideal sind für die Namensträgerinnen der Freundes- und Bekanntenkreis sowie der Arbeitsplatz als Jagdgründe. Hier wissen die Ulrikes fast immer, was sie haben beziehungsweise bekommen.

PARTNERSCHAFT: GELD ODER LIEBE

Da für Ulrikes Familiengründung oberste Priorität hat und sie gerne eine Zeitlang ganz zu Hause bleiben möchten, wenn sich Nachwuchs eingestellt hat, legen sie großen Wert darauf, sich einen guten Versorger an Land zu ziehen. Der Mann, den sie zu angeln versuchen, muss kein Millionär sein. Aber der Gatte in spe sollte zumindest ein erkleckliches und vor allem sicheres Einkommen inklusive hohem sozialen Status aufweisen. Dafür ist die Ulrike bereit, andere Kriterien der Partnerwahl hintanzustellen. So nimmt sie unter Umständen billigend in Kauf, dass der zukünftige Vater ihrer Kinder erheblich älter ist als sie selbst oder vom Äußeren überhaupt nicht ihren Idealvorstellungen entspricht. Dadurch wird häufig der Faktor Leidenschaft vernachlässigt.

Nicht selten gewinnen die Verbindungen der Ulrikes spätestens nach der Geburt der Sprösslinge immer mehr platonischen Charakter. Ihre Gatten bleiben aber meist bei ihnen, weil die Ulrikes sich ganz mit ihrer beruflichen Karriere identifizieren und ihnen mustergültig den Rücken dafür frei halten. In der Öffentlichkeit heben die Ulrikes zudem ihre Herzbuben regelmäßig auf einen Sockel, idealisieren sie förmlich.

Bei ihrem Leben ganz für die Familie verausgaben sie sich oft völlig, obwohl sie eigentlich schon genug mit ihren eigenen Problemen zu tun hätten. Von ihrem Partner können sie gewöhnlich wenig Hilfe in ihren Krisen erwarten, da er zu sehr auf sich und seine Arbeit konzentriert ist.

Ein großes beziehungstechnisches Manko der Ulrike besteht darin, dass sie offenen Auseinandersetzungen, wo immer möglich, versucht, aus dem Wege zu gehen. Mit dieser Konfliktvermeidungsstrategie werden natürlich Differenzen nicht ausgeräumt, sondern zu dem berühmten Fass, das irgendwann überläuft.

Trennung: Satisfaktion

Ulrikes entstammen einem leistungsorientierten, ehrgeizigen Elternhaus. Daher empfinden sie das Zerbrechen einer Beziehung als Scheitern. Entsprechend lange versuchen sie das Bild von der heilen Beziehungswelt nach außen zu wahren, auch wenn die Verbindung nur noch auf dem Papier besteht.

Oft fällt aber auch dieses Kartenhaus zusammen, weil der Ehemann der Ulrike eine Affäre, die er inzwischen eingegangen ist, legitimieren möchte. Dann ist gewöhnlich Schluss mit lustig für die Namensträgerinnen und aus der ehemaligen Idealisierung ihres Göttergatten wird Abwertung. In Koalition häufig mit ihren Eltern, besonders der Mutter, beginnt sie den Ex zu verteufeln. Dem gekränkten »Familienstolz« wird anschließend versucht, über die Scheidungsfolgesachen Genugtuung zu verschaffen. Gleichzeitig wird ein möglichst schnelles juristisches Ende der Ehe angestrebt, um den Makel in der Biographie, den sie nunmehr darstellt, auszulöschen. Und nicht selten werden auch die Sprösslinge gegen ihren Vater instrumentalisiert. Das alles geschieht nicht, weil die Ulrike ein böser, hinterhältiger Mensch ist, sondern weil sie in eine psychologische Dynamik gerät, die sie förmlich aufsaugt. Häufig bleibt die Ulrike über ihre Wut und Frustration noch jahrelang emotional mit dem Mann verbunden, mit dem sie sich in der Partnerschaft so stark identifiziert hatte.

PFLEGETIPPS:

Musts:

* Lassen Sie die Ulrike in der Phase des Kennenlernens das Tempo der intimen Annäherung bestimmen. Ein zu schneller Vorstoß Ihrerseits könnte sie verschrecken.

* Die Ulrike setzt sich permanent mental unter Druck. Das verursacht ihr häufig Spannungskopfschmerzen. Eine Kopfmassage per Hand oder mit dem Chi-Stimulator verschafft ihr Erleichterung und Ihnen einen dicken Pluspunkt in Ulrikes großem Tagebuch der Liebe.

* Mit einem edlen Duftwässerchen als Geschenk liegen Sie bei der Ulrike nur selten verkehrt. Sie gehört nämlich definitiv nicht zu den Frauen, die den ganzen Schrank davon voll haben. Das liegt aber nicht daran, dass sie an ihre Haut nur Wasser und CD lässt, sondern eher an mangelnder Shoppinglust.

No-Gos:

* Raser leben zumindest mit der Ulrike kürzer. Die Namensträgerinnen haben nicht nur ein großes materielles, sondern auch körperliches Sicherheitsbedürfnis. Autofahrer, die ständig mit überhöhter Geschwindigkeit durch das Leben brettern müssen, stehen bei der Ulrike sehr schnell auf der Abschussliste. Mit Bikern lassen sie sich gar nicht erst ein.

* Ulrikes hassen Actionfilme und cineastische Gewaltverherrlichung. Selbst schon mit dem Agenten Ihrer Majestät, James Bond, können Sie Ihre Ulrike trefflich aus dem Haus ekeln. Kaum mehr Freude werden Sie ihr mit dem Konsum von Fernsehsport bereiten.

* Überlegen Sie sich dreimal, ob Sie der Ulrike gegenüber eine flapsige Bemerkung machen möchten. Sie bekommt sie nämlich leicht in den falschen Hals, weil sie überempfindlich ist. Außerdem fühlt sich die Ulrike schnell ungerecht behandelt und schnappt dann ein wie ein Schweizer Taschenmesser.

Ideale Namenspartner:

Da der Werner meist in ausgezeichneten wirtschaftlichen Verhältnissen lebt und über einen annehmbaren beruflichen Status verfügt, fühlt sich die Ulrike bei ihm recht gut aufgehoben. Emotionale Unterstützung erwartet sie ohnehin nicht von ihrem Partner. Die würde sie aber vom fürsorglichen Joachim und Horst bekommen. Beim Harald hätte sie noch einen Hauch eher Hilfe in Tat als in Rat zu erwarten. Um den Andreas kümmert sich die Ulrike womöglich Hand in Hand mit der Schwiegermutter. Mit dem Paul verbindet sie die gewisse Unsicherheit in amourösen Angelegenheiten.

Prominente Namensträgerinnen:

Ulrike Folkerts, Ulrike Schweikert, Ulrike Nasse-Meyfarth, Ulrike Frank, Ulrike Krumbiegel, Ulrike Kriener, Ulrike Meinhof

Namenstag der Ulrike: 8. Mai

USCHI

BASICS: ZUR SACHE, SCHÄTZCHEN

Der Name Uschi ist die Kurzform von Ursula. Der Name kommt aus dem Lateinischen und bedeutet übersetzt »kleine Bärin«.

Uschis sind meist sehr beliebt, was mit ihrem hohen Maß an sozialer Kompetenz zusammenhängt. Ihr Freundes- und Bekanntenkreis ist riesig, nicht zuletzt weil sie die geborenen Zuhörerinnen sind. Besonders am Telefon schlagen sie sich als »Telefonseelsorgerinnen« so manche Nacht um die Ohren.

Zeitgenossen, die sie nicht mögen, zeigen die Uschis jedoch ähnlich den Bettinas brüsk die kalte Schulter. Manchmal entscheiden sie auch zu schnell über ihr Gegenüber. Sie verlassen sich auf den ersten Eindruck und verpassen dadurch so manche Chance, einen eigentlich wertvollen Menschen näher kennenzulernen.

Wegen ihrer Hilfsbereitschaft und kommunikativen Art arbeiten Uschis oft als Krankenschwestern, Sozialpädagoginnen oder Physiotherapeutinnen, aber auch in Lehrberufen sind sie gut vertreten. Ihre Zuverlässigkeit prädestiniert die Namensträgerinnen zudem für Bürojobs. So sind sie beispielsweise die idealen Chefsekretärinnen.

Entgegen der Mär von der »blonden Friseuse« sind Uschis meist überdurchschnittlich intelligent. So manches hübsche Uschiköpfchen ziert gar ein Doktorhut. In der Schule trat die Uschi allerdings meist noch nicht als Überfliegerin in Erscheinung, weil sie den rechten Ehrgeiz vermissen ließ und ihr Klassenlehrer für sie als Mann interessanter war als der Stoff, den er zu vermitteln hatte.

Zur rasenden Amazone wird die Uschi, wenn jemand versucht, sie für dumm zu verkaufen. Auch klischeehafte Witze über ihren Namen können sie auf die Palme bringen. Und da bleibt sie auch sitzen. Denn wer es sich einmal wirklich mit einer Uschi verscherzt hat, muss schon kleine Berge versetzen, um wieder Gnade vor ihren Augen zu erlangen.

Ein tiefes politisches Verständnis können Uschis trotz einer Ursula von der Leyen nicht aufweisen. Die meisten wählen relativ unreflektiert. Häufig passen sie sich ihrem Mann an oder bleiben der politischen Orientierung ihres Elternhauses treu. Der Begriff »wertkonservativ« trifft vielleicht noch am ehesten ihre Einstellung. In religiöser Hinsicht haben Uschis »ihren Glauben«, der allerdings nicht unbedingt an eine Kirche gebunden sein muss.

»Fromme Helenen« sind Uschis nur selten, zumal verhältnismäßig viele in ihrer »Jugend« nichts »anbrennen« lassen. Doch ist ein sexuell ausschweifender Lebensstil grundsätzlich nicht kennzeichnend für Uschis. Und spätestens ab dem vierten Lebensjahrzehnt kommen selbst die unsteten unter ihnen in ruhigeres Fahrwasser.

Was das Freizeitverhalten betrifft, spricht Uschi Glas, bekannt geworden durch den Filmklassiker »Zur Sache, Schätzchen«, ihren Namensschwestern aus der Seele. Sie verbringt nach eigener Aussage ihre Abende gerne mit Freunden oder geht in gepflegte Lokalitäten aus. Auch ihr Medienverhalten ist recht typisch: Das »Schätzchen« schaut fern, nutzt den PC, liest Tageszeitungen, Magazine und Frauenzeitschriften. Nur dem PC stehen die übrigen Uschis im Gegensatz zu ihr privat eher zurückhaltend gegenüber. Reisen müssen nicht unbedingt auf fremde Kontinente führen, da die Uschi ein wenig Flugangst hat und auch schöne Urlaubsziele in der Umgebung zu schätzen weiß. Weltenbummlerinnen mit dem Vornamen sind rar.

Sofern Uschis keinen Ekel davor haben, mögen sie Haustiere, neigen bei deren Hege und Pflege aber fast nie zum Fanatismus. Tiere zu vermenschlichen, lehnen sie kategorisch ab.

Optik und Outfit: She's so fine

Uschis oder Ursulas sind häufig keine besonders kleinen Frauen. Selten liegen sie unter 1,65 m und noch seltener unter 1,60 m Körperlänge. Die Figur reicht von sportlich schlank bis leicht untersetzt. Im Antlitz der Uschi finden sich kaum je kantige Züge. Es ist vielmehr meist hübsch, feminin und strahlt einiges an Herzenswärme aus. Die Aura der Uschi zeichnet sich durch Klarheit aus, korrespondierend zu ihrer charakterlichen Offenheit. Ihr Haarschopf ist mittelblond bis dunkelbraun, fast nie rot. Wenn sie ihn färbt, dann nicht mit grellen Tönen. Kleidungstechnisch erweist sich die Uschi als klassischer Jeanstyp. Sie hat einen guten Geschmack bezüglich ihres Outfits und ist auch recht eitel, neigt aber nicht zu Übertreibungen. Eine Uschi, die mit Schmuck behängt ist wie ein Weihnachtsbaum, wird eher die große Ausnahme sein.

Verführung und Sex: I'm so excited

Da die Uschi über ausreichend optische Reize verfügt, muss sie eigentlich nicht viel tun, um ihren Traumprinzen an den Haken zu bekommen. Unbewusst setzt sie aber dennoch die gesamte Bandbreite der Flirtsignale ein, angefangen vom Zurückwerfen, Berühren, Streicheln oder Zurechtstreichen ihrer Haare (Hair Flip), bis hin zur »Vorbauparade« (die Präsentation ihrer Brüste).

Vertreterinnen der Uschi-Spezies schwören auf Geradlinigkeit. Sie spielen gewöhnlich keine Spielchen mit ihren Verehrern, vorausgesetzt natürlich, sie haben Interesse an ihnen. Sie locken die männlichen Motten nicht, um sie hernach in ihrem Licht verbrennen zu lassen, sondern beabsichtigen dann auch, sich ihnen hinzugeben. Das mag vielleicht schon am ersten Abend sein, wenn das Gegenüber sie fasziniert oder ihnen große Versprechungen macht. Damit kann die Uschi aber bisweilen Schiffbruch erleiden, wenn am nächsten Morgen plötzlich alles vergessen ist. Sie ist dann Opfer ihres gewissen Leichtsinns und ihrer überschwenglichen Emotionen geworden.

Uschis haben ein gutes Verhältnis zu ihrem Körper und sind hochgradig erregbar. Deshalb ist für sie Sex in einer Beziehung ebenso selbstverständlich wie das »Amen in der Kirche«. Trotz ihrer prinzipiellen Aufgeschlossenheit haben Uschis aber auch klare Grenzen bezüglich ihrer fleischlichen Lust. Spätestens bei Sadomaso-Praktiken hört bei ihnen im wahrsten Sinne des Wortes die Freundschaft auf, und auch das Kamasutra der Liebe hat bestimmt keine Uschi verfasst.

Uschis sind »intim« gebend und sehr darauf bedacht, dass ihr Geschlechtspartner beim Verkehr mit ihnen höchste Wonnen erlebt. Auch quantitativ wird sich ein Lover selten beschweren können. Uschis brauchen Sex und weder nutzen sie ihn zum Taktieren, noch täuschen sie die berühmt-berüchtigte Migräne vor. Leider sind Uschis rasend eifersüchtig und keinesfalls dulden sie eine andere Frau neben sich. Ausgekratzte Augen von Nebenbuhlerinnen gehen häufig auf das Konto der Namensträgerinnen. Ihre Leidenschaft, die mit Eifer sucht, was Leiden schafft, wird für so manch peinlichen Auftritt sorgen.

JAGDREVIERE: ALWAYS AND EVERYWHERE

Mann trifft Uschis genauso in der Kneipe, im Café und im Kino wie im Park, auf Reisen und beim Sport, weil sie einfach aktiv am geselligen Leben teilnehmen. Auch an ihrem Arbeitsplatz sind die Trägerinnen dieses Namens durchaus offen für männliche Annäherungsversuche. Einen hervorragenden Jagdgrund zum Suchen und Finden der Liebe bietet auch der riesige Freundes- und Bekanntenkreis der Uschi. Die Partnersuche per Mausklick und Kontaktanzeige spielt sich zunächst im stillen Kämmerlein ab. Und dort hält sich eine Uschi nun gar nicht gerne über einen längeren Zeitraum auf. Außerdem sind ihr beide Medien zu unpersönlich. Uschis wollen gleich ran an den Speck, bevorzugen also den direkten Kontakt mit dem Objekt ihrer Begierde. Deshalb sind sie auch in Single-Gruppen und -Clubs stets überrepräsentiert. Uschis bereitet es keinerlei Probleme, alleine an einer Single-Reise teilzunehmen. Durch die Lebensfreude, die sie ausstrahlen, haben sie im Handumdrehen ein Grüppchen Gleichgesinnter um sich geschart. Spezielle Partys für Alleinlebende meiden die Trägerinnen dieses Namens, da ihnen Verpaarungsspielchen mit Nummern am Revers zu albern und verkrampft erscheinen.

Partnerschaft: Die mit dem Alpha-Wolf tanzt

Die Uschi braucht in der Zweisamkeit viel Pflege. Und die hat sie allemal verdient, denn auch sie selbst ist investitionsbereit, zudem äußerst umgänglich und liebenswert. Kleinen Komplimenten und Aufmerksamkeiten gegenüber ist die Uschi äußerst aufgeschlossen. Dadurch wird sie allerdings mitunter leicht manipulierbar.

Grundsätzlich tolerant, bringen die Namensträgerinnen ihrem Herzbuben viel Vertrauen entgegen und lassen ihn an der langen Leine. Uschis lieben Alphatierchen, Männer, zu denen sie aufschauen können. Nur denen können sie dauerhaft Respekt entgegenbringen. Ihre Interessen setzt die Uschi subtil mittels einer charmanten Raffinesse durch. Geschickt bringt sie dabei auch die »Waffen einer Frau« zum Einsatz.

Die »kleine Bärin« ist sehr emotional. Sie kann sich freuen wie ein kleines Kind, weinen wie ein Schlosshund und genauso gut auch ein Mimöschen sein. Bei Verletzungen durch ihren Partner neigt die Uschi mitunter zu Überreaktionen. Besonders wenn er fremdflirtet, sieht sie regelmäßig rot.

Uschis sind extrem kinderlieb und gründen gerne große Familien. Bleibt der eigene Nachwuchs aus, werden gerne Sprösslinge in Pflege genommen oder adoptiert. Den Haushalt schmeißen Uschis mit links, aber ohne besondere Leidenschaft.

TRENNUNG: IN LIEBE ENTZWEIT

Das Beziehungsende mit einer Uschi wird meist recht glimpflich ablaufen. Schmutzige Wäsche zu waschen, liegt nicht in ihrem Verhaltensmuster. Dafür ist sie zu klug und zu gerecht. Ihr Stolz verbietet ihr, nach der Trennung ihren Partnern nachzustellen oder zu versuchen, sie aus Rache finanziell zu ruinieren. Zumindest wird sie stets eine faire Lösung anstreben, nicht zuletzt zum Wohle des gemeinsamen Nachwuchses, dem sie einen »Rosenkrieg« der Eltern ersparen möchte. Die Uschi ist zu einem freundschaftlichen Umgang miteinander und viel Entgegenkommen bereit, aber an eines sollte der Verflossene nicht einmal zu denken wagen: nämlich ihr die Kinder »wegzunehmen«. Ansonsten wird er nicht weniger als ein blaues Wunder erleben.

PFLEGETIPPS:

Musts:

* Laden Sie Ihre Uschi öfter zu Wellness-Events ein. Sie genießt es wie kaum eine andere Frau, an Körper, Geist und Seele verwöhnt zu werden.

* Uschis lieben kleine Aufmerksamkeiten. Ab und zu ein Zettelchen mit lieben Worten auf dem Küchentisch zu finden, ist ihnen tausendmal wichtiger als der teuerste Diamantring. Da sie gerne nascht, können Sie bei einer Uschi auch mit der Lieblingsschokolade auf dem Kopfkissen eine Menge Punkte sammeln. Sie signalisieren ihr damit gleichzeitig, dass Sie sie nicht zu dick finden. Für diesen Wink mit dem Zahnstocher wird ihnen die Uschi unendlich dankbar sein.

* Bestätigen Sie der Uschi an Ihrer Seite immer wieder, dass sie »the one and only« für Sie ist. Im Gegenzug werden auch Sie wie ein König von ihr behandelt.

No-Gos:

* Eine Uschi zu versetzen, würde ein fast so heftiges Erdbeben verursachen wie der Einsturz des Mount Everest.
* Versuchen Sie nicht, eine Uschi einzusperren oder ihr die Freundinnen madigzumachen. Der Schuss geht garantiert nach hinten los, ist sie doch ein Gemeinschaftswesen in Reinkultur.
* Muttersöhnchen lehnt die selbständige Uschi ab. Kommen Sie nicht auf die Idee, sie mit Ihrer Frau Mama zu vergleichen.

IDEALE NAMENSPARTNER:

Der Joachim, der Rüdiger und der Holger sind einfühlsam genug, um auch mit der hypersensiblen Ader der Uschi umzugehen. Mit ihrem geselligen Aspekt korrespondieren der Peter und der Michael ausgezeichnet. Am Stefan schätzt die Uschi die Kinderliebe und seinen unbändigen Humor.

Ausreichend Respekt und Bewunderung finden Uschis am ehesten bei Haralds. Da Haralds auch »Kümmerer« sind, können sie mit ihnen vortrefflich auf der sozialen Schiene fahren. Während Uschi ihre beste Freundin psychologisch bei ihrer Trennung »berät«, organisiert Harald ihren Auszug.

PROMINENTE NAMENSTRÄGERINNEN:

Uschi Obermaier, Uschi Glas, Ursula Wölfel, Ursula Karven, Ursula von der Leyen, Uschi Disl, Ursula Andress

Namenstag der Ursula/Uschi: 21. Oktober

Ute/Uta

Basics: She's got the power

Die Ute ist alles andere als eine Duckmäuserin. Schon in der Schule hat sie nicht selten durch ihre klaren, teilweise provozierenden Standpunkte polarisiert. Die einen liebten sie dafür heiß und innig, während sie die anderen in Bausch und Bogen ablehnten. Später sind aus den Namensträgerinnen streitbare Frauen erwachsen, wie die Theologieprofessorin Uta Ranke-Heinemann, die jahrelang im Clinch mit dem Vatikan lag, bis sie schlussendlich exkommuniziert wurde. Die Ute kann es sich aber auch erlauben, streitbar zu sein, weil sie genug Power und Standing hat, ihre Konflikte auszutragen. Sie ist nicht der Typ, der gleich beim ersten Gegenwind einknickt.

Was immer die Ute veranstaltet, sie liebt das große Publikum. Ein gewisser Narzissmus ist ihr gewiss nicht abzusprechen; ebenso zeigt sie sich selten frei von Berechnung. Für das, was sie gibt, erwartet sie eine entsprechende Gegenleistung, und sei sie nur in Form von Bewunderung oder Anerkennung. Das Wort Selbstlosigkeit haben die Utes gewiss nicht erfunden. Versucht jemand der Ute den Platz an der Sonne streitig zu machen, fährt sie ihre Ellbogen aus. Obwohl keine Zicke, ist ihr Stutenbissigkeit durchaus nicht fremd.

Eine der hervorstechendsten Charakterstärken der Ute ist ihre Direktheit. Sie hat den Mut, ihren Mitmenschen offen ins Gesicht zu sagen, wenn ihr etwas an ihnen nicht passt. Dann können bei ihr die Fetzen fliegen, aber nach dem klärenden Gewitter sind die Fronten auch geklärt und es kehrt wieder Frieden ein. Utes sind Freigeister. Sie schwimmen gerne gegen den Strom und hassen es, in ihrer Autonomie eingeschränkt zu werden. Als häufig Fischegeborene gleiten sie aus der Hand und als »Luftikusse« (Wassermann, Zwilling, Waage) fliegen sie kurzerhand davon, wenn das versucht wird. Selbst einem

Chef ordnen sie sich nur zähneknirschend unter. Daher wählen sie gewöhnlich einen Beruf, in dem sie viel Freiraum haben, beziehungsweise machen sich vollends selbständig. Hierbei sind sie oft als Ernährungsberaterinnen, Reitlehrerinnen oder in einem eigenen Geschäft tätig. In ihren Kursen und unter ihren Mitarbeitern/innen kann sie auch wieder genießen, im Mittelpunkt zu stehen. Die angepassteren Vertreterinnen dieses Namens finden sich hingegen eher an der Supermarktkasse, in der Verwaltung oder hinter dem Bankschalter.

Die Mußestunden verbringen Utes häufig mit Wellness jedweder Couleur, bei der sie sich von ihren heißen Nächten als Disko- und Partyqueen erholen. Für das Lesen von dicken Schmökern fehlt ihnen gewöhnlich das Sitzfleisch und auch ein wenig die Geduld. Was in der Welt los ist, erschließen sie sich eher aus Fernseher, Internet und Zeitschriften, weil das schneller geht. Apropos Fernseher: Ein Leben ganz ohne die Flimmerkiste könnten sich nur die wenigsten Utes vorstellen. Dafür schauen sie alleine schon viel zu gerne Liebesfilme und schwarze Komödien. Auf ihren Reisen bevorzugen sie eine Mischung aus Action, Kultur und Strand. Die Einsamkeit beim Bergwandern ist den Utes allemal zu öde. Höchstens zum Skilaufen frequentieren sie alpine Regionen. Aber vielleicht simd es hier auch eher die Après-Ski-Events, die sie reizen ...

Optik und Outfit:
Zwischen Küche und Kriegspfad

Utes mögen hinsichtlich ihres Outfits die Abwechslung. Das Spektrum reicht von der braven Hausfrau mit Kittelschürze bis zum Vamp à la Ute Lemper. In der Disko legen sie schminktechnisch die Kriegsbemalung auf und tragen gerne das kurze Schwarze mit halterlosen schwarzen Strumpfhosen, so dass jedem Mann bei ihrem Anblick die Luft wegbleibt.

Allerdings sind Utes auch Meisterinnen im Kaschieren. Und da gibt es mitunter einiges: Hautprobleme durch ihr oft nicht sehr gesundes Leben mit Alkohol, Nikotin, vor allem aber zu wenig Schlaf oder einige überschüssige Kilos. Das Gesicht der Utes ist meist recht schmal. Bei den streitbaren Vertreterinnen wirkt es oft kühl bis maskenhaft. Gewiss prägt auch oft Verbitterung die Antlitze der Amazonen unter ihnen, denn oft kämpfen sie gegen Windmühlen. Trotzdem oder gerade deshalb sind auch sie ausgesprochen begehrte Frauen. Viele Männer turnt gerade die eiskalte Erotik ihrer Ausstrahlung an.

Die Naturhaarfarbe der Ute zu bestimmen, stellt sich gewöhnlich als schwierig heraus, weil sie faktisch kaum je vorkommt. Die straßenköterblonden Vertreterinnen lassen sich regelmäßig zur Marilyn färben, während die Brünetten nach dem Friseurbesuch mit einer Mähne wie Black Beauty auf die Piste gehen. Von der Körperlänge her überschreiten die Utes kaum wesentlich die 1,70 m. Der Durchschnitt dürfte etwas unter 1,68 m liegen. Interessanterweise trifft auf die Ute der Spruch »Klein, aber oho« nicht zu. Die »längeren« Vertreterinnen sind gewöhnlich sowohl sexuell aktiver als auch einen Hauch klüger.

Utes haben ein vollkommen entspanntes Verhältnis zur Schönheitschirurgie. Um auf dem »Jahrmarkt der Eitelkeiten« bestehen zu können, geben sie Unmengen an Geld für Fältchenglättung, Brustkorrekturen und Fettabsaugungen aus.

Verführung und Sex:
I can't get no satisfaction

Da die Namensträgerinnen viel seltener angesprochen werden, als sie Lust auf einen Mann haben, gehen sie häufig auch selbst zum Angriff über. Das liegt aber eigentlich nicht in ihrer Natur, denn viel lieber lassen sie sich erobern. Im Tiefsten ihres Herzens sind nämlich Utes eher schüchtern, doch müssen sie sich die Schüchternheit aufgrund ihrer ausgeprägten Libido tunlichst austreiben. Oft kommt dadurch als eine Art von Überkompensation ihre außerordentliche Kontaktfreude zustande. Haben sie einen schlechten Tag, wirken sie keinesfalls wie ein Vamp, sondern eher wie ein hilfloses, kleines Mädchen.

Die Ute hat ausgeprägte Phantasien von Sex mit einem Unbekannten. Wenn sie ein Bursche optisch außergewöhnlich fasziniert oder anturnt, reicht bei ihr bisweilen (fast) schon das berühmte »Gehen wir zu dir oder gehen wir zu mir« als Anmache. Mit einer taufrischen Bekanntschaft geht sie meist noch am selben Abend ins Bett, sofern sie sich davon einige vergnügliche Stunden verspricht. Bei ihr läuft der Spruch »Der erste Sex ist nicht der beste« regelmäßig ins Leere. Selbst ein One-Night-Stand wird mit einer Ute zu einem Erlebnis, weil sie sofort von null auf hundert ist. Überhaupt liegt es nicht in ihrem Konzept, sexuell irgendetwas auszulassen, weder was die Umsetzung von Praktiken noch was die Belegung ihres Schlafzimmers betrifft. Und Belegung ist hier wörtlich zu nehmen. Nicht selten stehen bei der Ute mehr als 20 Geschlechtspartner zu Buche. Echte Vamps haben irgendwann bei 50 aufgehört zu zählen. Das erklärt auch, wie viele Utes bereits im Teenageralter zu dem wenig schmeichelhaften Beinamen »die Stute« kamen. Häufig gingen sie damals auch bei »reiferen« Liebhabern in die Lehre, die sie in alle Formen der Lust einführten und bei denen sie alle Kniffe zu deren Steigerung erlernten. Die Ute ist sexuell ebenso tolerant wie neugierig. Erwischt sie ihren Mann in flagranti beim Schäferstündchen mit einer anderen Frau, zieht sie sich womöglich einfach aus und nimmt an dem außerehelichen Treiben teil.

Jagdreviere: Mach dich nackisch

Auf freier Wildbahn nutzt die Ute vorwiegend Disko/Kneipe und Sauna/FKK-Strand als Jagdgründe. Die Sauna bietet für sie den

Vorteil, dass sie die Kandidaten gleich begutachten kann, wie der liebe Gott sie schuf. Nicht selten bestellt sie sich die Herzbuben in spe auch zum ersten Date an einen Ort der Freikörperkultur, um zu sehen, was sie möglicherweise bekommt.

In der Disko/Kneipe tanzt die Ute das Objekt ihrer Begierde mehr oder weniger aggressiv an. Anhand dieser vertikalen Annäherung bringt sie ihren horizontalen Wunsch zum Ausdruck. Mit ihrer herausfordernden Art gelingt es ihr meist, die andere Seite in Wallung zu bringen. Nur selten kommt sie in die Verlegenheit, »unbemannt« den Ort des Geschehens zu verlassen.

Auch abgesehen von Tanztempel und »Schwitzkasten« gibt es kaum eine Lokalität, an der die Ute nicht jagt und sich jagen lässt. Die »gesitteteren« Vertreterinnen sind sehr häufig mit Freundinnen in Cafés zum Kaffeeklatsch anzutreffen oder bummeln mit ihnen durch die Stadt. Auf dem Hundeübungsplatz ist sowohl der eine als auch der andere Ute-Typ anzutreffen. Die Namensträgerinnen haben nämlich häufig ein Faible für den treuesten Freund des Menschen, der aber schon eine stattliche Größe haben sollte.

Die »sexy« Utes gehen gerne gediegen essen, bevor sie sich in ihre amourösen Abenteuer stürzen. Möchten sie indes Lover frei Haus geliefert haben, zumindest virtuell, surfen sie durchs World Wide Web. Dort ist die Auswahl riesig, besonders an Kerlen, die nur etwas fürs Bett suchen. Auch qua Kontaktanzeige buhlen genügend »gutsituierte Geschäftsleute« um »gelegentliche Treffs« mit Damen, die »Tagesfreizeit« aufzuweisen haben, also bereit sind zu einem unverbindlichen Schäferstündchen. Natürlich können sie »auf diesem Wege« ebenso eine ernsthafte Partnerschaft aufbauen, sofern ihnen der Sinn danach steht.

Beim Running Dinner werden der Ute nicht nur Speisen serviert, sondern daneben noch sechs unbekannte Männer, beim Speed-Dating sogar etwa zehn, was so ganz nach ihrem Geschmack ist. Die kecken Utes lassen sich auch nur selten den Spaß entgehen, an Kuppelshows im Fernsehen, im Radio oder auf Single-Feten teilzunehmen, obwohl sie das eigentlich als unter ihrem Niveau empfinden. Geld würden sie aber für Kontaktanbahnung nicht ausgeben, wie bei einer klassischen Partnervermittlung. Regelmäßigkeit ist der Ute privat eher zuwider. Daher fallen Single-Tanzkurse und -Gesprächszirkel weitgehend für sie weg. Eine recht hohe Verweildauer hat die leicht sprunghafte Ute noch in Single-Clubs, da dort »vieles kann und nichts muss«.

PARTNERSCHAFT: PANTA RHEI

Männer, die eine anspruchslose, genügsame Lebensgefährtin suchen, sind bei der Ute völlig deplaziert. Stagnation bedeutet für sie den Tod einer Beziehung; stets strebt sie voran. Wenn der Partner der Ute glaubt, er könne auf der heimischen Couch festwachsen, wird sie ihm Beine machen. Selbst an ihren »faulen Tagen« betreibt die Ute kein Cocooning. Anstatt sich mit ihrer besseren Hälfte vor dem Fernseher zu verschanzen, verlebt sie lieber einen geselligen Relaxnachmittag in der Sauna. Zur Not geht sie auch alleine. Denn Anschluss findet die kontaktfreudige Ute immer. Aber manchmal reicht es ihr, einfach nur unter Menschen zu sein, und sie sucht überhaupt keine Konversation.

Der Ute allzu oft das Geleit zu verweigern, kann allerdings für ihren Herzbuben leicht zur Gefahr werden, flirtet sie doch nur allzu gerne fremd. In Liebesdingen ist sie nämlich recht leichtsinnig. Fühlt sie sich zu Hause vernachlässigt, kann es bei ihr leicht zu einem Ausrutscher kommen. Mitunter will das »Rutschen« auch kein Ende finden und aus dem, was ursprünglich nur als One-Night-Stand gedacht war, wird eine handfeste Affäre.

Von den vielen Rollen, die in der Ehe zum Repertoire der Ute gehören, ist ihr die der Hausfrau und Mutter sicher nicht die liebste. Den Sprösslingen vermag sie keine echte Herzenswärme zu geben, weil es ihr selbst daran ermangelt. Außerdem hat sie nicht selten eine ambivalente Einstellung gegenüber Nachwuchs. Einerseits gehören Kinder schon zu ihrem Lebensentwurf, andererseits sieht sie darin einen gewaltigen Hemmschuh für ihr berufliches Fortkommen. Als Kompromiss stellt die Ute ihre Kids sehr früh auf eigene Füße und startet dann wieder im Job durch. Von den häuslichen Pflichten liegt ihr am ehesten das Kochen, mitunter noch das Backen. Aber leider bleiben auch die anderen Arbeiten an ihr hängen, denn die Ute steht fast immer auf Machos. Und die sind bekanntlich selten Küchenfeen.

TRENNUNG:
GELEGENHEIT MACHT DIEBE

Da die Ute »keine sentimentale Person« ist, wie ausgerechnet auch die Autorin von Liebe und Romantik, Utta Danella, von sich behauptet, tragen die Gondeln nach dem Ende der Zweisamkeit nicht allzu lange Trauer. Das verhindert schon ihre Libido, die sie danach bald wieder umtreibt. Die Ute gehört nicht zu den Frauen, die ihr Verlangen ausschalten können, wenn sie keine Partnerschaft haben. Zumindest Übergangsbeziehungen und Zwischenhäppchen stehen bei ihnen schon im gesetzlichen Trennungsjahr auf dem (Speise-) Plan.

Da die Ute sich oft recht früh neu orientiert, möchte sie die rechtlichen Fragen, die nach dem Ehecrash zu klären sind, möglichst reibungslos vom Tisch bekommen und ist zu jedem vernünftigen Kompromiss bereit. Die Chance, ihren Ex zu übervorteilen, nutzt sie aber bisweilen eiskalt, wenn sie ihr geboten wird. Das Verhältnis zum Verflossenen bleibt gewöhnlich kühl, aber warum sollte es jetzt auch anders werden, als es meist schon in der Partnerschaft war.

Pflegetipps:

Musts:

* Die Vamps unter den Utes lieben es mondän. Wenn Sie sie zum Essen oder einem Wellness-Wochenende einladen, achten Sie auf ein gediegenes Ambiente der entsprechenden Location. Um die Ute selbst zu bekochen, sollten Sie die Pasta – mag sie gerne – schon mindestens so delikat zubereiten wie ihr Lieblingsitaliener.

* Im Zusammenleben mit der Ute ist Durchsetzungsvermögen vonnöten. Sie wünscht sich (insgeheim) einen Mann, der ihr bisweilen die Wacht ansagt und, wenn es nicht anders geht, auch einmal mit der Faust auf den Tisch haut. Machtdemonstrationen und einen gewissen Machismo findet die Ute überaus sexy.

* Machen Sie Ihrer Ute öfters Geschenke zwischendurch, die sie zum Lachen oder wenigstens zum Schmunzeln bringen.

No-Gos:

* Haben Sie gerade eine Ute kennengelernt und sie wohnt zehn Kilometer weiter von Ihnen entfernt, als Sie eigentlich zu fahren bereit waren, dann lassen Sie sie das bloß nicht wissen, wenn Sie trotzdem Interesse an ihr haben. Kleinkariertheit jedweder Couleur bringt sie maßlos auf die Palme.

* Die Ute ist eine kontrollierte Frau. Selten verliert sie die Gewalt über ihre Emotionen. Das erwartet sie ebenso von ihrem Seelenpartner. Kerle, die ständig herumbrüllen müssen wie »Ausbilder Schmidt«, widern sie geradezu an.

* Sowohl mit Muttersöhnchen als auch mit Männern, die mit 40 noch immer nicht wissen, wo es langgeht, hat die autonome und straighte Ute überhaupt nichts am Hut. Mangelnder gesellschaftlicher und beruflicher Status disqualifiziert gewöhnlich einen Bewerber für den Platz an ihrer Seite. Die (St)ute liebt eben den Leithengst.

Ideale Namenspartner:

Die intimen Bedürfnisse der männermordenden Ute dürften am ehesten noch der ähnlich veranlagte Michael, der Gerd und der Vertreter-Thomas erfüllen können. Mit dem Peter und dem Wolfgang kann die Ute auf einem hohen Niveau diskutieren und Streitgespräche führen, allerdings sollte sie dann eher zu der Fraktion der monogamen Namensvertreterinnen gehören. Ute und Klaus verbindet der Hang zum Exzessiven sowie der gesellige Aspekt. Den teilt die Ute auch mit Ralf und Udo, wobei Letzterer auch die Macho-Allüren verkörpert, die ihr den besonderen Kick verschaffen.

Prominente Namensträgerinnen:

Uta Ranke-Heinemann, Ute Lemper, Ute Ohoven, Uta Pippig, Ute Stein, Utta Danella, Ute Freudenberg, Ute Vogt

Namenstag der Ute/Uta: 20. Januar

ANDREAS

BASICS: MAMA ANTE PORTAS

Obwohl Andreasse sich im Erwachsenenalter (!) emotional einigermaßen gut von ihrer Mutter lösen, schaffen sie es nur selten, eine
räumliche Distanz zu ihr herzustellen. Meist wohnen sie in einer Er-
weiterung oder in einem Nebengebäude des Elternhauses oder bau-
en ihr Eigenheim auf dasselbe Grundstück. Das hat viel mit Bequemlichkeit zu tun, denn zur Not sind die Eltern und insbesondere
die Frau Mama so am schnellsten verfügbar. Außerdem bleiben sie
oft weitgehend für die Pflege des Anwesens zuständig und nehmen
dem Andreas und seiner späteren Frau, sofern sie es zulässt, einen
Teil der Hausarbeiten ab.

Ein wesentlicher Grund, warum den Andreassen die »Flucht« aus
ihrem Nest nicht gelingt, ist auch ihre Provinzialität. Bei vielen Namensträgern beschränkt sich die Reisetätigkeit auf den Bayerischen
Wald und die Nordsee. Die Ostsee ist ihnen oft schon zu sehr »wil-
der Osten«. Wenn sie verheiratet sind, lassen sie sich von ihrer Göt-
tergattin vielleicht auch mal in ein Flugzeug zerren, aber die Azte-
ken und den Taj Mahal werden sie gewiss nicht besuchen.

Andreasse sind aber keine schwachen Persönlichkeiten, wie man
aufgrund ihrer Sessilität im Elternhaus vermuten könnte. Sie lassen
sich nicht von ihrer Mutter bevormunden, sondern haben sie selbst
ziemlich gut im Griff. Eben das unterscheidet sie schon gravierend
von klassischen Muttersöhnchen. Allerdings sind Andreasse ziemliche Angsthasen. Sonderlich mannhaft, wie die Übersetzung ihres
Namens lautet, sind sie sicher nicht.

Eines der gravierendsten charakterlichen Defizite des Andreas liegt
gewiss in seiner mangelnden Hilfsbereitschaft. Braucht man seine
Unterstützung, muss man bisweilen förmlich darum betteln. Aus

eigenem Antrieb wird er fast nie aktiv. Selbst um Hilfe bitten kann der Andreas nur schlecht, und auch das Annehmen fällt ihm nicht immer leicht. Besonders mit psychologischem Beistand tut er sich schwer, da er nur ungern offen über seine Gefühle spricht. Die tiefsten Abgründe seiner Seele kennen vermutlich noch nicht einmal die Menschen, die ihm am nächsten stehen.

Fußball ist keinesfalls das Leben der Andreasse. Zweifelsohne haben viele von ihnen in ihrer Jugend auf dem Bolzplatz gekickt, aber die meisten haben danach das Interesse daran weitgehend verloren. Im Erwachsenenalter treten stattdessen häufig Zweiradfahren und Motorsport in den Vordergrund.

Beruflich sind Andreasse entweder im Handwerk oder in naturwissenschaftlich-technischen Sparten tätig. Bisweilen arbeiten sie auch auf einer Bank, was zu ihrer relativ materialistischen Einstellung passt. Für den Dienst am Menschen fehlt ihnen neben der Empathie auch meist ein wenig die Ruhe und Geduld.

OPTIK UND OUTFIT:
BLOND, BLAUÄUGIG, PLATTFÜSSIG SUCHT

Vielleicht auch weil sie so süße Bengel waren, wurden die Andreasse in ihrer Kindheit von der Mama und nicht selten auch vom Papa gehätschelt und getätschelt. Oft hatten sie strahlende blaue Augen oder goldige Löckchen, gepaart mit einem einnehmenden Lachen. Auch der ausgewachsene Andreas ist meist ein hübscher Kerl. Normalerweise messen die Träger dieses Namens vom Scheitel bis zur Sohle gut 1,80 m. Einige Vertreter reichen aber auch an die hünenhaften 1,90 m heran. Kleine Exemplare unter 1,70 m sind extrem selten. Fast immer weisen Andreasse eine sportliche Figur mit Idealgewicht auf, die aber in ausgeprägte Plattfüße mündet. Haben sie ein paar Kilo zu viel, dann nicht auf den Rippen, sondern in ihren breiten Schultern. Oft sind sie nämlich vom Körperbau her eher Athletiker.

Das Gesicht der Andreasse ist meist markant, aber nicht ausgesprochen. Der Teint umfasst die Spanne vom »Südländer« bis zum »Bleichgesicht«. Man könnte auch fast schon von einem Entweder-oder sprechen, da die Mitte kaum besetzt ist. Die Haare sind bei etwa 70% (!) blond und meist mehr oder weniger glatt. Eine Neigung zur Kahlköpfigkeit ist kaum je zu beobachten.

Andreasse kleiden sich extrem leger. Auf teure Markenklamotten legen sie kaum bis überhaupt keinen Wert. Oft tragen sie Jeans kombiniert mit einem Shirt oder coolen Hemd und Turnschuhen. In Anzüge zwingen sie sich nur im Notfall. Accessoires gegenüber sind Andreasse nicht abgeneigt. Nicht selten verzieren sie Finger und Ohren mit Ringen. Auch Tattoos schmücken mitunter ihren Luxuskörper und ausnahmsweise auch Piercings.

VERFÜHRUNG UND SEX:
ES KNISTERT NUR IM PORTEMONNAIE

Der erste Trumpf, den die Andreasse beim Suchen und Finden der Liebe in die Waagschale werfen können, besteht darin, dass sie finanziell meist auf Rosen gebettet sind, während der zweite gewiss ihr überdurchschnittlich gutes Aussehen ist. Allerdings befreien beide den Andreas noch nicht von der lästigen Pflicht, mit dem weiblichen Geschlecht auf Fühlungnahme zu gehen. Sich einfach in ganzer Schönheit mit einem Sack voll Geld mitten in die Kneipe zu stellen, würde zwar Blicke auf ihn lenken, aber sicher noch keine verliebten. Zum Glück sind es oft die Damen, die auf den Andreas zugehen oder ihm so klare Signale geben, dass er sie einfach ansprechen muss.

Wenn es dann – wie auch immer – zum verbalen Infight kommt, offenbart sich die ganze Befangenheit der Namensträger gegenüber dem weiblichen Geschlecht sowie ihr hölzerner Charme. Das eröffnet dem Andreas aber auch eine Chance, denn viele Evastöchter wittern in ihm Erziehungspotenzial. Zudem wäre die Gefahr viel größer, ihn gleich wieder an die Nächstbeste zu verlieren, beherrschte er neben seiner optischen Attraktivität und Wohlhabenheit auch noch alle Flirtstrategien eines Philipp von Senftleben bis ins Effeff. Manchmal kann es eben auch von Vorteil sein, über gar keine ausgeprägte Jagdstrategie zu verfügen.

Mit Eros hat der Andreas genauso wenig einen Vertrag wie mit Aphrodite. Oft ist der Andreas mit 20 noch Jungfrau, so dass sich seine Eltern schon langsam Gedanken darüber zu machen beginnen, ob er vielleicht »vom anderen Ufer« ist. Irgendwann im dritten Lebensjahrzehnt des Andreas kommt aber dann doch der Tag, an dem er mit einer Frau im Bett landet.

Er findet immerhin so viel Gefallen an der Sache, dass es zu regelmäßigen Wiederholungen kommt, aber doch nicht so viel, dass er bereit wäre, sein Repertoire erheblich zu erweitern. Kann er auch nicht, denn wenn Andreassen etwas fehlt, dann ist es Phantasie.

Nach einer Phase leidlicher Leidenschaft wird der Andreas auch im Bett zunehmend passiver und teilnahmsloser. Da ohnehin immer wieder Schema F abläuft, ist es seine bessere Hälfte auch irgendwann leid, regelmäßig die Circe zu geben, wenn der Andreas vergeblich seinen Startknopf sucht. Nicht selten dient ab 50 das eheliche Schlafzimmer tatsächlich nur noch mehr oder weniger zum Schlafen.

JAGDREVIERE:
PER MAUSKLICK INS EHEGLÜCK

In der »Jugend« lernen die Andreasse ihr Herzblatt am ehesten an der Uni oder beim Sport kennen. Da sie vor ihrer Ehe meist noch einen relativ großen Freundeskreis haben, werden sie bisweilen auch mit der Schwester oder Cousine eines ihrer Kumpel verkuppelt. Diese Möglichkeit entfällt allerdings, wenn die Andreasse nach einer Scheidung wieder auf den Singlemarkt strömen. Schließlich hatten sie während ihrer Ehe alle sonstigen sozialen Kontakte weitgehend einschlafen lassen oder zumindest sträflich vernachlässigt.

Im Job ist die Auswahl an Kandidatinnen für den Platz an ihrer Seite gering, arbeiten Andreasse doch meist in ausgesprochenen Männerberufen. Als Techniker im Flugzeugbau etwa kommen gewöhnlich höchstens die weiblichen Bürokräfte in Frage. Bei Fernsehkuppelshows würden die Namensträger wegen ihrem Ungeschick im Umgang mit Frauen kaum ein Fettnäpfchen auslassen und sich ziemlich blamieren.

Was immer Andreasse auch versuchen, seien es nun Reisen und Gesprächszirkel für Singles oder Speed-Dating, überall ermangelt es ihnen an der Fähigkeit, sich für das andere Geschlecht wirklich interessant zu machen. Regelmäßig bleiben sie im Vergleich zur Konkurrenz blass. Flirtcoaches oder Heiratsinstitute, die ihnen bei der Kontaktanbahnung behilflich sein könnten, meiden sie wegen der nicht unerheblichen Kosten. In die Disko oder auf Tanzfeten gehen die Andreasse ungern, weil sie sich zum einen in großen Menschenmassen verloren vorkommen und zum anderen meist auch noch miserable Tänzer sind …

Die Partnersuche per Mausklick ist insofern günstig, als sich die potenzielle Herzdame »via« Mail schon vor dem ersten persönlichen Kontakt ein wenig an die schroffe Art des Andreas gewöhnen kann. Vermutlich ist das Internet auch heutzutage Ehestifter Nr. 1 für die Namensträger.

Partnerschaft: Das bisschen Haushalt ist doch kein Problem

In den ersten Jahren der Ehe sind die Andreasse recht unternehmungslustig. Sie sind viel alleine, aber auch mit ihrer Angetrauten unterwegs, was frischen Wind in die Beziehung bringt. Da ihnen fast immer ein Phlegma innewohnt, entscheidet später stark ihre bessere Hälfte mit, ob sie aktiv bleiben oder zunehmend zu »wohnen« beginnen.

Die Trias Kinder, Küche, Kirche überlässt der Andreas gerne vornehm seiner Frau. Außerdem erwartet er von seiner besseren Hälfte auch eine Rundumversorgung. Oft ist sie wie beim Udo kaum mehr als eine Funktionsträgerin, die weitgehend die Rolle ihrer Schwiegermutter übernimmt. Ohne ein ausgesprochenes Glucken-Gen wird sie sich beim Andreas todunglücklich fühlen. Gerät er jedoch an eine dominante Partnerin, so lässt sich der nicht unflexible Andreas durchaus zu einem passablen Hausmann »erziehen«.

Eine wirklich tiefe emotionale Bindung einzugehen, sind die wenigsten Namensvertreter imstande, ermangelt es ihnen doch an der rechten Herzenswärme. Auch in kommunikativer Hinsicht befriedigen die Andreasse die Bedürfnisse des »schwachen Geschlechts« nur unzureichend. Oft sind sie ein wenig einsilbig oder barsch und haben kein Gefühl dafür, was XX gerne hören möchte.

Allerdings kann die holde Weiblichkeit davon ausgehen, in Person des Andreas einen treuen Partner an ihrer Seite zu haben. Da er wahrlich kein Sexzyklon ist und oft schon Schwierigkeiten hat, das eigene Feld zu bestellen, kommt er überhaupt nicht auf die Idee, auch noch das Nachbargrundstück zu bearbeiten.

Trennung: Ad fontes

Statistisch gesehen geht etwa bei 2/3 aller Scheidungen die Initiative von den Frauen aus. Beim Andreas dürften es so um die 90% sein, die einfach nicht mehr bereit sind, in ein Fass ohne Boden zu investieren. Wenn die Partnerinnen teilweise Hals über Kopf gehen, hat der Andreas eher Magenschmerzen vor Hunger, weil er nicht mehr bekocht wird, als Herzschmerzen, weil er nicht mehr geliebt wird. Aber die halten nicht lange an, weil seine Mutter schon Gewehr bei Fuß steht, ihre alten Aufgaben wieder zu übernehmen. Nun erweist es sich für den Andreas als nützlich, dass »Mama ante portas« lebt. Trotzdem reagiert der Sohnemann teilweise ziemlich über. Ist seine Verflossene mit einem anderen Kerl durchgebrannt, macht er ihn ausfindig und droht ihm Prügel an. Andreasse sind keine Typen, die gerne geben, aber sie hassen es geradezu, etwas weggenommen zu bekommen. Das Gefühl haben sie auch, wenn es später darum geht, Ehegattinnen- und Kindsunterhalt zu zahlen. Nicht selten versuchen sie sich davor zu drücken, weil sie glauben, sie finanzierten damit den Neuen ihrer Ex.

Pflegetipps:

Musts:

* Andreasse sammeln Modellautos, alte Traktoren oder Militaria. Schenken Sie ihm ein besonders begehrtes Stück und begleiten Sie ihn auf Tauschbörsen und Flohmärkte, wenn er wieder einmal auf der Jagd nach neuen Objekten seiner Begierde ist.
* Kochen Sie Ihrem Andreas nach einem heftigen Streit, den Sie (ungerechterweise) vom Zaun gebrochen haben, zur Versöhnung sein Leibgericht Rouladen mit selbstgemachten Knödeln und Rotkraut. Das wird selbst das Herz des eingeschnapptesten Andreas wieder erweichen.
* Nicht selten sind die Namensträger abergläubisch und pflegen bestimmte Rituale. Manche glauben zum Beispiel, es würde Glück bringen, eine Treppe immer wieder mit der gleichen Anzahl an Schritten zu besteigen. Lassen Sie dem Andreas seine kleinen Marotten. Sie werden sie ihm eh nicht austreiben können.

No-Gos:

* Vor der Dunkelheit fürchtet sich der Andreas wie ein Vampir vor dem Licht. Schon der Gedanke an einen Spaziergang durch den Wald bei Nacht ist für ihn blanker Horror.
* Legen Sie sich nicht mit seiner Mutter an. Da sie oft im gleichen

Haus oder zumindest auf dem gleichen Grundstück wohnt, kann sie Ihnen das Leben zur Hölle machen. Erwarten Sie von Ihrem Andreas nicht, dass er sich auf Ihre Seite schlägt. Dafür ist er nicht loyal genug.

* Es gibt wohl nichts, was ein Andreas mehr hasst als die Oper. Nach Bayreuth könnten Sie ihn höchstens unter der Vorgabe bekommen, dass dort ein Hard-Rock-Festival über die Bühne geht. Überhaupt hat er mit Kultur nicht viel am Hut. Selbst zu einem Musical wird er Sie nur mit Müh und Not begleiten.

IDEALE NAMENSPARTNERINNEN:

Eine Ingrid reicht an Mamas Koch- und Backkünste heran, übertrifft sie aber meist »zum Glück« noch nicht. Außerdem ist sie anpassungsfähig und kann recht gut mit der etwas kühlen, rauhbatzigen Art des Andreas umgehen.

Der Kerstin und der Ulrike wird kaum auffallen, dass der Andreas nicht sonderlich emotional ist, weil sie in dieser Hinsicht ähnlich gestrickt sind. Mit der »Liebe auf Sparflamme« werden sich die Petra und mitunter auch die Bärbel hingegen aus Genügsamkeit zufriedengeben, während die Christina keine Verzweiflungsschreie ausstößt, wenn der Andreas keine sexuellen Vorstöße und Stöße mehr vornimmt.

PROMINENTE NAMENSTRÄGER:

Andreas Franz, Andreas Köpke, Andreas Brehme, Andreas Möller, Andreas Herzog, Andreas Türck, Andreas Gryphius, Andreas Hofer

Namenstag des Andreas: 30. November

CHRISTIAN

BASICS: DIESER WEG WIRD KEIN LEICHTER SEIN

Die verantwortungsbewussten Christians sind sicher keine übermäßig leichtlebigen Charaktere, und daher wird man selten einen Lebenskünstler als Träger dieses Namens finden. Ihr Humor ist selten krachend, sondern eher subtil-verschmitzt und bisweilen von Sprachwitz geprägt wie bei dem Dichter Christian Morgenstern.

Christians sind keinesfalls Asketen, sondern dem Dolce Vita durchaus zugetan. Sie essen bevorzugt mediterran und trinken dazu ein gutes Tröpfchen Wein. Für den hohen Bierkonsum in Deutschland sind sie hingegen gewiss nicht verantwortlich.

Christians sind ausgesprochen vielseitig. Sie können es sowohl im Sport weit bringen, als Ärzte Weltruhm erreichen oder auch als Schauspieler, Autor oder Modedesigner in den Olymp aufsteigen. Christian Dior bildet hierfür das Musterbeispiel.

Normalo-Christians schaffen beruflich häufig den Aufstieg in die Chefetagen von Wirtschaftsunternehmen. So können sie gemäß ihrer rot-grünen politischen Einstellung in die oberste Führungsebene eines Solarkraftwerks aufsteigen, genauso gut aber auch einen Lebensmittelkonzern oder ein Medienunternehmen leiten. Besonders häufig sind sie aber im EDV-Bereich zu finden.

Als relativ typisch für die Biographie der Christians erweisen sich Studienabbrüche und -wechsel, weil sie erst relativ spät ihre wahre Berufung erkennen und zudem nicht immer sehr entscheidungsfreudig sind. Teilweise sehen sie auch den Wald vor lauter Bäumen nicht, weil sie zu viele Talente haben. Die berufliche Desorientiertheit der Christians in frühen Jahren führt gepaart mit Einsamkeit nicht selten zu depressiven Verstimmungen, die aber oft schlagartig wieder in den Hintergrund treten, sobald sie ihren Weg gefunden haben.

Christians sind alles andere als Leisetreter und Opportunisten – gegen Unrecht erheben sie stets lautstark ihre Stimme –, aber ebenso wenig treten sie als Weltverbesserer oder gar Fanatiker in Erscheinung wie der frühere RAF-Terrorist Christian Klar.

Eine Charakterschwäche der Christians besteht darin, dass sie gelegentlich ein wenig auf andere Menschen herabschauen. Besonders ein gewisser geistiger Exklusivitätsanspruch ist nicht ganz zu verleugnen. Teilweise haben sie aber auch einfach nur Schwierigkeiten, sich auf die Sprache des Mannes von der Straße einzustellen. Dann ist ihre Arroganz eher als Unsicherheit zu verstehen.

In ihrer Freizeit »daddeln« Christians gerne, vorwiegend Logik- oder Wissensspiele, und lesen Fachzeitschriften, historische Romane sowie leidenschaftlich Comics. Außerdem gehen sie im wahrsten Sinne des Wortes häufig auf Tauchstation. Mit der Religion halten es die Christians trotz ihres »messianischen« Namens hingegen nicht sonderlich, obwohl sie gerne über Gott und die Welt philosophieren.

OPTIK UND OUTFIT: DIE BÄRENMARKE

Der Kleidungsstil der Christians ist im Gegensatz zu ihrer politischen Einstellung eher konservativ. Er korrespondiert mit der Ernsthaftigkeit ihrer Lebensführung. Vertreter dieses Namens bevorzugen gedeckte Farben und tragen privat meist Bundfaltenhosen und stabile Schnürschuhe mit kräftigen Schnürsenkeln. Bluejeans sollten nicht allzu ausgewaschen, geschweige denn löchrig sein. Christians hassen Hüte, die gewöhnlich auch nicht zu ihren Gesichtern passen würden.

Eine kleine Minderheit von Christians bevorzugt den Schlabberlook. Sie besteht vorwiegend aus der Fraktion der EDV-Leute. Für Tattoos oder Piercings ist aber auch diese Subspezies meist noch zu bürgerlich. Gemeinsam ist fast allen Christians, dass sie ziemlich uneitel sind und von Mode nicht viel halten, doch zeigen sie sich ihrem Stil gemäß meist passend angezogen.

Optisch stellen Christians meist imposante Erscheinungen dar. Sie liegen von der Körperlänge selten unter 1,83 m. Verhältnismäßig häufig reichen sie auch an die 1,90 m heran, und manchmal kratzen sie sogar an den zwei Metern. Dazu gesellt sich eine fast schon bullige Statur. Zierlichere Typen sind nicht repräsentativ für den Namen.

Christians haben meist volle hellbraune bis schwarze Haare. Fast nie sind sie strohblond oder haben einen Rotschopf und neigen zu Kahlköpfigkeit. Am Körper tragen sie mitunter ein regelrechtes Fell, was selbst für Frauen, die auf Brustdschungel und Co., stehen, gewöhnlich too much ist.

Die Gesichtszüge der Christians sind unspezifisch von extrem weich bis äußerst maskulin, aber fast alle Träger dieses Namens sind charismatisch und von überdurchschnittlicher Attraktivität.

VERFÜHRUNG UND SEX:
WEHE, WENN SIE LOSGELASSEN WERDEN

Der Charme der Christians ist oft allzu spröde. Wie die Andreasse treten sie regelmäßig beim »schwachen Geschlecht« ins Fettnäpfchen, und Komplimente kommen ihnen fast nie über die Lippen, selbst nicht in der Phase der Brautwerbung. Beim Balzen sind Christians häufig auch schwerschiffig. Bis sie in Fahrt kommen und aus sich herausgehen, hat das Objekt ihrer Begierde mitunter schon das Weite gesucht. Wenn sie bei der Damenwelt reüssieren, dann gewiss nicht wegen ihres geschmeidigen Flirtverhaltens. Sie bestechen vielleicht durch ihr Geld, aber nicht durch ihre Lässigkeit. Im fortgeschrittenen Erwachsenenalter sind Christians meist Einzelgänger. Aus diesem Grunde gehören sie auch keiner Jagdgruppe an, die wichtig wäre zwecks Erfahrungsaustausch und gegenseitiger Motivation.

Beim Geschlechtsverkehr haben viele Christians ein genitales »Luxusproblem«, sind sie doch zu groß gebaut und bereiten damit ihrer Partnerin allemal nicht nur Freude. Christians brauchen viel Sex, um sich psychisch ausgeglichen zu fühlen, bisweilen geht das fast schon ins Satyriasische. Sie sind Meister im Erfinden von immer neuen Rollenspielen. Dabei stehen aber weniger sadomasochistische Phantasien im Vordergrund. Die Christians reizt vielmehr Spontaneität und Zügellosigkeit.

Jagdreviere: Im Kreise seiner Bewunderinnen

Abgesehen vom Sexus kommen Christians auch sehr gut ohne Partnerin klar. Daher jagen sie auch meist nicht, die Alphatierchen unter ihnen werden vielmehr gejagt. Wird ein Leader-Christian vakant, bläst ein ganzes Heer seiner Mitarbeiterinnen zum Halali auf ihn, zumal er häufig auch noch optisch einiges zu bieten hat. Allein schon sein Gardemaß macht ihn für alle Chefsekretärinnen mit Modelgröße zum Must.

Der Freundeskreis des Christians ist zu klein, als dass sich darin »weibliche Perspektiven« ergeben könnten. Auf professionelle Verkupplung stehen die Vertreter dieses Namens nicht, weil sie darin einen Eingriff in ihre Autonomie sehen. Außerdem sind Christians zu geizig und zu clever dafür, einem Heiratsinstitut Tausende von Euros für meist Minderleistungen in den Rachen zu werfen. Der finanzielle Faktor hält Christians auch von Single-Reisen fern, obwohl hier ein langsameres und mehrmaliges Beschnuppern möglich wäre. Internet und Kontaktanzeige kommen den Namensträgern insofern entgegen, als sie zunächst aus ihrer Klause heraus agieren und sich vorsichtig virtuell an ihr »Opfer« heranpirschen können. Single-Clubs, -Gesprächszirkel und -Partys sind dem Christian hingegen schlichtweg zu »gesellig«. Running Dinner ist ihm wegen seiner Gediegenheit recht sympathisch, doch geht ihm hier wieder die fehlende Anonymität gegen den Strich. Das temporeiche Speed-Dating widerspricht indes unter anderem der Langsamkeit seiner Fühlungnahme diametral. Zufallsbekanntschaften im Bus oder im Supermarkt macht der Christian selten, da er auf freier Wildbahn fast nie Frauen anspricht. Und wenn, findet er nicht den Drive vom unverbindlichen Plausch zum Flirtgespräch.

Partnerschaft:
Das Leben ist wie eine Pralinenschachtel

Christians sind meist ziemlich dominante und auch schwierige Charaktere. Deshalb sind relativ viele, besonders prominente Namensträger schon in zweiter oder dritter Ehe verheiratet.

Kompromissbereitschaft ist nicht unbedingt die Stärke der Christians. Wenn sie ihren Willen nicht bekommen oder durchsetzen können, reagieren sie bisweilen fast schon peinlich trotzig und irrational. Auf der anderen Seite können die Christians aber auch sehr gut zuhören und lassen ihre Partnerin keinesfalls im Stich, wenn sie in Not ist. Macho-Attitüden sind ihnen weitgehend fremd. Wie selbstverständlich beteiligen sie sich an allen häuslichen Pflichten. Bei der Kindererziehung schwanken viele zwischen drakonischer Härte und Laschheit. Der goldene Mittelweg erschließt sich ihnen nur selten, vermutlich weil es ihnen selbst an innerer »Zentriertheit« ermangelt.

Christians sind ausgesprochen interessante und vielschichtige Vertreter des starken Geschlechts, an denen es immer neue Facetten zu entdecken gibt. Besonders Frauen mit breitgefächerten kulturellen und geistigen Interessen kommen bei ihnen voll auf ihre Kosten. Eintönig wird das Leben an der Seite eines Christians jedenfalls kaum je. Der Christian ist wie eine Pralinenschachtel, man weiß nie wirklich, was man bekommt.

Trennung: Zu Tode betrübt

Bei der Klärung der Scheidungsfolgesachen verhalten sich Christians nicht immer kooperativ, sofern sie von ihrer Frau verlassen worden sind. Sie stellen sich quer, um der Ex den Schmerz und die Kränkung heimzuzahlen, die sie dadurch erlitten haben. Die Depressionsneigung, die ein Teil der Namensvertreter aufweist, wird durch eine Trennung häufig noch verstärkt. Oft ziehen sich die labileren Christians danach für längere Zeit in ihr Single-Schneckenhaus zurück. Die kraftvollen Christians aus den Chefetagen hingegen kommen meist erst gar nicht auf den Markt der einsamen Herzen. Sie sind schon wieder anderweitig orientiert oder gar liiert, wenn ihre Ehe zerbricht. Sofern die neue Flamme drängt, machen sie ihrer Noch-Frau häufig auch weitgehende finanzielle Zugeständnisse, um die Scheidung schnell über die Bühne zu bringen.

Pflegetipps:

Musts:

* Selbst wenn der Christian mit dem Porsche vorfährt, bezahlen Sie beim ersten Rendezvous Ihre Zeche selbst. Bei Trägern dieses Namens hapert es nämlich ziemlich mit der Großzügigkeit.
* Christians mögen Verruchtheit. Verschaffen Sie Ihrem Schlafzimmer einen Hauch von Rotlichtmilieu und räkeln Sie sich mit zerrissenen Netzstrumpfhosen, hochhackigen Schuhen und einem 20er-Jahre-Negligé lasziv auf Ihrem Canapé …
* Halten Sie Ihren Christian in Bewegung. Die schützt ihn nämlich davor, in Schwermut zu verfallen. Motivieren Sie ihn, mindestens zweimal pro Woche joggen zu gehen.

No-Gos:

* Christians haben eine tiefe Abscheu gegen ausuferndem Smalltalk. Wenn Sie am Betriebsfest mit ihm anbandeln wollen, versuchen

Sie bitte nicht, ausführlich mit ihm über das Wetter zu parlieren. Das hätte garantiert eine Frostphase zur Folge.

* Führen Sie Ihren Christian nicht zu früh in Ihren Freundeskreis und schon gar nicht in die Verwandtschaft ein. Dadurch fühlt er sich nämlich vorgeführt und sucht gewöhnlich das Weite.
* Wenn mehrere Dinge gleichzeitig von ihnen verlangt werden, fühlen sich Christians schnell überfordert. Sie reagieren dann bisweilen ausgesprochen zickig. Versuchen Sie auch nicht, Ihre Wünsche durch die Blume zu artikulieren. Der Testosterongehalt im Blut der Christians ist ziemlich hoch. Wenn Sie ihm nur mitteilen, dass der Mülleimer voll ist, wird er ihn gewiss nicht ausleeren.

IDEALE NAMENSPARTNERINNEN:

Mit der Anna und der Bettina hat der Christian gemeinsam, dass sie zunächst ein wenig zurückhaltend sind und sich nicht jedem gleich an den Hals werfen. Mit beiden verbindet ihn zudem, dass sie keine Massenmenschen sind. Besonders die Bettina wird auch die nötige Problemorientiertheit für den Christian mitbringen. Die Karin sowie die Julia verkörpern nicht selten das leicht Anrüchige, das den Christian so sehr anturnt, während die Ute am ehesten das Quantum seiner Lust erfüllen kann. Von der Vielseitigkeit und vom Tiefgang her passt die Stefanie gut zum Christian.

PROMINENTE NAMENSTRÄGER:

Christian Wulff, Christian Tramitz, Christian Morgenstern, Christian Schwarzer, Christiaan Barnard, Christian Dior, Christian Slater, Christian Quadflieg, Christian Rach, Christian Klar

Namenstag des Christians: 14. Mai

FRANK

BASICS: MAN SPRICHT DEUTSCH

In seiner Kindheit und Jugend zeigt sich das Wesen des Franks von einer gewissen Rüpelhaftigkeit geprägt. In der Schule ist er häufig der Schrecken des Pausenhofs und Dauergast beim Direx. Spätestens in der Mittelstufe dreht er ein bis zwei Ehrenrunden oder hat zumindest chronisch um seine Versetzung zu kämpfen. Nach dem Realschulabschluss erlernt er einen Handwerksberuf oder geht als Briefträger zur Post. Die Franks, die mit Ach und Krach das Abitur schaffen, beginnen nicht selten ohne große Leidenschaft ein Ingenieurstudium an der FH, weil sie noch nicht so recht wissen, was aus ihnen werden soll, und noch keine Lust haben, jeden Tag acht Stunden lang zu arbeiten. Meist werfen sie nach einigen Semestern die Flinte ins Korn, um hernach einen kaufmännischen Beruf zu erlernen beziehungsweise dieselbe Richtung einzuschlagen wie ihre Namensvettern ohne Hochschulreife.

Gegen Ende ihres dritten Lebensjahrzehnts geraten die Franks in ruhigeres Fahrwasser und werden ein Stück weit gelassener und beständiger. Oft bilden sie sich während dieser Zeit im Rahmen ihrer Möglichkeiten fort, beispielsweise indem sie einen Meisterbrief erwerben. Einige steigen auch aus dem Handwerk aus und lassen sich im sozialen Bereich umschulen. Männer von Welt werden die Franks aber fast nie. Ihr Denken bleibt regelmäßig ein Stück weit provinziell. In ihrem Dorf sind sie stark ins Vereinsleben integriert. Womöglich fungieren sie als Vorsitzender einer Burschenschaft oder Wehrführer der lokalen freiwilligen Feuerwehr. Dennoch treten sie nur selten als Meinungsführer auf, was auch der Grund dafür ist, dass sie politisch kaum je in höhere Ämter gelangen.

Auch wenn ein Frank länger im Ausland verweilt, ist er nur selten bereit, sich an die einheimischen Gepflogenheiten anzupassen. Mit Fremdsprachen steht er ohnehin auf dem Kriegsfuß. Neuerungen tritt er, von seinem Wesen her konservativ, grundsätzlich erst einmal skeptisch oder gar mit Ablehnung entgegen. Alltagstrott und Routine sind durchaus keine Begriffe, die für den Frank negativ besetzt sind. Wird er vor ungewohnte Aufgaben gestellt, versucht er häufig zunächst, sie zu umschiffen oder zu delegieren. Allerdings wird der Frank interessanterweise im Laufe seines Lebens immer flexibler. Von Altersstarrsinn kann bei ihm überhaupt keine Rede sein.

OPTIK UND OUTFIT: DER LOGOIKER

Sweatshirt und Jeans sind die typische Freizeitbekleidung des Franks. Das Oberteil trägt dabei in jungen Jahren bisweilen das Logo eines seiner Vereine. Markenturnschuhe oder Sneakers runden meist das betont legere Outfit ab.

An Schmuck tragen Franks bisweilen ein dezentes Goldkettchen oder einen modernen, etwas breiteren Silberring. Auch einzelne Piercings und Tattoos gehören durchaus zu ihrem erweiterten Repertoire. Von ihrer Körpergröße her umfassen die Franks ein recht enges Spektrum von etwa 1,75 bis 1,85 m. Die größte Häufung dürfte bei 1,77/1,78 m liegen. Auffällig hierbei: Je kürzer die Namensträger geraten sind, desto sympathischer und kultivierter wirken sie.

Durch die viele Bewegung in ihrem Handwerks- oder Postbotenberuf bleiben Franks figurmäßig meist ziemlich schlank. Mitunter »hindert« sie auch der Sport daran, bis in die Schwergewichtsklasse aufzusteigen. Das Gesicht unterhalb ihres braunen Haarschopfes ist markant und durchaus attraktiv. Nicht selten verrät es aber eine gewisse Härte seines Besitzers. Echte Charismatiker finden sich unter den Franks so selten wie Sterne am Gewitterhimmel.

Verführung und Sex: Yes, we can

In jungen Jahren gehört der Frank zu der Spezies von Männern, die ihre zukünftige Frau meist noch innerhalb ihres dörflichen Umfelds, zum Beispiel auf der Kirmes kennenlernen. Mitunter bleibt der Kontakt, der oft noch am gleichen Abend ein intimer wird, nicht folgenlos, und einige Monate später steht der Frank mit seiner schwangeren Braut vor dem Traualtar. Scheitert diese Ehe, wird es für ihn schwieriger, denn die Gesetze der Partnerwahl haben sich spätestens ab 40 gründlich geändert. Die holde Weiblichkeit legt nun Wert auf gepflegte Konversation, gute Manieren, Gleichberechtigung, absolute Verlässlichkeit, Loyalität und vieles mehr. Aber zum Glück wird ja auch der Frank zunehmend geschliffener in seinen Umgangsformen, und spätestens als Middle-Ager rutscht ihm so manches brauchbare Kompliment von den Lippen.

Hinsichtlich des Sexuallebens des Franks gibt es zwei Nachrichten zu vermelden. Zuerst die gute: Von Impotenz wird er fast nie heimgesucht, sei sie nun psychogen oder eher physisch verursacht. Auch im hohen Alter steht sein bestes Stück noch regelmäßig stramm. Und nun die schlechte: Franks sind im Bett mitunter ähnliche Egoisten wie die Udos und ziehen ihr Ding gnadenlos durch. Zum Glück kommt ihre Gefährtin dabei meist auch auf ihre Kosten, weil Franks nicht eben im D-Zug-Tempo ihren Höhepunkt erreichen. Horizontal agiler und phantasievoller sind in der Regel nur die Franks von erheblich weniger als 1,80 m Körpergröße.

Franks sind nicht selten auch für schnelle, unverbindliche intime Kontakte zu haben. Um eine heiße Nummer auf einem Parkplatz oder FKK-Strand mit einer Unbekannten lassen sie sich nicht lange bitten. Manche von ihnen suchen auch gezielt Örtlichkeiten auf, die als »Adressen« für Gelegenheitssex bekannt sind. Allerdings sind sie gewöhnlich nicht bereit, dafür zu bezahlen.

Jagdreviere: Ins Glück gepoltert

Der Frank bleibt bei seinem Leisten. Ihm ist völlig klar, dass eine vornehme Dame aus der Stadt ungefähr so sehr zu ihm passen würde wie ein iPhone zum Alm-Öhi. Daher hält er nicht in Wolkenkuckucksheim, sondern fast ausschließlich bei lokalen Veranstaltungen Ausschau nach seinem Herzblatt in spe. Auf Feuerwehrfesten, beim Ostertanz oder auf »Bauer sucht Frau«-Partys treten die Namensträger massenweise auf. Als rechte Vereinsmeier kennen die Franks Tausende Leute und sind ständig auf irgendwelche Polterabende eingeladen. Da es dort meist sehr locker zur Sache geht, ergeben sich Kontakte zum anderen Geschlecht fast von selbst. Ansonsten sind sie allein schon durch ihre Burschenschafts- und Skatabende häufig in Wirtshäusern zugange. Gerne besuchen sie auch Bistros und Dartskneipen.

»Schriftlich« sind Franks meist ziemlich schwach. Daher erweisen sich Bekanntschaftsanzeige und Internet für sie als eher ungeeignet zur Kontaktanbahnung. Eine Frau auf offener Straße anzuquatschen, käme den Franks überhaupt nicht erst in den Sinn. Dafür fehlen ihnen die Gesprächsaufhänger sowie die Flirtstrategie und der Rückhalt ihrer Kumpels. Single-Reisen führen wiederum leider zu selten an den Ballermann oder nach Thailand.

Die kleine Fraktion der intellektuellen Franks könnte ihrer Herzdame beim politischen Kabarett oder einem Rockkonzert über den Weg laufen. Als Postmann – einer seiner bevorzugten Professionen – klingelt der Frank mitunter zweimal.

Partnerschaft: Schloss Frankenstein?

In seinen Beziehungen hat der Frank anfangs häufig Probleme, weil er zu viel aushäusig ist. Nicht selten ist er drei bis vier Abende pro Woche in Vereinsangelegenheiten unterwegs. Mit ihrer Kritik daran läuft seine Herzdame regelmäßig ins Leere. Franks haben ein dickes Fell und stellen ihre Ohren gerne auf Durchzug. Das Motto kann für seine bessere Hälfte nur lauten: Accept or quit.

Anders wird alles, sobald das erste von meist mehreren Kindern geboren wird. Dann wird der Frank zu einem Papa par excellence, der sich intensiv mit dem Nachwuchs beschäftigt. Stammtisch und Co. müssen fürderhin ohne ihn auskommen oder er lässt sich nur noch sporadisch dort blicken. Kirschen aus Nachbars Garten nascht der Frank nur, wenn sich ihm eine andere Frau förmlich an den Hals wirft oder er auf einer Reise mit seinen Kegelbrüdern in beschwingter Urlaubsstimmung leichte Beute machen kann.

Im Haushalt sind die Vertreter dieses Namens – geprägt durch ihr Elternhaus – häufig rechte Paschas. Wenn ihre Frau einmal nicht zu Hause ist, haben manche Schwierigkeiten, einen Teller oder eine Tasse zu finden. Die Küche ist für Franks mehr oder weniger Terra Incognita. Aber auch hier ist der Frank durchaus entwicklungsfähig. Die Außenarbeiten wie Rasenmähen oder Straßekehren übernimmt der Frank hingegen meist ganz selbstverständlich, und seine Frau die schwere Einkaufswanne ins Haus tragen zu lassen, verbietet ihm schon sein Anstand.

Trennung: Mit Netz und doppeltem Boden

»Ich trink auf dein Wohl, Marie, und das, was mal war«, singt Frank Zander in ziemlich »angetrunkenem Zustand«. Tatsächlich versuchen manche Franks nach der Trennung kurzfristig, Trost im Alkohol zu finden. Meist fangen sie sich aber recht zügig wieder und kehren zu einem unproblematischen Konsumverhalten zurück. Danach blasen sie unverzüglich zum nächsten Halali, weil sie nur sehr schlecht allein sein können. Im Laufe der Jahre ist ihnen nämlich das partnerschaftliche Leben doch sehr ans Herz gewachsen. Da der Frank sehr viel Energie für die Jagd nach »Ersatz« aufwendet, würde er die Regelung der Scheidungsfolgesachen nur allzu gerne komplett seiner Noch-Frau überlassen, was aber natürlich faktisch nicht funktionieren kann.

Initiiert der Frank die Trennung, was eher die Ausnahme darstellt, ist fast immer schon eine neue »Flamme« im Spiel. Den Namensträgern fehlt meist der Mut, ohne Rettungsnetz abzuspringen, und häufig sind sie nach Männerart auch zu bequem dazu. Seine Kinder vernachlässigt der Frank nach dem Zerbrechen der Familie fast nie. Die sind ihm nämlich fast noch wichtiger als jede Frau an seiner Seite.

PFLEGETIPPS:

Musts:

* Sie haben Interesse an einem Frank? Dann verpassen Sie ihm einen kräftigen Schlag mit dem Zaunpfahl. Ein Wink reicht bei ihm nur selten aus.

* Übernehmen Sie zu Hause den Papierkram, sonst wird Ihre gemeinsame Steuererklärung noch im Jahr 2211 nicht dem Finanzamt vorliegen. Franks hassen Formulare und lassen sie gerne unausgefüllt im Wohnzimmerschrank verschwinden. Und selbst wenn sie sie bearbeitet haben, kommen sie oft wegen Unvollständigkeit und fehlerhafter Angaben wieder zurück.

* Steht eine größere Feier ins Haus und Ihr Frank braucht dem Anlass entsprechende Klamotten dafür, begleiten Sie ihn beim Kauf. Bei »Unterlassung« Klage, kehrt doch Ihr Göttergatte von einem Shopping-Alleingang eher mit Turnschuhen und T-Shirt nach Hause zurück als mit Anzug und Krawatte.

No-Gos:

* Mit Ausnahme des Vegetariers Frank Elstner sind Franks ausgesprochene »Fleischfresser«. Mit Tofu und Co. können Sie sie trefflich aus dem Esszimmer vertreiben. Wenn Sie ihnen dann auch noch Rohkost als Beilage kredenzen, sind Sie sie endgültig los.

* Als Begleiter auf Kulturreisen ist der Frank denkbar ungeeignet. Er wird sie Ihnen durch ständiges Genörgele vergällen, womöglich auch den sterbenden Schwan geben.
Tipp: Nehmen Sie lieber gleich Ihre beste Freundin mit. Schließlich geht Ihr Frank mitunter auch »vereinsmäßig« alleine auf Tour.

* Versuchen Sie Ihren Frank nicht zum beruflichen Weiterkommen anzutreiben. Wenn er selbst nicht dazu bereit ist, petzen Sie damit einem Ochsen ins Horn. Seien Sie beruhigt, seine Zeit wird kommen.

Ideale Namenspartnerinnen:

Mit dem Frank werden meist die deftigen Marias und die herrschsüchtigen Monikas das eher schlichte Gemüt teilen. An der Seite der unternehmungslustigen Birgits und Heikes wird es auch in der »Jugend« funktionieren, wenn der Frank sie regelmäßig in seine aushäusigen Aktivitäten mit einbezieht oder ihnen zugesteht, eigene Wege zu gehen. Den gelegentlichen Egoismus des Franks im Bett werden unter anderem die gebenden Ingrids und Bärbels kompensieren. Sie sind auch bereit, ihm den Rücken für all seine Vereinsaktivitäten frei zu halten, und backen die Kuchen für die Grillfeier der freiwilligen Feuerwehr.

Prominente Namensträger:

Frank Wedekind, Frank Elstner, Frank Sinatra, Frank Plasberg, Frank Zander, Frank Schöbel, Frank Rijkaard, Frank Zappa

Namenstag des Franks: 2. April

GERHARD

BASICS: ALLER GUTEN DINGE SIND DREI?

Unter den Gerhards gibt es drei Haupttypen, den Leader-Gerhard (LG), der beruflich eine Führungsposition innehat oder zumindest mit einer gewissen Macht ausgestattet ist, den Gerd als Kurzform des Namens und den Normalo-Gerhard (NG), der sich in einer Art Untergebenenrolle befindet.

Der Leader-Gerhard ist häufig ein despotischer Choleriker. Als Chef ist er der Alptraum auf zwei Beinen oder an der Decke, wenn er gerade mal wieder einen seiner Anfälle hat. Seine Markenzeichen sind Ungerechtigkeit, Egomanie und eine tiefe Menschenverachtung. Die machtbewussten LGs wissen meist sehr wohl, dass sie polarisieren und sich Feinde machen, doch ficht sie das wegen ihrer Selbstherrlichkeit kaum an. Häufig betreiben die LGs prestigeträchtige Hobbys wie Segeln, Golf oder Tennis. Außerdem widmen sie einen Gutteil ihrer Freizeit der »Schürzenjagd«.

Der Gerd hingegen ist ein Schlawiner, wenn auch ein liebenswerter, dem man nur selten wirklich böse sein kann. Er neigt zu Spitzbübereien und ist schrecklich unzuverlässig. Als Bonvivant lebt der Gerd gerne über seine Verhältnisse. Sein Dispositionskredit bewegt sich immer am Anschlag. Das tangiert ihn aber ebenso peripher wie den LG seine Feinde. Die Genussgier des Gerds ist schier unstillbar. Auch in »Frauenfragen« kein Kind von Traurigkeit, erinnert er stark an »Monaco Franze«, den ewigen Stenz. Mit Religion oder Spiritualität beschäftigen sich Gerds höchstens einmal, um einer Frau zu imponieren, die sich dafür interessiert; also aus rein opportunistischen Gründen. Sobald sie ihr Ziel erreicht haben, sind Engel, Gott und Teufel wieder passé. In ihren Mußestunden geben sich die Gerds gerne der Trias Fressen, Saufen und Huren hin.

Das einzig wirklich »gute Ding« unter den Namensträgern ist der Normalo-Gerhard (NG). Als häufigste Subspezies innerhalb der Gerhards ist zukünftig in erster Linie von ihm die Rede. Der »machtfreie« Gerhard verdient seine Brötchen häufig als Angestellter im Handwerk. Oft ist er intellektuell von seiner Arbeit unterfordert. Seine musischen Begabungen lebt der NG regelmäßig im Privatleben aus, indem er etwa singt, malt oder Gedichte verfasst. Charakterlich verkörpert er beinahe das verkehrte Spiegelbild des Leader-Gerhards. Er ist ein leiser, angenehmer Zeitgenosse, der sehr auf Fairplay bedacht ist. Aber auch vom Gerd unterscheidet er sich gravierend. Eine mündliche Zusage etwa in geschäftlicher Angelegenheit hat für ihn noch absolute Verbindlichkeit, anders als die häufigen Lippenbekenntnisse eines Gerds.

Während der Gerd und der LG hinter ihrer Fassade prinzipienlose Schwächlinge sind, ist der NG eine ausgesprochen aufrechte und gefestigte Persönlichkeit.

Optik und Outfit:
Zwischen Kaschmir und Cardigan

Gerhards sind oft stattliche Männer zwischen 1,85 und gut 1,90 m Körpergröße. Vertreter unter 1,80 m wie der Altkanzler »Gerd« Schröder (1,74 m) sind relativ dünn gesät. Überhaupt stellt der Gerd nicht nur das namentliche »Kürzel« dar, sondern ist interessanterweise auch im Durchschnitt physisch ein wenig kürzer geraten als seine Namensvettern.

Figürlich sind Gerhards nicht selten hoch aufgeschossene Hungerhaken oder gedrungene Typen nach Art des Kabarettisten Gerhard Polt. Bei den »langen Elenden« handelt es sich interessanterweise meist um die unangenehmsten Vertreter. Sie sind mit äußerster Vorsicht zu genießen. Ihr häufig leicht gebückter Gang ist Ausdruck ihrer mangelnden Aufrichtigkeit, während die ehrlichen Gerhards oft dahinschreiten, als hätten sie gerade einen Stock verschluckt. Nicht selten weisen die Namensträger überproportional lange Beine auf.

Gerhards sind nur ausnahmsweise blond oder rotschöpfig wie Pumuckl. Zu 90% ist ihr Haupthaar mittelbraun bis pechschwarz und bleibt ihnen bis ins hohe Alter üppig erhalten. Locken oder zumindest Wellen finden sich recht häufig. Der Gesichtsausdruck wirkt bisweilen ein wenig bärbeißig.

Gerhards legen viel Wert auf ein gepflegtes Outfit. Ihr Kleidungsstil ist klassisch-konservativ ohne große Schnörkel, und es wird bei weitem mehr auf Qualität als auf Quantität geachtet. Am meisten verdient die Kosmetikindustrie am Gerd. Das geht von Gesichts- und Körperpflege-Cremes über Zahnbleeching-Produkte bis hin zu Bräunungssprays. Erhaltung und Restaurierung seiner leiblichen Hülle haben beim Gerd Kultstatus; die Art, sich einzucremen, gleicht der Salbung eines Königs. Bevor sie auf Frauenjagd gehen, verbringen Gerds oft Stunden im Bad und vor dem Kleiderschrank.

Verführung und Sex: Hart am Start

Der Normalo-Gerhard überzeugt durch seine Aufmerksamkeit und perfekte Manieren. Nie wird er zu spät zu einem Date erscheinen. Er ist somit ein Sechser im Lotto für Evastöchter, die bisher mit ihren Markus und Konsorten regelmäßig ins Klo gegriffen hatten. Mit der Damenwelt in Kontakt zu kommen, fällt den Namensträgern nicht schwer, weil sie meist recht gerne tanzen. Allerdings bevorzugen sie den gepflegten Paartanz.

Durch sein Haus, sein Auto und seine Jacht »besticht« hingegen der Leader-Gerhard. Viel mehr hat er der holden Weiblichkeit, abgesehen noch von seiner Macht, nicht zu bieten. Aber manch einer reicht's ja.

Beim Gerd sind es der Humor und die Fähigkeit, sich selbst gut darzustellen, die zum Jagderfolg führen.

Gerhard heißt so viel wie »der Speerharte«, und genau das trifft auf das zu, was bei Erregung zwischen den Beinen der Namensträger steht. Als Gigolos würden aber sowohl die NGs als auch die LGs eine schlechte Figur abgeben, da sie von sich aus nicht sehr viele Ideen für ein variantenreiches Sexualleben haben. Allerdings geht es in ihrem Bett recht deftig zur Sache. Mit Samthandschuhen wird die Gespielin nun wahrlich nicht angefasst, und auch umgekehrt lieben Gerhards eine »gesunde Härte« auf der anderen Seite.

Unter den drei Gerhard-Typen macht der Gerd – abgesehen von der Frühreife, die allen gemeinsam ist – im Bett die Ausnahme. Er büßt zwar durch seinen häufig ausschweifenden Lebensstil einiges an Potenz ein, hat dafür aber die nötige Phantasie, die den Gerhards so schmerzlich fehlt.

Jagdreviere: Überirdisch – unterirdisch

Jede Art der Fühlungnahme mit dem anderen Geschlecht, die unter dem Niveau des heimischen Laminatbodens liegt, lehnt der Normalo-Gerhard kategorisch ab. So würde er sich nie eine Katalogfrau aus Südostasien oder der Nordwestukraine bestellen. Ebenso macht er um Entsingelungsshows im Fernsehen oder Radio einen großen Bogen, weil sie mitunter auch dem quotendienlichen Zweck der Zurschau- und Bloßstellung von geistig ein wenig minderbemittelten Kandidaten dienen. Hervorragend aufgehoben sind die Namensvertreter hingegen in Gesprächskreisen für Solisten, in denen sie das »schwache Geschlecht« durch ihre gewählte Ausdrucksweise und sonore Stimme dahinschmelzen lassen.

Fürs Internet ist der NG fast noch ein wenig zu konservativ, außerdem ist es ihm wie die Kontaktanzeige zu unpersönlich. Auf die (Single-)Reise ins Glück begibt er sich dagegen wieder gerne, besonders per Schiff, das allerdings nicht an Balneario-6-ähnlichen Stränden anlegen sollte.

Was dem Normalo-Gerhard zu billig ist bei der Suche nach Miss Perfect, ist dem Gerd gerade recht. Er liebt es, sich »exhibitionistisch« zur Schau zu stellen, sei es bei Kuppelshows im Fernsehen, im Radio oder auf Dorffesten. Dabei bietet er dem Publikum beziehungsweise der Zuhörerschaft einen enormen Unterhaltungswert, weil er als echte Stimmungskanone zu jedem Blödsinn zu haben ist und einen witzigen Spruch nach dem anderen heraushaut. Medien, die Geduld und Sitzfleisch erfordern, sind bei ihm jedoch ebenso Fehlanzeige wie beim Leader-Gerhard, der auch gegen die »Ehefrau auf Bestellung« moralisch nichts einzuwenden hat. Auf freier Wildbahn spricht der Gerd Frauen zu allen möglichen und unmöglichen Gelegenheiten an.

Partnerschaft: Eternal flame

Befindet sich der Normalo-Gerhard im Zustand innerer Balance, trägt er seine Herzdame auf Händen. Er überschüttet sie förmlich mit Geschenken und Aufmerksamkeit. Er hört praktisch nie auf, sich intensiv um seine bessere Hälfte zu bemühen. Der NG und seine Frau gehören zu den Paaren, die auch im Seniorenalter noch händchenhaltend durch den Stadtpark spazieren und von den Jungen als leuchtendes Vorbild bewundert werden.

Die Hausarbeit nimmt seine Frau dem Normalo-Gerhard gerne ab, weil er sehr viel Herzblut in die Pflege von Haus, Hof und Garten steckt. Außerdem ist er der engagierteste Vater, den sein Nachwuchs sich nur wünschen kann. Er bastelt ihm liebevoll Spielzeug – einen Bauernhof, eine Puppenstube oder eine Holzeisenbahn.

Hält Frau Ausschau nach der Liebe fürs ganze Leben, ist sie indes bei einem Gerd ungefähr so gut aufgehoben wie bei einem Bonobo-Zwergschimpansen. Wo immer sich ihm die Möglichkeit für schnellen Sex bietet, lässt er sich nicht lange bitten. Er ist eben so furchtbar geil und verführbar.

Finanziell wird der Gerd seine Partnerin nicht gängeln, weil er selbst nicht mit Geld umgehen kann. Wenn es da ist, wird es mit vollen Händen ausgegeben. Und das Arbeiten hat er nun weiß Gott nicht erfunden. Mit Familiengründung tut sich der Gerd schwer, weil er die Verantwortung scheut. Wie soll er auch ein Kind erziehen, wo er innerlich doch selbst noch eines ist. Allenfalls setzt er einen Sprössling in die Welt, der zudem oft noch ungeplant ist. Mit ihm beschäftigt sich der Gerd immer dann, wenn er gerade einmal Lust dazu hat.

Der Leader-Gerhard ist als Partner absolut No-Go. Frau sollte möglichst einen weiten Bogen um ihn machen, sonst erlebt sie die Hölle auf Erden. Von dem Geld, was er als einzig mögliches Bonbon besitzt, hat seine Angetraute nichts, weil er darauf sitzt wie die Glucke auf dem Ei. Und wenn er damit jemand etwas Gutes gönnt, dann höchstens sich selbst.

Trennung: Out of the dark

Der Normalo-Gerhard wird häufig mit der Begründung verlassen: »Du bist zu gut für mich«. Danach steigt seine Frau in den bereits wartenden Sportwagen eines Leader-Gerhards, Udos oder Markus und rauscht mit ihm fort. Der wackere Gerhard steht nun nicht selten alleine da mit den gemeinsamen Kindern und den Schulden, die ihm seine Verflossene in ihren Anfällen von Kaufsucht hinterlassen hat. Der Schock sitzt tief, aber ihm bleibt nicht viel Zeit zum Nachdenken und Grübeln, was er sonst nach gefühlten Niederlagen so gerne tut. Vielleicht mit Unterstützung einer Selbsthilfegruppe für Alleinerziehende macht er sich zunächst daran, den ob des überstürzten Abgangs ihrer Mutter verunsicherten Nachwuchs zu stabilisieren. Mit eisernem Willen gelingt es ihm auch wieder, finanziell ins Plus zu kommen.

Der Leader-Gerhard ist ein Rosenkrieger und »Schlammschlachter«. Von ihm hat seine Verflossene nichts, aber auch überhaupt nichts Gutes zu erwarten, besonders wenn sie ihn verlassen hat. Er wird um jeden Cent Vermögen mit ihr kämpfen, und plötzlich meldet er sogar Ansprüche auf die gemeinsamen Kinder an, die während der Ehe bestenfalls noch Prestigeobjekte für ihn darstellten.

Beim Gerd läuft die Trennung indes meist ausgesprochen glimpflich ab. Die »eheliche Konkursmasse« besteht ohnehin nur aus Verbindlichkeiten, die es zu verteilen gilt, und der Gerd hat längst schon wieder seine Fühler nach Ersatz für seine Ex ausgestreckt.

PFLEGETIPPS:

Musts:

* Das Herz eines »gebrauchten« Normalo-Gerhards zu erobern ist nicht leicht. Gehen Sie davon aus, dass er schon sehr schlechte Erfahrungen mit Ihren Geschlechtsgenossinnen gemacht hat und zunächst Vertrauen aufbauen muss, bevor er seine emotionale Handbremse löst. Richten Sie sich also auf eine längere Belagerungszeit ein.

* Trägt Ihr NG sich mit der Absicht, beruflich auf eine Position zu wechseln, die ihn mehr ausfüllt, bestärken Sie ihn darin. Er selbst ist wie der Rüdiger oft ein wenig zaghaft und glaubt zu wenig an sich.

* Verführungstipp: Ergehen Sie sich in feinen sexuellen Anspielungen und Andeutungen, wenn Sie einen Gerhard zum Intimverkehr bewegen möchten. Bei dieser moderaten Art von Verbalerotik schießt ihm vor Erregung meist schon das Blut in Kopf und Glied(er).

No-Gos:

* Gerhards sind ein wenig pingelig, was die häusliche Ordnung und Hygiene betrifft. Dort, wo Schabe und Floh sich gute Nacht sagen, werden sie gewiss nicht ihre Zelte aufschlagen.

* Alle drei Typen von Gerhards, sogar der sonst nicht sonderlich auf seine Gesundheit bedachte Gerd, legen Wert auf eine einigermaßen ausgewogene Ernährung. Mit Burgern, vor denen ein schottischer Namensteil steht, können Sie die Namensträger auf Dauer vertreiben.
* Agieren Sie nie hinter dem Rücken Ihres Normalo-Gerhards, indem Sie sich zum Beispiel bei einem Streitpunkt heimlich mit seiner Mutter verbünden. Die NGs sind geradeheraus und erwarten das auch von ihrer Partnerin.

Ideale Namenspartnerinnen:

Die Ingrid und die sanftmütige Monika, die häufig in ihren früheren Beziehungen nicht gerade verwöhnt wurden, werden es am meisten zu schätzen wissen, wenn ihnen der Normalo-Gerhard jeden Wunsch von den Augen abliest. Die Stefanie, die Gabi und die visionär-spirituellen Marias werden den »untergebenen« Gerhard dabei unterstützen, seine musischen und mitunter auch medialen Fähigkeiten weiterzuentwickeln.

Die sexuell sehr aktiven Heikes und Utes kommen beim Leader-Gerhard quantitativ und beim Gerd qualitativ auf ihre Kosten. Frau bekommt eben selten alles.

Prominente Namensträger:

Gerhard Mayer-Vorfelder, Gerhard (»Gerd«) Schröder, Gerhard Delling, Gerhard Polt, Gerhard Seyfried, Gerhard Berger, Gerd Dudenhöfer

Namenstag des Gerhards: 23. April

Günther

Basics: Why worry — there should be laughter after pain

Bei Günthern kommt nach dem Schmerz schnell wieder das Lachen und nach dem Regen der Sonnenschein. Die Vertreter dieses Namens sind ausgesprochen lebenstüchtige und meist auch lebenslustige Typen. Selbst in schweren Jahren verlieren sie nie ganz ihren Humor. Absteiger sind Günther aber selten. Wenn sie einmal oben sind, dann bleiben sie es auch, verfügen sie doch über ein großes Durchhaltevermögen und verlieren kaum je die Bodenhaftung.

Außerdem können Günther bei aller Leichtigkeit des Seins auch einen ziemlichen Fleiß an den Tag legen, wenn es darum geht, ein bestimmtes Ziel zu erreichen. Allerdings würden sie sich dabei nicht selbst verschleißen. Die eigene Gesundheit aufs Spiel zu setzen, ist ihnen kein Erfolg wert, und sei er auch noch so grandios. Das Talent der Günther ist meist viel größer als ihr Ehrgeiz, und ihnen erscheint es mitunter erheblich verlockender, dass ihnen die gebratenen Enten von selbst in den Mund fliegen, als sie erst mühselig zu erlegen und zuzubereiten.

Wenn Günther es zu Wohlstand gebracht haben, neigen sie meist zu vornehmem Understatement wie die Wolfgangs. Geld ist den Namensträgern nicht per se wichtig, sondern dient ihnen nur als Vehikel zur Erlangung von Unabhängigkeit. Die stellt gepaart mit Freiheit eine der Grundkomponenten im Leben des Günthers dar. Nie wird er sich von einem System vollkommen vereinnahmen lassen oder seine Seele verkaufen. Politisch bezieht er ganz klar Stellung – meist ist er linksliberal angehaucht –, aber er lässt sich nur selten vor den Karren einer Partei spannen wie Günter Grass vor den der SPD.

Eine tiefe Gläubigkeit ist beim Günther nur ausnahmsweise anzutreffen, oft ist er sogar ein entschiedener Atheist. Die Religion der Günther besteht in tätiger Nächstenliebe. Überall, wo Mitmenschen in Not sind, setzen sie sich engagiert für sie ein.

Günther verfügen zudem über ein fast schon fanatisches Gerechtigkeitsempfinden, ähnlich wie die Horste. Entsprechend häufig sind sie als Richter oder Rechtspfleger tätig und sind im Hobbybereich Schiedsrichter in diversen Sportarten.

In ihren Mußestunden treten Günther auch häufig als Sammler in Erscheinung. Nicht selten handelt es sich dabei um antiquarische Gegenstände unterschiedlichster Couleur.

Privat umgeben sich Günther gerne mit guten Freunden, die sie bekochen und mit denen sie angeregte Gespräche führen. Dazu wird ein edles Tröpfchen Wein gustiert, das die Günther aus ihrem letzten Urlaub in der Toskana mitgebracht haben. Meist kommt auch bei solchen Gelegenheiten das Lachen nicht zu kurz. Apropos Lachen: Der Humor der Günther reicht von der feinen Ironie bis zum bitterbösen Sarkasmus.

Optik und Outfit: Wie die Nase des Mannes

Nach einigen Fauxpas im jungen Erwachsenenalter finden die Günther im vierten Lebensjahrzehnt ihren Kleidungsstil. Der »gereifte Look« der Günther besteht häufig aus Sakko kombiniert mit edlem einfarbigem Hemd und Bundfaltenhose. Dazu darf das Einstecktuch in der Brusttasche nicht fehlen. Aber auch Anzüge aus feinem Zwirn ebenso wie Kaschmirpullover werden nicht ungern getragen.

Günthers haben den Schalk im Nacken. Er steht ihnen meist schon in Form eines schelmisch-verschmitzten Dauerlächelns ins Gesicht geschrieben. Die Nase ist meist überdurchschnittlich lang. Vermutlich liegt darin der Grund für ihren Witz, denn je länger die Nase eines Mannes, desto humorvoller ist er gewöhnlich. Der natürliche

Kopfschmuck der Günthers ist meist dunkel und »beständig«, sprich sie neigen nicht zu Glatzenbildung.

Meist sind Günthers von schlanker Statur, sie können aber auch ein wenig gedrungener oder sogar richtig aus dem Leim geraten sein. Die Durchschnittsgröße beträgt etwa 1,80 m. Mini-Günther (< 1,70 m) sind jedenfalls ebenso rar wie Maxi-Ausgaben (> 1,90 m).

Verführung und Sex: Kondome schützen

Zum guten Benimm des Günther gesellen sich Esprit, eine warme Ausstrahlung und natürlicher Charme. Seine Komplimente treffen zwar nicht mitten ins Herz, aber sie streifen es immerhin schon. Selbst wenn er mit einer Galanterie ausnahmsweise völlig danebenliegt, ist seine Herzdame selten pikiert, weil er die Dinge so angenehm herüberbringt. Vielleicht achtet sie auch gar nicht so sehr auf das Gesagte, sondern hat sich bereits vom warmen, weichen Timbre seiner Stimme einlullen lassen.

Günther versuchen, wo immer es geht, delikate Situationen zu vermeiden. Baggern sie versehentlich eine liierte Frau an, fürchten sie noch nicht einmal so sehr die Unannehmlichkeiten mit ihrem Partner, sondern allein schon der Fauxpas als solcher ist ihnen höchst unangenehm. »Ausspannen« liegt nämlich für einen Mann von Sitte, Anstand und Ehre wie Günther jenseits aller Überlegungen.

Ähnlich wie die Joachims brauchen die Günther keine besonderen Anreize, um sexuell in Wallung zu geraten. Allerdings sind Günther auch Ästheten, was die Optik ihrer Partnerin betrifft. Tiger-Leggins, Schlabberlook und Lockenwickler im Haar sind meist das Todesurteil für das Sexualleben der Günther. Auch sollte ihre bessere Hälfte gewichtsmäßig nicht entscheidend zulegen.

Mit Sadomaso-Praktiken oder Verbalerotik können sich die Namensträger wenig bis überhaupt nicht anfreunden. Phantasien von Partnertausch oder gar Sexorgien bleiben in aller Regel auch solche.

Lassen sich Günther ausnahmsweise auf einen One-Night-Stand ein, pochen sie in der Regel aus Furcht vor Geschlechtskrankheiten auf die Benutzung eines Kondoms.

Jagdreviere: In der Ruhe liegt die Kraft

Günther sind äußerst zuvorkommend, und nicht selten bringt sie ihr leichtes bis mittelschweres Helfersyndrom in näheren Kontakt mit dem »schwachen Geschlecht«. Am Arbeitsplatz wird der Günther häufig auch von den Kolleginnen umschwärmt, weil er ein angenehmer, äußerst kooperationsbereiter Mitarbeiter ist und über ein hohes Maß an Fachkompetenz verfügt. Dass er meistens noch recht gut aussieht, ist ein angenehmer, sicher nicht ganz unbedeutender Nebeneffekt.

Günther wünschen beim Kennenlernen den persönlichen Kontakt. Sie lesen gerne an der Gestik und Mimik ihres Gegenübers Reaktionen ab. Relativ anonyme Medien wie das Internet und die Kontaktanzeige lehnen sie daher eher ab. Im Internet spielt sich für sie als geradlinige Menschen auch zu viel Larifari ab. Die gepflegte Konversation beim Running Dinner oder in Single-Gesprächskreisen ziehen die Träger dieses Namens allemal den Schmalspurdialogen beim Speed-Dating oder in der Disko vor. Hier nervt sie vor allem die Lautstärke der Musik.

Die Bereitschaft, sich professionell oder privat verkuppeln zu lassen, hält sich beim Günther stark in Grenzen. Ihm fehlt bei der künstlich initiierten Liebe ein wenig die Romantik. Außerdem sieht er darin ähnlich wie der Christian einen allzu großen Eingriff in seine Autonomie.

Auf freier Wildbahn findet der Günther fast überall einen Gesprächsaufhänger und beherrscht auch perfekt den Smalltalk für das Entree.

PARTNERSCHAFT:
DEUTSCHLANDS LIEBSTER SCHWIEGERSOHN

Günther sind meist ausgesprochen tolerante Zeitgenossen. Gängelei in jedweder Form ist ihnen fremd. Ein Günther wird seiner Frau weder vorschreiben, wie sie das Auto in der Garage platzsparend abzustellen hat, noch ihr zu erklären versuchen, in welchem Supermarkt sie welchen Einkaufsartikel noch einen Cent günstiger kaufen könnte. In finanzieller Hinsicht gibt der Günther seiner Herzdame meist ziemlich freie Hand, doch wird er sich auch nicht scheuen, sein Veto einzulegen, wenn die Sache aus dem Ruder läuft. Schließlich ist er kein Weichei.

In ihren Partnerschaften stehen Günther auf Verbindlichkeit; Affären oder offene Beziehungen sind ihnen fremd. Da Günther Gentlemen sind, würde es ihnen nicht im Traum einfallen, ihre Partnerin schwer schuften zu lassen, während sie es sich vor dem Fernseher gemütlich machen. Und auch nach 20 Ehejahren machen sie noch kleine, aufmerksame Geschenke zwischendurch und helfen ihrem Augenstern in den Mantel. Günther kommen nicht nur bei ihren Partnerinnen bestens an, sondern sind wegen ihres Charmes gleichermaßen bei ihren Schwiegermüttern wohl gelitten. Günther Jauch als Namensvertreter ist nicht ganz zufällig mit dem Etikett »Deutschlands liebster Schwiegersohn« versehen worden.

TRENNUNG: DAS TAL DER TRÄNEN

Günther verleugnen sehr lange, dass ihre Beziehung nicht mehr tragfähig ist. Die Warnschüsse, die ihr Herzblatt abschießt, überhören sie geflissentlich oder nehmen sie nicht ernst genug. Kommt es dann tatsächlich zum Schnitt seitens ihrer Partnerin, versuchen die Günther häufig, sie durch gutes Zureden und den Einsatz all ihrer Überredungskünste zum Salto rückwärts zu bewegen. Lässt sich die Ex ausnahmsweise darauf ein, ist die Neuauflage meist schnell wieder an dem Punkt angelangt, an dem die Erstauflage endete. Als Konsequenz folgt die zweite Trennung, und die ist definitiv endgültig, weil nun beide Parteien eingesehen haben, dass es nicht mehr geht.

Hernach durchwandert der Günther zunächst ein Tal der Tränen, aber schon in der Phase des tiefsten Schmerzes versucht er sich neu zu binden, fühlt er sich doch fürs Alleinleben überhaupt nicht geschaffen. Wundersamerweise gelingt ihm das auch häufig gleich wieder dauerhaft. Da er ein gutes Gesamtpaket darstellt, ist seine neue Partnerin bereit, die Altlasten gemeinsam mit ihm zu tragen.

Pflegetipps:

Musts:

* Der Günther ist wie ein Pferdehändler. Vor dem »Kauf« schaut er der Frau gerne ins »Maul«. Suchen Sie also vor dem Date mit einem Günther ihren Zahnarzt auf, wenn sie gravierende Zahnprobleme haben; von Mundgeruch erst gar nicht zu sprechen.

* Günther hat oft die Muse geküsst. Vor allem malen und fotografieren sie gerne. Stellen Sie sich Ihrem Hobby-Picasso als Aktmodell zur Verfügung und helfen Sie ihm, die Ausrüstung für seine Kunst zu vervollständigen.

* Bleiben Sie bei einem Streit mit ihrem Göttergatten dieses Namens nach Möglichkeit sachlich. Günthers reagieren ausgesprochen empfindlich auf Verbalinjurien und Taktlosigkeiten, jedoch nicht indem sie zurückschlagen, sondern indem sie den Ort des Geschehens wortlos verlassen.

No-Gos:

* Bei der Partnersuche ist der Günther ziemlich konservativ. Lassen Sie ihn den ersten Schritt auf Sie zu machen. Frauen, die sich ihm zu sehr anbiedern, findet der Günther meist eher abtörnend.

* Spontaneität gehört nicht zu den großen Stärken des Günthers.

Einen kurz entschlossenen Trip nach Amsterdam, weil Ihnen gerade nach einer Grachtenfahrt zumute ist, sollten Sie sich mit ihm gleich aus dem Kopf schlagen, obwohl ihn das Van-Gogh-Museum schon sehr reizen könnte. Zumindest braucht der Günther eine gewisse Bedenkzeit.

* Der Günther hat starke familiäre und freundschaftliche Bindungen. Versuchen Sie nicht, ihn daraus zu lösen, um ihn ganz für sich alleine zu haben. Damit beißen Sie auf Granit.

Ideale Namenspartnerinnen:

Mit der Anna und der Ingrid hat der Günther den Familiensinn, die Hilfsbereitschaft und die Toleranz gemeinsam. Die Sabine und die Stefanie imponieren dem Günther, weil sie sich nur selten körperlich gehenlassen und somit dauerhaft seinen optischen Ansprüchen genügen können. Die Stefanie wird allerdings in einer Partnerschaft mit dem Günther ihre sexuellen Bedürfnisse einschränken müssen. In puncto Lebenslust harmonieren die Vertreter dieses Namens mit der Uschi und der sanftmütigen Monika. Bei diesen Kombinationen stimmt es auch fast hundertprozentig im Schlafzimmer.

Prominente Namensträger:

Günther Kaufmann, Günter Grass, Günther Jauch, Günther Netzer, Günther Wallraff, Günther von Lojewski, Günther Pfitzmann, Günther Strack

Namenstag des Günthers: 9. Oktober

Harald

Basics: So weit die Füsse tragen

Haralds sind meist sehr aufrechte Männer, was sich schon in ihrer geraden Körperhaltung widerspiegelt. Wenn ihnen etwas gegen den Strich geht, sagen sie es ihrem Gegenüber direkt ins Gesicht. Hinterfotzigkeiten gibt es bei den Trägern dieses Namens äußerst selten. Obwohl sie nach außen kraftvoll wirken, sind Haralds ziemliche Mimöschen. Eine falsche Bemerkung und sie ziehen sich in ihr Schneckenhaus zurück oder sie sind gleich auf 180. Wenn der Harald ausflippt, sollten alle Anwesenden die Köpfe einziehen.

Aber nicht immer poltern sie gleich los. Manchmal fressen sie den Ärger einfach in sich hinein. Werden sie dann in Ruhe gelassen, kommen sie schnell wieder herunter. Werden die Tabuzonen des Haralds geschickt umschifft, ist er ein sehr umgänglicher Zeitgenosse.

Haralds fühlen sich in der Öffentlichkeit nicht sonderlich wohl. Viele Träger dieses Namens sind nämlich im Tiefsten ihres Herzens schüchtern, nur überspielen sie das häufig, bewusst oder auch unbewusst, weil sie bisweilen selbst schon nicht mehr wissen, was nun Rolle und was Realität ist.

Der Freundeskreis der Haralds ist, vorsichtig ausgedrückt, überschaubar. Das hat vielleicht ein wenig mit ihrer oft mangelnden Fähigkeit zu tun, sich anderen zu öffnen.

Haralds fühlen sich ein wenig dem Perfektionismus verpflichtet. Zumindest aber schätzen sie es, wenn die Dinge rund laufen. Chaos widerstrebt ihrer inneren Strukturiertheit diametral und bringt sie nicht selten aus dem Gleichgewicht oder macht ihnen Angst. Nicht selten wirkt das Leben der Haralds allzu ritualisiert, ja fast schon ein wenig spießig.

Haralds lieben die Mutter Natur und wandern in ihrer Freizeit lei-

denschaftlich gerne. Bisweilen haben sie auch eine starke Affinität
zum Waidwerk. Als Berufssoldaten oder Führer einer Staffel der
Bereitschaftspolizei sind sie keine Leuteschinder, sondern Männer
von Sitte, Anstand und Ehre, wie Fontane sagen würde. Und sie haben sozusagen ihr Hobby zum Beruf gemacht, weil damit lange
Märsche oder zumindest viel Bewegung an der frischen Luft verbunden ist.

Optik und Outfit: Grau in grau

Viele Haralds sehen gesetzter aus als das, was das Geburtsdatum in
ihrem Pass wiedergibt. »Jugendliche« Typen sind sie jedenfalls selten. Dafür sind sie mit einem üppigen, häufig braun gelockten Pelz
auf dem Kopf gesegnet, der ihnen bis ins hohe Alter erhalten bleibt,
aber oft schon in den dreißiger Jahren ergraut. Dazu kommt trotz
seines Frischluftfanatismus meist noch eine ziemlich fahle Gesichts-
haut, die die Haralds ein wenig farblos erscheinen lässt und nicht von
allzu guter Gesundheit zeugt. Augen haben die Namensträger jedoch wie ein Luchs und sind selten auf eine künstliche Sehhilfe angewiesen.

Haralds sind gewöhnlich stattliche Männer von über 1,80 m Höhen-
wuchs. Ihr Körperbau ist mitunter ein wenig gedrungen, richtig voluminös werden sie aber als Bewegungsnaturelle nur extrem selten.

Der Kleidungsstil der Haralds ist konservativ, mitunter zu konservativ. Meist trägt er gedeckte Farben, obwohl seinem Hauttyp etwas
frischere Töne eher entgegenkommen würden. Damit ist dann die
»graue Maus« komplett, zumal der Harald auch jedwede sonstigen
»Verzierungen« seines Körpers mehr oder weniger ablehnt.

Verführung und Sex:
Treu und Redlichkeit

Die Psychologie der Partnerwahl sagt, dass es die Frau ist, die sich den Mann aussucht und nicht umgekehrt. Beim Harald jedenfalls besteht kein Zweifel an der Richtigkeit dieser These. Seine zukünftige Gemahlin hat nicht selten schlechte Erfahrungen mit Männern gemacht, ganz schlechte Erfahrungen, um nicht zu sagen, sie ist ein geprügelter Hund. Nach dem letzten Waterloo mit einem Kerl haben ihre Eltern den Zeigefinger gehoben und gesagt: »Wir haben dir ja damals immer schon geraten, nimm dir den Harald.«

Sie hat sich erinnert an den lieben, netten Kerl aus der Oberschule namens Harald. Was ist eigentlich aus ihm geworden? Stimmt, er hat sich mit Anfang 30 schon bis zum Bereichsleiter einer größeren Bank hochgearbeitet. Dabei ist sein Privatleben allerdings ein wenig auf der Strecke geblieben. Er ist immer noch Junggeselle … Natürlich kommt er auf einen Kaffee bei ihr vorbei. Und nach gut einem Jahr führt er sie mit einem kleinen Schwangerschaftsbäuchlein zum Traualtar.

Sexuell klemmt es beim Harald anfangs ein wenig, da er in der Jugendzeit noch nicht viel mit dem anderen Geschlecht anfangen kann. Als Erwachsener wird aus ihm ein nicht sonderlich phantasiebegabter, aber immerhin recht aktiver und ausdauernder Liebhaber. Der Harald braucht die Geschlechtlichkeit für seine seelische Ausgeglichenheit. Wird er diesbezüglich länger auf Entzug gesetzt, kann er zickig, manchmal sogar regelrecht übellaunig und gereizt werden.

Was die sexuelle Treue betrifft, könnte man fast die Hand für den Harald ins Feuer legen. Allerdings sollte sich sein Herzblatt auch tunlichst davor hüten, Kirschen in Nachbars Garten zu essen, denn sonst ist sie ihren Harald sofort los. Diese Verletzung seiner männlichen Ehre würde er ihr nie wirklich verzeihen.

Die »waldschratigen« Haralds haben häufig Haustiere, bevorzugt Hunde, die sie auf ihren naturkundlichen Expeditionen begleiten und natürlich hervorragende »Kuppler« sind. Leider merkt der Harald aber nicht immer, dass die Evastöchter in Wirklichkeit viel eher an seinen braunen Augen Gefallen gefunden haben als an denen seines edlen Vierbeiners.

Auf freier Wildbahn geht der schüchterne Harald selten gezielt auf die Pirsch nach Miss Perfect. In Kneipen und Cafés ist er allenfalls Zaungast bei den Flirtbemühungen seiner Geschlechtsgenossen. Jedoch in seinem Beruf als Polizist könnte der Harald sein Liebesglück finden, indem er selbstlos unter Einsatz seines eigenen Lebens das Kind seiner zukünftigen Herzdame vor dem Ertrinken rettet. Der Freundeskreis fällt mangels Masse als Jagdgrund weg, vor allem auch weil der Harald, wenn überhaupt, nur recht oberflächliche Frauenfreundschaften pflegt. Da ist keine »Sally«, die dem »Harry« eine frühere Studienkollegin buchstäblich ans Herz legen könnte.

Institutionalisiert kommen den Trägern dieses Namens Single-Clubs mit ihren vielfältigen Freizeitangeboten entgegen, besonders wenn sie »motorischer« Natur sind, aber auch bei Single-Tanzkursen werden sie gesichtet, wenn jedoch auch nur als leidige Tänzer. Hummeln im Hintern hätten sie dagegen beim Flirten im Internet oder in Gesprächszirkeln für Alleinlebende.

Haralds sind keine urbanen Typen. Mit den »(groß)städtischen« Medien des Kennenlernens können sie nur wenig anfangen. Da Speed-Dating und Running Dinner nicht in Hinterwald oder Klein-Kaffing veranstaltet werden, finden diese Events meist ohne sie statt. Und überhaupt, was würde es ihnen nützen, wenn sie dabei in München Bekanntschaft mit einer ungarischen Austauschstudentin aus Gödöllö schlössen, die in drei Monaten wieder zurück an ihre Heimat-Uni ginge. Erstens steht der Harald nicht sonderlich auf interkulturelle Partnerschaften und zweitens nicht auf Fernbeziehungen.

Partnerschaft: Der Kümmerer

Zweisamkeit ist für Haralds wichtig, aber nicht das Maß aller Dinge in seinem Leben. Eine Frau, die versucht, ihn zu 100% für sich einzunehmen, wird bei ihm schlechte Karten haben.

Der Harald ist kein Workaholic, aber meist liebt er seine Arbeit oder verrichtet sie zumindest gerne. Ohne Job oder als Hausmann würde er verkümmern, was aber absolut nicht heißt, dass er ein Putz-, Wasch- oder Kochmuffel wäre. Viele Haralds sind sogar hervorragende Freizeitköche, die nicht selten die Hoheit über die Zubereitung der Sonntags- und Festtagsmahle haben. Nicht ganz zufällig ist mit Harald Wohlfahrt einer der besten Köche Deutschlands ein Namensträger.

Der Harald ist in der Partnerschaft ein »Kümmerer« und Organisator, der viel Geborgenheit vermittelt, aber mit Romantik leider nur wenig am Hut hat. Dafür ist er zu sehr pragmatischer Realist. Der Sonnenuntergang am Meer berührt ihn weniger als eine ausgeglichene Haushaltskasse.

Seine gewisse Nüchternheit macht ihn nicht unbedingt zum Liebling der Kinder, die ihn aber doch wegen seiner Gerechtigkeit und absoluten Verlässlichkeit schätzen. Schwierig macht das Zusammenleben mit dem Harald sein Schwanken zwischen Extro- und Introvertiertheit. Bisweilen sprudelt er wie ein Wasserfall, während ihm seine bessere Hälfte zu anderen Gelegenheiten fast jedes Wort aus der Nase ziehen muss. Dann wirkt er fast schon ein wenig muffelig. Apropos muffelig: Ein Morgenmuffel ist der Harald überhaupt nicht. Im Gegenteil, zu Tagesbeginn ist sogar am meisten mit ihm anzufangen. Bei ihm fängt im wahrsten Sinne des Wortes der frühe Vogel den Wurm.

Trennung: Sentimentale Patrouillen

Auch wenn seine Partnerschaft zerbricht, gebärdet sich der Harald selten als »Dirty Harry«. Schmutzige Wäsche zu waschen, verbietet ihm seine Anständigkeit, außer die Ex versucht ihn massiv zu hintergehen. Da er in seinem Leben relativ wenige Trennungen durchleben muss, hat der Harald wenig Erfahrung im Umgang damit. Zwar gerät er hernach psychisch selten vollkommen aus der Bahn, aber er braucht doch meist mindestens ein Jahr, bis er wieder so weit ist, sich intensiv auf eine Frau einzulassen. Beziehungshopping widerspricht seiner Tiefgründigkeit diametral.

Für seine Verhältnisse ist der Kopfmensch Harald in seiner Trauerphase außergewöhnlich sentimental. Er fährt Patrouille am Haus der Ehemaligen und sucht Orte auf, an denen er mit ihr glücklich war. Auf Alkohol, um den Frust zu ertränken, wird jedoch selten zurückgegriffen. Haralds sind ein wenig nachtragend. Daher gelingt es ihnen später selten, ein unbefangenes Verhältnis zu ihrer geschiedenen Frau aufzubauen.

Pflegetipps:

Musts:

* Haralds haben im Laufe der Jahre schon eine erkleckliche Korbsammlung angehäuft. Das hat sie ein wenig verunsichert und verschüchtert. Übernehmen Sie daher bei dem Harald Ihres Herzens die Initiative, soweit es Ihr weiblicher Stolz erlaubt.

* Pochen Sie auf ein zweites Badezimmer. Haralds lesen nämlich gerne auf dem stillen Örtchen, und das kann mitunter zu längeren Wartezeiten der übrigen Familienmitglieder führen.

* Helfen Sie Ihrem Harald bei der Auswahl seiner Garderobe. Vor allem bringen Sie etwas mehr Farbe ins Spiel. Wundern Sie sich aber nicht, wenn Sie dabei auf Widerstand stoßen. Haralds können nämlich sehr stur sein.

No-Gos:

* Vermeiden Sie Überraschungsbesuche, solange Sie den Harald noch nicht gut kennen. Er wird sich überrumpelt vorkommen, wenn Sie ohne Vorankündigung in sein Revier eindringen, und ziemlich reserviert reagieren.
* Es gibt fast nichts, was ein Harald mehr hasst, als Undankbarkeit. Das Wort »danke« sollte daher unbedingt zu Ihrem Sprachrepertoire gehören.
* Vermeiden Sie, sich in Andeutungen zu ergehen. Sie machen sich dadurch keinesfalls interessant für Ihren Harald, sondern strapazieren sein Nervenkostüm. Er mag klare, konkrete Aussagen und Ansagen.

Ideale Namenspartnerinnen:

Die Petra und die Ingrid werden dem Harald keine Hörner aufsetzen und »brav« mit ihm durch Feld und Flur streifen. An beiden schätzt er vor allem ihre Solidität und Loyalität. Die Stefanie und die Bettina passen besonders von ihrem Wertebewusstsein und von ihrer Klarheit her gut zum Harald. Trotz ihrer Intellektualität sind sie nicht abgehoben, so dass sie die praktischen Probleme des Alltags mit ihm bewältigen können. Die Uschi und die Anna haben sexuell ähnliche quantitative Bedürfnisse wie der Harald und überfordern diesbezüglich auch nicht seine Phantasie.

Prominente Namensträger:

Harald Schmidt, Harald Krassnitzer, Harald Juhnke, Harald Schmid, Harald Ringstorff, Harald Wohlfahrt

Namenstag des Haralds: 1. November

Holger

Basics zum Holger: Open air

Wenn Holger ausnahmsweise eine berufliche Spitzenposition erreichen, dann nicht, weil sie über Leichen gehen, sondern weil sie Rückhalt im Kollegium haben und außergewöhnliche Leistungen erbringen. Auch bei ihrem häufigen Hobby, der Jagd, treten sie vielmehr als Heger und Pfleger, weniger als Schießer und Vollstrecker in Erscheinung. Holger weisen gewöhnlich keinen ausgeprägten Ehrgeiz auf. Ihre prinzipielle Genügsamkeit lässt sie zufrieden sein mit dem, was sie sind und haben.

Illustre, faszinierende Männer finden sich unter den Namensträgern nur selten. Sie sind liebe, nette Kerle, aber zweifelsohne auch ein wenig langweilig. Weder verfügen Holger über die Fähigkeit, andere mitzureißen, noch heben sie sich merklich von der breiten Masse ab. Als beinahe schon 08/15-Typen fehlt ihnen für ein Leben im Scheinwerferlicht schlichtweg der Glamour.

Schnellen Veränderungen können die Holger häufig mental nicht folgen, weil sie geistig ein wenig behäbig oder bequem sind. Dabei können auch innere Blockaden eine Rolle spielen, halten sie doch nur allzu gerne an Althergebrachtem fest.

Holger sind gewiss keine Dummköpfe, aber meist verspüren sie wenig Lust, sich tiefgehend mit religiösen, philosophischen oder psychologischen Fragen zu beschäftigen. Betrachtet man die Denkvorgänge als ein Sieben-Schichten-Modell, entsprechend der Schalen einer Zwiebel, so ist bei den Holgern gewöhnlich spätestens auf »Ebene« 5 Endstation. Über gutes Mittelmaß kommen sie also selten hinaus.

Die Hilfsbereitschaft der Holger ist eher »passiver« Natur. Wer Hilfe braucht, muss schon danach fragen. Das Kind im Manne pflegen die Vertreter dieses Namens mit Daddeln, bis der Arzt kommt. Ihr Glück bei kostenpflichtigen Glücksspielen besteht darin, dass sie dafür nicht anfällig sind, weil sie sehr bewusst mit ihrem Geld umgehen. Keinesfalls sind Holger Verschwender, was aber nicht ausschließt, sich den einen oder anderen kleinen Luxus zu gönnen.

Als manchmal etwas hibbelige Bewegungsnaturelle haben Holger selten reine Bürojobs inne. Im Lehramt geben sie am ehesten noch Werk- oder Sportunterricht. Am liebsten aber arbeiten sie mehr oder weniger komplett unter freiem Himmel, etwa in der Forstwirtschaft oder im Landschaftsgartenbau.

Holger betreiben freizeitmäßig auch gerne Leibesertüchtigung, jedoch selten ambitioniert mit dem Ziel deutsche Meisterschaft oder gar Olympia.

OPTIK UND OUTFIT: KINDER DER HÖHENSONNE

Lange und hagere Holger scheinen zu geizig für eine hochwertige Garderobe zu sein. Sie kleiden sich meist schlicht oder altbacken. Der Mainstream der Namensträger, der bei etwa 1,80 m Körpergröße um die 88 Kilo wiegt, legt hingegen großen Wert auf ein modisches Outfit und ist zum Teil sogar ausgesprochen eitel. Fast nur Markenklamotten werden getragen, und für eine angenehme Bräune darf es ruhig ab und zu auch das Münz-Mallorca sein. Von der Höhensonne abgesehen, achten Holger sehr auf ihre Gesundheit, was sich in ihrem gesunden Teint widerspiegelt. Sie essen relativ gesund, rauchen fast nie und trinken Alkohol nur sehr mäßig.

Interessant ist bei den Holgern auch, dass die braunhaarigen unter ihnen häufig keine vollen Haare mehr haben, während sich die blonden nur in Ausnahmefällen mit Haarausfall herumplagen müssen. Dabei sind die hellhaarigen meist die Schlakse, während die dunklen meist die minimal übergewichtigen Einsachtziger sind.

Die langen Holger geben natürlich auch fast nie Geld für Accessoires aus. Manchmal »gönnen« sie sich noch nicht einmal eine vernünftige Uhr, während den Ringfinger der mittelgroßen Holger bisweilen ein trendiger Silberring schmückt und die Zeit bei ihnen in jungen Jahren gerne mit einer »Fossil« oder »Swatch« gemessen wird.

Die etwas »fülligeren« Holger haben eher rundliche, hübsche Gesichter mit einer freundlichen Ausstrahlung und süßen Teddybären-Knopfaugen. Dagegen sind die Antlitze der »Hungerhaken« oft zu ausgemergelt, um noch attraktiv und sympathisch zu wirken. Abzüge bei der Damenwelt bringt beiden Holger-Typen das fehlende Feuer in ihren Augen und das leicht naive Charisma. Vor dem Dickwerden schützen die Holger zwei Faktoren: Erstens sind sie körperlich ziemlich agil, und zweitens sind sie gute »Nahrungsverbrenner«.

Verführung und Sex: The joy of sex

»Die perfekte Masche« hat der Holger beim Baggern nun ganz und gar nicht drauf. Manchmal ist er in dieser Disziplin fast schon ein wenig arglos. Selbst wenn der Erstkontakt recht erfreulich ausfällt, ist die Kuh noch lange nicht vom Eis. Oft beherzigt der Holger nicht die Flirtregel »Willst du gelten, mach dich selten«. Wie auch? Meist hat er noch nie davon gehört. Davon abgesehen sind diese »Spielchen« auch einfach nicht sein Ding. Er ruft seine neue weibliche Bekanntschaft immer dann an, wenn es ihm sein vor Liebe überschäumendes Herz gebietet, das ist aber leider nicht immer dann, wenn es ihr passt.

Zum Glück findet der Holger sein Herzblatt nicht selten schon im Sandkasten oder nur einige wenige Jahre danach, in einer Zeit also, in der bestenfalls Flaschendrehen, aber noch nicht »the game« gespielt wird.

Evastöchter, die sich einen Holger geangelt haben, brauchen fast nie Angst zu haben, dass er sie betrügt oder wegen einer anderen verlässt, weil für ihn eheliche beziehungsweise partnerschaftliche Treue ein hohes Gut ist.

Da manche Holger ein wenig hektisch sind, kommen sie beim Sex einfach zu früh. Ansonsten sind Holger sehr einfühlsame Lover, die stets darauf bedacht sind, dass auch ihre Partnerin horizontal auf ihre Kosten kommt. Dafür lassen sie sich einiges einfallen. Als zusätzliches Bonbon haben die meisten Namensträger schöne Streichelhände, die sie auch gekonnt einsetzen. Das Kuscheln danach kann sich beim Holger Stunden hinziehen. Dabei werden häufig ausgiebige Unterhaltungen geführt. Bei dem Spruch, »Männer sprechen mit Frauen, um mit ihnen zu schlafen, und Frauen schlafen mit Männern, um mit ihnen zu sprechen«, kann sich der Holger eher mit der weiblichen Rolle identifizieren.

JAGDREVIERE: SHOPPING

Beim Suchen und Finden der Liebe ist der Holger gewiss kein Schwerschiff, aber auch kein südländischer Gigolo, der mit geschmeidigen Komplimenten nur so um sich wirft. In der Flirt-Hitparade nimmt er einen guten Mittelfeldplatz ein.

Um mögliche Scharten vom ersten Beschnuppern wieder auszuwetzen, braucht der Holger Wiederholungen. Die gibt es bei Treffen, die über ein Medium initiiert worden sind, in der Regel nicht. Internet-, Kontaktanzeigen- oder auch PV-Dates sind wie Pokalspiele. Gehen die verloren, ist man/frau ausgeschieden. Die einmalige Performance ist mehr oder weniger entscheidend. Anders die Situation in Single-Gesprächszirkeln oder bei Tanzkursen für Einspänner. Hier herrscht sozusagen eine Bundesliga-Situation vor. Nicht ein Spieltag zählt am Ende, sondern die Summe aller. Die second Chance erhalten die Namensträger gewöhnlich auch in allen Locations, die mehr oder weniger regelmäßig besucht werden, so in der Sauna oder im Fitnessstudio.

Ein Kuppelversuch durch den Freundeskreis geht wieder eher in die Pokalrichtung, während am Arbeitsplatz die Bundesliga läuft. Einen Geheimtipp für die holde Weiblichkeit, mit dem modebewussten Holger ins Gespräch zu kommen, stellt mit Sicherheit der Klamottenkauf in einer Boutique dar. Dort fühlt sich diese Spezies Holger mehr als geschmeichelt, wenn er von Frau gefragt wird, ob ihr ein Teil steht oder passt. Er sieht nämlich darin einen Vertrauensbeweis für seinen Geschmack.

Partnerschaft: Der Frauenflüsterer

Der Holger hat eine gute Mischung zwischen Nähe und Distanz gefunden. Er ist gerne mit seiner Herzdame zusammen, nimmt sich aber auch Zeit für sich. Dann zieht er sich in seinen Hobbyraum zurück oder werkelt im Garten herum. Da er auch viel Wert auf Männerfreundschaften legt, ist er nicht so sehr fixiert auf seine Partnerin, was für sie natürlich meist eine Entlastung bedeutet.

Holger sind nicht selten Frauenversteher oder geben sich zumindest Mühe, es zu werden. Beziehungsthemen interessieren sie, ohne aber direkt Psycho-Typen zu sein. Gewöhnlich kommunizieren Holger gerne und auch angemessen viel. Manche »sprudeln« schon frühmorgens wie ein Wasserfall.

Im Haushalt und in der Küche stellen sich Holger leicht unbeholfen an. Dahinter mag bisweilen auch ein Stück weit Absicht stecken, um sich vor unangenehmen Arbeiten zu drücken. Aber immerhin verrichten sie sie. Im handwerklichen Bereich endet das Repertoire der Namensträger meist schon beim Anschließen von Lampen.

Die Sprösslinge lieben den Holger, weil er Späße mit ihnen macht und stundenlang mit ihnen spielt. Nicht ganz ohne Eigennutz, denn dadurch kann er selbst noch einmal Kind sein.

Trennung: Tell me why

Mit dem Ende der Zweisamkeit finden sich Holger nur selten kampf-
los ab. Wenn sich das Paar total festgefahren hat, begeben sie sich
sogar bisweilen auf den Canossagang zum Paartherapeuten. Den
Cut sollte die Gefährtin eines Holgers nie ohne Angabe von Gründen vollziehen. Damit wird er sich kaum je zufriedengeben, sondern
so lange bohren, bis er für sich befriedigende Antworten erhält. Mit
dem großen Fragezeichen im Kopf kann der Holger nicht weiter-
leben, geschweige denn eine neue Beziehung eingehen.

Finanziell darf seine Noch-Frau auf kein großes Entgegenkommen
von ihm hoffen. Selbst wenn der Holger kein »Sparbrötchen« ist,
wird er ihr keinesfalls mehr geben, als ihr zusteht. Respektiert seine
Ex in dieser Hinsicht seine Grenzen, wird sich der Holger bei der
Regelung der Scheidungsfolgesachen als äußerst konstruktiv erweisen. Dabei nimmt er auch das Heft des Handelns gerne selbst in die
Hand.

Holger neigen leider dazu, die Schuld für eine Trennung auf die Ex
zu schieben. Durch diese psychologische Reinwaschung holen sie
sich die Rechtfertigung, anstatt zunächst an sich selbst zu arbeiten,
unverzüglich wieder auf die Pirsch nach »Ersatz« zu gehen.

Pflegetipps:

Musts:

* Geben Sie Ihrem Holger eine Kopfmassage, wenn er nervös ist.
  Das wird ihn schnell zur Ruhe bringen.

* Holger bevorzugen Urlaube im Süden – mit Elchen und Fjorden
  können Sie ihn kaum locken –, bei denen aber immer auch ein
  paar Besichtigungen auf dem Programm stehen sollten. Vom ersten bis zum letzten Sonnenstrahl nur am Strand zu liegen, ist ihnen zu dröge.

* Mit einer Tüte Gummibären versüßen sie den Namensträgern den

Tag. Besonders Colafläschchen und Lakritzschnecken essen sie bis zum Platzen. Mit dem Genuss von echten Schnecken können Sie ihnen hingegen den Appetit verderben, ebenso wie mit Meeresfrüchten.

No-Gos:
* Gehen Sie beim ersten Rendezvous mit einem Holger nicht gleich ans Eingemachte. Wegen seiner anfänglichen Unsicherheit fühlt er sich dadurch in die Ecke gedrängt. Wenn Sie merken, dass er ins Schwimmen gerät, sind Sie eindeutig zu weit gegangen.
* Als Sportfan sollten Sie sich einen Herzbuben anderen Namens anlachen. Der Holger wird Sie eher zu einem Konzert der Wildecker Herzbuben als zum Spiel Ihrer Lieblings-Fußballmannschaft begleiten. Selbst Übertragungen im Fernsehen wird er Ihnen durch sein offen zur Schau getragenes Desinteresse auf Dauer vermiesen.

IDEALE NAMENSPARTNERINNEN:

Bei der Anna, der Petra und der Ingrid muss der Holger keine teuren Geschenke auffahren. Eine kleine Aufmerksamkeit, die aber von Herzen kommt, reicht aus. Außerdem stehen sie wie der Holger auf Natur und Natürlichkeit. Mit der verschmusten, zärtlichen Bettina wird es intim gut laufen. Sie hat Verständnis dafür, wenn es beim Holger horizontal einmal nicht so rund beziehungsweise zu früh läuft. Auch der gemeinsame Wunsch nach ausgiebiger Kommunikation bildet bei dieser Kombination eine tragende Säule für eine harmonische Beziehung. Den Susannes und Christinas wird der Holger zumindest einen Teil der lästigen Arbeiten im und um das Haus herum abnehmen und sich mit ihnen karitativ betätigen.

Prominente Namensträger:

Holger Glandorf, Holger Stromberg, Holger Börner, Holger Speck-hahn, Holger Daemgen, Holger Weinert, Holger Franke

Namenstag des Holgers: 20. Dezember

HORST

BASICS: MISTER GOOD GUY

Der Vorname Horst ist aus dem niederdeutschen Wort für »Wald, Gehölz, Dickicht, Gebüsch« abgeleitet. Und wie Bäume im Wald, so stehen auch die Horste mit beiden Beinen fest auf der Erde. Neben ihrer Bodenhaftung weisen die Namensträger eine ausgeprägte Gerechtigkeitsliebe auf. Wo immer einem Mitmenschen Unrecht geschieht, gehen sie auf die Barrikaden. Auch insgesamt sind Horste ethisch tief verwurzelt. Eigentlich ist ein Geistlicher an ihnen verloren gegangen, obwohl sie mit Kirche, so wie sie praktiziert wird, gewöhnlich nicht allzu viel am Hut haben. Es ist nicht nur die Humanitas, die Horste für den Klerus prädestinierte, sondern auch ihre salbungsvolle Rhetorik. Einem Horst beim Sprechen zuzuhören, ist fast immer eine kleine Seelenmassage, außer ihn hat gerade eine heilige Wut ergriffen und er poltert drauflos. Das kommt aber nur sehr selten vor. Horste sind Gemütsmenschen. Sie aus der Ruhe zu bringen, bedarf es schon einiges.

Im wirklichen Leben sprechen Horste eher vor einer Schulklasse als vor einer Kirchengemeinde. Der Lehrerberuf unterfordert sie intellektuell jedoch fast noch ein wenig. Dennoch üben sie ihn meist mit großer Leidenschaft aus, weil sie es lieben, jungen Menschen Wissen zu vermitteln und ihnen Werte mit auf den Weg zu geben. Wählen Horste beruflich den Polizeidienst, sind sie die wahren »Freunde und Helfer«. Als Politiker bringen sie es vor allem durch ihren Sachverstand weit. Horste bestechen durch ihre bescheidene und zurückhaltende Art. Sich brachial in den Mittelpunkt zu drängen, ist ihnen fremd, obwohl sie durch ihren reichen Schatz an Anekdoten und Witzen sehr zur Unterhaltung beitragen können. Ein gravierendes charakterliches Manko weisen jedoch auch die Horste auf: Wenn jemand den Bogen bei ihnen überspannt hat, tragen sie bisweilen lange nach.

In ihrer Freizeit investieren die Horste viel Zeit in Bildung und Kultur. Sie lesen, singen in einem niveauvollen Chor, sind Mitglied einer Laienschauspielgruppe oder besuchen Ausstellungen jedweder Couleur. Mit ihrem meist breiten Allgemeinwissen könnten sie mit etwas Glück bei Günther Jauch den »Jackpot« knacken. Ihr Elefantengedächtnis hilft den Horsten, Informationen aufzusaugen wie ein Schwamm und dauerhaft abzuspeichern.

Bezüglich sportlicher Aktivität gibt es unter den Horsten sowohl Spreu als auch Weizen. Die einen sind steckensteif, die anderen wahre Sportskanonen.

Optik und Outfit: Der Ökonfirmand

Horste legen kein übermäßig großes Augenmerk auf ihr Outfit. Meist sind sie korrekt angezogen, aber bisweilen denkt man bei erwachsenen Horsten auch, sie trügen noch ihren Konfirmationsanzug. Die Spätachtundsechziger dieses Namens kleiden sich betont leger, respektive »öko«. Da schlabbert der Look an allen Ecken und Kanten.

Gemessen an klassischen Maßstäben, sind Horste selten wirklich schöne Männer. Vom Grundkörperbau her sind sie meist schlank. Ab dem mittleren Alter wächst bei ihnen allerdings ein kleines Wohlstandsbäuchlein heran, weil sie den kulinarischen Genüssen alles andere als abgeneigt sind. Ihre Gesichtszüge sind meist sehr harmonisch und eben.

Horste sind überdurchschnittlich häufig blond; maximal ist ihr Haar hellbraun. Schwarzhaarige Träger dieses Namens sind fast so selten wie Kaninchen mit einem braunen und einem roten Auge. Zu Bärten haben Horste wenig Bezug. Sie stehen ihnen auch nur ausnahmsweise wie der markante Schnauzer des Fernsehkochs Horst Lichter, der ihm den Ehrentitel »Bart des Jahres 2009« einbrachte. Allerdings

lassen sich die Horste bisweilen ganz gerne einen Dreitagebart stehen.

Von der Körperlänge liegen Horste meist über 1,80 m und sind damit recht stattliche Vertreter der Männlichkeit. Horste verfügen leider über kein ausgeprägtes Charisma. Sie beeindrucken das weibliche Geschlecht eindeutig mehr durch ihre liebenswerte Art als durch
ihre Optik. Horste wirken durchaus charmant, aber eher auf eine
stille, fast schon unscheinbare Art und Weise.

VERFÜHRUNG UND SEX:
ALTE SCHEUNEN BRENNEN LICHTERLOH

Bei einem Horst reicht meist schon ein Korb aus, um ihm das Anbandeln für den ganzen Abend vergehen zu lassen. Horste sind vielleicht schon einen Hauch zu selbstkritisch und beziehen eine Absage
fast immer in erster Linie auf sich selbst. Auf die Idee, dass das Objekt der Begierde einfach nur nicht in Flirtlaune oder bereit für eine
Beziehung ist, kommt ein Horst nur selten. Aus diesem Grund bereiten sie den einen, dato alles entscheidenden Vorstoß minutiös vor.
Merken sie dann im Flirtgespräch, dass sie nicht landen können, treten sie alsbald diskret den Rückzug an. Aber auch ein mangelndes
Gesprächsniveau auf der anderen Seite führt unwiderruflich zum
Flirtabbruch der Horste. Schließlich wünschen sie sich eine geistig
gleichwertige Partnerin an ihrer Seite und kein schmuckes Dumm-
chen nur zum Repräsentieren.

Die Horste haben ein ziemlich unverkrampftes Verhältnis zum Sex
und sind aktive Liebhaber. Kuscheln und Schmusen gehört für sie
ebenso dazu wie wilde Leidenschaft. Nach dem Liebesspiel hält der
Horst seine Partnerin häufig noch stundenlang im Arm und unter-
hält sich mit ihr über Gott und die Welt, während es beim Akt selbst
noch eher wortlos zugegangen war. Verbalerotik gehört nämlich gewöhnlich nicht zu seinem intimen Repertoire.

Die Triebhaftigkeit der Horste bleibt häufig bis ins hohe Alter fast unvermindert erhalten. Sie sind dann die sprichwörtlichen alten Scheunen, die lichterloh brennen.

Die Jagdreviere: Locker vom Hocker

Überall dort, wo es leger und unverkrampft zugeht, wird man Horste in großer Zahl antreffen können. So halten sie sich gerne in Jazzkellern und irischen Pubs auf. In derart entspannter Atmosphäre ergeben sich Gespräche mit dem anderen Geschlecht fast von selbst. Alle Veranstaltungen und Örtlichkeiten, die gezielt auf Partnersuche ausgerichtet sind, meiden Horste weitgehend. Träger dieses Namens glauben eher an den Zufall oder an das Schicksal.
Ein Horst wünscht sich beim Kennenlernen unbedingt persönliche Fühlungnahme. Bekanntschaftsanzeige und Internet sind ihm zu anonym. Deshalb nutzt er diese Vehikel der Kontaktanbahnung nur sehr sporadisch. Im World Wide Web wird ihm auch zu häufig gelogen. Schließlich ist Wahrhaftigkeit auch eine der Maximen in seinem Leben. Single-Reisen könnten für Horste recht reizvoll sein, doch nur, wenn es dort recht natürlich zugeht. Speed-Dating ist dem Horst zu primitiv. Außerdem nimmt er sich gerne Zeit für seine menschlichen Belange. Da sind ihm auch bei weitem schon die sechs Damen zu viel, die er bei einem Running-Dinner-Event in Augenschein nehmen kann. Am Arbeitsplatz binden sich Horste nur verhältnismäßig selten, weil sie zu der Spezies gehören, die Beruf und Privatleben ziemlich strikt trennt.

PARTNERSCHAFT:
IN GUTEN WIE IN SCHLECHTEN TAGEN ...

Mit einem Horst hat sich Frau meist einen Traumpartner der Liebe eingefangen. Er wird klaglos stundenlang mit seiner Herzdame durch die Stadt marschieren, um ihr beim Kauf ihres einhundertundeinundzwanzigsten Paars Schuhe beratend zur Seite zu stehen. Und das will schon etwas heißen, denn eigentlich hassen Horste Shopping wie die Pest. Ihnen selbst würde einmal im Jahr vollkommen reichen. Nicht zu verachten sind auch die hausmeisterlichen Fähigkeiten der Namensträger.

Der Trauspruch »In guten wie in schlechten Tagen« ist für Horste in der Regel absolut verbindlich. Ihre Partnerin zu verlassen, wenn sie schwer krank wird, kommt für sie keinesfalls in Frage. Dann unter Umständen den gesamten Haushalt und die Aufzucht der Kinder zu übernehmen, bedeutet keine allzu große Umstellung für Horste, haben sie sich doch schon immer eifrig daran beteiligt. Nur mit dem Kochen hapert es meistens bei ihnen. Dafür haben sie leider einfach kein Händchen.

Horste bieten die starke Schulter zum Anlehnen, von der fast jede Frau träumt. Allerdings kann der Horst genau mit dieser Schulter auch böse Bodychecks austeilen, wenn er das Gefühl hat, seine Gefährtin fährt Schlitten mit ihm. Denn eines ist ein Horst ganz gewiss nicht, und zwar ein hoffnungsloser Softie.

In puncto ehelicher Treue lassen sich bei den Horsten drei Fraktionen unterscheiden: Die erste ist treu wie Gold in Gedanken, Worten und Werken, die zweite holt sich durchaus Appetit bei anderen Frauen, isst aber (gewöhnlich) zu Hause, während die dritte mitunter auch gerne in fremden Töpfen nascht.

TRENNUNG:
HART, ABER HERZLICH

Sofern die Gemahlin des Horsts nicht an Kaufsucht leidet, dürfte bei der Trennung das gemeinsame Konto proppenvoll sein. Horste haben nämlich keine teuren Hobbys, sondern verdienen sich im Gegenteil in ihrer Freizeit häufig noch Geld dazu. Trotzdem sind dem Horst Geld und Gut nicht sonderlich wichtig, und er ist ein Gentleman. Deshalb wird er selten bis nie versuchen, seine Verflossene zu übervorteilen. Er wird sogar akzeptieren, dass sie sich den größeren Teil des Kuchens nimmt, doch sollte sie tunlichst darauf achten, dass sie ihn damit nicht in finanzielle Not stürzt. Sonst verletzt sie nämlich das Gerechtigkeitsempfinden des Horsts und hat seinen wunden Punkt getroffen. Gut möglich, dass er dann das Kriegsbeil ausgräbt.

Emotional verkraften Horste Trennungen recht gut. Sie sind innerlich zu gefestigt, als dass sie dadurch ins Bodenlose fallen könnten. Meist sublimieren sie danach, indem sie sich noch stärker ihren geistigen Interessen zuwenden.

Ihren Kindern bleiben Horste fürsorgliche Väter, und auch das Verhältnis zur Ex gestaltet sich gewöhnlich freundschaftlich, sofern bei der Scheidung nicht allzu viel Porzellan zerbrochen wurde.

PFLEGETIPPS:

Musts:

* Lassen Sie Ihren Horst in der Phase des Kennenlernens das Tempo bestimmen. Er braucht vermutlich länger als Sie, um sich fest auf eine Beziehung einzulassen. Wenn sich Horste bedrängt fühlen, ergreifen sie die Flucht.
* Liebe geht beim Horst durch den Magen. Verwöhnen Sie ihn öfter mit einem gutbürgerlichen oder klassischen Sonntagsessen.
* Mögen sie auch noch so gebildet sein, Horste sind fast immer Fuß-

ballfans. Gönnen Sie ihm seine Sportschau oder gelegentliche Ausflüge ins Stadion, wenn sein Lieblingsverein spielt.

* Üben Sie Nachsicht, wenn Sie ihm eine einfache Frage stellen und seine Antwort darauf in einen wissenschaftlichen Vortrag mündet.

No-Gos:

* Verschonen Sie Ihren Horst mit Klatsch und Tratsch. Der interessiert ihn ungefähr so sehr wie drei Hasenknittel auf einem Flugplatz in Aserbaidschan. Außerdem ist ihm Sensationsgier ein rechter Greuel.

* »Full House:« Vor einer Wohnung, die ständig gefüllt ist mit Ihren Freundinnen und Ihrer Verwandtschaft, wird ein Horst sehr bald Reißaus nehmen. Das heißt keineswegs, dass der Horst nicht gerne Besuch hat, aber wie bei den meisten Dingen macht die Dosis das Gift.

* Nehmen Sie sich nicht zu wichtig und zu ernst, aber vor allem überheben Sie sich nicht über Ihre Mitmenschen. Der Horst hält es nämlich mit dem biblischen Spruch: »Wer sich selbst erhöht, der wird erniedrigt«.

* Stören Sie Ihren Horst nicht in seinen Ruhe- und Rückzugsphasen, denn die sind ihm heilig. Wenn Sie es sich mit ihm verderben wollen, dann reißen Sie ihn regelmäßig brutal aus seinem Mittagsschlaf.

IDEALE NAMENSPARTNERINNEN:

Die besten Gespräche kann der Horst mit der tiefsinnigen Barbara führen und ihr auch psychischen Halt geben, wenn sie ihn benötigt. Letzteres gilt in gleichem Maße für die Beziehung mit Ulrikes und Renates. In puncto Aufrichtigkeit und Gerechtigkeitsliebe würden Horste am besten mit Stefanies und Bettinas harmonieren. Ihrem

Wunsch nach einem intensiven und vielleicht auch »exklusiven« Familienleben dürften Annas am ehesten entsprechen. Mit ihnen wird auch eine beglückende Sexualität bis ins hohe Alter möglich sein.

Prominente Namensträger:

Horst Tappert, Horst Janson, Horst Seehofer, Horst Köhler, Horst Hrubesch, Horst Buchholz, Horst Lichter, Horst Jüssen

Namenstag des Horsts: 12. Oktober

JOACHIM

BASICS: ICH ABER SAGE EUCH

Joachims sind die idealen Wissensvermittler und Lehrer. Sie können gut erklären, sind geduldig und haben einen ausgeprägten Gerechtigkeitssinn. Meistens eher naturwissenschaftlich ausgerichtet, ist das Denken der Joachims nüchtern-rational, und sie verfügen über ausgezeichnete rhetorische Fähigkeiten.

Die Träger dieses Namens sind äußerst bescheiden, loyal und kontrolliert. Sie flippen fast nie aus oder plärren sinnlos vor Wut durch die Gegend. Auch sonst fallen die Joachims selten aus der Rolle, etwa durch Alkoholexzesse oder andere Schrankenlosigkeiten. Mitunter leiden sie auch unter ihrem »braven« Image, aber es haftet ihnen an wie die Krätze.

Da Joachims insgesamt sehr angenehme Zeitgenossen sind, haben sie einen recht großen Freundes- und Bekanntenkreis. Ihre Schwäche bei dessen Auswahl liegt darin, dass sie vielleicht nicht genügend auf Qualität achten und immer wieder von vermeintlich guten Kumpels enttäuscht werden. Manche Joachims leiden an einem regelrechten Helfersyndrom. Das kann so weit gehen, dass sie ihren Mitmenschen ihre Hilfe förmlich aufzuzwingen versuchen. Ähnlich »übergriffig« können sie bezüglich ihrer Meinung und ihres Wissens werden.

Trotz ihrer Geselligkeit brauchen die Joachims bisweilen auch Ruhe um sich. Schlechte Laune haben sie nur selten, und wenn, behelligen sie ihre Umgebung nicht damit. Obwohl Joachims meist erfolgreiche Männer sind, bleiben sie stets selbstkritisch. Sie gehören nicht zu den Typen, die die Schuld gerne auf andere schieben, wenn etwas schiefläuft. Manche Namensvertreter haben sogar äußerst geringes Vertrauen in ihre Fähigkeiten.

Politisch sympathisieren die Joachims mit der SPD, weil ihnen die soziale Idee gefällt, aber auch »grünem« Gedankengut gegenüber sind sie aufgeschlossen.

In ihrer Freizeit sind Joachims oft passionierte Radfahrer, nicht zuletzt aus Gründen des Umweltschutzes. Ferner reisen sie gerne in fremde Länder, weil sie sich für Ethnologie und Geographie interessieren.

Joachims sind entweder leidenschaftliche Tänzer oder sie haben zwei linke Füße. Dazwischen gibt es wenig. Lesen ist hingegen wieder »Allgemeingut« bei den nach einem alttestamentarischen König benannten Vertretern der Männerwelt.

Optik und Outfit: Forever young, I wanna be forever young

Was sich die Popgruppe Alphaville in ihrem Song wünscht, ist für die Joachims Wirklichkeit geworden. Sie sehen nämlich häufig bis ins hohe Alter noch verteufelt gut aus und bewahren sich ihren jungenhaften Charme.

Joachims sind überdurchschnittlich große Männer. Meist messen sie gut 1,80 m. Vom Körperbau her gehen sie eher in die athletische Richtung, wenn auch nicht sehr ausgeprägt.

Der Durchschnitts-Joachim ist eher mittelblond. Manche Vertreter dieses Namens haben sogar einen fast so hellen Schopf wie Michel aus Lönneberga aufzuweisen. Die Haarstruktur ist meist recht grob bis borstig. Am übrigen Körper sind sie indes nur spärlich behaart.

Besonders auffällig im Antlitz der Joachims sind die wachen Augen, Sinnbild einer hohen Intelligenz. Ihr gesamter Gesichtsausdruck wirkt mitunter ein wenig analytisch. Oft kann man den Joachims schon ansehen, wenn sie im technisch-naturwissenschaftlichen Bereich arbeiten.

Joachims legen sehr viel Wert auf eine gepflegte Erscheinung. Sie sind fast immer in modische Kleidung gehüllt, bevorzugt in Jeans und chices Hemd. Manche tragen dazu auch gerne ein Sakko. Farb-lich machen die Joachims nicht gerne Experimente.

VERFÜHRUNG UND SEX:
YOU ARE THE ONE AND ONLY

Oft brütet der Joachim in jungen Jahren seine spätere Ehefrau sozu-sagen selbst aus, indem er sie vom Teenageralter bis zur Heiratsreife führt. Als Middle-Ager entspinnt sich bei den Vertretern dieses Na-mens eine Liebesbeziehung eher aus Helfersituationen. Der Joachim flickt zum Beispiel einer Dame mit Reifenpanne an ihrem Fahrrad den defekten Schlauch und erhascht dafür ihre Telefonnummer. Fortsetzung folgt. Joachims laufen einfach mit offenen Augen durch die Welt und sind immer dort zur Stelle, wo sie gebraucht werden.

Die Geschlechtlichkeit ist für den Joachim eine Schatzkammer, die nicht wahllos für jedermann geöffnet ist. Das bedeutet einerseits, dass Vertreter dieses Namens fast nie aus dem Nähkästchen plau-dern. Andererseits sind Joachims auch keine Womanizer, die jede Möglichkeit nutzen, eine Frau ins Bett zu ziehen. Bisweilen bleiben Joachims sogar bis zum Ende ihres Lebens mit ihrem ersten Intim-kontakt zusammen.

Auf One-Night-Stands lassen sich Joachims fast nie ein, weil das für sie hieße, die Perlen der Intimität vor die Säue zu werfen. Die Flei-scheslust behält für sie nur ihren Wert, wenn bereits ein gewisses Maß an Vertrautheit gegeben ist. Natürlich steigert es auch den Reiz, wenn es nicht gleich am ersten Abend zum Akt kommt. Die eher konservative sexuelle Einstellung der Joachims bedeutet aber beilei-be nicht, dass sie im Bett Langweiler wären. Horizontal ist der Joa-chim ein Gentleman und achtet zunächst einmal darauf, dass die Wünsche seiner Partnerin erfüllt werden. Wegen seiner Nettigkeit wird der Joachim geschlechtlich häufig unterschätzt, aber kommt er erst in Fahrt, erwacht mitunter die Bestie in ihm.

Jagdreviere: Wo die Liebe hinfällt

Mit humoristischen Gedichten wie Joachim Ringelnatz können Normalo-Joachims nicht aufwarten, aber in Prosa schreiben sie doch sehr ansprechend und phantasievoll. Daher sind Internet und Kontaktanzeige durchaus Medien des Kennenlernens, mit denen sich die Vertreter dieses Namens noch einigermaßen anfreunden können.

Die Mode, sich für viel Geld über Auslandsvermittlungen eine Frau aus dem ehemaligen Ostblock, aus Südostasien oder sonst woher zu »beschaffen«, lehnen sie strikt ab. Wenn, könnten sie sich höchstens noch eine interkulturelle Partnerschaft vorstellen, die auf natürlichem Weg zustande kommt.

Insgesamt überlassen Joachims das Finden der Liebe gerne dem Zufall. Daher sind sie auch nur selten Mitglied in einem klassischen Partnerinstitut oder nehmen an Kuppelevents wie Speed-Dating und ähnlichem in ihren Augen »Firlefanz« teil.

Running Dinner, das nicht speziell darauf ausgerichtet ist, von Amors Pfeil getroffen zu werden, ist den Joachims hingegen schon wieder sympathischer. Mit Single-Clubs verhält es sich ähnlich, sofern sie nicht in dem Ruch stehen, sich mehr oder weniger einzig und alleine der zwischengeschlechtlichen Kontaktanbahnung verschrieben zu haben.

Viele Joachims lernen jedoch ihr Herzblatt bereits in der Schule und an der Uni kennen oder später eben dort, wo das »schwache Geschlecht« am hilfsbedürftigsten ist, also beispielsweise im Baumarkt. Nicht wenige Namensträger pflegen zeit ihres Lebens auch immer wieder (lose) Kontakte zu einer Kirchengemeinde, haben sie doch durchaus Interesse an religiösen Fragen. Dort ist der Anteil an ledigen, bindungswilligen Frauen häufig verhältnismäßig hoch.

PARTNERSCHAFT: BINGO!

Joachims sind wie geschaffen für Partnerschaft. Abgesehen von ihrem gewissen Hang zur Besserwisserei sind sie beinahe die idealen Lebensgefährten. Und selbst dieses Manko ist selten so ausgeprägt, dass sie damit ihr Herzblatt massiv verärgern könnten. Die Träger dieses Namens haben meist ein sehr feines Gespür für die Situation und wissen, wann es genug ist.

Im Haushalt sind sie fast für alles zu gebrauchen. Sie waschen, bügeln, kochen, putzen, aber vor allem sind sie Musterväter. Schon von Geburt an kümmern sie sich voller Inbrunst um den gemeinsamen Nachwuchs. Sie erfüllen nicht nur seine leiblichen und emotionalen Bedürfnisse, sondern fördern ihn auch optimal intellektuell. Auf den regelmäßigen Erkundungstouren in Feld, Wald und Wiese erklären die Joachims ihren Kindern, »was die Welt in ihrem Inneren zusammenhält«. Dieselbe Fürsorge lassen sie aber tragischerweise Adoptivkindern nicht angedeihen. Joachims sind also weniger dafür geeignet, eine Patchwork-Familie mit einer alleinerziehenden Mutter zu gründen.

Trotz ihrer technischen Ausrichtung können sich die Joachims in die Psyche des weiblichen Geschlechts einfühlen. Nach außen wirken sie fast schon zu lieb. Aber wenn ihnen etwas total gegen den Strich geht, können sie auch ganz klare Grenzen setzen. Dann wird ihr Ton überraschend bestimmt.

Joachims sind selten so naiv zu glauben, dass ihnen eine glückliche Beziehung in den Schoß fällt, und sind daher stets bereit, an ihrem Liebesglück zu arbeiten.

TRENNUNG:
NOLENS VOLENS

Trennung? Welche Trennung? Joachims haben vermutlich die geringste Scheidungsrate unter allen Männern. Wenn der »Bund fürs Leben« des Joachims aber doch zerbricht, dann meist nur, weil er und sein Herzblatt eingesehen haben, dass sie nicht zusammenpassen oder weil sie sich auseinandergelebt haben. »Niedere Beweggründe« wie Untreue oder Illoyalität sind eher selten im Spiel.

Entsprechend lautlos dividiert sich das ehemalige Liebespaar auch auseinander. Einen massiven Konflikt könnte die Verflossene mit einem Joachim nur heraufbeschwören, wenn sie versuchte, ihm die gemeinsamen Kinder zu entziehen; da tickt der Joachim ähnlich wie die Uschi. Aber warum sollte sie das tun? Höchstens aus reiner Boshaftigkeit, denn ihr geschiedener oder Noch-Mann wird ihr kaum Gründe dafür liefern. Der Joachim beherzigt das Prinzip »in Liebe getrennt«, und auch in finanzieller Hinsicht zeigt er sich entgegenkommend. Pfennigfuchserei liegt ihm fern.

Eifersucht auf die Neue kann ebenfalls kaum das Motiv für eine Schlammschlacht seitens seiner Ex sein, weil sich die Namensträger gewöhnlich Zeit lassen mit der nächsten festen Beziehung.

Joachims haben auch kein Problem damit, den Nachwuchs zeitweise oder ganz zu sich zu nehmen und dafür ihre Berufstätigkeit zu reduzieren.

PFLEGETIPPS:

Musts:
* Schminken Sie sich beim ersten Rendezvous nur ganz dezent und tragen Sie eher zu wenig als zu viel Schmuck. Joachims legen zwar recht viel Wert auf die Optik ihrer Partnerin, dabei stehen sie aber eher auf Natürlichkeit.
* Joachims lieben die Zweisamkeit. Versuchen Sie, auch wenn Kin-

der da sind, Oasen zu schaffen, in denen Sie beide Zeit füreinander haben.

* Als Geschenk liegen Sie bei Ihrem Joachim mit einem Buch selten verkehrt. Joachims sind nämlich regelrechte Leseratten. Mit historischen Romanen, Thrillern und Reiseberichten machen Sie ihn glücklich.

No-Gos:

* Machen Sie in der Schnupperphase körperlich nicht den ersten Schritt. Damit könnten Sie den Joachim verschrecken. Keine Sorge, auch wenn es seine Zeit braucht, er weiß schon ganz genau, dass Mann und Frau in der Mitte gut zusammenpassen.
* Joachims sind wirklich tolerante Männer, aber bei massivem Nikotinqualm sehen sie, die allenfalls Gelegenheitsraucher sind, rot. Wenn Sie schon Ihre Zigaretten unbedingt in Kette vernichten müssen, dann möglichst nicht in Gegenwart eines Joachims.
* Glauben Sie nicht, Sie könnten sich mit Ihrem Joachim alles erlauben, weil er so verständnisvoll ist. Manchmal machen Joachims Inventur in ihrem sozialen Umfeld. Passen Sie auf, dass nicht auch Sie dabei gewogen und als zu leicht empfunden werden.

IDEALE NAMENSPARTNERINNEN:

Vom Harmoniebedürfnis her dürften die Petra und größtenteils auch die Ingrid gut zum Joachim passen. Mit beiden Frauen hat der Joachim auch die hohe Investitionsbereitschaft in eine Beziehung gemeinsam. Die Stefanie und die Julia sind nicht ganz so »Friede, Freude, Eierkuchen«-Typen – bei ihnen darf es ruhig auch einmal krachen –, dafür sind sie in puncto Klarheit etwa auf einem Level mit dem Joachim. Den ausgeprägten Wunsch nach Zweisamkeit teilen die Träger dieses Namens unter anderem mit den Annas, den Bärbels und Bettinas. Hier stimmt auch gewöhnlich die Kommunikation.

Prominente Namensträger:

Joachim Bublath, Joachim Fuchsberger, Joachim Löw, Joachim Masannek, Joachim Krol, Joachim Gauck, Joachim Ringelnatz

Namenstag des Joachims: 11. Mai

JÜRGEN

BASICS: TWILIGHT

Wohl kein Name birgt so viele zwielichtige Gestalten wie der Jürgen. Vorne herum geben sich die Namensträger freundlich und verbindlich, aber wendet man ihnen den Rücken zu, stoßen sie einem nicht selten den Dolch hinein.

Jürgen sind oft lausige Schüler und/oder haben keine sonderlich gute Erinnerung an ihre Schulzeit. Meist aus narzisstischen Kränkungen in Kindheit und Jugend resultiert bei ihnen ihr übersteigertes Geltungsbedürfnis im Erwachsenenalter. Bisweilen sind sie sogar ausgesprochene Profilneurotiker. Ihr Motto lautet »Auffallen um jeden Preis«, entweder durch Halligalli oder durch Provokationen.

Um geliebt zu werden, geben sich Jürgen gerne populistisch. Dabei nehmen sie mitunter auch in Kauf, dass Minderheiten unter ihren Aussagen zu leiden haben. Die Träger dieses Namens sind nicht nur selbstgefällige Egozentriker, sondern auch Egoisten. Doch trotz des Personenkults, den sie um sich treiben, ist ihr Selbstwertgefühl oft brüchig. Innerlich sind sie regelmäßig von Selbstzweifeln zerfressen.

Die auffallendsten Stärken der Jürgen liegen gewiss in ihrer Eloquenz und Wendigkeit sowie in ihrer geschickten Selbstdarstellung. Daher sind sie ausgezeichnet für den Beruf des Juristen geeignet, aber auch als Verkäufer, Geschäftsleute und Repräsentanten können sie große Erfolge erzielen. Für Lehr- und Trainerberufe fehlt ihnen eigentlich das nötige Rückgrat, dennoch tummeln sie sich zuhauf darin. Apropos Trainer: Viele Jürgen sind ein Stück weit fußballverrückt nach Art der Coaches Jürgen Klopp und Jürgen Klinsmann. Ansonsten fliegen Jürgen sehr gerne, egal ob im Cockpit oder als Passagiere. Auch sind sie leidenschaftliche Autofahrer, während sie auf Knattertöpfe verhältnismäßig selten steigen. Büchernarren und Bildungsfanatiker finden sich unter den Jürgen nur ausnahmsweise. Da steht der Moderator und Schauspieler Jürgen von der Lippe ziemlich allein auf weiter Flur. Nomen ist beim Jürgen nicht omen. Mit Landwirtschaft hat er trotz der Namensbedeutung »Landarbeiter/Bauer« gewöhnlich gar nichts am Hut, und die Natur überhaupt interessiert ihn nur am Rande. Dasselbe gilt auch für Religion. In der Politik sind Jürgen mehr, um ihr Machtbedürfnis und ihren Narzissmus zu befriedigen, als zum Wohle ihrer Mitmenschen.

Optik und Outfit: Latin Lover

Jürgen sind oft überaus attraktive Männer und, da auch immer smart und gut gekleidet, die Prototypen für Schwiegermutters Liebling. Alles andere als uneitel, greifen sie für ihre modische Garderobe gerne tief in die Tasche. Durch ihr mitunter gar exklusives Outfit versuchen sie wieder aus der breiten Masse herauszustechen.

Die Haarfarbe der Jürgen liegt zwischen mittelblond und dunkelbraun, am häufigsten ist sie jedoch mittelbraun. Dazu wird gelegentlich mit einem Schnauzer experimentiert. Vollbärte und Glatzen sind echte Ausnahmen. Nicht selten besitzen Jürgen das Gesicht eines Sunnyboys, immer strahlend und gut drauf. Dazu gesellt sich regelmäßig noch ein ziemlich dunkler Teint, der ihn optisch fast zum Latin-Lover-Verschnitt macht. Als auffällig erweisen sich die meist außergewöhnlich gesunden Zähne, die auf einen hervorragenden körperlichen Gesamtzustand hinweisen.

Weil sie sich viel bewegen, sind Jürgen figürlich meist schlank, aber selten athletisch. Aber auch recht füllige Vertreter bilden eine nicht unerhebliche Fraktion. Das hat seine Ursache darin, dass diese Subspezies einfach unheimlich gerne isst, und dann auch nicht in Maßen, sondern eher in Massen. Erheblich zu kurz geraten sind Jürgen selten. Ihre Durchschnittslänge dürfte sich so etwa um die 1,80 m

bewegen. Allerdings erreichen noch recht viele Namensvertreter die
1,90 m.

Verführung und Sex:
Die laufende Masche

Gegenüber anderen Männern hat der Jürgen einen entscheidenden
Vorteil: Er denkt nicht groß nach, bevor er zum Halali bläst. Während bei der Konkurrenz noch das Kopfkino läuft, welche Widrigkeiten und Fährnisse vom Stottern bis zum kolossalen Korb beim
Beutezug auf sie warten könnten, hat der Jürgen schon längst direkte Tuchfühlung zum Objekt seiner Begierde aufgenommen. Selbst
wenn er sich dabei einmal eine Abfuhr einhandelt, tangiert ihn das
nur peripher. Das ist jedoch Theorie. In der Praxis läuft der Jürgen
nur sehr selten auf. Dafür sieht er zu gut aus und ist ein zu angenehmer Flirtpartner. Er macht Komplimente aus dem Effeff, besser als
jeder Papagallo, weil nicht ganz so schmierig.

Meisterhaft beherrscht der Jürgen neben dem Süßholzraspeln auch
die Balzdisziplin Plaudern. Aber beim weiblichen Geschlecht ist
Vorsicht geboten. Nicht selten entpuppt sich das Feuer der Leidenschaft beim Jürgen nur als Strohfeuer und manchmal sogar als Masche; nämlich dann, wenn seine bedauernswerten Opfer an einen
Womanizer unter den Namensträgern geraten sind.

Auf dem Feld der Lust ist der Jürgen ein überaus eifriger Arbeiter.
Arbeiter ist allerdings das richtige Wort, denn zum Künstler bringt
er es selten. Dafür fehlen ihm meist der Feinsinn und die Phantasie.
Das sieht der Jürgen selbst aber natürlich vollkommen anders. Er
hält sich häufig für nichts anderes als die Verkörperung des Kamasutra.

Das größte Manko des Jürgen in horizontaler Hinsicht stellt aber
gewiss nicht sein eingeschränktes Repertoire dar – das würde den
meisten seiner Gespielinnen allemal noch ausreichen –, sondern viel-

mehr sein Egoismus. Er erwartet viel von seiner jeweiligen Geschlechtspartnerin, ist aber nur bedingt bereit, auf ihre Wünsche einzugehen. Gelingt es ihm nicht, sie zu befriedigen, braucht sie allerdings nicht lange auf den nächsten Versuch zu warten …

Jürgen sind leider keine sehr diskreten Männer. Von dem Prinzip, dass alles, was im Schlafzimmer passiert, auch dort bleiben sollte, scheinen sie nicht viel zu halten. Nur allzu gerne renommieren sie am Stammtisch mit ihren intimen Erlebnissen. Und die müssen sich nicht immer im Ehebett abgespielt haben, denn dem Jürgen unterlaufen durchaus bisweilen kleine Ausrutscher. Zum chronischen Fremdgänger mutiert der Jürgen aber eher selten. Er greift gewöhnlich nur zu, wenn ihm die Kirschen aus Nachbars Garten direkt vor der Nase baumeln. Fürs Fremdflirten ist er fast schon ein wenig zu bequem.

Jagdreviere: Sag mir, wo die Frauen sind

Aufgrund ihrer Geselligkeit und Kontaktfreude sind Jürgen oft in Vereinen aktiv, in denen sich natürlich immer wieder Möglichkeiten ergeben, mit der holden Weiblichkeit in Kontakt zu treten.

Für einen Mann hat der Jürgen einen verhältnismäßig großen Freundes- und Bekanntenkreis und pflegt auch den Kontakt zur Verwandtschaft ganz ordentlich. So kann es durchaus sein, dass ein Sportskamerad ihm seine Arbeitskollegin anträgt oder seine Cousine ihre Brieffreundin aus der Schweiz. Entfernungen spielen für den Jürgen keine große Rolle, weil er gerne unterwegs ist.

Auf freier Wildbahn begibt sich der Jürgen weiters gerne auf Kneipentour, um Ausschau nach einem potenziellen Herzblatt zu halten oder auch einfach nur, um Spaß und Unterhaltung zu haben. Dafür muss er nicht unbedingt mit Kumpels losziehen. Er findet auch alleine überall schnell Anschluss.

Insgesamt haben die Jürgen Medien der Kontaktanbahnung nicht nötig. Die Quote unter ihnen, die auf Kontaktanzeige und Co. zurückgreifen müsste, um ihr Herzblatt aus dem Meer der Solitäre zu fischen, dürfte relativ gering sein. Am liebsten nutzen sie diesbezüglich noch Möglichkeiten, bei denen sie direkt an die Buletten kommen, wie Single-Clubs oder -Partys. Von Gesprächszirkeln für Alleinlebende, die ebenfalls unmittelbaren Kontakt zu Gleichgesinnten ermöglichen, halten die Jürgen gleichwohl eher Abstand, da ihnen das alles zu sehr »Psycho« ist. Aber zur Not heulen sie auch mit den Wölfen, wenn dafür nachher ein weibliches Wesen ihre Tränen trocknet.

Partnerschaft: Zu Hause ein König

Der Jürgen braucht in der Zweisamkeit am meisten Anerkennung, Sex und eine warme Mahlzeit pro Tag. Damit ist Frau bei ihm mehr oder weniger auf die Rolle reduziert, seine leiblichen Bedürfnisse sowohl im als auch außerhalb des Betts zu befriedigen, außerdem ihn anzuhimmeln und zu bewundern, um dadurch seinen Stern noch heller leuchten zu lassen. Zu diesem Zweck sollte seine Herzdame auch ausgesprochen hübsch sein, eben etwas zum Vorzeigen und Repräsentieren. Ist das der Fall, geht der Jürgen auch verhältnismäßig gerne mit ihr aus.

Was der Jürgen überhaupt nicht mag, sind emanzipierte, selbstbewusste Evastöchter. Am liebsten wäre es ihm, wenn seine bessere Hälfte nur stundenweise oder überhaupt nicht arbeiten ginge, um ihm für seinen beruflichen Aufstieg komplett den Rücken frei zu halten. Zumindest möchte er sich nicht mehr mit den lästigen häuslichen Pflichten beschäftigen müssen, wenn er abends nach Hause kommt. Schließlich warten dann seine Hobbys auf ihn. Er geht joggen, um seinen sexy Body fit zu halten, dreht noch eine Runde mit seinem Segelflugzeug oder spielt im Gasthaus Karten mit seinen Kumpels.

Kinder muss der Jürgen nicht unbedingt haben, aber wenn der Klapperstorch an die Tür klopft, wird er sie auch öffnen. Die Nachwuchspflege überlässt er ohnehin gerne wieder seiner Angetrauten.

Trennung: Nachgetreten

Der Jürgen ist kein Typ, der nach dem Zerbrechen der Zweisamkeit lange trauert. Von den Phasen einer Trennung durchlebt der Jürgen allenfalls eine kurze Wutphase; für mehr fehlt ihm der seelische Tiefgang und für Selbstreflexion bleibt auch nicht viel Zeit. Die Schuldfrage ist schnell zu seinen Gunsten geklärt und die Missetaten seiner Ex werden anfangs jedem, der es hören und auch nicht hören möchte, ins Ohr geblasen. Damit ist der Fall für ihn emotional abgeschlossen. Bei der Regelung der Scheidungsfolgesachen wirft er seiner Noch-Frau keinesfalls Geld hinterher, ist er doch sehr auf seinen eigenen Vorteil bedacht und häufig auch ziemlich kleinlich in finanziellen Angelegenheiten. Fühlt er sich übervorteilt, sieht der Jürgen rot. Ein jahrelanger Krieg bis auf den letzten Blutstropfen kann die Folge sein.

Das Verhältnis zu seinen Sprösslingen wird noch distanzierter, als es schon zu Zeiten der Ehe war. Bisweilen bricht der Kontakt völlig ab, was der Jürgen später oft bitter bereut.

Pflegetipps:

Musts:

* Ideale Locations für das erste Treffen mit einem Jürgen sind Cafés und Eisdielen. Der Jürgen ist nämlich ein Süßmaul und fährt insbesondere auf Kuchen, aber auch auf leckeres hausgemachtes Gelato ab.
* Geben Sie einem Jürgen als Partner immer das Gefühl, dass er die Nummer eins in Ihrem Leben ist. Achten Sie darauf, dass er auch

dann noch zu seinem Recht kommt, wenn Kinder im Spiel sind. Ansonsten wird womöglich eine unangenehme Konkurrenzsituation entstehen.

* Möchten Sie sich nervtötende Quengeleien ersparen, erfüllen Sie die Wünsche Ihres Jürgen lieber gleich.

No-Gos:

* Der Jürgen steht gewiss nicht auf Rubensfrauen, aber sein Herzblatt sollte unbedingt weibliche Rundungen aufweisen. Mit einem flachbrüstigen Magermodel kann er wenig anfangen.
* Die meisten Jürgen sind ziemlich unmusikalisch. Steigen sie in den »Starlight Express« ein, interessieren sie weniger die liebreizenden Klänge als die liebreizenden Protagonistinnen. Im Gesangsverein sind sie eher passive Mitglieder oder singen sozusagen nur Playback.
* Worauf der Jürgen überhaupt nicht steht, sind Camping- und Zelturlaube, zumal er nachts gerne ein festes Dach über seinem hübschen Kopf hat.

IDEALE NAMENSPARTNERINNEN:

Die Petra, die sanftmütige Monika und die Ingrid erfüllen dem Jürgen die Trias seiner Bedürfnisse. Sie sind bereit, ihm die nötige Bewunderung entgegenzubringen, können ebenso gut kochen wie backen und sind auch im Bett anpassungsfähig. Das trifft auch weitgehend auf die langmütigen Bärbels zu. Mit den Elkes wird es klappen, sofern der Jürgen nicht von dem Sockel fällt, auf den sie ihn gehoben haben, während mit den Utes Spaß auf breiter Front angesagt ist.

PROMINENTE NAMENSTRÄGER:

Jürgen von der Lippe, Jürgen Möllemann, Jürgen Hingsen, Jürgen Kohler, Jürgen Klopp, Jürgen Klinsmann, Jürgen Prochnow, Jürgen Tarrach, Jürgen Trittin, Jürgen Drews

Namenstag des Jürgen: 23. April

KLAUS

BASICS: ALKOHOL IST MEIN SANITÄTER IN DER NOT

Nicht wenige Klause schauen bis kurz vor dem 30. Geburtstag regelmäßig zu tief ins Glas und rauchen wie die Schlote. Ein Teil davon ist in dieser Zeit gar als alkoholabhängig zu kategorisieren oder steht kurz vor dem Abkippen. Bei einigen findet jedoch bereits ab Mitte des dritten Lebensjahrzehnts eine Suchtverlagerung statt, meist in Richtung Workaholismus oder pathologisches Glücksspielverhalten. Bei Letzterem werden oft Versäumnisse aus der Kindheit überkompensiert, denn Klause waren selten Spielkinder.

Mit ihrem krankhaften Arbeitsverhalten erlangen die Klause zwar einen hohen beruflichen und materiellen Status, zerstören aber häufig ihre Partnerschaften und regelmäßig auch ihre Gesundheit, sofern sie überwiegend Disstress ausgesetzt sind. Trotz oder gerade wegen seiner eigenen Labilität ist der Klaus gewöhnlich ein ausgesprochen sozialer und hilfsbereiter Typ. Der Name ist eine Kurzform von Nikolaus, und ähnlich seinem berühmten Namensvetter, der der Legende nach sein Vermögen unter den Armen verteilt hat, sieht sich der Klaus der Caritas verpflichtet. Mitunter leidet er sogar unter einem ausgemachten Helfersyndrom, um sich von seinen eigenen Problemen abzulenken.

In der Freizeit kann der Klaus wenig mit sich anfangen, was natürlich seine diversen Suchtneigungen mitunter noch verstärkt. Echte Hobbys hat er selten oder überhaupt nicht. Er macht mal dies und mal das, aber alles eher oberflächlich.

Klause sind gewöhnlich keine Weltbürger. Für Kultur sind sie nur schwer zu begeistern, bestenfalls geht noch ein anspruchsvoller Kinofilm. Ihr Wissen stammt weniger aus Büchern, sondern ist Ergebnis ihrer Lebenserfahrung. In dieser Hinsicht ähneln sie dem Rüdiger.

Optik und Outfit: Rolltreppe abwärts

Beim Äußeren des Klaus ist es wie bei dem Gleichnis von den Talenten in der Bibel. Er macht nichts aus dem, was ihm in die Wiege gelegt wurde, und das ist gewöhnlich viel. Im Gegenteil, mit seinem exzessiven Lebensstil zerstört der Klaus seinen Körper häufig Schritt für Schritt. Rettung kann für die Namensträger allerdings regelmäßig der Sport bedeuten.

Klause sind nicht sehr hoch aufgeschossen. Mit seinen 1,86 m ist Berlins Bürgermeister, Klaus Wowereit, beinahe schon ein Hüne unter ihnen. Die Durchschnittslänge dürfte hingegen bei knapp 1,78 m liegen. Figürlich zeigen sich Klause meist schlank bis leicht untersetzt. Ihr »beständiger« Schopf ist fast immer dunkel, nicht selten verbunden mit einem südländischen Teint, der dem attraktiven Antlitz Farbe verleiht.

Beim Klaus lässt sich eindeutig sagen, je höher der soziale Status und je geringer die Suchtneigung, desto mehr Wert wird auf Outfit und Körperpflege gelegt. Die Klause in hohen beruflichen Positionen tragen nicht selten Kleidung, die preislich in den vierstelligen Bereich geht. Ansonsten ist der Klaus der klassische Jeans-und-T-Shirt-Typ.

Verführung und Sex: Auf der Flucht

Der Klaus ist gewiss kein Hetzjäger. Wenn er merkt, dass er nicht zügig zum Riss kommt, gibt er frustriert auf. Ausgiebige Werbungsphasen sind absolut nicht sein Ding, und an Frauen, die ihn bewusst zappeln lassen, verliert er alsbald das Interesse. Spätestens nach dem zweiten Date sollte das Objekt seiner Begierde ihm dann doch die Schlafzimmertür öffnen. Das klingt recht früh, wird eine ernsthafte Partnerschaft intendiert, ist aber für den Klaus schon höchste Eisenbahn.

Beim Flirten wirkt der Klaus nicht sehr geschmeidig. Mit Komplimenten geht er so sparsam um, als hätte er in seinem ganzen Leben nur ein Dutzend davon zu vergeben. Charmeoffensiven sind also beim Klaus eher Fehlanzeige.

Die Pfunde, mit denen der Klaus beim Anbandeln wuchern kann, sind seine optische Attraktivität, seine angenehme Stimme und auch hier bereits seine Großzügigkeit. Zudem ist er für einen Mann außergewöhnlich kommunikativ.

Der Klaus wirkt immer irgendwie getrieben. Im Hier und Jetzt zu leben und den Augenblick zu genießen, bereitet ihm größte Schwierigkeiten. Infolgedessen sucht er im Bett meist schnell den Abschluss, um sich gleich wieder anderen Dingen widmen zu können. Das mag für eine Frau, die das zum ersten Mal erlebt, ziemlich frustrierend sein, aber der Klaus denkt sich nichts Böses dabei. Er gehorcht nur einem starken inneren Impuls, gegen den er nicht anzukommen glaubt. Manchmal steckt auch regelrechte Angst vor Nähe dahinter. Der Klaus kennt seine Problematik nur allzu gut und empfindet ihretwegen großen Leidensdruck. Wie gerne würde er sagen: »Moment verbleibe doch, du bist so schön.«

Ähnlich wie der Gerd hat auch der Klaus eine starke Libido und ist leicht zu verführen – im Gegensatz zu diesem aber gewöhnlich nur von seinem Herzblatt. Gelegenheit, die die Klause wegen ihres meist feschen Aussehens öfters haben, macht bei ihnen nur selten Diebe. Es sei denn, der Alkohol vernebelt ihr Hirn.

Jagdreviere: Blitzkontakte

Besonders im mittleren Alter hat der Klaus keine Jagdgruppe mehr. Das liegt nicht daran, dass er gerne als Lonesome Rider auf die Pirsch nach Miss Perfect geht, sondern dass er schlicht keine passenden Gefährten dafür findet.

Da er aber auch nicht gerne allein ist, nutzt er vorwiegend Möglichkeiten, in denen er schnell Kontakt zu Gleichgesinnten bekommt.

Ideal sind für ihn in dieser Hinsicht Single-Tanzkurse, -Gesprächs-zirkel und -Clubs. Allerdings besteht beim Reigen der einsamen Herzen das Problem, dass er kein besonderes Talent für Tango und Walzer hat, was aber gewiss kein K.-o.-Kriterium für einen erfolg-reichen Beutezug dort darstellt. Single-Reisen sind dem Klaus zu aufwendig, während die rhetorisch besonders geschickten Namens-vertreter wiederum beim Speed-Dating reüssieren könnten.

Bei Fernseh- und Radiokuppelshows werden die Klause meist schon im Casting scheitern, weil sie nicht genügend Unterhaltungswert bieten, besonders ihre Schlagfertigkeit in der Regel zu wünschen üb-riglässt. Für das ewige Geschreibsel im Internet ermangelt es ihnen am nötigen Sitzfleisch, wohingegen die Kontaktanzeige nicht mittel-bar genug ist. Apropos Anzeige: Die könnten sich die Namensträger beim Running Dinner einhandeln, indem sie die Küche ihrer Team-partnerin verwüsten.

Bei seinen Balzversuchen auf freier Wildbahn ist der Spaßfaktor für den Klaus gering, da er hier meist ohne die Unterstützung und den Rückhalt seiner männlichen Single-Leidensgenossen auskommen muss. Zufallsbekanntschaften sind eher selten, fehlt ihm doch meist der Schneid, aus der Sitznachbarschaft im Bus oder im Wartezim-mer eine Liegenachbarschaft im ehelichen Doppelbett zu machen.

Partnerschaft:
Sense and Sensibility

Der Klaus gibt sich nach außen recht kernig, manchmal sogar ein wenig rauhbatzig, ist aber in Wirklichkeit sehr verletzlich. Das wird seine Partnerin spätestens dann merken, wenn sie eine scheinbar be-langlose Bemerkung gemacht hat und sich ihr Klaus tödlich belei-digt in seine Schmoll- oder Trinkecke zurückzieht. Wenn sie gelernt hat, ihn zu nehmen, kann er aber ein ausgesprochen angenehmer und liebevoller Gefährte sein.

Die größte Stärke des Klaus ist eindeutig seine Toleranz und Großzügigkeit. Er lässt seiner Herzdame viel Freiraum, den er auch selbst
braucht, und würde ihr nie finanzielle Beschränkungen auferlegen.
Geizkragen sind ausgesprochen selten unter den Namensträgern.

Klause sind durchaus kompromissbereit und lassen sich auf Diskus-
sionen ein, aber nicht auf stundenlange über den Bart des Propheten.
Dafür sind sie nicht geduldig genug; manchen fehlt auch schlicht die
Ausdauer dafür.

Im Haushalt ist der Klaus nur bedingt einsetzbar. Besonders vom
Herd sollte Frau ihn fernhalten. Auch mit der Ordnung hat er es
nicht sonderlich. Die gemeinsamen Kinder werden erst dann für ihn
interessant, wenn er etwas »Sinnvolles« mit ihnen anfangen kann.

Beim Klaus merkt die Partnerin teils erst in der Not, was sie an ihm
hat. Wird sie zum Beispiel schwer krank, wächst er oft über sich hinaus und kümmert sich aufopferungsvoll um sie.

Trennung: Augen zu und durch

Die Workaholic-Spezies unter den Klausen betreibt nach dem Zerbrechen der Partnerschaft eine Vogel-Strauß-Politik. Bei ihr ist
»business as usual« angesagt. Meist stürzen sie sich sogar noch mehr
in die Arbeit als zuvor. Der Katzenjammer kommt häufig erst Jahre
später, wenn nach dem ersten Herzinfarkt eine Zwangspause einge-
legt werden muss und der umtriebige Klaus wirklich Muße zum
Nachdenken hat.

Bei manchen dieser Namensvertreter findet dann tatsächlich ein Sin-
neswandel statt, der sie zu einem insgesamt gesünderen Lebensstil
führt. Sie hören auf zu rauchen, ernähren sich regelmäßiger, vor allem aber reduzieren sie ihr mörderisches Arbeitspensum – Rückfälle
nicht ausgeschlossen …

Eine verbindliche Zweisamkeit gehen Klause nach der Trennung
zunächst nicht mehr ein, weil sie sich total in ihrem Büro oder in

ihrer Werkstatt verschanzt haben. Höchstens es läuft ihnen eine Frau zufällig über den Weg. Forciert gehen sie das Suchen und Finden der Liebe jedenfalls nicht an.

Die »blauen Klause« packen sich interessanterweise oft gerade in einer Krisensituation wie dem Aus ihrer Ehe am eigenen Schopf und versuchen trocken zu werden. Sie sind daher viel zu sehr mit sich selbst beschäftigt, als dass sie ein Hauen und Stechen um Geld und Gut vom Zaun brechen würden, was ihnen ohnehin fernläge. Wenn Unterhaltszahlungen an die Ex-Frau und die Kinder ausbleiben, dann nicht aus Rache oder als Strafe, sondern weil die eigene finanzielle Situation in eine Schieflage geraten ist.

Die sehr einfach gestrickten Klause bringen aber oft wenig Verständnis dafür auf, dass sie ihre Verflossene noch unterstützen sollen, nachdem sie sie verlassen hat.

Pflegetipps:

Musts:

* Verabreden Sie sich zum Rendezvous mit einem Klaus in einem Restaurant mit inländischer Küche. Mit exotischen Speisen können Sie ihn nicht locken. Er steht meist auf gute deutsche Hausmannskost.

* Klause sind fast durch die Bank Musikliebhaber. Die schlichteren Gemüter stehen auf Schlagermusik, während es bei den gebildeten durchaus auch Bach, Brahms und Beethoven sein darf. Machen Sie sich darauf gefasst, dass bei Ihrem Klaus, wo immer er geht und steht, das Radio dudeln muss. Manche Namensträger sind sogar Hobby-DJs.

* Interessanterweise legen Klause besonders viel Wert auf die Pflege ihrer (schönen) Hände. Ein edles Maniküreset und eine besondere Handcreme als Geschenk bereiten ihnen viel Freude. Bei einer Frau stehen Klause übrigens auf lange Finger.

No-Gos:

* Schicken Sie Ihren Klaus nicht zum Einkaufen. Er findet trotz Einkaufszettel nicht alles und hat auch keinen Nerv, das Verkaufspersonal um Hilfe zu bitten.
* Ausgesprochen romantische Momente werden Sie mit dem eher nüchternen Klaus nur äußerst selten erleben. Auch mit Esoterik brauchen Sie bei ihm erst gar nicht anzufangen. Auf das Thema reagiert er schnell gereizt und tritt den Rückzug an.
* Tausendmal berührt, tausendmal ist was passiert. »Handgreiflichkeiten« ohne Sex sind beim Klaus kaum vorstellbar. Dafür ist er als typischer Jäger zu final ausgerichtet.

Ideale Namenspartnerinnen:

Die Großzügigkeit des Klaus sehr zu schätzen wissen die Andrea, die Heike und die Ute, weil sie materiell selbst nicht eben auf kleinem Fuß leben. Die Heike wird neben der Birgit auch den Alkoholkonsum des »blauen« Klaus tolerieren, sofern er sich irgendwie noch in sozialverträglichen Grenzen hält, sitzen doch beide hier selbst ein wenig im Glashaus. Mit der deftigen Maria und der herrschsüchtigen Monika kann der Klaus optimal seine gelegentlichen masochistischen Tendenzen ausleben. Beide genießen es, ihn bis ins Mark zu demütigen.

Prominente Namensträger:

Klaus Löwitsch, Klaus Lage, Claus Peymann, Klaus Kinski, Klaus Kinkel, Klaus Wowereit, Klaus von Dohnanyi, Klaus Allofs, Klaus Fischer, Claus Kleber

Namenstag des Klaus: 25. September

Markus

Basics: Mein Maserati fährt 210, schwupp, die Polizei hat's nicht gesehn

Zum Glück für die Markusse sieht die Polizei so manches nicht, was sie treiben. Mehr als Ordnungswidrigkeiten und Co. tragen die Namensträger nämlich leider nur selten »zum Wohle der Menschheit« bei.

Markusse sind meist ziemlich windige Gesellen. Mit Anfang 20 hängen sie oft schon hoffnungslos in den Schulden. Den Gewinn aus dubiosen Geschäften haben sie in einen chicen Sportwagen investiert und sich dafür nebenbei noch Bares von ihren Eltern und Kumpels gepumpt; natürlich unter der Vorgabe, alles bald mit Zins und Zinseszins zurückzuzahlen. Doch dann kam alles anders. Das Auto wurde am nächsten Baum zersägt, und da Alkohol und eine deutlich erhöhte Geschwindigkeit im Spiel waren, kam es zum Führerscheinverlust nebst einer saftigen Geldstrafe. Von Abtrag der Verbindlichkeiten konnte in der Folge gar keine Rede sein. Im Gegenteil, da der Markus weiterhin mit den großen Hunden pinkeln ging, wurde nicht das Bein, sondern irgendwann die Hand zum Offenbarungseid gehoben.

Beruflich sind Markusse hervorragend zum Repräsentanten geeignet, weil sie »heiße Luft« verkaufen können wie sonst kein anderer. Als ebenso geschickt erweisen sie sich in der Kunst der Selbstdarstellung. Von dem, was sie über sich erzählen, sollte man allerhöchstens die Hälfte glauben. Eine dezidierte Meinung vertreten die Namensträger nur selten. Springt dabei ein Vorteil für sie heraus, sind sie bereit, ihre Gesinnung von einem Tag auf den anderen radikal zu ändern.

Nicht selten »bestechen« Markusse auch durch ihre Scheinheiligkeit. Ihnen aber das soziale Gewissen absprechen zu wollen, wäre grob unfair; denn darüber verfügen sie fraglos. Viele haben sogar ein ausgesprochen großes Herz.

Wenn der Markus den Weg nach oben geschafft hat, ist er häufig geprägt von Divenhaftigkeit in Verbindung mit arroganter Überheblichkeit. Mit tiefschürfenden geistigen Fragen setzt er sich nur extrem selten auseinander. Dafür fehlt ihm glattweg die Fähigkeit, sich länger auf einen Gegenstand zu konzentrieren.

In seiner Freizeit gibt sich der Markus gerne Hobbys hin, mit denen er glaubt, das »schwache Geschlecht« beeindrucken zu können. Er erwirbt den Flugschein oder nimmt an Abenteuerreisen teil – aber immer mit Netz und doppeltem Boden, denn eigentlich ist er ein ängstlicher Mensch.

OPTIK UND OUTFIT: YOU DRIVE ME CRAZY

Neben Protektion und der Kunst, sich selbst zu verkaufen, bringt sicherlich ihr Äußeres die Markusse in die Positionen, die sie bekleiden. Nicht selten sind die Namensträger sogar Models. Ihre Figur ist meist sportlich-schlank. Die Ausdehnung nach oben umfasst eine relativ weite Spanne. Der »Minus-Pol« liegt bei gut 1,70 m, der »Plus-Pol« bei etwa 1,90 m, während der Mainstream bei rund 1,80 m zu finden ist.

Die bevorzugte Haarfarbe der Markuse ist mittelblond bis dunkelbraun; tiefe Geheimratsecken und Halbglatze kommen vor, sind aber eher selten. Ihre Mimik wirkt oft schon ein wenig selbstgefällig. Mit ihrem betont modischen Outfit, das auch nicht selten über ihre Verhältnisse geht, unterstreichen die attraktiven Vertreter noch ihre glänzende Optik.

Zu Tattoos oder Piercings haben Markusse wenig Bezug, jedoch tragen sie recht gerne Ringe, Armreife oder Ketten. Die unauffälligeren, solideren Typen unter den Markussen machen hingegen durch ihre nichtssagenden Klamotten die Kellerassel perfekt.

Verführung und Sex: Die Prinzenrollen

Manche Markusse sehen so teuflisch gut aus, dass sie eigentlich gar nicht viel dafür tun müssten, um mit dem weiblichen Geschlecht auf Tuchfühlung zu kommen. Dennoch haben sie sich zwecks Jagd nach Miss Perfect ein bevorzugtes Repertoire von vier Rollen angeeignet; die jeweilige natürlich angepasst an ihr weibliches Gegenüber.

Der erfolgreiche Geschäftsmann: Die Namensträger vermitteln dem potenziellen Herzblatt, dass es bei ihnen materiell auf Rosen gebettet sein wird. Sie erzählen von großen Börsengewinnen in der Vergangenheit, die ihnen zu finanzieller Unabhängigkeit verholfen haben. Vor allem aber können sie auf glänzende Zukunftsperspektiven in Gestalt von todsicheren Projekten verweisen. In Wirklichkeit gehört seine chice Eigentumswohnung nebst seinem Mercedes SLK, angezahlt mit Hilfe einer Erbschaft, längst schon wieder komplett der Bank.

Der Intellektuelle: Hier glänzt der Markus mit seinem Halbwissen. Er lässt geschickt Weisheiten großer Philosophen ins Flirtgespräch einfließen, von denen er noch nicht einmal weiß, ob sie vor oder nach Christi Geburt gelebt haben. Die Sätze hat er vermutlich irgendwo aufgeschnappt und unter der Kategorie »baggertauglich« in seinem Gehirn abgespeichert.

Der Frauenversteher: Irgendwann in einer Schulung hat der Markus einmal eine Übung im aktiven Zuhören absolviert. Seitdem wiederholt er die Aussagen seiner Date-Partnerinnen brav in anderen Worten und signalisiert ihnen so, dass er der perfekte Zuhörer ist.

Der Moralist: Beim Anbandeln klagt der Markus lauthals über den Verfall von Werten wie Ehrlichkeit, Treue und Verlässlichkeit. Damit trifft er bei seiner Herzdame in spe natürlich voll ins Schwarze. Sobald der Markus glaubt, sie im Sack zu haben, belügt, betrügt und versetzt er sie auf Schritt und Tritt. Das Tragische an der Sache ist, dass er das, was er da vom Stapel lässt, wirklich glaubt. Offensichtlich setzt er für sich andere moralische Maßstäbe an als für andere, oder er leidet an einer gespaltenen Persönlichkeit.

Der Markus renommiert gerne mit seinen Frauengeschichten und seiner Potenz. Meist zelebriert er dies jedoch nicht offen, sondern ergeht sich in Andeutungen, die aber deutlich genug sind, um sie zu verstehen.

De facto ist der Markus ein guter Liebhaber, bleibt aber hinter den übergroßen Erwartungen, die er selbst erweckt, doch ein wenig zurück. Er pflegt keineswegs gleichzeitig mehrere Sexualkontakte, weil ihm eine Frau im Bett nicht reicht, sondern um sein berufliches Versagen zu kompensieren. Jede seiner Gespielinnen bekommt dann eben nur den entsprechenden Bruchteil der erotischen Ladung des Markus ab. Die Ursache für seine Untreue aber allein in seinen Minderwertigkeitskomplexen zu suchen, ist nicht der Wahrheit letzter Schluss. Er nascht auch Kirschen in Nachbars Garten, weil er einfach Spaß daran hat, Beischlafpersonal im Wechsel zu haben, und ihm die Furcht vor Entdeckung einen besonderen Kick bereitet.

Seine Mehrgleisigkeit bereitet dem Markus aber nicht nur Eustress, sondern bisweilen auch Disstress, der seine ohnehin schon ausgeprägte Hibbeligkeit noch verstärkt und zu intimen Nullnummern führen kann.

Jagdreviere: Der kluge Fuchs jagt nicht vor seinem Bau

Der Markus nutzt gerne das Internet zur Partnersuche, weil es ihm einen großen Aktionsradius ermöglicht. Je weiter seine diversen Gespielinnen voneinander entfernt leben, desto geringer ist die Wahrscheinlichkeit, dass sie voneinander erfahren. Selbst Anzeigen in der regionalen Presse wären schon gefährlich. Wie leicht könnte sich eine Arbeitskollegin oder Bekannte seiner Frau melden. Alle Medien, die ihn an die Öffentlichkeit zerren, sind somit absolut No-Go für den Markus. Man stelle sich nur die makabre Szene bei einer Live-Kuppelshow im Fernsehen vor, bei der eine seiner Geliebten, die dummerweise im Publikum sitzt, versucht, die Bühne zu stürmen, um dem »armen Burschen« die Augen auszukratzen.

Single-Reisen oder Speed-Dating sind auch noch viel zu heiß für den Markus. Die zufällige Anwesenheit der Patentante seiner Freundin könnte ihm doch so ziemlich den Spaß auf dem Trip der einsamen Herzen verderben, und auch ihr plötzlich bei einem Kurz-Rendezvous vis-à-vis zu sitzen, ist sicher nicht des Schicksals glücklichste Wendung. Single-Clubs sind dem Markus hingegen ausgesprochen sympathisch. Dort kann er sich als Pseudo-Einspänner immer damit herausreden, nicht auf Partnerinnensuche zu sein, sondern nur die Freizeitangebote zu nutzen.

Vorsicht ist die Mutter der Porzellankiste auch bei Markus' Hatz auf freier Wildbahn. Die Diskos, die er »heimsucht«, sind häufig mindestens eine Autostunde voneinander entfernt und werden auch öfters gewechselt. Das schont den Ruf und mindert die Gefahr von Begegnungen der unangenehmeren Art.

PARTNERSCHAFT: ICH WILL SPASS, ICH GEB' GAS

Der Markus ist ein Hedonist. Ehe und Familie bedeuten für ihn eigentlich viel zu viel Verantwortung. Dennoch hat er meist beides, weil Frau und Kinder Statussymbole für ihn sind. Oft versucht er auch, nach einem bewegten Vorleben im Hafen der Ehe endlich zur Ruhe zu finden.

Jedenfalls gibt sich der Markus anfangs tatsächlich redliche Mühe, ein guter Gatte und Vater zu sein, aber schon bald merkt er, dass ihm die häusliche Situation mit ewig schreienden Blagen über den Kopf wächst und ihn gnadenlos in seinem Aktionsradius einschränkt. Daher beginnt er, sich zunehmend aus dem Familienalltag auszuklinken.

Erste Anzeichen dafür, dass der Markus auf den Lust- und Lotter-
trip zurückgekehrt ist, sind chronische Verspätungen und Unzuver-
lässigkeit. »Geschäftstermine« ziehen sich bis tief in die Nacht hinein. Schließlich bleibt er öfters auch ganz fort, weil angeblich am
nächsten Tag schon wieder wichtige Treffen anstehen und sich die
Rückfahrt nicht lohnen würde. Erneut häuft der Markus Schulden
an, denn seine »Meetings« kosten natürlich eher Geld, als dass sie
welches einbringen würden. Darauf von seiner Liebsten angesprochen, gibt er nach kurzem Leugnen alles zu und gelobt Besserung.
Besser wird sein Treiben jedoch nicht, dafür aber umso toller.

Trotz seiner Schlitzohrigkeit und Untreue halten es viele Frauen
verhältnismäßig lange mit dem Markus aus, hat er der holden Weiblichkeit doch auch einiges zu bieten. So ist er durchaus nicht unro-
mantisch, fast immer für spontane Verrücktheiten zu haben und
nicht selten ein ausgezeichneter Tänzer.

Trennung: Fliegender Wechsel

Der Markus braucht sich keine großen Sorgen darüber zu machen,
nach dem Ende seiner Ehe plötzlich alleine dazustehen. Schließlich
strotzt seine Ersatzbank doch nur so vor Einwechselspielerinnen.

Auf den Bankschulden, die der Markus angehäuft hat, bleibt indes
meist seine Ex sitzen, ist doch bei ihm offiziell nichts zu holen. Die
verbliebenen Statussymbole wie der Geländewagen und das Motorboot bringen nicht mehr viel. Der Markus hatte leider sehr schnell
die Lust daran verloren, sie regelmäßig zu pflegen und zu warten.

Ihr Besuchsrecht für die gemeinsamen Kinder nehmen die Namensträger häufig zunächst einmal überhaupt nicht wahr. Ihre verbliebenen Hennen nehmen sie zeitlich zu sehr in Anspruch und bisweilen
hintertreibt auch die Noch-Frau den Kontakt. Nicht selten machen
sich die Markusse nach dem Zerbrechen der Ehe komplett aus dem
Staub, um anderswo neu anzufangen.

Pflegetipps:

Musts:

* Rufen Sie, bevor Sie zu dem Treffpunkt für das erste Rendezvous aufbrechen, den Markus zur Sicherheit unter einem Vorwand noch einmal an. Möglicherweise hat er den Termin schon längst wieder verschwitzt oder kann ihn wegen seines katastrophalen Zeitmanagements nicht pünktlich einhalten. Im ersten Fall können Sie sich so den Weg sparen, im zweiten eine längere Wartezeit vor Ort.

* Vereinbaren Sie am besten gleich eine offene Beziehung mit dem Markus, wenn das Ihr Fall ist. Er ist nämlich gewöhnlich so fair, das, was er sich nimmt, auch seiner besseren Hälfte zuzubilligen.

* Gehen Sie davon aus, dass Ihr Markus trotz seiner Sprüche ein brüchiges Selbstwertgefühl hat. Da er nach Lob lechzt, können Sie ihn damit einigermaßen an sich binden.

No-Gos:

* Üben Sie bei den Arbeiten, die er verrichtet, keinen Druck auf den Markus aus. Darauf reagiert er nämlich überhaupt nicht in Ihrem Sinne, sondern wird allenfalls noch hibbeliger, als er ohnehin schon ist.

* Versuchen Sie Ihren Markus nicht dafür einzuspannen, mit den Kindern für eine Klassenarbeit zu üben. Schon in der Schule hat er lernen gehasst, daran hat sich auch im Erwachsenenalter nichts gravierend geändert.

* Der Markus ist zwar ein agiles Kerlchen – lange still sitzen ist blanker Horror für ihn –, aber mit Sport direkt hat er keinen Vertrag. Namentlich Ausdauersportarten sind seiner psychischen Verfasstheit diametral entgegengesetzt.

* »Ein Bett im Kornfeld«: Markusse leiden nämlich häufig an Heuschnupfen und diversen anderen Arten von Allergien. Daher sind auch Hund, Katze, Maus verhältnismäßig rar in ihren Wohnstätten.

Ideale Namenspartnerinnen:

Die längste Leine bekommt der Markus vermutlich von der Birgit und der Heike, weil sie selbst gerne unterwegs sind. Natürlich werden Beziehungen mit den beiden auch immer chaotisch sein, aber allzu geordnet »können« es die Beteiligten ohnehin nicht. Den Traum von einer offenen Beziehung vermögen die Markusse am ehesten mit einem Teil der Utes und Elkes zu verwirklichen, wobei jedoch Zweitere ihrerseits weniger an den fremden Früchten interessiert sind, als sie die Ausritte ihres Göttergatten tolerieren. Auf viel Schein legt die Susanne Wert. Wenn ihr der Markus zudem viel Sein zu bieten hat, was bei den solideren Vertretern durchaus nicht selten ist, steht dem Glück der beiden nichts im Wege.

Prominente Namensträger:

Markus Söder, Markus Lanz, Markus Majowski, Markus Wasmeier, Markus Knüfken, Marcus Schenkenberg, »Markus« (Markus Mörl)

Namenstag des Markus: 25. April

MARTIN

BASICS: MARTIN WAR EIN FROMMER MANN, ZÜNDET VIELE LICHTER AN

Viele Martins sind streng gottgläubig oder setzen sich zumindest intensiv mit religiösen Fragen auseinander. Wegen ihrer christlichen Einstellung geben sie nicht selten das »letzte Hemd« für andere wie der heilige Martin.

Martins sind vom Charakter her bescheiden, liebenswürdig und auch feinsinnig. Ihren Humor nutzen sie gewöhnlich nicht, um andere durch den Kakao zu ziehen, sondern haben die Fähigkeit, über ihre eigenen Unzulänglichkeiten lachen zu können und auch selbstkritisch mit sich ins Gericht zu gehen. Grundsätzlich sind Martins sanfte Gemütsmenschen, die nichts so schnell aus der Ruhe bringen kann. Manche von ihnen befinden sich aber auch auf der Suche nach dem ultimativen Kick und geraten dabei in selbstzerstörerische Bahnen. Das ist ihre »dark side«.

Als meist gute bis hervorragende Schüler erweisen sich Martins besonders wegen ihrer Geduld als ideal dafür geeignet, ihren schwächeren Klassenkameraden/innen Nachhilfe zu geben. Sie gehören aber selten zu den Strebertypen. Oft sind sie sogar so beliebt, dass sie es bis zum Jahrgangs- oder Schulsprecher schaffen.

Als gesellige, umgängliche Zeitgenossen können sie sich gut in eine Gemeinschaft integrieren, wobei es sie aber zu Massenveranstaltungen nicht sonderlich hinzieht.

Auch beruflich versuchen Martins häufig, ihren Mitmenschen Gutes zu tun oder Schönes zu geben. So sind viele von ihnen im medizinisch-sozialen Bereich tätig, beispielsweise als Ärzte, Heilpraktiker und Sozialarbeiter, oder sie betreiben liebevoll eine professionelle Rosenzucht.

Manche Martins verfügen über hohe musikalische Begabung, so dass sie Aufnahme in einem erstklassigen Orchester finden. Sportliche Überflieger sind die Martins hingegen selten. Gleichwohl ist für sie Leibesertüchtigung zum Stressabbau unabdingbar. Besonders gerne joggen sie, so weit die Füße tragen.

Der Natur bringen viele Martins eine große Wertschätzung entgegen. Nicht wenige Namensträger sind grün angehaucht. Auch die Quote an Vegetariern unter ihnen ist verhältnismäßig hoch, oder zumindest konsumiert ein Gutteil Fleisch nur sehr bewusst.

Martins erleben in ihrem Leben viele Höhen und Tiefen. Besonders in materieller Hinsicht haben sie regelmäßig Aufs und Abs zu verbuchen. Auf die sichere Seite bringen die Martins ihr Bankkonto jedenfalls nur selten, nicht zuletzt auch, weil ihnen das Geld häufig durch die Finger rinnt.

Neben ihrer Musikleidenschaft verschlingen die Martins in ihrer Freizeit Bücher der verschiedensten Genres und reisen gerne in aller Herren Länder. Dabei spielt der Bildungsaspekt meist eine große Rolle.

Optik und Outfit: Out of Fashionheim

Die Durchschnittsgröße der Martins liegt bei circa 1,77 m mit Ausreißern nach oben bis 1,88 m, während 1,68 m die Untergrenze markieren dürfte. Unter den Martins finden sich relativ viele Rotschöpfe sowie Vertreter, die schlanke bis leicht untersetzte Figuren aufweisen. Die Gesichter der Namensträger sind ausgesprochen facettenreich. Ihr Ausdruck reicht von der Milde des Comedians »Maddin« Schneider bis zu der Strenge des Philosophen Martin Heidegger. Auf alle Fälle steht ihnen die Intelligenz meist schon ins Gesicht geschrieben.

Das Outfit der Martins ist oft ein wenig zu unspektakulär. Kennzeichnend sind einfarbige Hemden und Pullover kombiniert mit schlichten Jeans oder Stoffhosen. Ein Special stellen Beinkleider aus Cord dar. Fraglos würde es die Chancen der Martins beim anderen Geschlecht erheblich steigern, wenn sie nur einen Tick mehr Paradiesvögel wären. Dem aktuellen Modegeschmack hinken Martins oft Jahre hinterher. Ringe »tragen« Martins allenfalls unter den Augen vom langen nächtlichen Lesen. Auch sonst sind sie Schmuck herzlich abgeneigt.

Verführung und Sex:
Der korrekte Liebhaber

Der Martin hat das Glück, an vielen Themen interessiert zu sein, die bei der holden Weiblichkeit gut ankommen, seien es nun Musik, Reisen, Medizin oder Esoterik. Gut möglich, dass der Martin zur Entspannung auch mal in der einen oder anderen Frauenzeitschrift blättert. Die Klatschgazetten interessieren ihn jedenfalls mehr als die »Auto Motor und Sport«.

Einen Gesprächsaufhänger findet der Martin daher regelmäßig. Allein der Schneid, auf eine Evastochter zuzugehen, fehlt ihm mitunter ein wenig. Er braucht schon viel Ermutigung von der anderen Seite. Ist der erste Schritt aber dann gemacht, läuft meist alles wie geschmiert. Der Martin überzeugt vor allem durch seine angenehme Stimme und seine Fähigkeit, auf das »schwache Geschlecht« einzugehen. Frauen fühlen sich meist sehr wohl in seiner Gegenwart.

Nach traumatischen Trennungen können sich jedoch bei den Martins vorübergehende Bindungsängste einschleichen. Die kultiviert er beispielsweise, indem er sich unbewusst immer wieder in die »falschen« Frauen verliebt. So »schafft« es der Martin oft viele Jahre, sich vor einer festen Partnerschaft zu schützen, bis womöglich die Zeit alle Wunden geheilt hat.

Martins landen verhältnismäßig spät mit einer Frau im Bett. Das liegt daran, dass sie in ihrer Jugend noch sehr schüchtern sind und sie ihre geschlechtlichen Bedürfnisse oft noch durch Lesen, Musizieren oder Sport sublimieren. Der erste Intimkontakt findet meistens gerade noch in den letzten Zügen des Teenageralters, also mit 18 oder 19 statt.

In der Folge entwickeln die Martins ein Sexualleben, das selten erheblich von der Norm abweicht. Im Bett sind die Namensträger bei weitem nicht so spontan und kreativ wie im Alltagsleben, da sie sich fast nie der Hemmungslosigkeit hingeben. Champions-League-Niveau erreicht der Martin allein in der Disziplin Streicheln. Kein anderer Mann kann ihm da zu 100% das Wasser reichen.

Jagdreviere: Everything is possible

Abgesehen von Events, bei denen sie sich offen zur Schau stellen müssen, wie Kuppelshows im Fernsehen oder Radio, sind Martins praktisch für jede »Schandtat« zu haben, die ihnen die Chance eröffnet, auf Miss Perfect zu treffen. Lediglich noch fürs Speed-Dating sind die Martins zu »gemütlich«.

Die meisten Namensträger werden sich statistisch gesehen am Arbeitsplatz binden. Nicht selten sind sie dort Hahn im Korb, was ihren Marktwert enorm steigert. So könnten sie als einziger männlicher Lehrer an einer Grundschule unterrichten oder als Krankenpfleger auf einer Station von lauter Schwestern umgeben sein. Dabei spielt ihnen auch noch ihr guter Draht zum anderen Geschlecht in die Karten.

Die zweitbeste Möglichkeit, das Herzblatt kennenzulernen, stellt mit Sicherheit der Freundes- und Bekanntenkreis dar. Martins gehören zu der seltenen Gattung Männer, die auch platonische Beziehungen zur holden Weiblichkeit pflegen. Das eröffnet natürlich die Chance, darüber wieder mit anderen Damen in Kontakt zu kommen.

Bei Konzerten mit ihrem Orchester oder ihrer Band ist natürlich die Auswahl an ledigen Zuhörerinnen nicht unbeträchtlich. Wegen der virtuosen Beherrschung seines Instrumentes – ein Schelm, wer Schlimmes dabei denkt – hat er nicht selten einen regelrechten Fanclub aus weiblichen Verehrerinnen. Wartezeiten jedweder Couleur, sei es an der Bushaltestelle, in der Schlange vor dem Kino oder beim Zahnarzt, nutzen die Martins bisweilen, um (scheinbar) absichtslos mit der attraktiven Dame neben, vor oder gegenüber von ihnen einen Plausch zu beginnen. Auf freier Wildbahn jagen Martins außerdem gerne in Kneipen und auf Musikfestivals.

Partnerschaft:
Heilig oder scheinheilig ...

Das Zusammenleben mit dem Martin gestaltet sich fraglos nicht immer ganz einfach. Er neigt dazu, in seine geistige Welt abzutauchen, und ist nicht selten ein Grübler. Der Übergang zur Schwermut ist oft fließend. In den Phasen der inneren Emigration ist der Martin nur schwer ansprechbar.

Ihr teilweise fragiles Selbstwertgefühl kompensieren einige Martins mit Frauengeschichten. Versuche, sie von ihrem außerehelichen Treiben abzubringen, sind meist völlig fruchtlos, hat das Seitenspringen bei diesem Typus Martin doch quasi schon suchtartige Züge angenommen. In dieser Hinsicht gilt das Sprichwort von der Katze, die das Mausen nicht lässt. Wenn sich seine Herzdame nicht zermürben möchte, bleibt ihr nur die Trennung. Allerdings muss ausdrücklich betont werden, dass die große Mehrheit der Namensträger treue Seelen sind. Aufgrund ihrer Kreativität haben Martins immer wieder eine Überraschung im Köcher. Gut möglich, dass sie am Hochzeitstag in aller Frühe mit ihrem Orchester unter dem Schlafzimmerfenster stehen, um dem Herzblatt ein Ständchen zu bringen. Auch gehen ihnen selten die Ideen für spontane Wochenendtrips und spannende Fernreisen aus.

In materieller Hinsicht sind Martins ziemlich tolerant, was ihrer

Partnerin zugute kommt, die meist vollkommen frei über die vorhandenen Ressourcen verfügen kann. Bei den im Haushalt anfallenden Arbeiten sind sie allemal zu gebrauchen, und auch an der Pflege des Nachwuchses beteiligen sie sich eifrig, sofern die Zeichen nicht gerade auf Rückzug stehen.

TRENNUNG: CAST AWAY – VERSCHOLLEN

Das Zerbrechen einer Partnerschaft verunsichert die Martins zutiefst. Um sich nicht damit auseinandersetzen zu müssen, begehen sie häufig »Weltflucht«. Als Preis dafür sind die Martins sogar bereit, massive finanzielle Einbußen bei der Regelung der Scheidungsfolgesachen in Kauf zu nehmen. Geld und Gut haben eben keine große Relevanz für ihn.

Sobald es seine psychische Verfassung nach dem Auftauchen aus der Versenkung erlaubt, nimmt der Martin Anlauf, sich wieder um die gemeinsamen Kinder zu kümmern. Seine Verflossene sollte dann nicht versuchen, sie ihm zu entziehen nach dem Motto: »Wir sind die ganze Zeit ohne dich klargekommen, also brauchst du dich auch jetzt nicht mehr blicken zu lassen.« Andernfalls kann der Martin recht unangenehm werden und emotionalen Druck auf seine ehemalige Lebensgefährtin ausüben. Der Martin ist zwar eher ein weicher Typ, aber Frau sollte ihn keinesfalls unterschätzen, besonders bei Angelegenheiten, die ihm wichtig sind.

PFLEGETIPPS:

Musts:

* Stellen Sie sich beim ersten gemeinsamen Restaurantbesuch mit einem Martin darauf ein, mit Stäbchen zu essen. Die Namensträger lieben Südostasien und seine kulinarischen Genüsse über alle Maßen.

* Der Martin ist häufig Langstreckenläufer oder sogar ein »Marathon-Mann«. Lassen Sie ihm ein wohliges Bad ein, wenn er erschöpft von seinem Tagespensum zurückkehrt.
* Heiße Geschenktipps für Martins sind ein Samowar für seine Teeleidenschaft und selbstgestrickte Wollsocken für zu Hause.

No-Gos:
* Bringen Sie in der Phase des Kennenlernens nicht zu früh das Thema »zusammenziehen« auf den Tisch. Damit verschrecken Sie den Martin. Unter zwei Jahren ist bei ihm nichts drin. Er ist kein Mann für Schnellschüsse.
* Wenn Sie es endlich geschafft haben, sich wohnlich mit Ihrem Martin zu vereinigen, überladen Sie die gemeinsame Bude nicht mit Tinnef und Nippes. Sonst wird der Martin der Bedeutung seines Namens gerecht,* und zwar als Krieger für den Sperrmüll.
* Stundenlange Badblockaden treiben den Martin in den Wahnsinn. Er ist mit der Morgentoilette ratzfatz fertig und erwartet das auch von seinen Lieben.

IDEALE NAMENSPARTNERINNEN:

Die Reiselust und den leichten Hang zu Esoterik und Heilkunde teilt der Martin mit der Stefanie. Die beiden korrespondieren auch intellektuell recht gut. Lediglich im Bett kommt die Stefanie nicht ganz auf ihre Kosten. Dort klappt es mit den Annas und Ingrids gut, weil sie keine Wunderdinge von dem nicht allzu libidinösen und phantasievollen Martin erwarten. Verständnis für die Rückzugsphasen des Martins bringen vermutlich die Renate und die Ulrike auf, weil sie das nur allzu gut von sich selbst kennen. Sporteln kann der Martin am besten mit der Kerstin und der Sabine.

---

* Martin heißt übersetzt »der Kriegerische«.

Prominente Namensträger:

Martin Luther, Martin Scorsese, Martin Schneider, Martin Semmel-
rogge, Martin Schmitt, Martin Lüttge, Martin Heidegger, Martin
Walser

Namenstag des Martins: 11. November

MICHAEL

BASICS: ICH SPRECHE, ALSO BIN ICH

… könnte das Motto der Michaels lauten. Den großen Schweiger wird man unter Vertretern dieses Namens nur äußerst selten finden. Ihre rhetorische Begabung gepaart mit einem meist seriösen Auftreten machen Michaels zu idealen Bankberatern und zu erfolgreichen Verkäufern. Beim Mainstream der Michaels täuscht der seriöse Eindruck auch nicht, doch sollte man als Kunde nicht jedem Träger dieses Namens gleich blindlings vertrauen. Wirkt ein Michael schon zu anbiedernd, verbirgt er meist ungute Absichten dahinter.

Da Michaels gewöhnlich sehr wagemutige Männer sind, machen sie sich auch häufig selbständig. Als Immobilienmakler und Rechtsanwälte können sie bisweilen große Erfolge erzielen.

Auch im Sport sind Michaels oft hochgradig ambitioniert. Viele von ihnen entwickeln sich auch durch ihren Ehrgeiz und ihr außergewöhnliches Talent zu absoluten Ausnahmekönnern, die in ihrer Zeit alle Rekorde brechen. In Mannschaftssportarten sind sie als Kapitäne häufig wieder die Sprecher in ihrem Team, wie Michael Ballack in der Fußball-Nationalmannschaft.

Mitunter haben die Michaels ihr Mundwerk jedoch nicht recht im Griff bzw. neigen dazu, einfach zu viel zu reden. Das ist meist dann der Fall, wenn sie sich innerlich unsicher fühlen. Sie sprechen dann sozusagen gegen ihre Angst an.

Meist ruhen Michaels aber recht gut in sich und verfügen über ein starkes Selbstwertgefühl. An manchen Tagen geht das so weit, dass sie gefragt werden, ob sie gerade wieder auf dem Tarzanheft geschlafen hätten. Der Optimismus der Namensträger ist mitunter grenzenlos.

Herz und Verstand stehen beim Michael meist in einem gesunden Gleichgewicht. Selten dominiert das eine Element das andere.

Politisch sind Michaels nicht sonderlich engagiert, mitunter sogar geradezu desinteressiert.

Abgesehen vom Sport sind Michaels als ausgesprochen gesellige Typen in ihrer Freizeit gerne auf Kneipentour mit ihren Kumpels unterwegs, reisen viel und besuchen Feste und Märkte. Kulturell reicht es bei ihnen meist nur zum Kino, Kabarett oder Konzert, aber auch dann sollte es nicht allzu schwer verdauliche Kost sein.

Optik und Outfit: Mister Big

Viele Michaels liegen weit in den Einsachtzigern oder haben sogar die über Einsneunzig des Weltrekordschwimmers Michael Phelps (1,93) im Pass stehen.

Die meisten Vertreter dieses Namens weisen eine schlanke, sportliche Statur auf, wobei die etwas kürzeren meist einen Hauch gedrungener wirken. Die gute Figur kommt meist daher, dass Michaels Bewegungsnaturelle sind. Außerdem sind sie ausgezeichnete »Nahrungsverbrenner« und können ohne Reue schlemmen.

Michaels bekommen nur selten eine »Platte«, ansonsten ist ihr natürlicher Kopfschmuck ziemlich unspezifisch. Manche haben ganz feine Haare, andere sind mit regelrechten Borsten gestraft. Die Farbe ihres Schopfes reicht von hellblond bis pechschwarz und seine Länge vom Stacho bis zur Mähne.

Michaels gehören sicher zu den attraktivsten Männern und sind oft ausgemachte Frauenschwärme. Modisch sind sie zudem sehr stilsicher. Dezentem Schmuck – ein Silberring, ein Ohrstecker oder ein zierliches Goldkettchen – sind sie herzlich zugeneigt. Eine Brille zur Unterstützung ihrer Sehkraft benötigen die Michaels nur ausgesprochen selten, aber ihre Sonnenbrille sollte schon hip sein.

Verführung und Sex: Sex for the masses

Noch bevor ihn seine Auserkorene überhaupt richtig wahrgenommen hat, steht der Michael schon neben ihr und versucht, sie in ein Gespräch zu verwickeln. Michaels sind nämlich wahre Meister des Überraschungsangriffs. Hat der Michael sein potenzielles Opfer am Haken, gibt es kein Entrinnen mehr – es sei denn, er lässt es wieder frei.

Manchmal flirten Michaels auf Teufel komm raus mit einer Frau, um sie nach kurzer Zeit wieder völlig unvermittelt fallen zu lassen wie eine heiße Kartoffel. Meist haben sie dann kalte Füße bekommen oder die Eroberung erschien ihnen nicht reizvoll genug. Bleiben die Michaels jedoch am Ball, haben sie das Objekt ihrer Begierde sehr schnell von sich überzeugt. Dass bisweilen auch ähnlich wie beim Markus viel heiße Luft produziert wird, wenn sich der Michael anpreist, darf auch nicht verschwiegen werden.

Endet die Flirtreise schlussendlich im Bett, sollte sich die Auserwählte noch keine allzu großen Hoffnungen auf eine dauerhafte Liaison machen. Wenn der Michael nur auf ein Abenteuer aus war, hat er das der anderen Seite aber vermutlich vorher »gesteckt«. So fair ist er meistens.

Beim Geschlechtsverkehr können die Michaels mit ihrer häufig übersteigerten Libido ihren Herzdamen bisweilen ganz schön auf den Wecker gehen, wenn sie nicht gerade Ute oder Stefanie heißen. Was die Qualität seines Sexes angeht, neigt der Michael dazu, sich ein wenig zu überschätzen. Er selbst glaubt, er wäre der Welt größter Lover, und seine Partnerinnen lassen ihn meist in dem Glauben, weil er ja ein lieber, netter Kerl ist. Das geht manchmal so weit, dass sie ihm um des lieben Friedens willen einen Orgasmus vorspielen. Das Gefühl, im Bett »versagt« zu haben, stellt nämlich für Michaels eine heftige narzisstische Kränkung dar, definieren sie sich doch recht stark über ihre horizontalen Fähigkeiten.

Mit der Treue nehmen es die Michaels nicht immer sehr genau. Die

Schauspielerin Catherine Zeta-Jones hat sich abgesichert. Ihr Ehemann, Michael Douglas, muss laut Ehevertrag bei einem Seitensprung mehrere Millionen Dollar an sie berappen. Da kennt wohl jemand seine Pappenheimer. Heilige wie der Erzengel Michael sind die übrigen Namensträger allemal nicht.

Jagdreviere: Speed

Michaels sind ähnlich den Uschis Kosmopoliten der Partnersuche. Am häufigsten sind sie jedoch dort zu finden, wo sie in unmittelbaren Kontakt mit der Damenwelt kommen können. Speed-Dating, der »schnelle Verkauf«, scheint wie für sie gemacht zu sein. An Radiokuppelshows nimmt der Michael nicht so gerne teil wie an ähnlichen Formaten im Fernsehen. Hier fehlt ihm die direkte Tuchfühlung, was ebenso für Internet und Kontaktanzeige gilt. Single-Tanzkurse, -Clubs und -Reisen kommen dem Michael da wieder sehr entgegen und entsprechen zudem hochgradig seinem Wunsch nach Geselligkeit und Zerstreuung. In Gesprächszirkeln für Singles schlagen Michaels zwar häufig auf, aber ihre Verweildauer ist meist nur recht kurz, weil sie ihnen nicht locker genug sind.

Auf freier Wildbahn bieten sich dem sportbegeisterten Michael natürlich geradezu das Fitnessstudio und der Stadion- bzw. Hallenbesuch an. Wenn sie sich nicht gerade mit Leibesertüchtigung beschäftigen, besuchen Michaels gerne Diskos, Tanzlokale oder Kneipen, aus denen sie selten ohne weibliche Telefonnummern heimkehren.

Am Arbeitsplatz haben die »Michis« meist mehrere Verehrerinnen, scheuen sich aber, dort Liaisons einzugehen, weil sie sich vor Unannehmlichkeiten fürchten, wenn die Sache ungut wieder auseinandergeht. Viel lieber lassen sie sich schon in ihrem Freundeskreis an die Frau bringen. Dort schätzen sie die Risiken und Nebenwirkungen als erheblich geringer ein, können sie doch nach dem möglichen Liebes-Aus ihrer Ex besser aus dem Weg gehen.

PARTNERSCHAFT: DAS INDIANERPRINZIP

Michaels sind schon in ihrer Kindheit schnuckelige Kerlchen. Oft »heiraten« sie, noch bevor sie in die Schule kommen, ein Nachbarmädchen und machen Doktorspiele mit ihm.

In ihren Ehen sind sie dann meist überaus hilfsbereite und aufmerksame Partner. Michaels können im Haushalt fast alles, dennoch schwören sie auf das Indianerprinzip, sprich jeder macht die Arbeiten, die ihm am besten liegen. Das führt dann doch meist wieder zu einer klassischen Rollenverteilung. Der Mann ist für das Handwerkliche zuständig, während die Frau kocht, wäscht und putzt.

Mit den Kindern unternimmt der Michael viel, selbst wenn er nur ihr Stiefvater ist. Zoos und Freizeitparks und vor allem Bewegungsspiele sind bei ihm regelmäßig an der Tagesordnung. Damit pflegt er auch sein inneres Kind. Zu Streichen wie der literarische Namensvetter Michel aus Lönneberga hat er hingegen nur wenig Bezug.

In finanzieller Hinsicht lässt der Michael seiner besseren Hälfte viel Spielraum, ist er doch diesbezüglich alles andere als kleinkariert.

Das Manko der Michaels in der Zweisamkeit: Wenn sie schlecht gelaunt sind, was aber eher selten vorkommt, können sie ihrem Herzblatt gegenüber knotterig sein. Das nimmt aber nie die Ausmaße eines Friedhelm Motzki an.

TRENNUNG: NOT GUILTY

Wenn ein Mann bei einem Date wie ein Rohrspatz auf seine Ex schimpft, ist es möglicherweise ein Michael. So liebenswert die Träger dieses Namens sonst sind, bei der Trennung scheinen sie häufig ihr differenziertes Denken zu verlieren. Im Zweifelsfalle ist immer die Verflossene schuld am Zerbrechen der Zweisamkeit.

Schlägt Michaels Ex in dieselbe Kerbe, wird natürlich ein konstruktiver Umgang miteinander fast unmöglich. Selbst um der gemeinsamen Kinder willen bekommt das entzweite Paar dann nur selten eine pflegliche nacheheliche Beziehung zustande. Dafür ist zu viel Porzellan zerbrochen worden, und der Michael legt auch keinen gesteigerten Wert darauf. Im Gegenteil, kleine Scharmützel und Nickeligkeiten werden weiter an der Tagesordnung sein. Zum Glück ist der Michael aber klug genug, die Sprösslinge dabei herauszuhalten.

Aus den unerfreulichen Begleiterscheinungen der ersten Scheidung zieht der Michael häufig die Konsequenz, nie mehr zu heiraten oder wenn, nur noch mit Ehevertrag, in dem alles bis ins kleinste Detail geregelt ist.

Pflegetipps:

Musts:

* Achten Sie beim ersten Date sorgfältig auf die Auswahl Ihres Parfums. Michaels sind ausgesprochen geruchsempfindlich. Gute Düfte turnen sie gleichermaßen an, wie sie schlechte vertreiben können.

* Wenn Sie einen Michael verführen möchten, präsentieren Sie ihm Ihr tief ausgeschnittenes Dekolleté. Weibliche Brüste haben fast schon Fetisch-Status für Träger dieses Namens.

* Nicht nur Michael Schumacher liebt schnelle Autos und Motorräder, sondern auch Ihr Michael. Schenken Sie ihm Tickets für ein Formel-1-Rennwochenende oder leihen Sie ihm bei einer Edel-Autovermietung einen Ferrari aus. Wenn Sie sich dann noch als Beifahrerin in dem Boliden zur Verfügung stellen und seine Fahrkünste loben, haben Sie auf lange Zeit einen Stein bei ihm im Brett.

No-Gos:

* Michaels sind lockere Typen. Versuchen Sie nicht, Ihren Michael in eine Etikette zu zwängen. Sonst brennt er Ihnen womöglich mit Ihrer Putzfrau nach Kasachstan durch.

* Eine Partnerin mit Flugangst oder die schon beim Verlassen des heimischen Grundstücks von Heimwehattacken erfasst wird, geht beim Michael gar nicht. Vertreter dieses Namens verreisen nämlich meist gerne und weit.

* Michaels können ähnlich wie die Uschis rasend eifersüchtig werden, besonders in alkoholisiertem Zustand. Kokettieren Sie nicht vor seinen Augen mit anderen Männern herum. Wenn Sie es zu weit treiben, sind Sie womöglich der Auslöser für die alljährliche Kirmesschlägerei und Ihr Michael wird zum »Micky Blue Eyes«.

IDEALE NAMENSPARTNERINNEN:

Uschis sind großherzig genug, über die Selbstverliebtheit des Michaels hinwegzuschauen, und geben ihm die Anerkennung, die er braucht – besonders im Bett. Ebendort harmoniert er quantitativ ausgezeichnet mit der Ute. Allerdings sollte sie keinen allzu übersteigerten Wert auf Variationen legen. Intellektuell dürfte der Michael mit den Sabinen und Christinen in etwa auf Augenhöhe liegen. Die Elkes und Birgits werden dem Michael indes bereitwillig auf seinen Zügen um die Häuser folgen.

PROMINENTE NAMENSTRÄGER:

Michael Mittermeier, Michael Schumacher, Michael Degen, Michael Ballack, Michael Ende, Michael Moore, Michael Douglas, Michael Jackson, Michael (»Mick«) Jagger, Michael Crichton

Namenstag des Michaels: 29. September

PAUL

BASICS: ZWEI HERZEN SCHLAGEN ACH IN MEINER BRUST

Das Wesen des Pauls, dessen Name auf den Apostel Paulus zurückgeht, ist von Widersprüchlichkeit geprägt.

Pauls sind eigentlich bodenständige Rationalisten, aber bisweilen leben sie auch schlicht im Wolkenkuckucksheim. Sie können saufen wie die Löcher, aber ebenso auch alkoholabstinent leben wie ein Guttempler. Als Polizeibeamte beschlagnahmen sie vormittags Hehlerware, um sich abends mit einem Anhänger bewaffnet auf fremden Baustellen Material für ihr zukünftiges Eigenheim zu »organisieren«. Den Streichen ihrer Mitmenschen gegenüber zeigen Paule oft wenig Verständnis, während sie selbst mitunter die größten Schelme und Schlitzohren sind.

Auf den Namen Paul Getaufte sind meist von ihrer Grundstruktur lammfromm, wenn es darauf ankommt, verzetteln sie sich aber auch in zum Teil sinnlose Kämpfe. Dann erinnern sie ein wenig an Don Quichotte.

Paule schließen sich immer wieder recht hoffnungsvoll Gruppen an, um von einem Tag auf den anderen wieder zu verschwinden, als hätte sie der Erdboden verschluckt. Während ihrer Zugehörigkeit gerieren sie sich einmal hölzern und bierernst, um dann bei nächster Gelegenheit die ganze Corona mit ihrem trockenen Humor zum Brüllen zu bringen. Last but not least können Paule ackern wie ein Pferd, sich aber auch wochenlang hängen lassen wie ein fauler Sack. Zum Gemeingut der Namensträger gehören auch ihr Ruhebedürfnis und ihr ausgeprägter Appetit. Paule sind oft in der glücklichen Lage, bergeweise Essen in sich hineinschaufeln zu können, ohne merklich zuzunehmen. Trotz ihres Schalks im Nacken sind Paule grüblerische

Zeitgenossen, die ziemlich hart mit der Realität zu kämpfen haben. Phasen der Unbeschwertheit durchlaufen sie kaum je.

Nicht selten verfügen Paule über Doppelbegabungen, so Paul Klee als Musiker und Grafiker oder Paul Maar als Jugendbuchautor und Illustrator. Sie nutzen aber häufig ihre Potenziale nur mangelhaft aus, da sie sich durch ihre Unbeständigkeit und Unsicherheit selbst im Weg stehen. Zudem sind Paule recht entscheidungsschwach.

Beruflich scheuen die meisten Paule gewöhnlich die Selbständigkeit und suchen eher das sichere Angestelltenverhältnis. Die meisten sind mehr oder weniger Schreibtischtäter, obwohl das ihrem Bewegungsdrang überhaupt nicht entgegenkommt. Handwerklich sind Paule entweder Top oder Flop. Die einen können nicht einmal einen Nagel gerade in die Wand schlagen, während die anderen Bastler vor dem Herren sind. Darin findet die zweite Gruppe häufig in der Freizeit Ausgleich zu ihrem Bürojob. Ansonsten treiben Paule hobbymäßig bevorzugt Sport, nicht selten in Zusammenhang mit Tieren (Reitsport, Hundesport etc.), oder gehen regelmäßig schwimmen. Für Mannschaftssportarten sind sie mitunter zu individualistisch.

Optik und Outfit: Bulldogge mit Stock

So geschmeidig wie ihr Namensvetter Paulchen Panther sind Paule allemal nicht. Selbst die Sportler unter ihnen kommen vom Körperbau eher einer Bulldogge als einer Katze nach. Die gertenschlanken Paule wirken dafür meist wieder, als hätten sie einen Stock verschluckt. Selbst deren Körperlänge liegt jedoch selten wesentlich über 1,80 m.

Paule sind meist braunhaarig; nicht selten ist bei ihnen Naturlocke. Die Mähne bleibt ihnen auch fast immer bis ins Greisenalter erhalten. Schlimmstenfalls wird ihr natürlicher Kopfschmuck etwas dünner. Das Antlitz der Paule ist meist verhältnismäßig eben und weist keine gravierenden Makel auf. Paule kleiden sich relativ leger, aber nicht unbedingt geschmackvoll. Sie lieben Pullunder und Hosen mit Karomuster.

Abgesehen von ihrem Ehering tragen Paule fast nie Schmuck. Tattoos und Piercings lehnen sie fast immer in Bausch und Bogen ab.

Verführung und Sex: Like a virgin

Bei der Werbung wirken Paule meist ein wenig unbeholfen. Wo andere Männer der holden Weiblichkeit ihre Vorzüge anpreisen, erzählt der Paul lieber von seinen Problemen. Eine Frau auf freier Wildbahn anzusprechen, fällt den Namensträgern unendlich schwer, da sie ausgesprochen schüchtern sind. Oft schleichen sie nur um ihre »Herzdame« herum wie die Katze um den heißen Brei und verlassen die Örtlichkeit ihrer »Jagd« wieder, ohne dass sie überhaupt als Verehrer wahrgenommen worden sind. Paule kommen oft mit Mauerblümchen zusammen, die ebenso linkisch sind wie sie selbst, oder sie werden eben von den Frauen einkassiert, die ihren Mann gerne noch erziehen möchten.

Da Paule häufig erst im Twen-Alter zum »Mann« werden, sind sie bei ihrer Eheschließung gegen Ende dieser Dekade in der Regel sexuell noch relativ unbeschriebene Blätter. Geraten sie an eine dominante Partnerin, werden sie womöglich mehr oder weniger zum Sexsklaven erzogen. Diese Rolle liegt ihnen, selbst wenn sie im Alltag Alphatierchen sind.

Um im Bett die Sau raus zu lassen, fehlt dem Paul gewöhnlich die Lockerheit. Es will ihm einfach nicht gelingen, den Kopf komplett auszuschalten. Die größte Stärke des Pauls in horizontaler Hinsicht liegt in seiner Selbstlosigkeit. Als wäre sie ein Goldenes Kalb, »tanzt« er um seine Bettgenossin herum, stets darauf bedacht, sie zum Höhepunkt zu bringen.

Alle Flirtgelegenheiten, bei denen die verbale Verständigung im Mittelpunkt steht, sind mehr oder weniger No-Go für Paule. Das liegt nicht daran, dass sie schlechte Rhetoriker wären, nein, sie sprechen einfach meist zu wenig. In Gesprächszirkeln für Singles kann es vorkommen, dass sie stundenlang nur aufmerksam zuhören, ohne selbst auch nur ein Wort zu sagen. Das ist dann doch etwas zu wenig, um die Damenwelt von sich zu überzeugen. Selbst mit einer ausgefeilten Körpersprache – über die sie nun leider auch nicht verfügen – wäre das dort nicht zu kompensieren. Praktisch tabu sind damit für den Paul auch Volkshochschulkurs, Running Dinner und Speed-Dating. Geeigneter zum Anbandeln sind für die Träger dieses Namens Events, bei denen Tun angesagt ist. So ist die Kontaktaufnahme bei Unternehmungen von Single-Freizeitclubs wie Wanderungen oder Busfahrten sicher etwas leichter zu bewerkstelligen. Als noch günstiger dürften sich Tanzkurse für Alleinlebende erweisen. Hier sind die Paule in ihrem Element, da sie meist ausgezeichnete Standardtänzer sind. Und zudem haben sie Muße, sich langsam an das Objekt ihrer Begierde heranzupirschen. Single-Reisen, bei denen der Zeitfaktor ebenfalls positiv einzuschätzen ist, sind den sparsamen Paulen gewöhnlich zu kostenintensiv.

Die Partnersuche per Mausklick und Bekanntschaftsanzeige kommt ihnen dahingehend entgegen, als sie die persönliche Fühlungnahme zunächst schriftlich vorbereiten können. Und im Schreiben hatten die Paule häufig in der Schule ein »Gut« oder gar »Sehr gut« im Gegensatz zum mündlichen »Mangelhaft.«

PARTNERSCHAFT: MAN HAT ES VERSUCHT

Eins kann Frau ihrem Paul nun wahrlich nicht vorwerfen, nämlich dass er sich keine Mühe gibt. Im Gegenteil, er versucht alles, um seinen Augenstern glücklich zu machen, aber seine emotionalen Defizite kann er damit nicht ausgleichen. Besonders schmerzlich fehlt ihm die Fähigkeit, sich in die weibliche Psyche einzufühlen. Er kann die Stimmungen seiner Gefährtin einfach nicht lesen und lässt sie, ohne es selbst zu bemerken, genau dann im Stich, wenn sie seine starke Schulter zum Anlehnen am meisten bräuchte. Oder er versucht sich ihr in Phasen körperlich anzunähern, in denen sie sich nur wünscht, in Ruhe gelassen zu werden.

Ansonsten bieten Paule alles, was sich eine Frau wünschen kann. Sie sind engagierte Väter, loyale Ehemänner und hervorragende Versorger der Familie.

An das gute Geschirr sollte seine Frau den Paul allerdings nicht heranlassen, denn mitunter ist er ein wenig grobmotorisch. Da geht dann so manches liebgewonnene Erbstück von der Großmutter beim Abwaschen in die Brüche. Auch am Herd richtet er meist mehr Unheil an, als er Segen bringt. Hernach sieht die Küche regelmäßig aus wie ein Schlachtfeld.

Auf die Idee, fremdzugehen, kommt der Paul erst gar nicht. Dafür ist er fast schon zu naiv. Langweilig wird es mit einem Paul fast nie, da er aufgrund seines Facettenreichtums immer wieder für eine Überraschung gut ist. Allerdings braucht er manchmal einen Tritt in den Hintern, wenn ihn einmal wieder das melancholisch-grüblerische Phlegma erfasst hat.

TRENNUNG: ÜBERRASCHUNG!

Paule leben nach dem Motto: Wenn schon, denn schon. Lassen sie sich also fest auf eine Verbindung ein, dann sollte es möglichst auch für immer sein. Entsprechend schmerzt es sie, wenn dieser Traum zerplatzt. Kommt Wut darüber auf, richten sie sie aber eher gegen sich selbst als gegen die Verflossene.

Meist sind es die Paule, die verlassen werden. Sie selbst erkennen es in der Regel gar nicht, wenn die Partnerschaft am Ende ist, geschweige denn, wenn sie nicht mehr ganz rund läuft.

Bei der nachfolgenden Verteilung des Vermögens sollte der Paul keinesfalls benachteiligt werden. In finanzieller Hinsicht ist er nämlich nicht sonderlich großzügig. Wenn seine Verflossene darauf achtet, wird sie später wenig Ärger mit ihm haben. Auf der anderen Seite ist er nämlich auch wieder äußerst korrekt. Den Kinds- und Ehegattinnenunterhalt bezahlt er jeden Monat brav zum Ersten – allerdings nur sofern er kann. Sind Paule nicht gerade Beamte, stehen sie nämlich bei ihren Chefs wegen ihrer Unbeständigkeit nicht selten auf der Abschussliste.

Um die Sprösslinge kümmert sich der Paul weiterhin gewissenhaft.

PFLEGETIPPS:

Musts:

* Stellen Sie sich bei Ihrem ersten Rendezvous mit einem Paul darauf ein, dass Sie anfangs die Gesprächsführung übernehmen müssen.

* Bei seinen Arbeiten sollten Sie Ihrem Paul Zeit lassen. Sein Motto lautet: Gut Ding braucht Weile. Wenn Sie ihn drängen, kann es sein, dass er zum HB-Männchen mutiert.

* Paule legen keinen übermäßig großen Wert auf Klamotten, aber ihr Schuhwerk muss immer top gepflegt sein. Das ist fast schon eine Marotte von ihnen. Putzen Sie seine Fußbekleidung, wenn er einmal nicht dazu gekommen ist.

* Nicht selten haben Paule eine Schallplattensammlung. Schenken Sie ihm ein seltenes Stück dafür.

No-Gos:

* Überfluten Sie Ihren Paul nicht mit Romantik. Während Sie ihm bei einem abendlichen Spaziergang etwas von einem Stern erzählen, denkt er vermutlich gerade an einen Artikel in der gleichnamigen Zeitschrift.

* Paule sind ziemlich lärmempfindlich. Den ganzen Tag im Haus laute Musik laufen lassen geht gar nicht, besonders nicht, wenn sie sich gerade wieder in einer ihrer Ruhephasen befinden. Zieht er sich zum Relaxen zurück, sollten Sie und die Kinder ihn auch möglichst nicht behelligen. Da ist der Paul dem Horst ähnlich.
* Die meisten Paule legen keinen großen Wert auf verwandtschaftliche Beziehungen. Drängen Sie ihn nicht, die Cousine Carla aus Castrop-Rauxel zum 50. Geburtstag anzurufen. Wenn er das tun möchte, dann von alleine, ansonsten eben nicht. Tipp: Erwähnen Sie den Sachverhalt beiläufig. Meistens reicht das schon.

Ideale Namenspartnerinnen:

Die empathischen sanftmütigen Monikas sowie die Petras und Claudias geben sich größte Mühe, mit dem sicher nicht ganz pflegeleichten Paul zu Rande zu kommen, und akzeptieren seine emotionalen Defizite. Die passen der Kerstin recht gut in den Kram, weil auch sie nicht eben vor Leidenschaft überbordet. Außerdem versucht der Paul nach Möglichkeit, ihre materiellen Bedürfnisse zu befriedigen, und ist bereit, sich ihr weitgehend unterzuordnen. Mit der Ulrike dürfte es im Bett gut klappen, da beide wissen, dass sie hier keine Heldentaten vom anderen zu erwarten haben. Eine harmonische Zweisamkeit auf vielen Gebieten ist noch mit der Anna möglich.

Prominente Namensträger:

Paul Breitner, Paul McCartney, Paul Gascoigne, Paul Klee, Paul Maar, Paul Potts, Paul Freier, Paul Hogan, Paul Walker, Paul Watzlawick

Namenstag des Pauls: 29. Juni

PETER

BASICS: JA, JA, DER PETER, DER IST SCHLAU

Peter sind Himmelsstürmer. Mit Mittelmaß und Nachrangigkeit geben sie sich nur selten zufrieden. Als reine Befehlsempfänger zeigen sie sich gänzlich ungeeignet, da sie zu viel kritisch hinterfragen. Überall, wo sie sich bewegen, streben sie nach der bestmöglichen Position für sich. Dafür setzen die Peter nicht ihre Ellbogen ein, sondern sind bereit, Verantwortung zu übernehmen, und verschaffen sich so Respekt. Außerdem bringen sie oft innovative Ideen ein, wenn Strukturen allzu verkrustet sind.

Viele Peter machen sich selbständig, um ihr eigener Herr zu sein und möglichen Gängeleien eines Chefs zu entgehen. Denn darauf reagieren sie auf Dauer äußerst allergisch. Häufig sind die Namensträger in kreativen Berufen wie Grafikdesigner oder Dekorateur tätig. Im Lehramt bekleiden sie nicht selten Funktionsstellen; als Rektoren sind sie aber kaum zu finden, da sie den »Verwaltungskram«, der damit zusammenhängt, nicht unbedingt mögen und stattdessen lieber unterrichten. Für den Beruf des Pädagogen prädestiniert die Peter besonders ihre nie nachlassende Neugierde, ihre Lust an der Wissensvermittlung und ihr eigener unstillbarer Drang nach geistiger Weiterentwicklung. Allerdings kennzeichnet den Peter nicht nur als Lehrer ein gewisser Hang zur Besserwisserei und Belehrung.

Politisch sind die Peter oft interessiert, aber selten parteipolitisch engagiert. In der Regel sind sie SPD-Wähler, seltener auch »grün« angehaucht. Öffentliche Ämter streben sie jedoch nicht allzu häufig an, weil sie lieber Privatperson bleiben möchten. Mit religiösen Fragen setzen sie sich zwar durchaus auseinander, alleine ihnen fehlt der rechte Glaube.

Peter sind gewöhnlich werteorientiert, haben gute Manieren und bringen fast immer ihren Mitmenschen den nötigen Respekt entgegen. Allenfalls frotzeln sie einmal harmlos herum. Ihr Humor ist eher leise-subtil und von Wortwitz geprägt. Sie haben aber nicht nur eine Begabung für ihre Muttersprache, egal ob sie nun deutscher, ungarischer oder englischer Abstammung sind, sondern erlernen auch Fremdsprachen extrem leicht.

Für eine Sportkarriere fehlt den Petern die körperliche Disziplin, die sie geistig so auszeichnet. Besonders Ballsportarten können sie wenig abgewinnen. Auch insgesamt sind Peter keine ausgesprochenen Bewegungsnaturelle. Viel lieber lesen sie, frönen den lukullischen Genüssen oder chillen eher bei Rock- als bei Popmusik.

Um Haustiere zu halten, sind Peter als Singles zu viel in der Weltgeschichte unterwegs. Insgesamt hegen sie auch wie die Jürgen eher wenig Interesse an der Natur und an allem, was kreucht und fleucht. Zu einem Familienhund lassen sie sich aber zur Not noch überreden, wenn kein allzu großes Brimborium um ihn gemacht wird.

OPTIK UND OUTFIT:
CHARLEYS TANTE

Peter sind optisch selten klassisch schöne, zudem oft wenig maskulin wirkende, aber meist interessante Männer. Viele Träger dieses Namens zeichnet ein pfiffiger, leicht schelmischer Gesichtsausdruck aus. Die Haarfarbe der Peter ist passend zum leicht dunklen Hautteint fast immer hell- bis mittelbraun. Vertreter mit pechschwarzer Tolle sind so rar wie strohblonde oder rothaarige. Das Ergrauen oder »Erweißen« beginnt bei ihnen recht spät, meist erst wirklich im sechsten oder siebten Lebensjahrzehnt; vermutlich weil sie sich weniger ärgern und stressen, gleichzeitig aber mehr Lebensfreude empfinden als andere Menschen. Buchstäblich zum Haareausraufen finden sie offensichtlich so wenig, dass sie ihren Schopf auch nicht verlieren. Völlige Kahlköpfigkeit findet sich nur in Ausnahmefällen.

Figürlich sind die Peter meist wohlproportioniert und schlank, bisweilen sogar drahtig. Einige weisen aber auch einen etwas gedrungenen Körperbau auf. Richtig fett werden Peter nur selten. Dafür sind sie dann doch zu agil. Die Körperlänge kann durchaus unter 1,70 m liegen, der Durchschnitt liegt jedoch bei knapp 1,80 m.

Auf ihr Outfit legen Peter kein besonderes Augenmerk. Oft sind sie fast schon ein wenig nachlässig gekleidet. Ausgewaschene Jeans und nicht sehr hippe Hemden kennzeichnen ihren Stil, der eigentlich keiner ist. Schnörkellos, wie sie sind, haben die Peter auch mit Schmuck und Accessoires nur wenig am Hut.

Verführung und Sex: Die italienischen Momente

Peter sind Meister der Selbstinszenierung. Geschickt verstehen sie es, ihre Vorzüge hervorzuheben, ohne angeberisch zu wirken. Der erfolgreiche Geschäftsmann macht Andeutungen bezüglich seines Wohlstandes. Und der perfekte Liebhaber erwähnt schließlich ganz beiläufig, dass ihm seine Ex noch immer unmoralische Angebote macht, beteuert aber empört, dass rein sexuelle Kontakte für ihn tabu sind, was natürlich zusätzlich eine vertrauensbildende Maßnahme darstellt.

Die Konversation mit einem Peter ist gewöhnlich angenehm, weil er auch auf das Gegenüber einzugehen vermag und ein aufmerksamer Zuhörer ist. Das sind Trümpfe, die beim weiblichen Geschlecht nur allzu trefflich stechen.

In der Werbungsphase kann der Peter durchaus auch zu einem kleinen Charmebolzen mutieren. Aber seine Komplimente und zum Teil schon übertriebene Höflichkeit retten sich nur selten unbeschadet in den Alltag hinüber. Immerhin bleibt jedoch seine Aufmerksamkeit erhalten.

Auch die Beharrlichkeit des Peters imponiert so mancher Dame.

Von einem Korb lässt er sich nämlich noch lange nicht entmutigen, sondern baggert munter weiter, bis sein Liebesflöten womöglich doch noch erhört wird. Einen Peter jedoch in der Öffentlichkeit beim Anbandeln zu »erwischen«, ist ziemlich unwahrscheinlich. Völlig überraschend taucht er urplötzlich mit seiner »Beute« auf und niemand weiß so recht, wie und wo er sie genau zur Strecke gebracht hat.

Intim gilt für den Peter das Motto »Klein, aber oho«. Das bezieht sich nicht auf sein »bestes Stück«, sondern auf seine gesamte Körperlänge. Als Faustformel kann nämlich gelten, je kürzer ein Peter geraten ist, desto aktiver ist er in den horizontalen Angelegenheiten. Das heißt aber nicht, dass die langen Lulatsche unter ihnen im Bett »faul« wären, aber sie stehen dorten der manchmal etwas hypersexuellen Bonsai-Fraktion ein wenig nach. Wo immer sich der Peter geschlechtlich betätigt – und das kann fast überall sein –, ist es meist recht kurzweilig mit ihm. Ständig erfindet er neue Sexspiele und möchte außergewöhnliche Positionen ausprobieren.

Mit anderen Frauen teilen muss seine Herzdame den Peter fast nie, erweist sich seine Affären-Anfälligkeit doch als minimal. Selbst schon auf eine eher harmlose Liebelei lassen sich die Namensträger kaum je ein.

Jagdreviere: Im Dunkeln lässt sich's gut munkeln

In Single-Clubs halten sich Peters zunächst im Hintergrund. In einem ungestörten Moment versuchen sie jedoch dann, sich mit dem Herzblatt in spe zu einem Rendezvous zu verabreden. Die Partnersuche im World Wide Web und über Kontaktanzeige kommt ihnen ebenfalls entgegen, da sie einen flotten und geistreichen Schreibstil haben. Zudem können sie hier relativ einfach »diskrete« Zweierkonstellationen herstellen. Bei einem Anzeigen-Date etwa in einem

Café fühlen sie sich nicht so sehr beobachtet wie beim Anbaggern auf einer Hochzeit.

In Diskos und Kneipen werden Peter nur selten gesichtet, weil sie sich dort bei ihren Flirtversuchen ebenfalls zu stark im Visier der übrigen Besucher/innen fühlen. Absolut No-Go sind für die »heimlichen« Peter aus demselben Grund Fernsehkuppelshows und Speed-Dating, obwohl sie besonders im TV durch ihre Eloquenz und Pfiffigkeit sicher hohen Unterhaltungswert hätten. Beim Running Dinner gäbe es zumindest bei der Bereitung des zugeteilten Ganges »Zweisamkeit« und darüber hinaus viel gepflegte Konversation, wenn dem nur nicht die mangelnden Kochkünste des Peters entgegenstünden.

Wenn Singles gemeinsam reisen, ergeben sich immer lauschige Plätzchen für den Peter und seine Herzdame in spe ohne lästige Zaungäste. Auf freier Wildbahn sind die Namensvertreter fast nirgendwo um einen Gesprächsaufhänger verlegen, weil sie sich für vieles interessieren. Ihr privater Freundes- und Bekanntenkreis ist relativ überschaubar, so dass dort die Wahrscheinlichkeit für einen Jagderfolg nur mäßig hoch ist.

Partnerschaft: We can work it out

Peter sind keine Nesthocker, sie suchen sich vielmehr frühzeitig eine eigene Bude. Sie lernen Hemden bügeln, putzen und waschen, der Mensa sei »Dank« aber leider nicht kochen. Wenn sie also dereinst den Bund der Ehe schließen, sind sie recht brauchbare Hausmänner.

Auch sonst hätte es für Peters Augenstern kaum besser kommen können. Die Namensvertreter sind nämlich ausgesprochen liebevolle, einfühlsame und investitionsbereite Gefährten. Ein Frühstück ans Bett oder ein kleines Geschenk zwischendurch ist durchaus immer drin. Der Peter weiß aus Erfahrung nur zu gut, dass Beziehungen fragile Konstrukte sind, die ständiger Pflege bedürfen, um nicht zu zerbrechen. Da er nicht der schnelllebige Typ ist, der, wenn es nicht rund läuft, gleich nach der »Nächsten« schielt, tut er einiges für den Erhalt der Partnerschaft. Er ist sogar bereit, mit seinem Herzblatt eine Paartherapie in Angriff zu nehmen. Durch seine Problembewusstheit und seine Offenheit fällt dem Peter das auch nicht sonderlich schwer. In der Liebe, aber nicht nur dort, erweist er sich seiner Namensbedeutung entsprechend als »Fels« in der Brandung. Als Vater stellt ein Teil der Peter die Allzweckwaffe dar – Bespaßer, Kümmerer, Beschäftiger –, der andere hingegen reagiert eher teilnahmslos auf den gemeinsamen Nachwuchs. Meist sind es die Intellektuellen unter den Petern, die keinen rechten Zugang zu den lieben Kleinen finden.

Trennung: »Wechselfälle« der Liebe

Eine der größten Schwächen des Peters ist seine mangelnde Konsequenz. Oft zieht er keinen klaren Schlussstrich unter seine gescheiterten Beziehungen, und so folgen auf Trennungen immer wieder Versöhnungen, denen wiederum Trennungen folgen und so fort. Jedoch muss nicht immer komplett das partnerschaftliche Leben wieder aufgenommen werden. Manchmal wird aus der ehemals festen Verbindung eine bessere Affäre oder sogar »nur noch« Sex mit der Ex. Das wird besonders dann problematisch, wenn gemeinsame oder »angenommene« Kinder im Spiel sind, die mitunter am meisten unter dem Hin und Her zu leiden haben. Allein schon ihnen zuliebe und auch weil die Sache ohnehin keine Zukunft mehr hat, zerschneidet das Paar dann doch endgültig das Tischtuch.

Wenn es um die Verteilung von Hab und Gut nach dem Ende der Zweisamkeit geht, verhält sich der Peter äußerst jovial. Eher billigt er der Verflossenen den Löwenanteil zu, als sie finanziell über den Tisch zu ziehen. Sonderwünschen ihrerseits der Kinder wegen steht er meist aufgeschlossen gegenüber. Schließlich soll es dem Nachwuchs materiell an nichts fehlen.

Ist das Liebes-Aus mit seiner Frau unumkehrbar, lässt der Peter sich für einen Mann außergewöhnlich viel Zeit, bis er sich erneut fest liiert. Bisweilen gehen vorher zwei bis drei Jahre ins Land.

PFLEGETIPPS:

Musts:

* Achten Sie, sofern Sie einen Peter anzusprechen beabsichtigen, darauf, dass Sie ihn alleine erwischen. Steht er in dem Moment gerade mit seinen Kumpels zusammen, wird er sich befangen fühlen und beim Flirtgespräch möglicherweise ziemlich unglücklich und befremdlich agieren. Er ist dann Opfer des »Vorführeffektes« geworden.

* Bisweilen setzen Peter zu geistigen Höhenflügen an, die so theoretisch sind, dass ihnen keiner mehr folgen kann und will. Sie haben sich vermutlich schon daran gewöhnt und haben Ihre Ohren ein Stück weit auf Durchzug gestellt. Andere kann er damit gehörig nerven. Machen Sie Ihren Peter in geselliger Runde diskret darauf aufmerksam, wenn es einmal wieder so weit ist.

* Rechnen Sie bei einem Peter immer mit spontanen und/oder verrückten Ideen. Kann sein, dass er am Samstagmorgen Appetit auf frische Krabben verspürt und sie schon eine Stunde später im Auto Richtung Hamburg sitzen.

No-Gos:

* Peter sind häufig polyglotte Weltbürger, eine Partnerin, die nicht reiselustig ist, Berührungsängste mit anderen Kulturen zeigt und ein gewisses geistiges Niveau unterschreitet, geht für sie gar nicht. Wenn Sie Ihren Peter loswerden oder zumindest auf die Palme bringen möchten, dann lassen Sie Stammtischparolen vom Stapel.

* Peter hassen es, ihren Wohlstand heraushängen zu lassen. Deshalb

meiden sie auch gewöhnlich Society-Partys, die unter dem Motto stehen: »Mein Haus, mein Auto, mein Boot«.

* Die Wohnung des Peters ist manchmal ein wenig chaotisch. Versuchen Sie nicht, als kleine Überraschung während seiner Abwesenheit Ordnung hineinzubringen, geschweige denn sie zu putzen.

IDEALE NAMENSPARTNERINNEN:

Ein Dream-Team mit dem Peter bilden die vielseitig interessierten Bettinas und Stefanies, die auch seine verbindliche Beziehungsvorstellung teilen und im Bett mit seiner Kreativität mithalten können. Gepflegte Konversation wird er ebenfalls mit den klugen Gabis, Ulrikes und Barbaras führen können. Mit allen dreien kann er Gott und die Welt »psychoanalysieren« sowie über die Sinnfrage philosophieren. Mit den Christinas hat der Peter neben dem sozialen und humanitären Engagement das Interesse an Fremdsprachen gemeinsam. An der Anna gefällt dem Peter die Lebensklugheit und ihre Fähigkeit, sich selbst zu genügen.

PROMINENTE NAMENSTRÄGER:

Peter Ustinov, Peter Maffay, Peter Gabriel, Peter Cetera, Peter Scholl-Latour, Peter Klöppel, Peter Alexander, Peter Neururer, Peter Kraus, Peter Zwegat, Peter Sellers

Namenstag des Peters: 21. Dezember

Ralph/Ralf

Basics: King Ralph

Nomen ist nicht omen beim Ralf. Zum Ratgeber – das ist die Übersetzung des Namens – ist der Ralf nun wahrlich nicht geboren. Leider ist er viel zu egozentrisch, um seinen Mitmenschen nützliche Fingerzeige zu geben. Für die Arbeit etwa im therapeutischen Bereich fehlen ihm meist die Empathie und die Fähigkeit zur Selbstkritik. Bisweilen hat der Ralf aber auch einfach nur kein Interesse, sich in andere hineinzuversetzen, obwohl er es durchaus könnte.

Manche Ralfs haben die Grenze zur Selbstgefälligkeit so weit überschritten, dass ihnen der Realitätssinn verlorengegangen ist. Obwohl sie glauben, dorthin zu gehören, schaffen nur ganz wenige den Sprung an die absolute Spitze. Den Mut zur Selbständigkeit bringen die Vertreter dieses Namens interessanterweise nur selten auf, höchstens übernehmen sie den Betrieb ihres Vaters. Häufig sind sie technische Angestellte oder im Finanzwesen tätig. Jedenfalls sollte der Job der Ralfs mit nicht zu viel Verantwortung behaftet sein. Die scheuen sie nämlich fast so sehr wie der Teufel das Weihwasser.

Im Grunde ihres Herzens sind die Ralfs Kinder geblieben, die sich gerne an der Hand nehmen lassen und am liebsten spielen.

Infantil ist auch ihre Vorstellung, dass sich das Universum um sie dreht. In ihrem Mikrokosmos fühlen sie sich als kleine Könige. Oft haben die Namensträger Angst, dass sie in ihrem Leben etwas verpassen oder die Welt sie verpasst.

Ralfs sind recht gesellige Typen, aber wegen ihres Narzissmus und ihrer zeitweise zu Tage tretenden Arroganz nicht immer sonderlich beliebt. Politisch und religiös sind sie eher indifferent. Haustiere halten Ralfs nur selten, weil sie sich dadurch zu gebunden fühlen würden, und dann ist da wieder die Frage der Verantwortung.

Die größten Stärken des Ralfs liegen fraglos in seinem Humor und seiner Flexibilität. Starres Scheuklappendenken ist ihm gänzlich fremd. Daher kann er sich auch ausgesprochen gut anpassen. Wenn dies den Anschein von Opportunismus erweckt, so täuscht das. Zumindest innerlich bewahren sich die Ralfs stets ihre eigene Meinung und bleiben autonom.

OPTIK UND OUTFIT: KLEIN, ABER FEIN ...

Relativ häufig sind die Ralfs verhältnismäßig kurz geraten. Viele messen knapp 1,70 m Körperlänge; der Durchschnitt dürfte bei etwa 1,72/1,73 m liegen. Hünen von über 1,90 m sind extrem selten. Die Mini-Ralfis sind häufig auch von ziemlich schmächtiger Statur. Je größer Ralfs werden, desto kräftiger werden sie in der Regel.

Männer kriegen dünnes Haar, Ralfs leider auch. Soweit noch vorhanden, ist ihre Kopfbehaarung meist mittelblond bis dunkelbraun und leicht gewellt. Richtige Locken sind eher selten. Ralfs sind unter ihren Geschwistern meist die attraktivsten. Relativ viele sind sogar Modeltypen. Am sportlichsten sind die mittelgroßen Ralfs, daher haben sie zum Teil auch Idealfiguren. Die ganz kleinen Ralfs sind so dünn, weil sie häufig hyperaktiv sind, und die langen sind wegen ihres körperlichen Phlegmas zu kräftig.

Ralfs sind eitel und legen großen Wert auf ihr Outfit. Egal welchen Kleidungsstil sie bevorzugen, ob sportlich-leger oder klassisch-elegant, sie sehen immer aus wie aus dem Ei gepellt.

VERFÜHRUNG UND SEX: DER BALLERMANN

Liebe muss es beim Ralf nicht sein und schon gar nicht fürs ganze Leben, wenn er sich bindet. Die Frau, um die er wirbt, muss nur so einigermaßen in sein Beuteschema passen. Da das auf recht viele

Evastöchter zutrifft, hat er meist mehrere Baustellen offen. Bei seiner Hatz auf das weibliche Geschlecht regiert beinahe schon das Wahrscheinlichkeitsprinzip; irgendwen wird er schon treffen, wenn er nur genug Amorpfeile abfeuert. Damit handelt er sich natürlich häufig deftige Körbe ein, denn schließlich bleibt seinen potenziellen »Opfern« in der Regel nicht verborgen, dass sie nur ein Ziel unter vielen sind.

Wenn es allerdings gefunkt hat, soweit es eben bei einem Ralf funken kann, fährt er nur noch selten mehrgleisig. Denn für sexuelle Untreue ist der Ralf in der Regel zu feige.

Interessanterweise gibt es unter den Ralfs auch Typen, die vollkommen diametral zu den »Wahllosen« ticken. Sie fixieren sich auf eine Frau und beißen sich selbst bei Desinteresse ihrerseits förmlich an ihr fest. Stellen sie ihre Avancen auch nach einem klärenden Gespräch noch nicht ein, bricht die andere Seite oft verärgert den Kontakt ab.

In puncto Geschlechtlichkeit zeigen die Ralfs eine gewisse Neigung zum Transvestismus, der sich schon im Kindesalter dadurch andeutete, dass der kleine Ralfi sich gerne an der Kleidung seiner Mutter »vergriff«. Nicht immer betreiben die Namensträger diese Deviation aktiv, aber sie übt zumindest eine Faszination auf sie aus. Das heißt natürlich keineswegs, dass die Mehrheit der Ralfs davon betroffen wäre, aber Cross-Dressing-Phantasien kommen bei ihnen auffällig häufig vor.

Die »mächtigen« Ralfs haben bisweilen auch eine subdominante Veranlagung. Am quirligsten im Bett sind die kleinen, schmächtigen Ralfs. Sie können und wollen im Prinzip immer.

Recht viele Ralfs sind verschmuste und kuschelige Typen. Hierbei stehen allerdings insgesamt eher die großen, fülligeren Ralfs an vorderster Front. Ihre Streichelhände sind fast schon sprichwörtlich. Die schmächtigen Miniaturausgaben sind zu hibbelig für ausgedehnte Liebkosungen.

Vor allem die kleinen Ralfs sind sehr kontaktfreudig. Für sie ist es fast überall möglich, auf Brautschau zu gehen. Die große Schwäche der Ralfs beim Kennenlernen liegt indes in ihrer Ungeduld und Unbeständigkeit. Wenn es mit einem Medium oder in einer Örtlichkeit nicht gleich klappt, geben sie sehr schnell wieder auf. Die Vertreter dieses Namens lieben Schnupperabende zur Sondierung ihrer Jagdchancen. Hier »zweckentfremden« sie auch gerne »Möglichkeiten«, die höchstens sekundär dem Suchen und Finden der Liebe dienen, sei es der Volkshochschulkurs, das Fitnessstudio oder der Single-Tanzkurs.

Ralfs sind eloquent, schlagfertig und auch recht humorvoll. Daher könnten sie bei Radio-Ausgehspielen oder Speed-Dating-Veranstaltungen groß absahnen. Natürlich kämen auch Fernsehshows wie »Bauer sucht Frau« für sie in Frage, zumal sie meist telegen sind. Das Problem ist nur, dass Ralfs fast nie Bauern sind. Für richtig schwere Arbeiten hat sie der liebe Gott beileibe nicht geschaffen.

Das Vorgeplänkel im Internet oder bei der Kontaktanzeige ist den Ralfs fast schon wieder zu langatmig. Da käme ihnen eher schon der Kauf einer ausländischen Frau aus dem Katalog einer Auslands-Partnervermittlung entgegen, aber auf dieses Niveau begibt sich ein Ralf nur selten.

In ihrem Freundes- und Bekanntenkreis finden die Ralfs kaum »Fürsprecher«, die sie guten Herzens weiterempfehlen könnten. Dafür sind sie letztendlich doch zu unsichere Kantonisten. Als effektiver erweist sich da schon der Arbeitsplatz, sofern der Ralf nicht in den Ruf gerät, es wahllos bei jedem Rock zu probieren. Das kann ihm auf freier Wildbahn kaum passieren. Dort ist Baggern ohne Grenzen und ohne Reue für ihn angesagt.

Partnerschaft:
Bäumchen, wechsel dich

Auf der Habenseite sind Ralfs ausgesprochen spontane und unter-
nehmungslustige Gesellen, mit denen die Partnerschaft selten zur
Routine wird. Alleine die hochgewachsenen, etwas fülligeren Vertreter neigen mit zunehmendem Alter immer mehr zu Extrem-Cou-
ching. Ralfs sprechen gerne, eben nur nicht über Probleme – hier
sollte Frau sich lieber an ihre beste Freundin wenden –, und da sie
spannenden Hobbys nachgehen wie Drachenfliegen oder Windsur-
fen, haben sie immer viel zu erzählen. Allerdings sollte ihr Herzblatt
sie in der Früh nicht gleich zutexten, weil sie meist rechte Morgenmuffel sind. Manche Ralfs sind auch ein wenig launisch. Der Umgang mit ihnen bedarf dann einigen Fingerspitzengefühls.
Selten sind die Träger dieses Namens geizig. Im Gegenteil, manche
Ralfs sind eher schon zu großzügig. Mitunter könnte man den Eindruck gewinnen, sie wollten sich mit ihren beinahe übertriebenen
Geschenken die Liebe ihres Augensterns erkaufen oder – speziell die
kleinen Ralfs – ihre körperlichen Defizite kompensieren. Manchmal
dienen die »ausufernden« materiellen Zuwendungen aber gewiss
auch wieder der Selbstdarstellung.
Ralfs können im Haushalt alles, sind aber nicht die Ordentlichsten.
Mit ihren Kindern unternehmen sie recht viel, obwohl sie keine ausgesprochen tiefe Bindung zu ihnen haben. Sich emotional zu ver-
wurzeln, ist ohnehin nicht gerade die Stärke der Ralfs. Besonders ihr
Beziehungsleben ist geprägt von häufigem Austausch des Personals
und einer gewissen Oberflächlichkeit. Dabei stehen weniger Bindungsängste im Vordergrund als vielmehr die Unlust, sich festzu-
legen. Ralfs lieben es nämlich, sich immer ein Hintertürchen offen-
zuhalten. Frauen, die Klarheit, Sicherheit und Geborgenheit suchen,
sind bei den Ralfs gewiss an der falschen Adresse.

TRENNUNG: JEDES ENDE IST EIN
NEUER ANFANG

Unter den Ralfs gibt es sehr gerade und aufrichtige Typen, aber auch ziemlich viele verschlagene. Letztere sprechen von einer fairen Trennung, haben aber längst einen Teil des gemeinsamen Vermögens zur Seite geschafft.

Diese Spezies wirft auch gerne Schlamm, besonders gegen den neuen Partner der Verflossenen. Dass diese Boshaftigkeiten zuweilen auf dem Rücken der Kinder ausgetragen werden, interessiert in diesem Moment kaum.

Die gutmütigen Träger dieses Namens legen hingegen auch nach dem Liebes-Aus noch großes Augenmerk auf das Wohlergehen ihrer früheren Lebensgefährtin und der Sprösslinge.

Emotional wirft eine Trennung Ralfs selten schwer aus der Bahn. Das liegt an ihrer angezogenen Beziehungshandbremse, die sie davor bewahrt, im Falle des Scheiterns einen Totalcrash zu erleiden. Außerdem sind Ralfs ohnehin keine Typen, die lange trauern. Nicht selten springen sie auch unmittelbar von einer Verbindung in die nächste.

PFLEGETIPPS:

Musts:

* Machen Sie dem Ralf in der Werbungsphase Komplimente bezüglich seines Äußeren. Weil er sehr eitel ist, können Sie damit sein Herz gewinnen.
* Ralfs sind zeitweise ein wenig phlegmatisch und haben den Hang, Tätigkeiten, die ihnen unangenehm sind, aufzuschieben. Am besten können Sie sie dazu motivieren, indem Sie ihnen kleine Geschenke machen. Dasselbe gilt auch, falls Sie Hilfe benötigen.
* Lassen Sie Ihrem Ralf möglichst viele Freiheiten. Er braucht seine Ausritte, um die Spiele der großen Jungen zu spielen, wie die Luft

zum Atmen. Ketten, die Sie ihm anlegen, wird er alsbald sprengen.

No-Gos:

* Schlagen Sie einem Ralf niemals vor, beim ersten Date ein vegetarisches Restaurant zu besuchen. Er ist nämlich ein ausgesprochener Karnivore und liebt Steaks, die so groß sind wie Wagenräder. Zur oralen Aufnahme von Salat müssen Sie ihn hingegen fast schon mit körperlicher Gewalt zwingen.

* Obwohl Ralfs bisweilen selbst ganz gerne nörgeln, hassen sie es, wenn ständig an ihnen herumgekrittelt wird. Träger dieses Namens sind recht dünnhäutig und neigen dann dazu, sich in ihr Schneckenhaus zurückzuziehen.

* Hat sich Ihr Ralf in die innere Emigration begeben, versuchen Sie weder mit Engelszungen noch mit brachialer Gewalt, ihn wieder daraus hervorzuholen. Das könnte Bisswunden nach sich ziehen. Keine Sorge, er wird ganz von selbst wieder ins Eheleben zurückkehren.

IDEALE NAMENSPARTNERINNEN:

Eine günstige Prognose weist die Beziehung zwischen Ralf und Andrea auf. Die Andrea hat wie der Ralf keine sonderlich romantische Vorstellung von Liebe, und ihre Bindungen sind auch nicht von der letzten Tiefe geprägt. Außerdem legt die Andrea viel Wert auf ihre Optik und ihr Outfit, was dem Ralf sehr wichtig ist. Intellektuell dürfte der Ralf mit den Sabinen und Heikes auf gleicher Augenhöhe liegen. Die Anerkennung, die er braucht, schenken ihm die Uschis, Bärbels und Petras. Mit der Uschi ist zudem viel Spaß bei gemeinsamen Unternehmungen angesagt.

Prominente Namensträger:

Ralph Siegel, Ralf Schumacher, Ralph Giordano, Ralf Moeller, Ralf
Bauer, Ralf Richter, Ralf Schmitz, Ralph Herforth

Namenstag des Ralphs/Ralfs: 7. April

Reiner/Rainer

Basics: Mann, der konnte reimen

Reiner sind selten glänzende Rhetoriker. Entweder sprechen sie zu behäbig oder zu schnell, aber dafür ein wenig undeutlich und/oder sich verhaspelnd. Deshalb werden sie häufig geistig unterschätzt. Zwar ist der Reiner selten ein klassischer Intellektueller, aber manch einer hat schon gestaunt, als ein Namensträger plötzlich in der Dorfkneipe ein Gedicht von Goethe oder Hölderlin zum Vortrag brachte. Eine akademische Laufbahn schlagen die wenigsten Reiner ein. Dafür sind sie in ihrem meist recht einfachen Elternhaus zu wenig gefördert worden. Die Begabung der Reiner liegt auch eher im technisch-handwerklichen Bereich. Sie erlernen einen Schlosserberuf und setzen darauf mitunter noch ein Ingenieursstudium an der Fachhochschule. Einige Reiner entwickeln sich ab dem vierten Lebensjahrzehnt rhetorisch so erstaunlich weiter, dass sie sogar im Außendienst oder als Geschäftsleute erfolgreich sein können.

Reiner sind oft ein wenig sperrige Typen, zumindest aber fehlt es ihnen nicht an Ecken und Kanten. Angepasste Mitläufer wird man nur selten unter ihnen finden. Wenn ihnen etwas gegen den Strich geht, reden sie nicht lange um den heißen Brei herum, sondern gleich Klartext. Dabei wird es mitunter laut, weil sich die Reiner furchtbar echauffieren können. Die Alternative des Reiners zum HB-Männchen ist das Knottern oder Einschnappen. Zu Letzterem braucht es oft nicht viel, denn obwohl er selbst gerne austeilt, verfügt der Reiner nur über unzureichende Nehmerqualitäten. Das geht mitunter bis ins Mimosenhafte eines Christians.

Trotz einer gewissen Hartleibigkeit sind Reiner keine Prinzipienreiter. Sie erweisen sich vielmehr als durchaus flexibel und bereit, ihre Meinung zu ändern. Allerdings braucht es gewöhnlich viel Überzeugungsarbeit, Reiner vom Gegenteil zu überzeugen. Ihn beispielsweise von seiner Skepsis gegenüber spirituellen Phänomenen abzubringen, bedürfte es buchstäblich der berühmten Engelszungen, sprich dem Reiner müssten die Himmelswesen schon erscheinen, damit er an sie glaubte.

Ihre persönlichen Probleme verdrängen die Reiner häufig mit einer Passion. Sie engagieren sich leidenschaftlich für ihren Fußballverein – oft heißen die ersten Vorsitzenden Reiner – oder stecken ihre gesamte Freizeit in ihr Motorboot. Manche Reiner sind also regelrechte Vereinsmeier, andere wiederum werkeln in ihrer Freizeit lieber alleine vor sich hin.

OPTIK UND OUTFIT:
BRUMMIS MIT PLATTEN

Mit Reinern lassen sich Abnehmshows produzieren und Weight-Watcher-Seminare füllen. Vermutlich unter keinem Namen gibt es eine so hohe Quote an Übergewichtigen und Fettleibigen. Bei einem nicht geringen Anteil liegt eine ausgewachsene Fresssucht vor.

Bei den Reinern gibt es kaum ein Mittelfeld, was die Figur anbetrifft. Entweder weisen sie regelrechte Brummi-Ausmaße auf, oder sie sind Spargeltarzane, wirken dafür aber fast schon wieder ein wenig ungelenk. Wenn sie höher aufgeschossen wären, könnte man sie als Schlakse bezeichnen. Leidensdruck verspüren die kräftigen Reiner ob ihres Übergewichts in der Regel nicht. Im Gegenteil: Oft fühlen sie sich sogar ausgesprochen wohl in ihrer Haut.

Die durchschnittliche Körperlänge der Reiner dürfte in etwa um die 1,80 m liegen. »Miniaturausgaben« unter 1,70 m sind die große Ausnahme, ebenso aber auch Hünen von mehr als 1,90 m. In dieser Hinsicht ähneln die Reiner den Günthern.

Reiner haben oft leicht gewellte Haare. Das Farbspektrum reicht von aschblond bis fast schwarz, wobei eine starke Neigung zur Alopezie besteht. Verhältnismäßig viele Reiner haben eine Halbglatze, allerdings überwiegend die mit einem glatten Schopf.

Reiner haben häufig einen »gemütlichen«, leicht unbedarften Gesichtsausdruck und eine recht große, teilweise auch kräftige Nase. Der Feinsinn der Namensträger drückt sich in verhältnismäßig zarten Händen aus.

Zum Leidwesen der Damenwelt machen sich Reiner gewöhnlich herzlich wenig aus Kleidung, Schmuck und Accessoires. Bestenfalls kann ihnen bezüglich ihres Outfits das Attribut »ordentlich« zugestanden werden.

Verführung und Sex:
I'm a lonesome cowboy

Um es gleich auf den Punkt zu bringen: Der Reiner hält fast noch weniger von Brautwerbung als ein Fisch vom Sonnenbaden. Seine Hobbys – besonders Motorradfahren, Werkeln und Fußball – lasten ihn vollkommen aus. Wenn er das dringende Bedürfnis verspürt, sich intim zu betätigen, nimmt er ganz pragmatisch professionelle »Hilfe« wie Telefonsex in Anspruch, und One-Night-Stands bieten sich ihm immer mal wieder an.

Allerdings gibt es Tage im Leben des Reiners, wohl bemerkt seltene Tage, an denen er überhaupt nicht wiederzuerkennen ist. Dann wird aus dem hölzern-rustikalen Hagestolz ein regelrechter Charmebolzen. Greift er ansonsten mit seinen ohnehin spärlichen Komplimenten regelmäßig noch in die braune Masse, landet er jetzt einen Volltreffer nach dem anderen. Ist bei dem kleinen Naturwunder auch noch sein potenzielles Herzblatt anwesend, kann so ziemlich alles passieren. Da diese Koinzidenz aber ungefähr so häufig eintritt wie eine Yetisichtung am 29. Februar, bleiben die Reiner meist lange und oft sogar für immer allein.

Als Junggesellen sind Reiner regelmäßige Puffgänger. Die relative

Fixierung auf das horizontale Gewerbe wirft natürlich Probleme auf, wenn sich der Reiner dann fest bindet. Er muss nun in einem nicht immer ganz einfachen Nachreifungsprozess lernen, dass Geschlechtsverkehr keine Einbahnstraße der Lustbefriedigung ist, sondern alle Beteiligten ihren Spaß dabei haben sollten. Doch da er willig ist, gelingt ihm das meist ganz gut. Der Reiner ist nämlich von seiner Grundstruktur her weder ein Egozentriker noch ein Egoist. Für seine Bettgenossin hat das den fraglosen Vorteil, dass sie sich den Reiner sexuell nach ihrer Façon zurechtbiegen kann.

JAGDREVIERE: A BISSEL WAS GEHT TROTZDEM

Der Reiner legt bekanntermaßen beim Suchen und Finden der Liebe nur wenig Engagement an den Tag. Aber wie kommen die Träger dieses Namens dann überhaupt unter die Haube? Eine Statistik könnte wie folgt aussehen:

25% der Reiner heiraten nie; die Hälfte davon geht noch nicht einmal eine Langzeitpartnerschaft von mindestens fünfjähriger Dauer ein, 15% werden im privaten Freundeskreis oder von Verwandten verkuppelt, 15% kommen über ihre Vereinsaktivitäten inklusive Festivitäten an die Frau, 10% finden über eine klassische Partneragentur eine Partnerin, dabei nutzen fast zwei Drittel auch eine Auslandsvermittlung, 10% sind über sonstige Medien der Partnersuche wie Telechiffre, Kontaktanzeige oder Internet erfolgreich, 5% lernen Miss Perfect am Arbeitsplatz kennen, 5% machen Zufallsbekanntschaften, aus denen sich eine Beziehung entwickelt. Der Rest verteilt sich auf sonstige Lokalitäten beziehungsweise Aktivitäten wie Kneipe, Sauna, Reisen oder Sport.

Partnerschaft: Reiner sind anders, Frauen auch

Reiner sind die Männer für das Guinessbuch der Rekorde. Sie bringen nicht nur das meiste Gewicht auf die Waage, sondern haben auch die größte Zahl an Junggesellen in ihren Reihen. Bis zum 30. Lebensjahr tritt nur eine Minderheit der Reiner vor den Traualtar. Viele wagen diesen Schritt sogar erst in den Vierzigern, und ein nicht unbeträchtlicher Teil gibt nie das Jawort.

Die Reiner, die den Bund der Ehe irgendwann eingehen, verkörpern meist den Typus »verheirateter Junggeselle«. Das heißt, sie leben zwar mit ihrer Frau zusammen, sind aber ständig aushäusig. Vielleicht ist die mangelnde Präsenz in den heimischen vier Wänden auch mit ein Grund, warum Reiner oft kinderlos bleiben oder bestenfalls einen Sprössling in die Welt setzen. Zu dem neuen Erdenbürger, den ihm seine Frau meist auch noch mehr oder weniger abgeschwatzt hat, baut der Reiner in der Regel nur einen ziemlich oberflächlichen Kontakt auf. Oft ist er von Ambivalenz geprägt, weil er sich ja den kleinen Quälgeist eigentlich überhaupt nicht gewünscht hatte. Der Reiner versucht sein Bestes, aber echte Nähe kann er zu ihm ebenso wenig wie zur Angetrauten herstellen. Nur selten gelingt es ihm, die emotionale Barriere zwischen sich und seiner Familie zu überwinden.

Sofern der Reiner in seiner langen Junggesellenzeit nicht bei Muttern gelebt hat, kann er im Haushalt alles. Seine Kochkünste sind nicht berühmt, aber zur Not bekommt er damit alle satt. Da er zu spät begonnen hat, sich intensiv für das andere Geschlecht zu interessieren, wird der Reiner auch kein Frauenversteher mehr. Missverständnisse und Ungeschicklichkeiten prägen sein partnerschaftliches Leben ebenso wie unbeabsichtigte Verletzungen. Der Reiner und die holde Weiblichkeit – das waren, sind und bleiben meist verschiedene Welten.

Trennung: Wenn die Gondeln Trauer tragen

Die mangelnde emotionale Zuwendung seiner Frau und dem Nachwuchs gegenüber versucht der Reiner vor allem durch Geschenke und das Gewähren größtmöglicher materieller Freiheiten zu kompensieren. Der Reiner gibt die Hoheitsrechte über seine Sparkonten und sonstigen Vermögenswerte an seine Herzdame ab und überlässt ihr damit das Wirtschafts- und Finanzministerium. Die nutzt die Situation mitunter aus und schafft alle Besitztümer zur Seite, wenn sie für sich entschieden hat, dass das Leben mit dem Reiner für sie doch nicht zu ertragen ist. Meist brennt sie dann mit einem Lover durch, der oft schon während der Abwesenheiten des Reiners in seinem Haus ein- und ausgegangen ist.

Bis der häufig schafstrottelig gutmütige Reiner der Lage gewahr wird, ist gewöhnlich schon alles gelaufen. Da er aber häufig regelrecht Angst vor seiner Noch-Gemahlin hat, muckt er noch nicht einmal auf. Statt sich mit seiner Ex auf einen Scheidungskrieg einzulassen, stürzt er sich in die Arbeit. Emotional hat der Reiner mitunter einige Jahre am Zerbrechen der Zweisamkeit zu knabbern.

Das Verhältnis zu seinem Kind wird nun intensiver, da er sich an den Besuchswochenenden mehr auf es einlassen muss.

Pflegetipps:

Musts:

* Lassen Sie den Reiner beim ersten Rendezvous die Zeche bezahlen, egal wie hoch sie ist. Vergessen Sie bitte nie, der Reiner ist absolut kein Pfennigfuchser.
* Loben Sie Ihren Reiner so häufig wie möglich, denn ihm fehlt es ein wenig an Selbstbewusstsein. Die Angst, dass er dadurch vielleicht irgendwann abheben könnte, ist mehr als unbegründet. Dafür ist er häufig allein schon viel zu schwer.
* Der Reiner ist ein Technikfreak. Begleiten Sie ihn einmal im Jahr

auf eine Motorrad-, Auto- oder Bootsmesse oder, wenn das bei Ihnen gar nicht geht, zumindest auf eine Flugschau.

No-Gos:
* Verlangen Sie niemals mehrere Dinge gleichzeitig von Ihrem Reiner. Absolut nicht Multitasking-fähig, kommt er dann leicht ins Rotieren und reagiert mitunter gereizt.
* Stellen Sie den Reiner nicht vor die Wahl, entweder der Fußballverein oder ich. Sie werden verlieren. Die Chance, einem Reiner sein Hobby auszutreiben, ist ungefähr so groß, wie einem hungrigen Löwen sein Stück Fleisch zu entreißen.

IDEALE NAMENSPARTNERINNEN:

Mit der häufigen Aushäusigkeit des Reiners hat die selbständige Barbara kein Problem. Sie ist selbst viel allein unterwegs und auch nur allzu gern bereit, den Reiner zu erziehen; besonders natürlich im Schlafzimmer in Lack und Leder. Die Barbara sollte aber in der Lage sein, ihre Angriffslust zu zügeln. Die nötige Dominanz, um den Reiner ein Stück weit zu führen, legen auch die Sandra und die herrschsüchtige Monika an den Tag. Besonders Letztere könnte aber zu kühl und bisweilen auch zu barsch für den sensiblen Reiner sein. Mit der Claudia und der Uschi könnte es auf geistiger Ebene recht gut harmonieren, auf kommunikativer indes mit der Petra.

PROMINENTE NAMENSTRÄGER:

Rainer Hunold, Reiner Calmund, Rainer Langhans, Rainer Bonhof, Rainer Barzel, Rainer Sass, Rainer Brüderle

Namenstag des Reiners/Rainers: 14. Januar

RÜDIGER

BASICS: DER ERSTE RITTER

Schon im Nibelungenlied taucht der Rüdiger in der Gestalt des Rüdiger von Bechelaren als Träger aller höfischen Tugenden auf. Sein Großmut ist charakteristisch für den Namen, sind Rüdiger doch »edel, hilfreich und gut«.

Allerdings wirken die Normalo-Rüdiger meist im Stillen und scheuen das Licht der Öffentlichkeit, was vorwiegend mit ihrer Schüchternheit zusammenhängt. Meist verdienen sie ihre Brötchen als Handwerker, gründen aber aufgrund mangelnden Wagemutes eher selten eigene Unternehmungen. Auch ihre Abenteuerlust reicht allenfalls bis zur Überquerung des Weißwurstäquators. Die Mehrzahl der Rüdiger führt ein beschauliches, »kleines« Leben, nach dem Motto »Nur nicht auffallen«. In dieser Hinsicht stellen sie die potenzierte Form des Holgers dar. Um gegen den Strom zu schwimmen, fehlt ihnen in der Regel das Selbstbewusstsein und Durchsetzungsvermögen. Besonders bei Entscheidungen bezüglich beruflicher Veränderungen zögern sie häufig zu lange, wodurch ihnen so manche Chance durch die Lappen geht.

Für seine Liebsten gibt der Rüdiger sein letztes Hemd, was ihm hin und wieder zum Verhängnis wird. Wenn er den kleinen Finger gibt, wird ihm meist der ganze Arm ausgerissen.

Rüdiger sind keinesfalls einfältig. Zwar sind sie gewöhnlich keine Bildungsriesen, aber doch sehr vielseitig interessiert und lebensklug. Nur ist es eben weniger klassisches oder Bücherwissen, mit dem sie glänzen können. Ihr Humor ist eher still und nicht selten »überraschend«. Besonders reüssieren sie mit interessanten Sprachschöpfungen und Phrasen.

Auf Sportplätzen findet man die Rüdiger fast nie. Die schönste Zeit des Jahres verbringen sie in nicht allzu fernen Gefilden. Oft bleiben sie dabei sogar im Lande und nähren sich »deutschlich«.

Optik und Outfit: Ich bin froh, dass ich so'n dünner Hering bin

Bringen Reiner durchschnittlich das meiste Gewicht auf die Waage, dann Rüdiger das wenigste. Gewöhnlich sind sie drahtige Kerlchen oder zumindest schlank.

Rüdiger zeigen sich selten besonders hoch aufgeschossen. Schon an die 1,90 m reichen nur ganz wenige heran. Dafür unterschreiten sie aber auch kaum je merklich die 1,75 m. Rüdiger von weniger als 1,70 m Körperlänge sind quasi Fehlanzeige. Mit zunehmendem Alter wächst vielen von ihnen ein kleines Wohlstandsbäuchlein, leider aber kein Sitzfleisch, so dass ihr Hintern knochig bleibt. Häufig weisen die Namensträger ein eher längliches Gesicht mit einer milden, freundlichen Ausstrahlung und lachenden Augen auf. Die innere Zufriedenheit strahlt ihnen sozusagen aus dem Antlitz. Meist haben sie volle, mittelblonde bis hellbraune Schnittlauchhaare, die auch noch im Seniorenalter ihren Kopf schmücken.

Bezüglich Ihres Outfits werden die Rüdiger häufig erst ab dem 30. Lebensjahr einigermaßen stilsicher. Vorher begehen sie noch regelmäßig unverzeihliche Modesünden. Zum Beispiel hüllen sie ihre schlanken Füße gerne in Stoffhausschuhe aus Großvaters Zeiten oder in weiße Tennissocken mit blau-roten Streifen. Später bevorzugen sie einfarbige Sakkos mit Hemd und Bluejeans oder dunklen Bundfaltenhosen. Manchmal dürfen sie auch cremefarben sein.

Von Schmuck halten Rüdiger überhaupt nichts. Selbst der Ehering verschwindet sehr bald unauffindbar in der Nachttischschublade. Damit sich ein Rüdiger ein Tattoo stechen lässt oder seinen Körper mit einem Piercing »verziert«, müsste er schon schwer auf Droge sein.

VERFÜHRUNG UND SEX: KOMM, BAMBINO,
WIR GEHEN INS AUTOKINO

Da sie eher schüchtern sind, bleiben Rüdiger meist in der Deckung. Sie können monate- oder bisweilen sogar jahrelang heimlich verliebt sein, doch nicht selten müssen sie dann irgendwann die traurige Feststellung machen, dass sich ihr Schwarm inzwischen längst anderweitig liiert hat.

Die Herzdame seines Kumpels abzuwerben, ist für Rüdiger absolut tabu. Das verbietet ihm sein Ehrenkodex, selbst wenn er merkt, dass die »junge« Dame todunglücklich mit ihrem Macho-Partner ist. Allerdings kann es sein, dass er sie nach der Trennung der beiden kurzfristig »abstaubt«.

Wirbt der Rüdiger offen um eine Evastochter, »zeckt« er sich niemals an sie. Er wahrt immer die nötige Distanz und bleibt angenehm dabei. Umgekehrt kann er bei hinreichend deutlichen Signalen von weiblicher Seite auch zum »Blitzkrieger« werden. Dann geht der sonst so zurückhaltende Rüdiger zur großen Überraschung aller Anwesenden noch am Abend des Kennenlernens zu Handgreiflichkeiten über.

Wenn Spaziergänger auf einem Waldweg ein Auto entdecken, in dem wildes Treiben herrscht, ist garantiert ein Rüdiger mit von der Partie. Rüdiger lieben ihr Auto, und sie lieben Sex in ihrem Auto. Überhaupt muss es bei den Vertretern dieses Namens nicht immer das heimische Schlafzimmer sein. Seine leicht exhibitionistische Neigung stürzt ihn in einen permanenten Konflikt mit seinem sonstigen Bedürfnis, bloß nicht aufzufallen.

Rüdiger sind ebenso verkuschelt wie sexuell probierfreudig. Dabei lassen sie sich auch gerne von den Ideen ihrer Partnerin inspirieren. Rüdiger sind in der Lage, ihre Libido auf Eis zu legen, wenn sie nicht benötigt wird, und ad hoc zu »reaktivieren«, sobald sie wieder gefragt ist. Diese Fähigkeit basiert nicht zuletzt auf ihrer Genügsamkeit. Obwohl Rüdiger kaum Sport treiben, bleiben sie bis ins hohe Alter ungemein gelenkig. Betrachtet man einen Namensträger beim Geschlechtsverkehr, so erinnert das nicht selten an einen Paarungsknäuel von Anakondas, so bizarr umschlungen ist er mit seiner horizontalen Gespielin. Außereheliche Affären sind bei den Rüdigers eher die große Ausnahme.

JAGDREVIERE: IN DER NOT FRISST DER TEUFEL FLIEGEN

Der Rüdiger ist extrem ungern allein, und er will sich auch nicht so recht ans Alleinsein gewöhnen. Deshalb versucht er alles, damit aus seinem Solistendasein keine Jahre werden. Er nutzt sogar Jagdreviere, die eigentlich so gar nicht seinem Naturell entsprechen oder nicht mit seiner Überzeugung übereinstimmen. Wie anders ist es zu erklären, dass manche Namensträger als Ultima Ratio eine Auslandsvermittlung in Anspruch nehmen, obwohl sie diese Art der Kontaktanbahnung eigentlich als Frauenhandel ablehnen. Oder was sonst treibt Rüdiger an, ihr Glück bei Speed-Dating-Veranstaltungen zu versuchen, obwohl ihnen dafür nun wirklich die nötige Schlagfertigkeit und gewiss auch Eloquenz fehlt.

Erfolgversprechend ist für den Rüdiger sicherlich die Partnerinnensuche über Internet und Kontaktanzeige. Hier können sie sozusagen erst einmal schriftlich vorglühen, bevor sie auf persönliche Tuchfühlung mit ihrer Bekanntschaft gehen. »Vorglühen« ist auch das Erfolgsrezept am Arbeitsplatz oder in Single-Tanzkursen. Auf Reisen für Solisten können Rüdigers sich hingegen kaum gegen die flirtaggressivere männliche Konkurrenz durchsetzen. Höchstens das von seinen Geschlechtsgenossen verschmähte Mauerblümchen bleibt für sie übrig. Aber das wollen sie dann meist auch nicht, weil sie optisch doch gewisse Ansprüche haben.

Ihr Innerstes coram publico nach außen zu kehren, fällt Rüdigers in Single-Gesprächskreisen schwer. Daher sind sie dort nur seltene

Gäste, während sie sich in Single-Freizeitclubs recht zahlreich tummeln.

PARTNERSCHAFT: ON SILENT WINGS

Der Rüdiger ist ein absoluter Familienmensch und lebt seine Unternehmungslust mit seinem Herzblatt und den Sprösslingen aus. Wenn der Rüdiger heiratet, bringt er zudem viele haushälterische Fähigkeiten mit. Seine Frau staunt nicht schlecht, dass er in der Lage ist, in zehn Minuten zwei Hemden perfekt zu bügeln. Neue Aufgaben, die auf den Rüdiger zukommen, wie das Windeln und Füttern der Kinder, bewältigt er mit größter Selbstverständlichkeit. Überhaupt beschäftigt sich der Rüdiger sehr intensiv mit dem Nachwuchs. Häufig verkörpert er für die Sprösslinge den Ruhepol, den Fels in der Brandung, was besonders während der Irrungen und Wirrungen der Pubertät an Bedeutung gewinnt. Allein beim Kochen ist der Rüdiger besser als Zuarbeiter geeignet.

Seinem Herzblatt bringt der Rüdiger die allergrößte Achtung entgegen. »Gleichberechtigung« ist für ihn nicht nur ein Wort. Leider geraten die Namensträger häufig an den Dorfdrachen nach Art der herrschsüchtigen Monika, der glaubt, er könne sie unterjochen und zum Kuli degradieren. Diese Rechnung hat seine Angetraute aber ohne den Wirt gemacht. Der Rüdiger schaut sich das Trauerspiel eine Zeitlang ruhig an, aber hernach kracht es mächtig im Gebälk. Rüdigers sind sozusagen hartgekochte Weicheier.

TRENNUNG: DER GERUPFTE GANTER

Rüdiger stehen in Nibelungentreue zu ihrer Gefährtin. Nicht nur sexuell zeichnet die Namensträger absolute Loyalität aus, sondern auch emotional, dergestalt, dass sie sich lange und intensiv an ihre Herzdame binden. Bis sie von sich aus das Tischtuch zerschneiden, müssen sie sich mit ihrer Partnerin schon förmlich zerfleischt haben. Meist aber ist es die andere Seite, die den Schlussakkord setzt.

Wie auch immer, der Rüdiger leidet sehr unter einer Trennung. Meist zieht er sich danach in die eigenen vier Wände zurück und leckt seine Wunden. In der Regel versucht er, mit seinem Schmerz selbst zurechtzukommen. Hilferufe aus seiner selbstgewählten Isolation sind nur selten zu vernehmen. Erst wenn er sich wieder einigermaßen »sozial« fühlt, kehrt er in die Öffentlichkeit zurück.

Der häufige Wohlstandsverlust nach dem Ende einer Ehe berührt Rüdiger kaum, da materielle Werte für sie keine hohe Priorität haben. Oft lassen sie sich sogar ohne besondere Gegenwehr von ihrer Ex schröpfen. Ein Rüdiger geht finanziell nur äußerst selten als Sieger aus einer Scheidung hervor.

Egal wie sehr ihm seine Verflossene zugesetzt hat, seine esoterische Einstellung lässt es nicht zu, dass dauerhafte Hassgefühle sich in ihm verfestigen. Um die gemeinsamen Kinder kümmert sich der Rüdiger weiterhin liebevoll. Wer auch sonst?

Pflegetipps:

Musts:

* Halten Sie den Kontakt mit einem Rüdiger auf jeden Fall aufrecht, auch wenn Sie seinen ersten Brief gelesen haben, der voller Rechtschreibfehler ist. Der Verfasser ist nicht doof, sondern einfach nur Legastheniker, und die sind bekanntermaßen meist überdurchschnittlich intelligent.

* »Ich bin's nur, der Rüdiger.« Mit diesem Satz bringen die Namensträger ihre übergroße Bescheidenheit zum Ausdruck. Ermuntern Sie Ihren Rüdiger ruhig ab und an, sich selbst ein wenig wichtiger zu nehmen.

* Geschenktipp: Da der Rüdiger Stunden damit verbringen kann, sein Auto zu pflegen, liegen Sie mit einem teuren Pflegemittel nie verkehrt.

No-Gos:

* Der Rüdiger hat häufig panische Flugangst, und er schwimmt ungefähr so gerne wie eine Klobürste. In die Sauna kriegen ihn auch keine elf Pferde, weil er ziemlich genant ist und dem Schwitzkult auch sonst nur wenig abgewinnen kann. Außerdem mögen viele Rüdiger ihren Körper nicht besonders.

* Um den Rüdiger zum Sonntagsspaziergang zu bewegen, müssen Sie ihm schon eine Modelleisenbahn-Ausstellung am Ende des Weges in Aussicht stellen. Aber bitte erzählen Sie ihm vorher nicht, dass die auch mit dem Auto zu erreichen wäre.

IDEALE NAMENSPARTNERINNEN:

Der Rüdiger ist so verständnisvoll, dass er es auch mit schwierigen Charakteren wie der Renate oder der Ulrike aufnehmen kann. Ihnen ist er ein guter Zuhörer und gibt Halt. Auf gemäßigte Eso-Trips wird er sich mit den Christinas und Susannes begeben, während er mit den sanftmütigen Monikas die geringe Lust zu sportlicher Betätigung im engsten Sinne gemeinsam hat. Die edle Einstellung teilen die Namensträger mit der »Schwester« Stefanie, der Julia und auch mit der Bettina, die allerdings im Gegensatz zum Rüdiger sexuell mitunter ein wenig leichtsinnig ist.

PROMINENTE NAMENSTRÄGER:

Rüdiger Nehberg, Rüdiger Dahlke, Rüdiger Hoffmann, Rüdiger Joswig, Rüdiger Vollborn, Rüdiger Abramczik, Rüdiger Gamm

Namenstag des Rüdigers: 16. März

STEFAN/STEPHAN*

BASICS: ANSICHTEN EINES CLOWNS

Stefans sind unkonventionelle Spaß- und Paradiesvögel, die sich nicht in ein Schema pressen lassen. Bei ihnen kommt nichts anders, als sie denken, weil sie nicht denken, sprich vorausplanen oder langfristig antizipieren. Schon als Kinder verfügen sie über ein schier unerschöpfliches Repertoire an Witzen. So gelingt es ihnen, die Aufmerksamkeit auf sich zu ziehen, wenn auch nicht immer mit positiven Folgen. Denn mitunter bringen sie durch ihr kesses Mundwerk andere in Verlegenheit. Da Stefans aber meist ungeheuer sympathische Typen sind, kann ihnen niemand so richtig böse sein. Doch leiden durch ihre clownesken Eskapaden gepaart mit Faulheit allemal ihre Schulleistungen, und sie schaffen oft nur mit Mühe und Not den Abschluss, den sie anstreben. Fast nie ist es mangelnde Intelligenz, die sie an den Rand des Abgrunds treibt. In der Lehre und im Studium führt recht häufig mangelndes Durchhaltevermögen zu Abbrüchen. Ein Hauptgrund dafür liegt sicher auch darin, dass viele Stefans in dieser Zeit noch nicht so richtig wissen, wohin ihr Weg führen soll.

Durch die Brüche in ihrer Biographie schaffen nur verhältnismäßig wenige Stefans in »konventionellen« Berufen den Sprung an die Spitze. Allerdings vollbringen sie freiberuflich oder künstlerisch oft Großtaten. Stefans sind häufig Generalisten. Das hat seinen Grund meist darin, dass sich Stefans selten lange und intensiv mit einer Sache beschäftigen. Ihre Sprunghaftigkeit bringt die Karawane schnell zum Weiterziehen. Daher sind Stefans auch gut im Pressewesen aufgehoben, wo sie hier und dort mal reinschnuppern können.

* Der Steffen stimmt in vielem mit dem Stefan/Stephan überein.

Prinzipienreiterei ist den Stefans völlig fremd. Sie halten es mit Jesus, der predigt, dass das Gesetz für den Menschen da ist und nicht der Mensch für das Gesetz. Sie sind beliebt, haben aber dennoch meist nur einen ganz kleinen Freundes- und eingeschränkten Bekanntenkreis. Das liegt an mangelnder Kontaktpflege mit zunehmendem Alter.

In ihrer meist üppigen Freizeit – der Job ist kaum je sonderlich zeitaufwendig, und Phasen von Arbeitslosigkeit sind nicht selten – treiben die Stefans als Bewegungsnaturelle gerne Sport, besuchen Konzerte und machen Feste und Märkte unsicher. Als rechte Fernseheulen und Cineasten lieben sie Filme, bevorzugt mit den Komponenten Action und Humor. Stefans lesen auch, aber sicher keine Romane von 1000 Seiten.

Optik und Outfit: Mut zur Hässlichkeit

A bissel was stört immer. Stefans sind selten auch nur annähernd makellos schöne Männer, und einige sind auch schlicht zu kurz geraten. Apropos Größe: Stefans sind keine übermäßig hochgewachsenen Männer. Im Mittel dürften sie bei 1,76/1,77 m liegen. Normalfigur ist selten bei ihnen. Entweder sind sie dürre Heringe oder weisen ein wenig Übergewicht auf.

Relativ weit verbreitet ist bei Stefans die Kombination braune Haare und braune oder braungrüne Augen. Aber selbst wenn sie blond sind, blicken sie meist aus einer dunklen Iris in die Welt. Einen kompletten Glatzkopf bekommen die Namensträger nur selten.

Das Outfit der Stefans ist betont lässig. Weite Sweater, Jeans und Turnschuhe sind als Freizeitdress typisch. Wenn sie Hemden tragen, sind diese interessanterweise oft ein wenig konservativ, zum Beispiel weiß mit feinen farbigen Streifen. Wenn sie sich in puncto Accessoires und Schmuck zu viel wagen, greifen sie häufig so weit daneben, dass das Geschmacksurteil darüber schon nicht mehr nur im

Auge des Betrachters liegt. Insgesamt sind Stefans keine übermäßig eitlen Typen. Mitunter zeigen sie sogar bewusst Mut zur Hässlichkeit, um gar nicht erst in den Ruch des Lackaffen-Klischees zu geraten.

Verführung und Sex: So richtig nett ist's nur im Bett

Zum Glück verfeinert sich der Humor der Stefans mit dem Eintritt ins Erwachsenenalter, denn das zarte Geschlecht hasst wohl kaum etwas mehr als Männer, die ständig Witze erzählen. Häufig bestechen die Namensträger dann mit einer entwaffnenden Selbstironie. Die Gesprächseröffnung ist für den Stefan überhaupt kein Problem, er tut sich wie der Ralf eher schwer damit, seine Flirtenergie zu fokussieren. Lange probiert er sein Glück mal hier, mal dort und sieht am Ende oft den Wald vor lauter Bäumen nicht mehr. Dabei zieht er sich selbstverständlich böse Blessuren zu und braucht sich auch nicht zu wundern, wenn sein Ruf darunter leidet.

Hat sich der Stefan schließlich doch für eine Kandidatin entschieden und auch sie gibt ihm grünes Licht, bricht er alle anderen weiblichen Kontakte ab. Gerät das nähere Kennenlernen allerdings ins Stocken, beginnt er mitunter wieder auf verschiedenen Baustellen zu baggern.

Die unerhörte Leichtigkeit des Seins nimmt der Stefan aus dem Alltag mit ins Bett. Hemmungen kennt er in horizontaler Hinsicht praktisch überhaupt nicht. Jede neue Spielart der Lust, die ihm gerade einfällt, und ihm fallen ständig neue Spielarten ein, versucht er gleich mit seiner Partnerin umzusetzen. Durch Beischlaf nach dem Kalender kann Frau den Stefan aus dem Haus treiben. Da aber auch im Bett der Alltag nur schwer zu vermeiden ist, werden Stefans nicht selten untreu in Gedanken, Worten und Werken.

Geduld ist nicht gerade die größte Tugend des Stefans. Daher meidet er Medien der Partnersuche, die auf eine behutsame Fühlungnahme ausgelegt sind. In Gesprächszirkeln für Singles hat er höchstens ein Tagesticket gebucht. Da das aber meist nicht ausreicht, bei dem Treffen der »gebrannten Kinder« einen Jagderfolg zu landen, macht er sich ohne Gruß und Abmeldung wieder aus dem Staub. Für teure Single-Reisen ermangelt es ihm häufig am nötigen Kleingeld, während er bei Tanzkursen die rechte Zielgerichtetheit auf das Suchen und Finden der Liebe hin vermisst.

Alle Medien, die Schlagfertigkeit voraussetzen, bei denen sozusagen die Beute auf einen Schlag fertiggemacht werden kann zum Verzehr, wie Speed-Dating und Kuppelshows auf Single-Events, sind dagegen genau die Kragenweite des Stefans. Noch lieber jagt der Stefan nur auf freier Wildbahn. In die Disko geht er ungern, aber was tut Mann nicht alles, um sein unfreiwilliges Solistendasein zu beenden. Die Nr. 1 als »Vehikel« der Entsingelung ist beim Stefan eindeutig der Sport, gefolgt von der Kneipe und dem Arbeitsplatz.

Partnerschaft: Uschi, mach kein Quatsch, Uschi, komm sei lieb zu mir

Abbitte leisten wie Stephan Sulke musikalisch bei »seiner« Uschi muss der Stefan in seinen partnerschaftlichen Verbindungen leider recht häufig. Sein Lebensmotto lautet bewusst oder unbewusst: »Das Leben ist Veränderung.« Ruhige Beziehungsphasen wird es mit den Namensträgern kaum je geben. Einmal steht der Wunsch nach beruflichem Wechsel im Raum, ein anderes Mal möchte der Stefan auswandern oder vielleicht mit einer jüngeren Frau eine zweite Familie gründen.

Ursache für die rastlose Getriebenheit der Stefans sind meist generalisierte Bindungsphobien, das heißt, sie haben grundsätzlich Panik davor, sich längerfristig auf eine mögliche Konstante in ihrem Leben einzulassen. Die meiste Angst flößt ihnen das Wort »endgültig« ein, es ist gleichbedeutend mit Tod für sie. Vor allem die berufliche Unstetheit der Stefans zeitigt natürlich enorme Belastungen für ihre Familie. Bisweilen sind damit Umzüge verbunden, die den Nachwuchs entwurzeln, regelmäßig aber kommt es zu finanziellen Engpässen.

In ihren Ehen halten es die Stefans meist nur aus, wenn ihre Partnerinnen ebenso viel Freiraum benötigen oder ihre Göttergatten an der sehr, sehr langen Leine lassen. Erfüllt ihr Herzblatt diese Voraussetzungen, kann sie viel Spaß mit den spontanen und witzigen Stefans haben. Die Kinder lieben den Stefan ohnehin wegen seines Humors und weil er einer von ihnen geblieben ist. Im Haushalt ist er wegen der vielen Single-Episoden in seiner Vita annähernd perfekt.

Machos dergestalt, dass sie ihre bessere Hälfte auf ein reines Hausfrauendasein reduzieren, sind Stefans fast nie. Regelmäßig hat sogar die Frau in einer Beziehung mit ihnen die Hosen an, besonders dann, wenn sie wegen ihres beruflichen Underachievements an Minderwertigkeitskomplexen leiden. Aber auch sonst ist der Stefan zumindest zu Hause eher der subdominante Typ.

TRENNUNG: SCHALTER AN, SCHALTER AUS

In den Beziehungen des Stefans sind es meist nicht die Super-GAUs wie eine lange geheim gehaltene Affäre, die seine Partnerin dazu veranlassen, den Schlussstrich zu ziehen. Vielmehr sind es die kleinen Mosaiksteinchen, die sich im Laufe der Jahre zu einem Trennungsszenario zusammensetzen. Hauptsächlich sind es die diversen »Wechselspiele« des Stefans, die seine Frau zermürben und schlussendlich das Fass zum Überlaufen bringen.

Die Namensträger selbst verschwinden hingegen oft Hals über Kopf aus einem bindungsphobischen Impuls heraus. Sie sind die Typen, die früh »kurz« zum Bäcker fahren, um Brötchen zu holen, und nie mehr zurückkehren. Nicht selten haben sie aber bereits für Ersatz gesorgt, um nicht in ein emotionales Loch zu fallen. Mit Beziehungshopping versuchen sich viele Stefans unbewusst zu beweisen, dass sie keine Furcht vor Nähe haben, sonst wären sie ja schließlich nicht ständig verbandelt.

Ein anderer Teil tobt sich nach der Trennung zunächst einmal aus. Zahlreiche One-Night-Stands und Affären säumen ihren Weg.

Die Scheidungsfolgesachen können oft einvernehmlich geregelt werden, da das ehemalige Paar selten wirklich im Streit auseinandergegangen ist. Regelmäßig kommt es auch zu Sex mit der Ex, weil die horizontale Attraktion erhalten geblieben ist. Dadurch wird mitunter auch ein On-off-Mechanismus in Gang gesetzt, das heißt, Versuche, die Liebe wieder zu erwecken, wechseln sich mit Phasen der Distanz ab.

PFLEGETIPPS:

Musts:

* Der Stefan erscheint häufig überpünktlich zu seinen Rendezvous. Verspäten Sie sich also nicht allzu sehr, sonst muss er ziemlich lange warten. Aber keine Sorge, selbst wenn, ist er viel zu locker, um Ihnen Vorwürfe dafür zu machen, und außerdem ist er ein Stück weit »selbst dran schuld«.

* Nicht immer merken Stefans, dass sie mit ihrem Humor zu weit gehen oder andere zu nerven beginnen. Vereinbaren Sie mit Ihrem Stefan ein Zeichen, womit Sie ihm in der Öffentlichkeit das Stopp signalisieren können.

* »Ich möcht so gern Dave Dudley hörn, Hank Snow und Charly Pride«: Zumindest die einfacher gestrickten Stefans lieben Country-Musik. Mit einer CD der drei oben genannten oder anderer

Vertreter der US-amerikanischen Volksmusik könnten Sie bei dem Stefan Ihres Herzens goldrichtig liegen.

No-Gos:
* Verabreden Sie sich mit einem Stefan nicht zum Eisessen. Ansonsten sind die Namensträger beinahe Allesfresser, aber ausgerechnet bei der kalten Süßspeise aus dem sizilianischen Catania vergeht ihnen gründlich der Appetit.
* Verpassen Sie Ihrem Stefan keinen längeren Sexentzug, zum Beispiel um ihn zu bestrafen. Die Kirschen aus Nachbars Garten hängen gefährlich nahe …
* Als passionierte Saunagängerin stehen Sie beim Stefan auf verlorenem Posten. Das kollektive Wasserlassen durch die Haut ist ihm – besonders über ganze Nachmittage hinweg – zu passiv.

IDEALE NAMENSPARTNERINNEN:

Die Bettina und die Uschi können heiter über der Sprunghaftigkeit des Stefans stehen und haben auch mit seinem teilweise gewöhnungsbedürftigen Humor keine größeren Probleme. Durch die Ausgeglichenheit der Petra wird mitunter der Unruhegeist im Stefan ein wenig gezähmt. Mit der Stefanie hat der Stefan die sexuelle Ungehemmtheit gemeinsam, die ein dauerhaftes Band zwischen den beiden knüpft. Das trifft auch gleichermaßen auf die Ute zu. In dieser Verbindung muss allerdings die Geschlechtlichkeit so manchen Unterschied kompensieren. Den gelegentlichen Zickereien der Kerstin begegnet der Stefan mit der nötigen Coolness und vermag sie bisweilen sogar in ein gemeinsames Lachen umzuwandeln.

PROMINENTE NAMENSTRÄGER:

Stefan Raab, Stefan Kretzschmar, Stefan Marquard, Stefan Aust, Stephen Hawking, Stefan Zweig, Stefan Effenberg, Stephen King

Namenstag des Stefans/Stephans: 7. September

Thomas

Basics: Wetten, dass es nicht nur einen Thomas gibt

In der Geschichte gab es immer wieder Thomasse, die bereit gewesen wären, sich für ihre Überzeugungen einsperren zu lassen oder sogar zu sterben, wie einst der Kirchenvater Thomas von Aquin. Heutzutage scheinen diese »Überzeugungstäter« aber doch eher im Aussterben begriffen zu sein. In der Schule sind Thomasse meist ziemlich faul und schaffen oft nur mit Müh und Not den Realschulabschluss oder das Abitur.

Von ihrer geistigen Ausrichtung her lassen sich zwei Thomas-Spezies unterscheiden. Die erste ist der »technische Thomas« (TT), der, wie sein Name schon sagt, ein Faible für Technik und Naturwissenschaften hat und im Umgang mit seinen Mitmenschen eher ein wenig ungeschlacht daherkommt. Der TT landet häufig in EDV- oder Ingenieurberufen beziehungsweise ist in der Forschung tätig. Er zeigt sich stark mit seiner Arbeit identifiziert, um nicht zu sagen, er geht darin auf.

Die zweite Familie der Thomasse verfügt über ein hohes Maß an sprachlicher Begabung, hat aber oft schon Schwierigkeiten, einen Fernseher ein- und auszuschalten. Als geeignet für sie erweisen sich in der Regel Vertreter- oder Verkäufer-Tätigkeiten. Deshalb kann dieser Typus auch als Vertreter-Thomas (VT) bezeichnet werden. Die VTs sind in sozialer Hinsicht geschmeidiger und besser integriert als der TT, machen ihren Job aber ohne innere Überzeugung. In der Politik bringen es die VTs gewöhnlich nicht weit, weil dort zumindest ein »Anfangsverdacht« der Überzeugung bestehen sollte. Aber auch die TTs können sich über ihr Technikfaible hinaus für wenig wirklich begeistern.

Der VT geht in seiner Freizeit gerne in die Sauna, liebt Einkaufs-
bummel, die in einen Biergartenbesuch münden, und pflegt Geselligkeit jedweder Couleur. Körperliche Bewegung verschafft er sich
eher beim Schwofen in der Disko als beim Spinning im Fitnessstudio, obwohl dort recht viele VTs mehr oder weniger als »passive
Mitglieder« eingeschrieben sind. Auf Reisen sucht diese Thomas-
Spezies Action und Abwechslung. Es darf also ruhig auch mal der
Ballermann sein.

Bezeichnenderweise lautet die Übersetzung von »Thomas« aus dem
Aramäischen »Zwilling«, was die Dichotomie (Zweigeteiltheit) des
Namens widerspiegelt.

Optik und Outfit: Bin ich schön!

Weisen Thomasse ein gutes Aussehen auf, wirken sie meist auch ein
wenig arrogant. Von ihrer Körpergröße und Figur her sind die Thomasse relativ unspezifisch. Es finden sich unter ihnen recht kleine,
fast schon knabenhafte Typen und große, ein wenig schlaksig wirkende. Recht viele Thomasse liegen aber etwa zwischen 1,83 m und
1,85 m Körperlänge.

Die meisten Namensträger haben einen mittelblonden bis dunkel-
braunen Schopf und sind mit einem üppigen Haarwuchs gesegnet.
Naturlocke wie bei Thomas Gottschalk ist allerdings die große Ausnahme, ebenso wenig besteht eine Disposition zur frühen Glatzenbildung. Das Gesicht der Thomasse ist selten ausgesprochen männ-
lich-markant, mitunter zeigt es sogar leicht feminine Züge.

Thomasse in Verkaufs- und Repräsentantenberufen oder auch als
Lehrer, also die VTs, kleiden sich auch ohne weibliche Unterstützung
modisch, während solche in der EDV-Branche und in sonstigen technischen Berufen (TTs) kein Auge für stylische Klamotten haben. Davon abgesehen haben sie auch nur geringes Interesse daran. Abonnen-
ten der Zeitschrift »Men's Vogue« sind sie jedenfalls fast nie.

Verführung und Sex: Heisskalt

Die TTs sind ziemlich lausige Beutegreifer. Gut möglich, dass sie ihrem Schwarm beim Flirtgespräch im unpassenden Moment die Gaußsche Verteilungskurve zu erklären versuchen. Meist überlassen sie das Finden der Liebe lieber dem Zufall, aber weniger, weil das ihre Philosophie ist, sondern weil sie sich mit dem Thema nicht beschäftigen und die Dinge eben deshalb so laufen lassen, wie sie eben laufen.

Eine ausgeklügelte Jagdstrategie haben dagegen die VTs entwickelt, setzen sie doch sehr geschickt auf vertrauensbildende Maßnahmen. Sie teilen dem Objekt ihrer Begierde im Laufe des Flirtgesprächs mit, dass sie von One-Night-Stands und Sex gleich am ersten Abend ungefähr so viel halten wie Pinguine von Saunas. Die Angebetete ist davon so begeistert, dass sie gleich am ersten Abend Sex mit dem VT hat. Und ein One-Night-Stand wird es auch bleiben, da ihrem Verehrer am nächsten Morgen einfällt, dass ihn doch etwas massiv an ihr stört.

Bei den TTs, die sexuelle Spätzünder sind, geht es im Bett ziemlich beschaulich zu, wenn sie ihre bessere Hälfte einmal wieder zum Beischlaf überredet hat. Wo andere Männer mit Sex »belohnt« werden, werden TTs für Sex belohnt. Ihnen ist ein gepflegtes Computerspiel tausendmal lieber als ein wildes Liebesspiel.

Ganz anders die VTs. Sie »leihen« sich mit zwölf den ersten Pornofilm von ihrem Vater aus und kennen schon vor dem Eintritt ins dritte Lebensjahrzehnt praktisch keine intimen Tabus mehr. Dann sind die wilden Zeiten aber zunächst vorbei, weil das Schiff in den Hafen der Ehe einläuft. Im heimischen Schlafzimmer schaut der VT jedoch weiterhin »Hoppelwestern«, die wie seine Phantasien immer bizarrer werden müssen, damit er überhaupt noch in Erregung gerät. Sieht er sich mit seiner Frau am Ende der Fahnenstange angelangt, beginnt ihn die Sache zu langweilen. Die Rettung liegt alsdann in der Öffnung der Ehe. Durch Impulse von dritten Personen kann die sich dahinschleppende Geschlechtlichkeit mitunter wieder in Schwung gebracht werden. Zieht die bessere Hälfte des VTs dabei nicht mit, beginnt er sie zu betrügen. Dabei dürfen es auch ruhig der Swinger-Club oder das Bordell sein.

JAGDREVIERE: IM WALD UND AUF DER HEIDE

Die TTs starten ihre Jagdversuche, wenn überhaupt, meist aus dem stillen Kämmerlein heraus. Ihr Medium der Kontaktanbahnung ist eindeutig der Computer. Sie werden Mitglied bei einer Internetvermittlung oder tummeln sich auf diversen Kontaktbörsen. Gezielt unternehmen sie sonst nur wenig, um ihr Solistendasein zu beenden. Wenn es per Mausklick nicht klappt und die Not allzu groß wird, schließen sich die TTs auch für teures Geld nolens volens einem klassischen Partnerinstitut an. Manchmal schlagen sie auch in Gesprächszirkeln für Singles auf, verschwinden von dort aber schnell wieder »ungeküsst«, weil ihnen die Sprachakrobaten und Frauenversteher die Schau stehlen. Zum Riss kommt der »technische Thomas« indes vielleicht noch am Arbeitsplatz, indem er der Sekretärin den abgestürzten Computer wieder herrichtet und sie ihn als Dank dafür zum Kaffee einlädt.

Die VTs bilden hinsichtlich ihrer Jagdreviere fast ein Gegenbild zu den TTs. Sie sind ständig und gerne außer Haus auf der Hatz, bevorzugt in Kneipen, Disko und Bistros. Zufallsbekanntschaften sind fast überall möglich, außer im Park beim Gassigehen mit dem Hund oder im Wartezimmer beim Tierarzt. Thomasse haben nämlich nur wenig Bezug zu Bello, Kitty und Co.

Institutionalisierte Medien des Kennenlernens haben die VTs aufgrund ihrer Kontaktfreudigkeit nicht nötig. Um PVs jedweder Art machen sie einen weiten Bogen. Am ehesten treiben sie noch ihr »Unwesen« in Single-Clubs oder auf Single-Partys. Bei Internet- und

Anzeigenkontakten muss es schnell zum ersten Treffen kommen. Langes schriftliches Vorgeplänkel ist den VTs ein Greuel, nicht zuletzt weil sie schriftsprachlich nicht so firm sind wie beim gesprochenen Wort. Aber es fehlt ihnen auch schlicht die Geduld dazu.

Noch tausendmal bessere Chancen zu reüssieren hat der VT im Job. Als Vertreter ist er auf Hausbesuchen oft nur eine Tür weit vom Schlafzimmer der Damenwelt entfernt. Eine »Hürde«, die ihm mit seinem Charme zu überwinden nun wahrlich nicht allzu schwer fällt.

Partnerschaft: Wo Licht und Schatten
sich begegnen

Thomasse sind ähnlich wie die Udos durch eine starke Selbstbezogenheit gekennzeichnet. Im Gegensatz zu den Geschlechtsgenossen dieses Namens aber bemühen sie sich wenigstens redlich, ihrem Herzblatt ein guter Partner zu sein. Dass sie diesbezüglich auch weit hinter ihren eigenen Erwartungen zurückbleiben, liegt weniger am Wollen als am Können.

Die VTs würden nur zu gerne auf die Treue schwören, aber kann man die wollüstige Kundin beim Hausbesuch ohne schlechtes Gewissen einfach unbefriedigt zurücklassen? Außerdem fehlt es ihnen an Selbstdisziplin, leben sie doch nach dem Lustprinzip. Allerdings ist die Zweisamkeit mit einem VT meist recht kurzweilig, weil er unternehmungslustig, flexibel und spontan ist. Der Vertreter-Thomas ist sozusagen der Partner zum Pferdestehlen.

Bei den TTs besteht das Problem darin, dass sie überhaupt nicht in der Lage sind, sich in die weibliche Psyche einzufühlen. Das Wort Empathie kennen sie höchstens aus Kreuzworträtseln. Dafür bieten sie ihrem Herzblatt die Verlässlichkeit eines Schweizer Uhrwerks. Sie gehen brav ihrer Arbeit nach, hingegen niemals fremd, führen die Aufträge ihrer besseren Hälfte gewissenhaft aus und halten das

Geld zusammen, was für ihren etwas leichtsinnigen Namensvetter, den Vertreter-Thomas, nicht immer gilt.

Wenn es in ihrer Beziehung kriselt, sind jedoch beide Thomas-Spezies bereit, stundenlang mit ihrem Augenstern darüber zu sprechen oder sich professionelle Hilfe zu holen. Sie geloben Besserung, aber schon nach einigen Wochen springt die Schüssel genau wieder an der Stelle, an der versucht wurde, sie zu kitten. Den TT zieht es eben doch mehr in den Hobbyraum als ins Wohn- oder Schlafzimmer, wohingegen der VT das Mausen nicht lassen kann.

Trennung:
Nur Bares ist Wahres

Thomasse sind von ihrem Elternhaus meist ziemlich materialistisch erzogen worden. Das macht sich besonders beim Zerbrechen seines »Bundes fürs Leben« bemerkbar. Jetzt lautet das Motto nur noch: »Catch as catch can«, und in dem Verteilungskrieg wird gewöhnlich viel schmutzige Wäsche gewaschen. Aus Furcht, durch Scheidung einen Teil ihres Vermögens zu verlieren, schließen nicht wenige Thomasse vor der Heirat einen Ehevertrag ab oder weigern sich beharrlich, überhaupt vor den Traualtar zu treten.

Die Hege und Pflege der gemeinsamen Kinder tritt bei den VTs nach dem Ende der Zweisamkeit zunächst ein wenig in den Hintergrund, weil sie in ihr früheres Lotterleben zurückkehren. Haben sie sich ein wenig ausgetobt, nehmen sie ihr Besuchsrecht aber wieder einigermaßen regelmäßig wahr.

Die TTs, die schon in der Ehe keinen besonderen Bezug zu ihrem Nachwuchs hatten, entfremden sich danach immer mehr von ihm. Sie legen auch keine besonderen Anstrengungen an den Tag, sich neu zu verbandeln. Wenn ihnen zufällig eine Frau über den Weg läuft, ist es gut, wenn nicht, finden sie genügend Befriedigung in ihren Freizeitbeschäftigungen.

Der TT empfindet mehr Leidensdruck durch die Trennung, während dem VT eher das Alleinsein schwerfällt. Keiner von beiden fällt aber je in ein so tiefes Loch, dass eine psychologische Behandlung nötig wäre. Dafür bedürfte es ihrerseits mehr seelischen Tiefgangs.

Pflegetipps:

Musts:

* Lassen Sie den VT in der Werbungsphase ruhig einige Wochen lang zappeln. Geht er Ihnen in dieser Zeit nicht vom Haken, könnte er es ernst meinen.

* Da der VT gerne spontane Wochenendtrips unternimmt, sollten Sie immer ein kleines Köfferchen gepackt haben.

* Kleiden Sie Ihren TT komplett neu ein. Er gehört zu der Spezies Mann, die sich bezüglich ihrer Garderobe gerne vom Herzblatt beraten lässt.

* Beiden Thomas-Spezies ist ein klärendes Gewitter lieber als ständiges Nörgeln. Lassen Sie es krachen, wenn ihnen etwas massiv gegen den Strich geht.

No-Gos:

* Die VTs legen meist viel Charme an den Tag. Es kränkt Ihren Herzbuben sehr, wenn Sie ihn mit seinen liebgemeinten Galanterien auflaufen lassen.

* Versuchen Sie Ihren Thomas, egal ob VT oder TT, zu nichts zu überreden, was er nicht möchte. Thomasse können so stur sein wie ein mongolischer Dschiggetai-Esel mit Altersstarrsinn.

* Thomasse pflegen gewöhnlich keine sonderlich tiefen menschlichen Kontakte. Das bezieht sich auch und besonders auf die »buckelige Verwandtschaft«. Hat sich seine oder Ihre Sippschaft als Dauergast in den heimischen vier Wänden eingenistet, so lässt das bei ihm langsam eine heilige Wut aufsteigen. Wundern Sie sich

nicht, wenn er irgendwann in die Luft geht und eine Art Tempel-
reinigung vornimmt.

* Bezichtigen Sie Ihren VT nicht grundlos der Untreue. Der Schuss
  kann in Form einer sich selbst erfüllenden Prophezeiung nach
  hinten losgehen.

IDEALE NAMENSPARTNERINNEN:

Mit der Ute wird der »VT« sehr viel Spaß im Bett haben. Da haben
sich zwei gefunden, die einen ähnlich großen Erfahrungsschatz mitbringen und sexuell sehr weite Wege miteinander gehen können.
Das gilt auch ansatzweise für die Uschi. Ähnlich ruhelos wie der VT
sind die Birgit und die Heike. Als Paar werden diese Kombinationen
sehr viel auf Achse sein und sich gegenseitig von der mühseligen Suche nach der inneren Mitte ablenken. Eine recht aktive Partnerschaft
garantieren auch die Elke sowie die Kerstin.
Die bescheidene Petra, die sanftmütige Monika sowie die Bärbel
werden sich hingegen mit den inneren Werten des auf seine Art doch
recht liebenswerten »TT« zufriedengeben.

PROMINENTE NAMENSTRÄGER:

Thomas Morus, Thomas von Aquin, Thomas Mann, Thomas
(»Tom«) Hanks, Thomas Gottschalk, Thomas Anders, Thomas
(»Tom«) Cruise, Thomas Berthold, Thomas (»Tommy«) Haas,
Thomas Stein, Thomas Helmer

Namenstag des Thomas: 3. Juli

UDO

BASICS: MAMAS LIEBLING

Kinder mit dem Namen Udo sind häufig unverdienterweise Mamas Lieblinge. Sie lernen schon von frühester Kindheit an, ihre Interessen um jeden Preis durchzusetzen. Die Blage, die schreiend vor der Supermarktkasse auf dem Boden liegt, um die Mutter zum Kauf des gewünschten Schokoriegels zu nötigen, könnte gut und gerne ein Udo sein. Mit zunehmendem Alter werden die »Überzeugungsmethoden« der Udos ausgefeilter, aber nicht weniger drängend. Vielleicht hat der Udo schon mit 18 einen Sportwagen in der Garage stehen, obwohl er nicht einmal in der Lage ist, den Sprit dafür zu finanzieren.

Da die Träger dieses Namens meistens rhetorisch geschickt und durchsetzungsfähig sind, können sie als Anlageberater, Vertreter oder Geschäftsführer reüssieren. Die Tatsache, dass in diesen Berufen Skrupel nicht sehr gefragt sind, wird von den Udos kaum als Nachteil empfunden.

Mit Religion und Spiritualität setzen sich Udos nur wenig auseinander, meist weil sie solche Themen nicht interessieren und ihnen folglich auch der Zugang dazu fehlt. Sind Udos gläubig, dann auf eine oberflächliche, ritualisierte Art und Weise. Ihre innere Mitte finden sie dadurch jedenfalls kaum. Kommt Unbehagen oder gar Traurigkeit über den Mangel an Zentriertheit auf, neigen viele Udos dazu, diese Gefühle im Alkohol zu ertränken.

Als große Stärke der Udos ist gewiss ihre Offenheit zu verbuchen, die allerdings bisweilen aber auch verletzend sein kann. Wirklich tiefe Freundschaften gehen Udos fast nie ein, und schon gar nicht mit Frauen, weil ihnen das weibliche Geschlecht zeitlebens merkwürdig fremd bleibt. Männern gegenüber fehlt ihnen gewöhnlich das Vertrauen.

Bezüglich ihrer Freizeitbeschäftigungen sind Udos häufig recht sprunghaft. Eines ihrer typischen Hobbys zu benennen fällt schwer. Meist gehen sie gerne in die Kneipe und schauen Fußball sowie Autorennen. Telefonieren gehört übrigens absolut nicht zu den Steckenpferden der Udos ...

Optik und Outfit: Grossmutter, warum hast du so grosse Ohren?

Udos sind meist überdurchschnittlich attraktive Männer, aber sie sind selten Beaus. Fotomodelle werden sich jedenfalls unter ihnen kaum je finden, ebenso wenig Schauspieler, die die Rolle des romantischen Liebhabers verkörpern. Eher wird der Udo filmisch in der Welt der Bösewichte angesiedelt sein wie Udo Kier, der vor allem durch seinen stechenden Blick Furcht einflößt. Damit nimmt er fraglos eine Extremposition ein, aber eine leicht dunkle Aura ist unter den Namensträgern durchaus keine Seltenheit.

Das auffälligste optische Manko der Udos liegt im »proportionalen« Bereich. Bisweilen ist ihr Kopf zu klein für ihren Leib, die Nase zu groß für das Gesicht oder ihre Beine sind zu kurz für den Rest. Zudem sind sie vom Körperbau selten Athletiker. Viel häufiger gehören sie zur Familie der Schlakse oder Leptosomen und sehen figürlich aus wie Paulchen Panther.

Die »bevorzugte« Haarfarbe der Udos ist mittelbraun bis schwarz. Fast nie weisen sie einen roten Pumuckl- oder hellblonden Michel-aus-Lönneberga-Schopf auf.

Den frühen Verlust ihres natürlichen Kopfschmucks haben Udos nur selten zu beklagen. Genauso wenig müssen sie sich mit allzu üppiger Körperbehaarung herumschlagen, die sich womöglich noch auf ihren Rücken erstreckt.

Die Kleiderwahl der auf diesen Namen Getauften ist relativ unspezifisch. Es fällt hier schwer, den typischen Udo zu beschreiben. Die

Spanne reicht von der optischen Körperverletzung eines Papageien-outfits bis hin zum stilvollen Designer-Dress.

Ein Nasenfahrrad ziert nur selten das Gesicht eines Udos, weil seine Sehkraft ihn kaum je im Stich lässt. Zu Accessoires wie Ringen, Ketten oder Piercings haben die Träger dieses Namens verhältnismäßig wenig Bezug. Allerdings sind einfach strukturierte Udos Tätowierungen nicht abgeneigt.

Verführung und Sex: Hoppla, jetzt komm ich

Intensiven Blickkontakt mit dem Objekt der Begierde aufzubauen und ihn hernach noch stundenlang zu pflegen, ist nicht das Ding der Udos. Dafür sind sie viel zu ungeduldig. Sobald der Udo eine Frau erspäht hat, die ihm gefällt, geht er zum Angriff über. Er verlässt sich dabei voll und ganz auf seine rhetorischen Fähigkeiten.

Der Udo gehört nicht zu den geschmeidigsten Anmachern. Die Strategie des Udos, die er schon früh im Umgang mit seiner Mutter entwickelte, besteht eher im Überreden als im Überzeugen. »Herumkriegen« lautet also seine Devise bei der Kontaktanbahnung mit dem weiblichen Geschlecht.

Sein meist gepflegtes Auftreten und seine Überzeugungskraft machen beim Anbaggern so manchen optischen Nachteil wett. Außerdem wird der Udo die Dame seines Herzens den ganzen Abend freihalten, zudem stets sehr aufmerksam sein. Allerdings stellt die Charmeoffensive des Udos nur ein Strohfeuer dar. Sobald er glaubt, das Objekt der Begierde im Sack zu haben, gehen seine Galanterien ziemlich abrupt zu Ende.

Durch ihre relativ unvorbereiteten Vorstöße in Richtung des weiblichen Geschlechts holen sich die Udos aber auch häufig eine blutige Nase in Form von brüsken Körben.

Umgekehrt gelesen ergibt der Name Udo das Palindrom Odu. Es

beginnt mit einem langgezogenen »O«, das gemeinhin als Ausruf des Entsetzens verwendet wird. Und Entsetzen ist tatsächlich symptomatisch für die (intime) Zweisamkeit mit einem Udo. Es kommt beim Herzblatt des Udos spätestens auf, wenn es von seinem Doppelleben erfährt. So könnte ein »Sturz aus allen Wolken« erfolgen, wenn sich der vermeintlich treusorgende Familienvater Udo als passionierter Sammler von Hardcore-Pornofilmen, Swinger oder Puffgänger entpuppt. Zum Rotlichtmilieu haben Udos ohnehin eine starke Affinität, denn hier reizt sie der Kick des Verbotenen. Vor allem dem Ruf der Domina-Peitsche folgen sie regelmäßig.

Im heimischen Schlafzimmer ist der Udo leider ebenso egoistisch wie im partnerschaftlichen Alltag. Er denkt nicht im Traum daran, seiner Herzdame beim Höhepunkt Gentleman-like den Vortritt zu lassen wie etwa der Rüdiger. Gerät der Udo an eine Frau, die ihm seine bisweilen bizarren intimen Wünsche zu erfüllen bereit ist – was allerdings selten der Fall ist, da das kaum je mit seinem sonstigen Wunsch nach Mütterlichkeit korrespondiert –, kann es mit ihm im Bett recht lustig werden. Nur dann ist nämlich auch der Udo bereit, sich horizontal mehr zu engagieren.

JAGDREVIERE: DIE KLEINE KNEIPE IN UNSERER STRASSE

Der Udo nutzt fast nur Medien beziehungsweise Lokalitäten zum Kennenlernen, die ihn direkt zum Erfolg führen können. Er möchte sich gleich in der Nähe seines »Opfers« aufhalten, um sich dann mehr oder weniger überfallartig auf es zu stürzen.

Mittelbare Wege der Kontaktanbahnung lehnen Udos eher ab. Dafür fehlen ihnen die Ruhe und die Ausdauer. Die Vorstellung, tage-, wochen- oder gar monatelang mit dem Objekt der Begierde hin und her zu mailen, ohne es zu Gesicht zu bekommen, erscheint ihnen wenig verlockend. Udos springen nämlich sehr stark auf visuelle

Reize an. Somit haben Frauen ohne Bild im Internet keine Chance, von einem Udo kontaktiert zu werden. Mit gefakten Hochglanzfotos können wieder die Angebote der klassischen Partnervermittlungen aufwarten. Single-Udos befinden sich in steter Gefahr, sich von deren liebreizenden Lockvögeln ködern zu lassen und Unsummen von Geld in den Sand zu setzen.

Wie gemacht für die Namensträger ist Speed-Dating, da es durch schnellen Kontakt, eine kurze Fleischbeschau und ein »Verkaufsgespräch« in rasantem Tempo geprägt ist. Running Dinner ist für Udos fast schon wieder zu langatmig, und in Single-Clubs wollen sie sofort zum Riss der Beute kommen. Funktioniert das nicht, verschwinden sie alsbald wieder.

Auf freier Wildbahn trifft man Udos vor allem in Kneipen, manchmal auch in Diskos an. Kulturelle Veranstaltungen finden sie gewöhnlich langweilig. Das höchste der Gefühle sind noch Kino- oder Popkonzert-Besuche.

Partnerschaft: Liebe auf Sparflamme

Die Redensart: »Schaue dir an, wie ein Mann mit seiner Mutter umgeht, dann weißt du auch, wie er mit dir umgehen wird«, trifft auch unbedingt auf eine »udoeske« Liaison zu. Eine Partnerin sollte früh lernen, dass sie nicht viel mehr als eine Bedürfniserfüllungsanstalt für ihren Udo ist. Weigert sie sich, diese Rolle von Udos Mutter nahtlos zu übernehmen, kommt es zu erheblichen Spannungen.

Zunächst versucht der Udo noch, seiner Angetrauten mit den erprobten Mitteln aus seiner Kindheit und Jugend den ihr zugedachten Platz in der Ehe zuzuweisen. Er setzt seine Überredungskünste ein, bettelt und spielt auf der Klaviatur der Schuldgefühle – Udos sind begnadete Manipulierer vor dem Herren. Hilft das alles nicht und er stößt weiterhin auf allzu große Renitenz, kann er auch schon einmal handgreiflich werden, besonders wenn Alkohol im Spiel ist.

Udos haben meist eine gute Mischung zwischen Unternehmungen und Ruhephasen gefunden. Weder überfordern sie ihr Herzblatt mit dem ständigen Wunsch nach Action, noch hängen sie ewig auf der Couch ab. Allerdings muss die andere Seite aufpassen, dass ihr Udo in seiner Freizeitgestaltung nicht nur Alleingänge unternimmt. Beständiges Liebesglück finden Udos nur selten. Der Sangesbarde Udo Jürgens steht hierfür symptomatisch.

TRENNUNG: ROTE KARTE – PLATZVERWEIS

Udos treten sowohl beim Fußball als auch in einer Beziehung gerne nach. Das trifft insbesondere auf die Zeit nach dem Schlusspfiff zu. Hat sich die Partnerin von ihm getrennt, ist der Udo stark in seinem Ego verletzt. Mit allen Mitteln versucht er anfangs, seinen ehemaligen Augenstern zurückzugewinnen. Er setzt seine berühmten Überredungskünste ein und überschüttet die Ex mit Komplimenten und Geschenken.

Sobald er allerdings merkt, dass er sich damit in einer Sackgasse befindet, zieht er andere Saiten auf. Er geht zum Telefonterror über und belagert die neue Bleibe seiner Verflossenen. Typisch für die Udos sind allemal öffentliche Diskreditierungen, die unter die Gürtellinie gehen und bei weitem die Regeln guten Anstands überschreiten. Udos greifen zu solch schäbigen Methoden, weil sie glauben, ihr Wille sei Gesetz, und zudem alleine kaum überlebensfähig sind. Nach Outlawmanier zahlt der Udo als späte Rache und Machtdemonstration einfach mal keinen Unterhalt oder beginnt einen sinnlosen Krieg um das Sorgerecht für die Kinder.

PFLEGETIPPS:

Musts:

* Geben Sie ihm heißen Sex, füttern Sie ihn gut und schenken Sie ihm Bewunderung. Das sind die drei Dinge, die Mann in der Nach-»Feuer, Pfeife, Stanwell«-Zeit braucht, und besonders ein auf den Namen Udo getaufter.
* Da Udos dem Alkohol herzlich zugetan sind, sollten Sie immer nüchtern bleiben, wenn Sie mit dem Auto unterwegs sind. Freunden Sie sich mit dem Gedanken an, dass Sie die Rolle der Chauffeurin übernehmen müssen – zumindest für die Heimfahrten.

No-Gos:

* Udos neigen zu Rechthaberei. Widersprechen Sie Ihnen möglichst niemals in der Öffentlichkeit. Vergegenwärtigen Sie sich in Diskussionen mit Ihrem Udo stets das Sprichwort: »Der Klügere gibt nach.«
* Wenn er eine fixe Idee hat – zum Beispiel mit dem Wohnmobil zur nächsten Fußball-WM nach Timbuktu zu fahren –, versuchen Sie nicht, sie ihm auszureden. Sie werden sich eine Menge Ärger einhandeln und dem Ochsen ins Horn kneifen. Genauso wenig Sinn macht es, ihrem Udo-Gatten seine Hauptschwächen Egoismus und Sturheit austreiben zu wollen. Eben an seiner Sturheit werden sie scheitern. Udos leben häufig gemäß dem Motto: »Ich bin ein Schwein, und ich bin es gern.«

IDEALE NAMENSPARTNERINNEN:

Die meist gutmütige, häusliche und anpassungsfähige Bärbel sowie Anna dürften einigermaßen mit einem Udo harmonieren, sofern sie auch sexuell genügend aufgeschlossen sind. In dieser Hinsicht wäre der Udo allerdings gewiss besser bei einer Ute aufgehoben, die durchaus auch seine masochistischen Phantasien »bedienen« kann.

Bewunderung erfährt er am ehesten von der manchmal etwas zu naiven und autoritätshörigen sanftmütigen Monika und in moderaterer Form auch von der Claudia. Die herrschsüchtige Monika findet im Udo oft ein williges Opfer für ihre Demütigungen.

PROMINENTE NAMENSTRÄGER:

Udo Jürgens, Udo Kier, Udo Lattek, Udo Lindenberg, Udo Walz, Udo Bölts, Udo Wachtveitl, Udo Thomer

Namenstag des Udos: 3. Oktober

UWE

BASICS: DAS MUSS KESSELN!

Uwes wirken oft undurchschaubar. Aufrichtigkeit ist nicht unbedingt ihre Stärke, und daher ist bei ihren Aussagen immer eine Portion Skepsis angebracht. Nach außen geben sich die Träger dieses Namens relativ weich und kompromissbereit, aber wenn es darauf ankommt, können sie auch gnadenlos ihre Ellbogen ausfahren. Manchmal wirken Uwes gar ein wenig schluffig. In Wirklichkeit sind sie jedoch ausgesprochen zielbewusst und erreichen auch meist das, was sie erstreben.

Auf der klar positiven Habenseite der Uwes sind ihre Geselligkeit und ihr Humor zu verbuchen. Als Studenten gehören sie regelmäßig nichtschlagenden Verbindungen an, in denen sie viel Spaß verbreiten. Die große Mehrheit der Uwes besucht allerdings keine Hochschule, sondern erlernt einen Handwerksberuf, in dem sie sich häufig selbständig macht. Der höchste Prozentsatz ist vermutlich im Bauhandwerk oder in der Kfz-Branche beschäftigt.

Uwes sind aber auch in sozialen Berufen, etwa als Krankenpfleger oder Streetworker, gut aufgehoben, da sie über alle Maßen hilfsbereit sind. Das soziale Gewissen ist bei den Uwes stark ausgeprägt. Politisch gehören sie eher dem rot-grünen Spektrum an, besitzen aber selten ein Parteibuch. Wirtschaftsliberale Ideen gehen ihnen meist gegen den Strich.

Uwes leiden ein wenig an Stimmungsschwankungen, die von »himmelhoch jauchzend« bis »zu Tode betrübt« reichen können. Nicht selten sind auch eine gewisse Reizbarkeit und Überempfindlichkeit anzutreffen. Mit ihnen adäquat umzugehen, erfordert ein gerüttelt Maß an Geschick. Geld spielt für die Uwes nicht die erste Geige. Idealistische Werte haben für sie weitaus mehr Bedeutung. Eine weitere signifikante Eigenschaft stellt ihre Unkonventionalität dar. Bisweilen sind sie regelrecht verrückte Vögel.

Die größte Passion der Uwes ist das Motorradfahren. Wohl kein Name weist eine höhere Quote an Bikern auf. Darüber hinaus sind Uwes in ihrer Freizeitgestaltung recht vielseitig. Von A wie Angeln bis Z wie Zocken geht bei ihnen fast alles. Wenig oder überhaupt kein Interesse besteht trotz »uns Uwe« in ihren Reihen an Fußball, und auch mit Tieren, speziell mit Haustieren, haben sie nicht viel am Hut. Apropos Tiere: Selbst als Akademiker sind die Namensträger nur selten ausgesprochene Leseratten.

OPTIK UND OUTFIT:
RECHT UND SCHLECHT

Nikotinabusus und auch der gute Bierdurst hinterlassen oft Spuren auf der Haut der Uwes. Sie wirkt nicht selten ein wenig schwammig und ist von erweiterten Blutäderchen durchzogen. Die Augenfarbe der Uwes stellt meistens einen Mischmasch dar; relativ typisch sind grünbraune Augen, die selten Klarheit ausstrahlen. Der Gesichtsausdruck ist häufig leicht ironisch, was die Uwes schwer durchschaubar macht. Rotschöpfe sind unter den Vertretern dieses Namens überrepräsentiert, ansonsten ist die dominierende Haarfarbe dunkelblond.

Hinsichtlich ihres Körperbaus umfassen die Uwes eine breite Palette vom Pykniker bis zum Athletiker. Einzig leptosome Typen finden sich fast nie. Meist sind Uwes jedoch leicht bis stark untersetzt. Ihre Körpergröße weist gewöhnlich eine Spanne von 1,70 m bis 1,87 m auf.

Das Outfit der Uwes ist oft betont salopp. Weite Sweater und ausgewaschene Jeans bestimmen das Bild. Zu besonderen Gelegenheiten wird auch schon mal das Sakko aus dem Schrank gefischt und mit einem chicen, einfarbigen Hemd kombiniert. Ein cooler Silberohrring und -ring wird verhältnismäßig gerne getragen. Die kleinere Fraktion der »bürgerlichen« Namensvertreter ist eher ein wenig spießig-altbacken angezogen. Die Kleidung der Uwes korrespondiert noch mehr als bei anderen Zeitgenossen mit ihrer inneren Einstellung.

Insgesamt sind Uwes von ihrer äußeren Erscheinung her weder besondere Hingucker, noch stehen sie in einem nahen Verwandtschaftsverhältnis zum Glöckner von Notre-Dame.

Verführung und Sex: Ich hol dir – kurz – die Sterne vom Himmel

In der Kennenlernphase zieht der Uwe alle Register, um das Herz seiner neuen Bekanntschaft zu erobern. Da er »optisch« häufig über seine Verhältnisse lebt, das heißt sich für Frauen interessiert, die attraktiver als er selbst sind, muss er natürlich als Ausgleich einiges bieten. Etwas zu üppig geratene Blumensträuße und statt Bistro gleich eine Einladung in ein besseres Restaurant sind beim ersten Date mit dem Uwe nicht selten. Echte Punkte sammelt er durch seine guten Manieren und seine Fähigkeit, auf das Gegenüber einzugehen.

Leider ist die Charmeoffensive während der Brautwerbung aber nur ein Strohfeuer. Sobald der Uwe glaubt, sein Herzblatt im Sack zu haben, flauen seine Bemühungen ziemlich abrupt ab. Dann kommen sehr schnell gewisse Macho-Allüren zum Vorschein und seine Aufmerksamkeit weicht mehr und mehr Desinteresse. Das ist in Maßen kein ungewöhnlicher Vorgang im Laufe einer Partnerschaft, aber beim Uwe ist die Diskrepanz zwischen Verliebtheit und Alltag besonders eklatant. Er hat seine Herzdame zunächst sehr hoch in den Himmel gehoben, entsprechend tief ist nun ihr Fall.

In horizontaler Hinsicht spielt der geistige Status der Namensträger eine entscheidende Rolle. Für die verhältnismäßig kleine Fraktion der Denker unter den Uwes stellt das Sexualleben ein heikles Feld dar, das nur selten zur vollsten Zufriedenheit bestellt werden kann. Drei Faktoren sind dafür in erster Linie verantwortlich. Der erste ist ein körperlicher: Durch den meist üppigen Nikotingenuss stellen sich nicht selten spätestens ab dem sechsten Lebensjahrzehnt massive Erektionsprobleme ein, die auch nicht durch viel Bewegung noch einigermaßen kompensiert werden könnten. Leider ist nämlich der intellektuelle Uwe ein Boheme, der am liebsten auf seinen drei Buchstaben sitzt. Zweitens haben die Kopfmenschen insgesamt ziemlich bizarre intime Bedürfnisse, die kaum eine Frau gänzlich erfüllen möchte, während der dritte und letzte Hauptgrund darin besteht, dass die intellektuellen Uwes extrem störungsanfällig sind. Das Zufallen einer Wohnungstür vermag zum Abfallen ihres besten Stücks führen.

Die einfach gestrickten, kernigen Uwes machen sich indes keinen großen Kopf um den Geschlechtsverkehr, weshalb es bei ihnen selten zu mentalen Blockaden kommt. Ihnen reicht auch meist das Standardprogramm, um ins erotische Nirwana zu gelangen.

Jagdreviere:
Schau mir in die Augen, Kleines

Da Uwes fast ausnahmslos exorbitant hohe Erwartungen an die Optik ihrer zukünftigen Partnerin hegen, erleben sie bei Blind Dates immer wieder große Enttäuschungen. Doch ihre Stärken liegen sowieso eher in der direkten Fühlungnahme. Zufallsbekanntschaften sind bei den Namensträgern immer möglich, da sie sich als kontaktfreudig erweisen und fast überall einen Gesprächsaufhänger finden. In Gesprächszirkeln für Singles überzeugen sie durch ihre gespielte Anteilnahme. Allerdings müssen sie verhältnismäßig schnell zum Abschuss kommen, denn spätestens nach zwei Monaten ist Schluss mit verständnisvoll. Dann beginnt die Frauenversteher-Fassade so langsam zu bröckeln und der Wolf steigt peu à peu aus seinem Schafspelz. Hervorragend punkten kann der Uwe beim Running Dinner durch seine Kochkünste und die Fähigkeit zur gepflegten Konversation.

Hinsichtlich Speed-Dating würden zwar seine rhetorischen Fähigkeiten und sein Humor absolut ausreichen, meist aber nicht der visuelle Eindruck, den er hinterlässt, sowie seine Schlagfertigkeit. Single-Clubs und -Reisen erfüllen für den Uwe nicht nur den Zweck der Partnersuche, sondern kommen ihm gewöhnlich auch mit der Vielzahl an gebotenen Freizeitmöglichkeiten entgegen. Außerdem reizt ihn hier der gesellige Aspekt. Die Kosten, die dafür anfallen, tun dem Uwe nicht weh, da er für gute Dienstleistungen gerne zahlt. Das gilt gleichermaßen für engagierte Partnervermittlungen, die aber leider bekanntermaßen rar sind.

Partnerschaft: Papa Walton

In jungen Jahren ist der Uwe recht unternehmungslustig. Alleine schon die ausgiebigen Motorradtouren, die Frau mit ihm unternehmen kann, bringen immer wieder Abwechslung in den Ehe-Alltag. Mit zunehmendem Alter muss sein Herzblatt aber aufpassen, dass ihr Göttergatte nicht zur Couch-Potatoe mutiert.

Uwes sind oft ziemliche Machos hinter einer Softiefassade und können sich als Wölfe im Schafspelz entpuppen. Die Freiheit zu sexuellen Ausritten nehmen sich die Namensträger allenfalls einseitig, obwohl sie nur selten Fremdgänger sind, zumindest nicht notorische. Bei einem Seitensprung ihres Herzblatts führen sie hingegen meist ein Affentheater auf oder beenden die Beziehung sofort, was aber gewöhnlich nicht irreversibel ist.

Uwes können meist ausgezeichnet kochen, aber ansonsten haben sie wenig Lust auf Hausarbeit. In dieser Hinsicht bevorzugen sie die klassische Rollenverteilung. Wenn es zur Trennung kommt, wissen sie bisweilen noch nicht einmal, dass bei einer Waschmaschine 40 Grad kein hohes Fieber bedeutet.

Allerdings sind Uwes äußerst kinderlieb und beteiligen sich eifrig an Erziehung und Pflege des Nachwuchses. Nicht selten haben sie auch einen ganzen Stall voller Sprösslinge.

Trennung: Verbrannte Erde

Frauen sind für den Macho-Uwe ein Repräsentationsobjekt, das sie nur äußerst ungern verlieren. Trennt sich die Vorzeigedame vom Uwe, kann er ausgesprochen garstig werden, weil er sich in seiner männlichen Ehre verletzt fühlt. Mitunter startet er einen regelrechten Vernichtungsfeldzug gegen die Verflossene. Das reicht bis zu handfesten Verleumdungen; nicht ausgeschlossen sind auch Anzeigen wegen Steuerhinterziehung. Der dem Männlichkeitswahn verpflichtete Uwe verfährt nach dem Prinzip »verbrannte Erde«: Wenn ich mein »Spielzeug« schon nicht mehr haben kann, dann versuche ich wenigstens noch, es kaputt zu machen.

Er selbst trennt sich gewöhnlich von seiner Gattin, weil er glaubt, noch etwas Besseres gefunden zu haben. Meist muss irgendwann ein jüngeres Gesicht her. Auf die Gefühle der abgehalfterten Frau wird wenig Rücksicht genommen. Der Blick ist stur nach vorne gerichtet.

Die lieben, aufrichtigen Kerle unter den Uwes sind hingegen beim Liebes-Aus fast schon übertrieben auf Fairness bedacht.

Pflegetipps:

Musts:

* Sehen Sie einem Uwe nach, wenn er zum ersten Date mit Motorradklamotten erscheint. Biken ist für ihn ein Lebensgefühl, das er Ihnen damit gleich demonstrieren möchte. Keine Angst, er kann auch anders …

* »Sind sie zu stark, bist du zu schwach.« Schenken Sie Ihrem Uwe »Fishermen's Friends«. Die braucht er unbedingt für frischen Atem, weil er liebend gerne Knoblauchgerichte vertilgt und als Nikotinersatz in rauchfreien Zonen.

* Uwes schnurren wie ein Kätzchen, wenn Sie Ihnen zum Einschlafen sanft das Köpfchen streichen; das Kind im Manne schlummert eben auch im größten Macho. Allerdings sollten Sie bei Ihren nächtlichen Zärtlichkeiten seine Ohren strikt außen vor lassen. Die sind bei ihm tabu.

No-Gos:

* Wenn Sie die Kalorien zählen, die Sie zu sich nehmen, sollten Sie sich keinesfalls mit einem Uwe verbandeln, weil die Namensträger es lieben, ihr Herzblatt lukullisch zu verwöhnen.

* Der Versuch, dem Uwe das Motorradfahren abzugewöhnen, ist ungefähr so erfolgversprechend, wie dem Papst das Beten austreiben zu wollen. Da lässt er schon eher noch das Rauchen.

* Haben Sie die Absicht, einen Uwe zu vergraulen, dann kredenzen Sie ihm eine Zeitlang dünnen C-a-f-f-e-e. Für den Uwe fängt der »Türkentrank« an gut zu werden, wo andere fast einen Herzinfarkt bekommen.

Ideale Namenspartnerinnen:

Überraschenderweise fühlen sich beide Maria-Spezies und erwartungsgemäß Uschis und Utes magisch vom Macho-Uwe angezogen. Letztere teilen auch nicht selten nebst einem Teil der Birgits und Heikes die Motorradleidenschaft mit den Vertretern dieses Namens. Am wenigsten an den Rauchgewohnheiten der Uwes werden sich die Christinen stören, weil auch unter ihnen der Anteil der Nikotinfreundinnen sehr hoch ist. Claudias werden viel Verständnis für die sexuellen Aussetzer der intellektuellen Uwes aufbringen, da sie diesbezüglich sozusagen im Glashaus sitzen. Bei der Petra bedarf es dafür noch nicht einmal der Gegenseitigkeit.

Prominente Namensträger:

Uwe Barschel, Uwe Seeler, Uwe Friedrichsen, Uwe Fellensiek, Uwe Ochsenknecht, Uwe Steimle, Uwe Hübner, Uwe Reinders

Namenstag des Uwes: 4. Juli

WERNER

BASICS ZUM WERNER: WERNER BEINHART

Werner haben nicht nur eine rauhe Schale, sondern auch einen rauhen Kern. Sie sind emotional so trocken, dass es staubt, und verfügen über wenig Empathie. Für Werner ist Nehmen seliger als Geben. In geschäftlichen Angelegenheiten erweisen sie sich meist als unerbittliche Verhandlungspartner und versuchen das Letzte für sich herauszuholen. Wenn sie es zu Wohlstand gebracht haben, schmücken sich die Werner gerne mit Statussymbolen oder gehen prestigeträchtigen Hobbys nach. Ansonsten beschäftigen sich Werner gerne mit Elektronik. Den Fernseher müssen sie im Streikfall sicher nicht in Reparatur geben. Ihren Drang, zu kontrollieren, zu bewerten und zu erziehen, können sie als Wertungsrichter beziehungsweise Ausbilder im Hundesport ausleben.

Ihr Fähnlein in den Wind zu hängen, ist nicht ihr Ding. Im Gegenteil, Werner neigen durch ihre dezidierte Meinung eher dazu, sich »blaue Flecken« zu holen. Sie sind auch keine Männer für Larifari und halbe Sachen.

Trotz seiner teilweise elitären Freizeitbeschäftigungen hebt der Werner selten ab und verschanzt sich in seinem Elfenbeinturm. Im Prinzip bleibt er der Kumpel von nebenan. Allerdings sollte man den Werner nicht auf dem falschen Fuß erwischen, sonst kann er ausgesprochen unangenehm werden. Werner haben fraglos ihre Launen. Ihre innere Mitte finden sie ebenso selten wie Zugang zu ihren Gefühlen, aber sie suchen auch gewöhnlich nicht danach.

Die musische Begabung der Namensträger hält sich sehr in Grenzen. Herausragende Künstler der Kragenweite eines Werner Herzog, des Regisseurs, sind die große Ausnahme.

Optik und Outfit: Aus dem Ei gepellt

Körperpflege ist für Werner das A und O. Fast nie werden die Namensvertreter schlechte Gerüche verbreiten. Lieber duschen sie mehrmals am Tag und »hüllen« sich anschließend in ein edles Duftwässerchen. Auch unrasiert wird man die Werner nur äußerst selten antreffen.

Für Kleidung geben Werner viel Geld aus. Ihr Outfit ist sportlich-modern, manchmal aber auch ein wenig konservativ. Farblich passt meist alles zusammen; ihr guter Geschmack bewahrt die Werner vor den großen Sünden textiler Art. Bevorzugt werden Blautöne. Von der Körpergröße her scheinen Werner fast genormt zu sein. Die meisten liegen um die 1,80 m. Die Varianz beträgt nur einige Zentimeter nach oben und nach unten. Sehr häufig sind die Werner figürlich ein wenig untersetzt und haben einen zarten Bauchansatz. Insgesamt wirken sie meist ausgesprochen kraftvoll.

Eine andere Haarfarbe als braun ist beim Werner eher die Ausnahme. Werner heißt übersetzt der Bewahrer, und das trifft zumindest auf seinen oft lockigen oder zumindest gewellten Schopf zu. Kahlköpfig werden die Werner äußerst selten, allerhöchstens grau, ebenso wie die Haralds.

Hagen von Tronje aus dem Nibelungenlied könnte Modell gestanden haben für den manchmal ziemlich grimmigen Gesichtsausdruck der Träger dieses Namens. Werner haben häufig einen südländischen Teint. Ihre Nase ist nicht selten lang und mit einem auffälligen Höcker versehen.

Verführung und Sex: Via Viagra

Wenn Männer vom Mars und Frauen von der Venus sind, dann sind Werner und Frauen aus unterschiedlichen Galaxien. Schon das Flirtgespräch ist ein Geflecht aus Irrungen und Wirrungen. Während seine neue weibliche Bekanntschaft auf der Gefühlsebene säuselt, »argumentiert« der Werner auf der Sachebene. Werner sind kluge Männer. Sie wissen um ihr emotionales Defizit, das auch nicht selten Grund für einen übergroßen Durst ist. Wegen ihrer Probleme beim Anbandeln binden sich relativ viele Werner erst im vierten Lebensjahrzehnt fest oder bleiben gar Junggesellen. Oft machen sie als Realisten angesichts ihrer eigenen Defizite bei der Partnerwahl Zugeständnisse. Daher sind die gewöhnlich recht ansehnlichen Werner beispielsweise mit merklich unattraktiveren oder erheblich älteren Damen liiert. Sind sie aber ausnahmsweise geschmeidige Typen, ist nicht selten genau das Gegenteil der Fall.

Werner können oft nicht verstehen, dass ihre Partnerinnen sich ihnen sexuell verschlossen haben, weil sie sich im Alltag vernachlässigt fühlen. Das hat natürlich zur Folge, dass sie noch weniger bereit sind, in die Beziehung zu investieren, und schon ist ein Teufelskreis aus horizontaler und emotionaler Verweigerung in Gang gesetzt. Die Libido der Werner ist meist enorm. Wenn es nach ihnen ginge, würden sie mindestens einmal pro Tag Sex praktizieren. Das lässt ermessen, welche Dramen sich in den ehelichen Schlafzimmern der Namensträger abspielen müssen. Anstatt sich den Beziehungsproblemen zu stellen, wählen die Werner jedoch lieber den scheinbar einfacheren Weg und nehmen sich eine Geliebte oder suchen sich eine andere Frau – gerne auch aus dem südostasiatischen Raum, da sie von ihr mehr Fügsamkeit erwarten.

Das Vorspiel und das Kuscheln danach lässt der Werner weitgehend aus, um nicht in Gefahr zu geraten, sich emotional überfordert zu fühlen. Ab dem mittleren Alter lässt die Potenz bei den Wernern aufgrund ihrer recht ungesunden Lebensweise ziemlich stark nach. Da sich das nicht mit ihrer weiterhin überbordenden Lust verträgt, wird häufig auf Viagra und Co. zurückgegriffen.

Jagdreviere: Taktlose Mausklicke

Auf freier Wildbahn hat der Werner regelmäßig das Nachsehen. Bis der Werner sich aus dem Unterholz traut, hat die Konkurrenz ihm die Beute schon vor der Nase weggeschnappt. Für eine Zufallsbekanntschaft sind die Namensträger nicht spontan genug. Auf Single-Reisen macht sich das Mauerblümchen an den Werner heran, das so verzweifelt auf der Suche ist, dass es sich auch von seiner kantigen Kommunikation nicht abschrecken lässt. Nicht viel anders ergeht es ihm auf dem »Ball der einsamen Herzen« beim Single-Tanzkurs. An Taktgefühl fehlt es dem Werner übrigens leider nicht nur im zwischenmenschlichen Umgang …

Der Computer glüht beim Werner bisweilen heiß, wenn er auf den Piazzas der Einzeltierchen im Internet unterwegs ist. Ganze Nächte schlägt er sich um die Ohren mit dem Anbandeln per Mausklick. Vorteil: Seine weiblichen Kontakte können sich langsam daran gewöhnen, dass er kein Latin Lover ist, und erleben beim ersten Treffen eine positive Überraschung, dass er aber ein wenig so aussieht.

Um eine professionelle Vermittlung in Anspruch zu nehmen, ist die Not beim Werner selten groß genug, während für die Kuppelversuche und das Suchen und Finden der Liebe im sozialen Umfeld das rechte soziale Umfeld fehlt. Am Arbeitsplatz überzeugt der Werner durch Hilfsbereitschaft und Zuverlässigkeit – erstaunlich insofern, als bei ihm erstere Eigenschaft außer Dienst nur schwach ausgebildet ist. Aber eine Diskrepanz zwischen dem »öffentlichen« und dem privaten Werner besteht ja nicht nur in dieser Hinsicht.

Partnerschaft: Liebe verlegt

Mit einem Werner liiert zu sein, gestaltet sich alles andere als einfach, nimmt er doch unter den Männern eine Spitzenposition ein, was die Anzahl der Macken betrifft. Werner sind Weltmeister in den

Disziplinen Nörgeln, Meckern und Motzen; selten kann es ihre Angetraute ihnen recht machen. Oft sind Werner auch ausgesprochen muffelig. Besonders frühmorgens sollte ihre bessere Hälfte sie tunlichst nicht bei der Zeitungslektüre am stillen Örtchen oder Frühstückstisch stören, sonst mutiert der »Knotterkopf« mitunter zum Schreihals.

In der Öffentlichkeit geben sich manche Werner dagegen gerne als Stimmungskanone und ihre bessere Hälfte staunt nicht schlecht über sie. Spätestens bei der Rückkehr in die heimischen vier Wände ist aber wieder Schluss mit lustig.

Werner sind ziemliche Egoisten und Egozentriker. Am liebsten sollte sich das ganze Universum um sie drehen, aber da das kaum möglich ist, muss seine Partnerin dafür herhalten. Die Namensträger erfüllen zwar brav ihre Pflicht, indem sie verlässlich ihre Familie versorgen und an den entsprechenden Fest- und Jahrestagen mit den obligatorischen Geschenken aufwarten, aber nichts kommt so richtig von Herzen.

Als Bonbon bringt der Werner fraglos seine handwerklichen Fähigkeiten in die Partnerschaft ein. Im Haushalt ist er jedoch ein Pascha vor dem Herren, und mit Nachwuchs hat er schon gar keinen Vertrag, weil er ihm zu viel von der Aufmerksamkeit seiner Frau rauben könnte. Wenn Werner Kinder in die Welt setzen, dann weniger aus Liebe zu ihnen, sondern eher weil »es« dazugehört und eventuell noch zwecks Erhaltung der eigenen Linie.

Trennung: Mein Haus, mein Auto, meine Jacht

Nicht nur Advocard, sondern auch Werner ist Anwalts Liebling. Tatsächlich liefern sich die Namensträger teilweise jahrelange juristische Rosenkriege mit ihrer Verflossenen um das gemeinsame Vermögen. Werner sehen die Aufteilung von Geld und Gut wieder als eine Art von Geschäft an, bei dem sie einen möglichst großen Teil des Kuchens abbekommen möchten.

Meist muss der Werner die gemeinsame Wohnung räumen, weil die Kinder, so vorhanden, bei der Frau bleiben. Alleinerziehende Werner sind so selten wie das Amen in der Hölle. Höchstens bleiben pubertäre oder erwachsene Sprösslinge bei ihnen, die ihr soziales Umfeld nicht verlieren möchten.

Der Werner selbst zieht nicht wie andere Paschas wieder zu seiner Mutter zurück, sondern sucht sich eine eigene Bleibe. Die Träger dieses Namens haben nach dem Beziehungs-Aus weniger mit dem emotionalen Verlust als mit dem Verlust ihrer Rundumversorgung durch die Ehegattin zu kämpfen. Außerdem empfinden sie das Ende der Zweisamkeit manchmal als eine Art Prestigeverlust oder Niederlage. Da sie keinen echten Freundeskreis haben, versuchen sich die Werner schnellstmöglich wieder zu binden, selbst wenn sie sich noch in der tiefsten Trennungskrise befinden.

PFLEGETIPPS:

Musts:

* Eigentlich selbstverständlich, aber nutzen Sie die Situation nicht aus, wenn der Werner Sie beim ersten Rendezvous einlädt. Werner sind nämlich sehr empfindlich gegenüber vermeintlichen Nassauern und Abzockern.

* Im Kleiderschrank des Werners sollten immer akkurat gebügelte Hemden und Hosen hängen, legen die Namensträger doch großen Wert auf eine gepflegte Oberbekleidung. Über abgerissene Knöpfe können sie sich tierisch aufregen.

* Werner lieben alten Plunder. Begleiten Sie Ihren Werner auf Flohmärkte und Tauschbörsen und halten Sie auch selbst Ausschau nach Trödelkram, wenn er einen eigenen Stand eröffnen möchte.

* Falls der Werner sexuell mal nicht in Wallung kommt, Lack und Leder hilft immer.

No-Gos:

* Was ich nicht sehe, glaube ich nicht, lautet der Wahlspruch der Werner. Mit Religion und Esoterik können sie ungefähr so viel anfangen wie der Regenwurm mit einem Südwester.
* Als Partnerin eines Werners sollten Sie nicht übermäßig mit Seekrankheit zu kämpfen haben. Er liebt es nämlich, im Urlaub mit (s)einem Motorboot tagelang übers Meer zu schippern.
* »Seelchen«, Frauen, die zu nah ans Wasser gebaut sind, rauben dem Werner den letzten Nerv. Schon wenn sich seine Partnerin jenseits der Sachebene bewegt, fühlt sich der Werner unwohl.
* Krawatten sind DER Anti-Geschenktipp. Mögen sie auch noch so edel sein, Werner hassen die Managerlätzchen einfach.

IDEALE NAMENSPARTNERINNEN:

Nachdem Gott den Werner geschaffen hatte, schuf er ihm eine Andrea. Beide sind nicht sehr emotional und eher materialistisch veranlagt, zudem zuverlässig, pünktlich und akkurat. Auch in ihrem rudimentären Kinderwunsch ähnelt die Andrea dem Werner, ebenso wie die Christina. Von der überbordenden Libido des Werners werden die Ute sowie die deftige Fraktion der Marias in ihrer Sturm- und-Drang-Zeit profitieren. Bei der Petra und der Ulrike ist der Werner in der Lage, seine mangelnde Aufmerksamkeit mit Solidität beziehungsweise hohem materiellen Status zu kompensieren.

PROMINENTE NAMENSTRÄGER:

Wernher von Braun, Werner Schneyder, Werner Schulze-Erdel, Werner Herzog, Werner Böhm, Werner Hansch

Namenstag des Werners: 19. April

WOLFGANG

BASICS: DER MANN, DER VIELES KANN

Die meisten Wolfgange sind hochintelligent und verfügen über Mehrfachbegabungen, wie etwa aus dem Promibereich Wolfgang Joop, der neben seiner Designerprofession auch schreibt und illustriert.

Wolfgange erlangen überdurchschnittlich häufig Doktorwürden, und vermutlich kein anderer Name bringt so viele Professoren hervor. Selten aber sitzen sie im Elfenbeinturm der Wissenschaft. Im Gegenteil, oft sind die »akademischen« Wolfgange sogar recht passable Handwerker. Am liebsten arbeiten die Wolfgange mit Holz. Die Innenausstattung des Hauses mit dem nachwachsenden Rohstoff ist nicht selten ihr Werk.

Mit einem gewissen Maß an Routine im Beruf können sich Wolfgange durchaus anfreunden, aber zum Job sollte er nicht verkommen. Können sie darin nichts mehr bewegen, werden sie auf Dauer unglücklich. Wolfgange sind politische Menschen. Meist rot-grün angehaucht, setzen sie sich für Umweltschutz, Menschenrechte und gegen den Hunger in der Welt ein. Obwohl sie stark von ihrer Vernunft beherrscht werden, bringen sie religiös-spirituellen Phänomenen durchaus Offenheit entgegen. Einer der bestechendsten Charakterzüge der »Wolfsgänger« ist ihre Bescheidenheit. Niemals würden sie sich mit ihrer fraglos großen Lebensleistung brüsten wie ein Markus mit seiner fraglos geringeren. Der Erfolg der Wolfgange rührt nicht zuletzt von ihrer Organisiertheit her, die etwa der Regisseur Wolfgang Petersen für sich in Anspruch nimmt. Apropos Erfolg: Den neiden die Namensträger auch anderen fast nie.

Der Humor der Wolfgange ist eher britisch-schwarz. Witzeerzähler und Partykracher sind sie äußerst selten. Dafür sind sie doch viel zu nachdenklich, bisweilen auch grüblerisch. Nicht immer sind sie stimmungsstabil, eine gewisse Depressionsneigung ist nicht zu verleugnen. Wolfgange haben kein besonderes Talent für Fremdsprachen, erweisen sich jedoch in ihrer Muttersprache als äußerst firm.

In ihrer Freizeit wandern Wolfgange gerne, besuchen breitgestreut kulturelle Veranstaltungen und lesen fast alles, was sie vor die Nase bekommen.

Optik und Outfit: Volle Wolle

Die Durchschnittslänge der Wolfgange dürfte etwa 1,82 m betragen. Allerdings ist die Spanne nach oben und unten recht groß. So gibt es auch (seltene) Vertreter um die 1,70 m und solche von über 1,90 m. Sind Wolfgange »bartlos« oder ziert nur ein Schnauzer ihre Oberlippe, können sie gewöhnlich mit einer schlanken Figur aufwarten, während die »totalen Rasierklingenverweigerer« oft leicht gedrungen daherkommen.

Die Quote an Vollbartträgern ist übrigens nirgendwo im »Männerreich« so hoch wie unter den Wolfgangen. Dahinter – wie üblich – Böses oder Defizitäres zu vermuten, geht aber fehl. Wolfgange sind weder Wölfe im Schafspelz, noch im Gesichtspelz. Die Haarfarbe ist meist hell- bis dunkelbraun. Blonde Wolfgange gibt es fast so selten wie rothaarige. Ihre »Mähne« werden die Namensträger wohl selbst nicht verlieren, wenn »der Himmel brennt«, wie Wolfgang »Wolle« Petry, einer der ihren, singt.

Wolfgange haben meist angenehme Gesichtszüge. Manche sind sogar ausgesprochene Frauenlieblinge, wobei die Attraktivität mit zunehmender Gesichtsbehaarung auch insgesamt leider ein wenig abnimmt. Das Outfit der Wolfgange ist meist sportlich-chic. Oft fungiert allerdings ihre Frau als Modeberaterin, wenn sie nicht gerade mit Nachnamen Joop heißen. Ohne fachkundigen Beistand einer besseren Hälfte kleiden sie sich häufig zu konservativ, manchmal sogar ein wenig nachlässig. Kleider machen dann nicht Leute, sondern kennzeichnen Singles.

Verführung und Sex: Auf Wolfspfoten

Mit Speck fängt der Wolf(gang) Mäuse. Nicht selten laden die Namensvertreter die Dame ihres Herzens zu einem romantischen Candle-Light-Dinner zu sich nach Hause ein, sozusagen als lukullisches Vorspiel zum erotischen Stelldichein.

Ansonsten imponiert der Wolfgang natürlich mit seiner enormen Bildung und dem beruflichen Status, den er durch Kompetenz und Ehrgeiz, aber weitgehend ohne Ellbogen erreicht hat. Die Träger dieses Namens bieten materielle Sicherheit, weil sie mit dem Geld, das sie verdienen, auch umgehen können; für viele Frauen, die eine Familie gründen möchten, kein zu unterschätzender Bindungsfaktor.

Mindestens genauso schwer in die positive Waagschale der Wolfgange fällt ihre gehobene Sprachkultur. Sie treffen meist den richtigen Ton und haben eine angenehme, beruhigende Stimme. Da sie aktive Menschen sind und schon viel in der Welt herumgekommen sind, haben sie auch einiges zu erzählen. Wolfgange lassen aber sehr schnell wieder von ihrer potenziellen Beute ab, wenn nur wenig oder überhaupt kein Interesse besteht. Hetzjäger wie ihre tierischen Namensvettern sind sie allemal nicht.

Zum reißenden Wolf wird der Wolfgang auch im Schlafzimmer nur äußerst selten. Horizontal bestechen die Namensträger eher durch Raffinesse als durch ungezügelte Leidenschaft. Immer wieder lassen sie sich neue Spielarten der körperlichen Liebe einfallen, und wenn sie mit ihrem Latein am Ende sind, lesen sie erotische Literatur und Ratgeber.

Am liebsten zelebrieren Wolfgange ausgiebigen Gourmetsex. Der gibt ihnen den Raum, ihrer Partnerin ausführlich zu demonstrieren, was sie bei ihrem letzten Tantra-Seminar wieder gelernt haben. Ein Sonntag im Bett ist da manchmal lustig und nett. Zum Pflichtprogramm gehören immer auch Kuschelphasen, und ein kleines Mittagsschläfchen in Löffelchenhaltung zwischendurch ist keineswegs unwillkommen. Wolfgange schwören gewöhnlich auf sexuelle Treue, aber da sie keine Kostverächter sind, können sie in ihren Singlephasen durchaus zum Womanizer mutieren.

Jagdreviere:
Wo man singt, da lass dich nieder

In seinen frühen Dozentenjahren an der Uni hat der Wolfgang natürlich überhaupt keine Probleme, an »Frischfleisch« heranzukommen. Die Beute wird ihm in seinen Vorlesungen quasi auf dem goldenen Tablett serviert. Mit zunehmendem Alter muss er sich aber nolens volens auf die freie Wildbahn oder in die Hände von Medien der Kontaktanbahnung begeben wie das Gros seiner Namensvettern auch. Die meisten Wolfgange lernen ihre spätere Frau vermutlich in Musikkneipen kennen. Dort fühlen sie sich einigermaßen wohl und wagen regelmäßig den Angriff. Ebenso sind Zufallsbekanntschaften im Bus oder im Supermarkt allemal möglich.

Da Wolfgange oft im EDV-Bereich tätig sind oder zumindest viel mit dem Computer zu tun haben, nutzen sie – allerdings mit kritischer Distanz – regelmäßig das Internet für die Jagd nach Miss Perfect. Absolut No-Go sind für Wolfgange Medien, durch die sie an die Öffentlichkeit gezerrt werden, wie Radio- oder Fernsehkuppelshows. In Gesprächszirkeln für Singles beträgt indes ihre Erfolgsquote fast 100%. Sie sind den eloquenten und einfühlsamen Wolfgangen wie auf den Leib geschneidert. Entgegen kommt ihnen mit ihren Kochkünsten natürlich auch das Running Dinner, während Single-Reisen oft nebenbei noch ihr kulturelles Interesse befriedigen.

Partnerschaft:
Die Wahrheit beginnt zu zweit

An einer »emotionalen Eruption« ist sicher noch kein Wolfgang gestorben. Dafür sind die Namensvertreter zu gefühlsgebremst erzogen worden und auch zu rational. Selten aber verfügt der Wolfgang über einen so niedrigen emotionalen Quotienten, dass dadurch seine Beziehung gefährdet sein könnte. Beim Wolfgang stimmt auch nicht das Klischee vom einsamen Wolf. Sicher braucht er seine Rückzugsräume, dennoch würde er bei einer Familienaufstellung keine Randposition einnehmen.

Wolfgange sind die Universalwaffen im Haushalt. Von A wie Aufräumen bis Z wie Zwiebelschälen sind sie zu allem zu gebrauchen. Durchaus versuchen sie sich auch am Herd, und nicht selten erreichen sie darin Haute-Cuisine-Qualitäten.

Die glatt rasierten Wolfgange sind witziger und lockerer. Deshalb kommen sie auch besser mit Kindern zurecht. Für die ganz Kleinen sind die bärtigen Vertreter oft ein wenig zu steif. Erst wenn sie »vernünftiger« werden, baut diese Subspezies ein intensiveres Verhältnis zu ihnen auf.

Wolfgange sind zweifelsohne unternehmungslustig – einzig ermangelt es ihnen etwas an Spontaneität –, können es aber auch ganz gut einmal zu Hause aushalten. Das heißt ja nicht, dass sie dann »Extremcouching« betreiben, was ohnehin nicht ihr Ding ist.

Auf partnerschaftliche Kommunikation legen Wolfgange allergrößten Wert. Ebenso sind sie dazu bereit, an sich und an der Beziehung zu arbeiten. Zum Wackeldackel mutiert der Wolfgang indes fast nie, weil er stets seine eigene Meinung hat, die er, wenn es sein muss auch mit Nachdruck, vertritt. Zur diskussionsfreien Zone wird die Zweisamkeit mit einem Wolfgang also kaum je.

TRENNUNG: LAUSIGE ZEITEN

Wegen einer anderen Frau trennen sich Wolfgange selten von ihrer Partnerin. Sie sind auch absolut keine Typen, die eine Partnerschaft schnell und aus nichtigen Gründen auflösen. Davor müssen sich schon Tragödien griechischen Ausmaßes abgespielt haben, deren Verarbeitung nicht selten Jahre in Anspruch nimmt und mit mehreren depressiven Episoden verbunden ist.

Wolfgange sind selbstkritisch genug, um immer auch die eigenen Anteile am Scheitern ihrer Verbindungen zu erkennen. Da den Wolfgang sein differenzierter Umgang mit dem Liebes-Aus vor dem Entstehen einer »heiligen Wut« bewahrt, werden die »Folgesachen« auch relativ gütlich mit ihm zu regeln sein. In finanzieller Hinsicht hat er sich seiner Frau gegenüber stets fair verhalten, und daran ändert sich auch nichts, wenn sich die Wege schließlich wieder scheiden.

Den gemeinsamen Kindern bleibt der Wolfgang ein liebevoller und verlässlicher Vater.

PFLEGETIPPS:

Musts:

* Der Wolfgang ist ein Genießer. Sorgen Sie, wenn Sie zum Candle-Light-Dinner bei ihm eingeladen sind, für das passende Getränk. Mit einem edlen Rotwein liegen Sie selten daneben.

* Gepflegte Konversation hat für Wolfgange etwas Erotisierendes. Solange ein persönlicher Gedankenaustausch stattfindet, wird der »kleine Wolf« regelmäßig in Ihre Höhle kriechen. Halten Sie permanent Ausschau nach neuen Gesprächsthemen und weisen Sie Ihren Wolfgang auf interessante Artikel in der Tageszeitung oder in Magazinen hin.

* Apropos Lesen: Wolfgange lieben Humorbücher. Mit einem Anarcho-Comic à la Gerhard Seyfried können Sie ihm viele vergnüg-

liche Stunden verschaffen. Achten Sie jedoch generell darauf, dass der Witz einen gewissen Biss und Anspruch hat.

No-Gos:

* Protzen mit Geld und Gut nach dem Motto »Mein Haus, mein Auto, mein Boot« finden die Wolfgange zum Kotzen. Fast immer betreiben sie vornehmes Understatement. Obwohl meist recht wohlhabend, fahren sie häufig alte Rostlauben von Autos und meiden Klamotten, die mit Krokodilen oder Polospielern als Markenlogos bestickt sind.

* Gedankenlose Verschwendung treibt den Wolfgang in den Wahnsinn. Eine Frau, die ohne Grund nachts im ganzen Haus das Licht brennen lässt und jeden Tag kiloweise verdorbene Lebensmittel wegwirft, wird nicht lange Freude an ihm haben.

* Wolfgange sind Individualurlauber. Teutonengrill auf Mallorca oder Ibiza wird mit ihnen absolut nicht gehen. Außerdem haben die Namensträger eine ziemliche Aversion gegen die »dekadenten« Vereinigten Staaten von Amerika als Reiseziel. Ansonsten kann es aber schon gerne über die großen Teiche gehen.

IDEALE NAMENSPARTNERINNEN:

Die Stefanie ist die Traumpartnerin für den Wolfgang. Sie liegt vielleicht noch zusammen mit der Christina intellektuell etwa auf Augenhöhe mit dem Wolfgang, teilt soziales Engagement und Weltoffenheit mit ihm und hat ähnlich verbindliche Vorstellungen von Partnerschaft wie er. Auch mit der Ulrike wird der Wolfgang tiefsinnige Gespräche führen und sich in ihrem Ehrgeiz wiederfinden können. Mit der esoterisch angehauchten Unterart der Marias wird er sexuell weite Wege gehen und über Gott und die Welt philosophieren. Auf vielerlei Gebieten fruchtbare Verbindungen werden sich auch mit der Bettina sowie der Julia ergeben.

Prominente Namensträger:

Wolfgang Niedecken, Wolfgang Joop, Wolfgang Koeppen, Wolfgang Borchert, Wolfgang Petry, Wolfgang Schäuble, Wolfgang Stumph, Wolfgang Overath, Wolfgang Petersen, Wolfgang Fierek

Namenstag des Wolfgangs: 31. Oktober